绵师足迹

MIANSHIZUJI

绵阳师范学院档案丛刊

·民国卷选刊·

邓文 ○ 编

巴蜀书社

图书在版编目（CIP）数据

绵师足迹：绵阳师范学院档案丛刊·民国卷选刊 / 邓文编.
—— 成都：巴蜀书社，2020.6
ISBN 978-7-5531-1103-2

Ⅰ.①绵… Ⅱ.①邓… Ⅲ.①绵阳师范学校—校史—民国 Ⅳ.① G659.287.13

中国版本图书馆 CIP 数据核字（2019）第 026410 号

绵师足迹：绵阳师范学院档案丛刊·民国卷选刊
MIANSHIZUJI: MIANYANGSHIFANXUEYUANDANGANCONGKAN. MINGUOJUANXUANKAN

邓文　编

责任编辑	童际鹏
出　　版	巴蜀书社
	成都市槐树街 2 号　邮编 610031
	总编室电话：（028）86259397
网　　址	www.bsbook.com
发　　行	巴蜀书社
	发行科电话：（028）86259422　86259423
经　　销	新华书店
内文排版	四川最近文化传播有限公司
印　　刷	四川华龙印务有限公司
版　　次	2020 年 10 月第 1 版
印　　次	2020 年 10 月第 1 次印刷
成品尺寸	215mm × 285mm
印　　张	25
字　　数	300 千
书　　号	ISBN 978-7-5531-1103-2
定　　价	360.00 元

本书若有印装质量问题，请与本社发行科联系调换

编委会

主　　任　　王海滨　李树勇

副 主 任　　关　华　王德炎

委　　员　　叶　勇　钟　琳　禹　露

主　　编　　邓　文

副 主 编　　仇　颛

成　　员　　陈　杰　吴晓兰

篆　　书　　方　晓

導師正訣

目 录

前　言 …………………………………………………………………… 001
凡　例 …………………………………………………………………… 003

绵阳联立女子初级中学
四川省第十三区联立女子初级中学

概　况 …………………………………………………………………… 003
　民国二十五年（1936）中国女童军团部证书 ………………………… 005
　民国二十六年（1937）学生通知书 …………………………………… 007
　民国二十六年（1937）招生广告 ……………………………………… 009
　民国二十七年（1938）机构图 ………………………………………… 011
　民国二十七年（1938）教职员一览表 ………………………………… 013
　民国二十七年（1938）概况调查表 …………………………………… 016
　民国二十八年（1939）学生毕业证书 ………………………………… 020
　民国二十八年（1939）学生毕业证书存根 …………………………… 021
　民国二十八年（1939）下期在校学生人数调查表 …………………… 022
　民国二十八年（1939）中国童子军誓词诵读办法 …………………… 025
　民国二十九年（1940）沿革教职员经费调查表 ……………………… 029
　民国二十九年（1940）内政部卫生署绵阳公路卫生站新生体检公函 …… 031
　教员服务规约 …………………………………………………………… 032
　级任教员服务规约 ……………………………………………………… 033
　考试规则 ………………………………………………………………… 035
　帼魂壁报社征稿启事及简章 …………………………………………… 037
　中二班几何试题 ………………………………………………………… 038
　中二班物理实验题及中三班几何试验题 ……………………………… 038
　中四班算术试验题及公民试验题 ……………………………………… 040
　中四班英文试验题 ……………………………………………………… 041

中四班地理实验题	043
植物学练习题	045
第二班同学录	054
毕业纪念册题词	055
毕业纪念册题词	057
绵阳县学生寒假战训团团歌	058

省立绵阳师范学校

概　况　　　　　　　　　　　　　　　　　　　　　　　061
一　机构成立　　　　　　　　　　　　　　　　　　　　063
　民国二十九年（1940）7月18日四川省政府成立省立绵阳师范学校的训令　　063
　民国二十九年（1940）7月18日四川省政府改办联立女子中学的训令　　064
　民国二十九年（1940）7月31日四川省政府关于省立绵阳中学代办简易师范科并入本校的训令　　065
　第一号校牌告　　066
　民国二十九年（1940）8月改办女子初中的通知书　　067
　第二号校告牌　　068
　民国二十九年（1940）8月13日省立绵阳中学简易师资科学生并入本校的通知书　　069
　民国二十九年（1940）8月13日省立绵阳中学遵令移交代办简易师资班文件事项清册　　071
　民国二十九年（1940）8月造具交代接收概目总册　　072
　民国二十九年（1940）8月29日四川省政府颁发钤印的公函　　074
　民国二十九年（1940）9月11日启用学校钤记日期的公函　　075
　民国二十九年（1940）9月23日四川省政府教育厅关于拟具接收国六中师范部预算及办法的快邮代电　　076
　民国二十九年（1940）10月21日上报关于女子初中与本校移交情形的公函　　077
　民国三十年（1941）1月20日四川省政府教育厅关于仍接收国立六中师范部的快邮代电　　078
　民国三十年（1941）8月1日四川省政府教育厅关于迅行接收国立六中师范部的代电　　079
　民国三十年（1941）8月7日国立六中成立梓潼分校的公函　　081

二 教职员名册 ·········· 082

- 民国二十九年（1940）第一学期教职员表 ·········· 083
- 民国二十九年（1940）下年度拟聘教职员一览表 ·········· 085
- 民国三十年（1941）教职员直系亲属人口调查表 ·········· 089
- 民国三十年（1941）四川省教育厅任免会计人员的训令 ·········· 093
- 民国三十一年（1942）附属小学教职员表 ·········· 095
- 民国三十二年（1943）度第一学期附属小学教职员表 ·········· 099
- 民国三十三年（1944）度第二学期附属小学教职员表 ·········· 103
- 民国三十四年（1945）第二学期附属小学教职员表 ·········· 107
- 民国三十五年（1946）度第二学期附属小学教职员表 ·········· 111
- 民国三十六年（1947）教职员一览表 ·········· 115
- 民国三十七年（1948）度第二学期教职员一览表 ·········· 119

三 调查表 ·········· 122

- 民国三十年（1941）概况一览表 ·········· 123
- 民国三十年（1941）毕业生服务调查表 ·········· 125
- 民国三十年（1941）上下期概况调查表 ·········· 126
- 民国三十年（1941）下期各级学生人数调查表 ·········· 127
- 民国三十一年（1942）度附属小学概况调查表 ·········· 128
- 民国三十一年（1942）上期四川省中等学校概况调查表 ·········· 129
- 民国三十二年（1943）下期四川省中等学校概况调查表1 ·········· 131
- 民国三十二年（1943）下期四川省中等学校概况调查表2 ·········· 133
- 民国三十三年（1944）上期四川省中等学校概况调查表1 ·········· 135
- 民国三十三年（1944）上期四川省中等学校概况调查表2 ·········· 137
- 民国三十三年（1944）上期四川省中等学校概况调查表3 ·········· 139
- 民国三十三年（1944）上期四川省中等学校概况调查表4 ·········· 141
- 民国三十四年（1945）下期绵阳师范学校概况调查表1 ·········· 143
- 民国三十四年（1945）下期四川省中等学校概况调查表2 ·········· 145
- 民国三十四年（1945）下期四川省中等学校概况调查表3 ·········· 147
- 民国三十四年（1945）下期四川省中等学校概况调查表4 ·········· 149
- 民国三十四年（1945）下期四川省中等学校概况调查表5 ·········· 151
- 民国三十四年（1945）下期四川省中等学校概况调查表6 ·········· 153
- 民国三十五年（1946）四川省中等学校概况调查表1 ·········· 155
- 民国三十五年（1946）四川省中等学校概况调查表2 ·········· 157
- 民国三十五年（1946）四川省中等学校概况调查表3 ·········· 159
- 民国三十五年（1946）四川省中等学校概况调查表4 ·········· 161
- 民国三十五年（1946）四川省中等学校概况调查表5 ·········· 163
- 民国三十五年（1946）四川省中等学校概况调查表6 ·········· 165

民国三十五年（1946）四川省立绵阳师范学校第二学期概况一览表 ········ 167
民国三十五年（1946）附属小学概况调查表 ············· 168
民国三十五年（1946）春季省立绵阳师范附属小学概况一览表 ········· 169
民国三十七年（1948）四川省中等学校设置班级及学生人数调查表 ······· 171
民国三十七年（1948）附属小学设施概况调查表2 ············ 172
民国三十七年（1948）师范学校附属小学设施概况调查表1 ········· 173
民国三十七年（1948）学生实习教学调查表4 ············· 174
民国三十七年（1948）师范学校学生实习教学调查表3 ·········· 175
民国三十七年（1948）学生实习教学调查表6 ············· 176
民国三十七年（1948）师范学校学生实习教学调查表5 ·········· 177

四 上级制度 ·· 182

民国二十九年（1940）教育部颁发《国语讲习课程暂行纲要》 ········· 183
民国二十九年（1940）教育部颁发《国语讲习用书表》 ··········· 189
民国二十九年（1940）教育部颁发《国语讲习用书表》 ··········· 190
民国二十九年（1940）教育部颁发《特别师范科（普通组）教学科目及
每学期每周教学时数表》 ·································· 191
民国二十九年（1940）教育部颁发《特别师范科（普通组）教学科目及
每学期每周教学时数表》 ·································· 192
民国二十九年（1940）教育部颁发《简易师范科教学科目及每学期
每周教学时数表》 ······································ 193
民国二十九年（1940）教育部颁发《简易师范科（普通组）教学科目及
每学期每周教学时数表》 ·································· 194
民国二十九年（1940）教育部颁发《特别师范科及简易师范科暂行办法》
·· 195
民国三十一年（1942）教育部颁发《师范学校（科）学生实习办法》 ····· 197
民国三十一年（1942）教育部颁发《师范学校公民课程标准》 ········ 199
民国三十一年（1942）教育部颁发《师范学校公民课程标准》 ········ 201
民国三十一年（1942）教育部颁发《修正中学及师范学校教员检定委员会
组织规程》 ·· 204
民国三十一年（1942）教育部颁发《中学及师范学校教员检定规程》 ····· 207
民国三十二年（1943）教育部颁发《改进师范生实习要点》 ········· 213
民国三十二年（1943）教育部颁发《改进师范生实习要点》 ········· 215
民国三十二年（1943）教育部颁发《飞行体格初检标准》 ·········· 217
民国三十三年（1944）教育部颁发《小学教育待遇及服务办法》 ······· 221
民国三十三年（1944）教育部颁发《小学教员待遇及服务办法》 ······· 223
民国三十三年（1944）教育部关于各类师范学校学生毕业考试科目的代电
·· 225

民国三十三年（1944）教育部颁发《三年制简易师范学校教学科目及各学期每周各科教学时数表草案》 …… 226

民国三十三年（1944）四川省政府制定《体育日男生运动测验项目与给分表》 …… 229

民国三十三年（1944）四川省政府制定《体育日女生运动测验项目与给分表》 …… 230

民国三十五年（1946）教育部颁发《中等学校导师制实施办法》 …… 231

民国三十六年（1947）川北师管区剑阁团管区司令部关于甄审现职学校军训干部实施办法的代电 …… 233

民国三十六年（1947）四川省政府政府制定《学校学生营养补救办法》 …… 235

民国三十七年（1948）四川省政府制定《中等学校体育实施注意事项》 …… 236

五　行政管理 …… 237

民国二十九年（1940）12月四川省政府教育厅关于黄校长因校址及膳食费请假晋省的指令 …… 237

民国二十九年（1940）四川省教育厅关于本校改进意见的训令 …… 239

民国三十年（1941）关于呈报卫生教育实施情形的公函 …… 240

民国三十一年（1942）附属小学设施状况 …… 241

民国三十一年（1942）各县市及省立学校奖励金分配表 …… 243

民国三十二年（1943）省立绵阳中学第五次运动会邀请函 …… 246

民国三十二年（1943）校歌审准申请 …… 247

民国三十二年（1943）修建草房工料费估计表 …… 248

民国三十五年（1946）新任校长彭鼎发布开学通知 …… 249

民国三十六年（1947）临时校舍修缮估价表 …… 250

民国三十六年（1947）拟具搬运费清单 …… 253

民国三十六年（1947）拟购置设备清单 …… 253

民国三十六年（1947）设立计划书 …… 255

民国三十六年（1947）校舍平面图 …… 256

民国三十七年（1948）改进意见 …… 259

民国三十六年（1947）修建设备调查表 …… 261

民国三十八年（1949）关于接管及新添会计室文卷账簿列具清册的公函 …… 265

民国三十八年（1949）文书组移交文卷清册 …… 267

民国三十八年（1949）关于新任校长陈宗海与卸任校长彭鼎交代接收情形报告的公函 …… 269

民国三十八年（1949）新任校长陈宗海发布开学通知 …… 270

征求家长办学意见书 …… 271

国民教育研究会组织规程 …… 273

国民教育研究会会员名册 …… 274

  四川省农业改进所绵阳实验分场领取树苗公函 ……………………… 275
  种植桑苗注意事项 ……………………………………………………… 276

六 教学管理 …………………………………………………………………… 277
  民国二十九年度（1940）第二学期体育实施情形 ……………………… 277
  民国三十年（1941）新生入学训练报告 ………………………………… 279
  民国三十三年（1944）附属小学实施改进办法 ………………………… 280
  民国三十三年（1944）劳作师范科教学科目及各学期各周各科教学时数表
  ……………………………………………………………………………… 281
  民国三十三年（1944）遣派间期实习生拟请注意事项 ………………… 283
  学生报到须知 …………………………………………………………… 284
  中学生算学兴趣调查表 ………………………………………………… 285

七 招生工作 …………………………………………………………………… 287
  民国三十一年（1942）三年内分年招生计划公函附增班计划表 ……… 287
  民国三十一年（1942）三年内分年招生计划公函附增班计划表 ……… 289
  民国三十二年（1943）春季招考师范新生公函附招考办法 …………… 291
  民国三十二年（1943）德阳县政府申送录取学生相关材料的公函 …… 292
  民国三十二年（1943）关于省立师范学校招生办法改进意见的函 …… 293
  民国三十六年（1947）四川省政府准予增招新生一班的指令 ………… 294

八 军 训 ……………………………………………………………………… 295
  民国三十三年（1944）学生军寒假野营实习成绩表 …………………… 295
  民国三十四年（1945）军训教官病假条 ………………………………… 297

九 社会教育 …………………………………………………………………… 298
  民国二十九年至三十年（1940-1941）兼办社会教育调查 ……………… 298
  民国三十一学年度（1942）兼办社会教育统计报告表 ………………… 298
  民国三十二学年度（1943）兼办社会教育统计报告表 ………………… 299
  民国三十三学年度（1944）兼办社会教育统计报告表 ………………… 299
  民国三十四学年（1945）度办理社会教育统计报告表 ………………… 300
  民国三十五学年（1946）度办理社会教育统计报告表 ………………… 300
  民国三十六学年（1947）度办理社会教育统计报告表 ………………… 301
  民国三十六学年（1947）兼办社会教育计划报告表 …………………… 302

十 志愿军 ……………………………………………………………………… 303
  民国三十二年（1943）绵广师管区司令部关于检验合格学生编队的公函 … 303
  民国三十三年（1944）四川省大中学生及公教人员志愿服役实施细则 … 305
  民国三十三年（1944）学生胡长庚参加远征军志愿书 ………………… 308
  民国三十三年（1944）绵广师管区司令部关于志愿服役学生胡长庚检验
  合格的代电 ……………………………………………………………… 309
  民国三十四年（1945）上报志愿从军学生名册的公函 ………………… 310

民国三十四年（1945）四川省立绵阳师范学校志愿从军学生名册………… 311
　　民国三十四年（1945）四川省政府关于志愿军学生学籍名册的指令……… 313

十一　募捐…………………………………………………………………………… 314
　　民国三十年（1941）绵阳县征募寒衣支会接收寒衣捐款收据的公函……… 314
　　民国二十九年（1940）全国征募寒衣运动委员会四川省绵阳县支委会
　　　寒衣捐款收据………………………………………………………………… 315
　　民国三十年（1941）中国童子军总会征募寒衣捐款收据…………………… 316
　　民国二十九年（1940）征募寒衣代金姓名清册……………………………… 317
　　民国二十九年（1940）征募寒衣代金姓名清册……………………………… 319
　　民国三十年（1941）各级学生捐献青年号飞机捐款姓名册………………… 323
　　民国三十年（1941）财政部接收慰劳捐国币证明…………………………… 329

十二　成绩、试卷…………………………………………………………………… 330
　　民国二十九年（1940）学生操行成绩考查表………………………………… 330
　　民国三十二年（1943）上季附属小学毕业成绩……………………………… 331
　　民国三十三年（1944）春附属小学毕业成绩………………………………… 331
　　民国三十三年（1944）学生学籍表背面……………………………………… 332
　　民国三十三年（1944）学生学籍表正面……………………………………… 333
　　民国三十四年（1945）学生学籍表背面……………………………………… 334
　　民国三十四年（1945）学生学籍表正面……………………………………… 335
　　民国三十四年（1945）秋季师范新生入学考试成绩表……………………… 336
　　附设初中第九班参加会考学生成绩表………………………………………… 337
　　四川省第十三届中学毕业会考试题…………………………………………… 338

十三　就业、升学…………………………………………………………………… 343
　　民国三十二年（1943）聘书…………………………………………………… 343
　　民国三十四年（1945）德阳县政府关于33年春期分配本校毕业生服务的公函
　　　………………………………………………………………………………… 344
　　民国三十三年（1944）春期德阳县政府分配本校毕业生服务表…………… 345
　　民国三十四年（1945）聘书…………………………………………………… 346
　　民国三十四年（1945）毕业生关于保送四川大学深造的报告……………… 347
　　民国三十五年（1946）毕业聘书……………………………………………… 348
　　民国三十七年（1948）免试保送申请表……………………………………… 349

十四　毕业证书……………………………………………………………………… 351
　　民国三十三年（1944）毕业证明书…………………………………………… 351
　　民国三十三年（1944）附属小学毕业证书…………………………………… 351
　　民国三十五年（1946）毕业证明书…………………………………………… 352
　　民国三十七年（1948）附属中学小学毕业证书……………………………… 352

  民国三十八年（1949）毕业证书 …………………………………… 353
  毕业证明书 ………………………………………………………… 353

十五　教职员证件、收据、介绍信 …………………………………… 354
  民国三十三年（1944）教职员生产薪金收据 ……………………… 354
  民国三十五年（1946）教员在校服务证明书 ……………………… 355
  民国三十五年（1946）教员检定合格证 …………………………… 356
  民国三十六年（1947）教员检定合格证 …………………………… 357
  民国三十六年（1947）附属小学拟聘校长履历表 ………………… 358
  民国三十六年（1947）四川大学毕业介绍信 ……………………… 359
  民国三十七年（1948）小学教员登记证 …………………………… 360

十六　学生收据、领条、假条、申请、报告 ………………………… 361
  民国二十九年（1940）经费拨付收据 ……………………………… 361
  民国二十九年（1940）学生修业证明书 …………………………… 361
  民国三十年（1941）秋季新生录取收据及存根 …………………… 363
  民国三十年（1941）学生请假条 …………………………………… 364
  民国三十年（1941）学费收据存根 ………………………………… 365
  民国三十年（1941）信件封面 ……………………………………… 365
  民国三十一年（1942）学生缴费收据存根 ………………………… 366
  学生保证金存根 …………………………………………………… 366
  民国三十五年（1946）学生初中毕业证 …………………………… 367
  民国三十六年（1947）学生在校证明 ……………………………… 368
  民国三十八年（1949）领条 ………………………………………… 369
  毕业证领条 ………………………………………………………… 369
  学生检呈证明书的申请 …………………………………………… 371
  转学报告 …………………………………………………………… 373

十七　嘉　奖 …………………………………………………………… 374
  民国三十年（1941）教育部奖学金收据 …………………………… 375
  民国三十年（1941）绵阳县政府嘉奖征募寒衣代金工作的公函 … 376
  民国三十年（1941）中国童子军总会嘉奖指令 …………………… 377
  民国三十三年（1944）四川省教育厅关于嘉奖附小教员的训令 … 378
  民国三十七年（1948）毕业学生荣获安县政府奖状 ……………… 379
  民国三十七年（1948）毕业学生荣获梓潼县政府嘉奖 …………… 380

后　记 …………………………………………………………………… 381

前 言

民国档案是我国档案宝库中的一个重要组成部分，是国家和民族的一份珍贵的历史文化遗产。开发民国档案，能有效地推动民国史学的研究，促进社会主义学术文化的繁荣。

绵阳师范学院民国档案，是从民国二十四年（1935）绵阳联立女子初级中学成立，至民国二十六年（1937）更名为四川省第十三区联立女子初级中学，再到民国二十九年（1940）改办为省立绵阳师范学校时期形成的各类档案，现珍藏于绵阳市档案馆和绵阳师范学院综合档案室。

绵阳师范学院民国档案，既是绵阳地区档案的瑰宝，也是四川省档案的精品。它不仅记录了学校的发展历程，也反映了民国时期四川省初级中学及中等师范学校的办学史，是绵阳地区民国时期教育、文化的缩影。本书是从浩繁的民国档案中整理、研究、编撰出的系统史料，还原了部分原学校在民国时期办学的貌，再现了那段历史中学校里的人和事。

不忘源流才能开辟未来，善于继承才能更好创新。我们编写本书的目的，一是为了增开一条保存这部分档案的有效途径，二是为了对这些档案进行开发和利用，使其为我们今天的学校建设和发展提供一些启发和借鉴，同时也为广大读者提供一个了解民国时期学校教育的平台。由于我们对这部分档案研究还不够充分，编写这类图书又缺乏经验，书中的偏颇和疏漏在所难免，诚请专家、读者不吝赐教。

编者

2018年8月

凡 例

1. 本书选录了1935—1949年间原四川省绵阳师范学校前身（绵阳联立女子初级中学、四川省第十三区联立女子初级中学、省立绵阳师范学校）的档案。

2. 本书所载档案按照学校办学层次、时间节点分为两个部分，第一部分为绵阳联立女子初级中学和四川省第十三区联立女子初级中学档案，按照时间顺序排列，年代不详的置于最后；第二部分为省立绵阳师范学校档案，按照学校在管理、教学、招生、军训、志愿军等各方面的工作分类排列，每类档案按形成的先后顺序依次排列，年代不详的列在最后。

3. 本书所载档案的标题为编者所加，档案内的日期一律以公元纪年注明。

4. 本书所载档案原件竖行书写改为横式排列，文字尽量反映原貌，繁体字改为简化字，异体字、通假字、数字类一般依原件，不做改动。原件无标点，为便于阅读，我们加上了现代通行标点符号。

5. 本书所载档案原文有错误、残缺或不明确等情况，编者尽量考订并标注。脱漏或看不清楚的文字用"□"标明，推测的文字用"?"标明。

6. 对于复杂、不易识别的表格重新制表著录，简单、易懂的表格保持原貌。

7. 本书所载档案来自绵阳市档案馆和绵阳师范学院综合档案室所藏原件。

绵阳联立女子初级中学
四川省第十三区联立女子初级中学

概 况

民国二十四年（1935）八月，四川省第十三区行政督察专员整顿辖区各县中等教育，合并各县立初级中学女生部及各县女子初级中学，就绵阳县初级中学女生部校址成立了绵阳联立女子初级中学。民国二十五年（1936）六月，学校女童军团被编为中国女童军第164团。民国二十六年（1937）上期改为四川省第十三区联立女子初级中学。原校址位于绵阳城内通圣街，后因空袭疏散到绵阳丰谷井。

建校初期有教职员工9人，其中专任7人，兼任2人，有教学班级3个，在校学生七八十人。首任校长孙世增，毕业于四川公立外国语专门学校英文系。历任校长有周蜀芸、曾孟容、李有度、李德辉、曹钟芬。民国二十八年（1939）共办教学班级5个，分别是初中科五班至九班，在校生150人，教职员发展到20人。主要办事机构有教导处和各专业委员会。教务处负责青年训练团、童子军办事处、训导股、学籍股、图书股等18个机构，涉及教务、总务、图书设备、医疗卫生等各个方面的管理工作。各专业委员会负责研究制订关于出版、考试、招生、各科研究、体育、课外作业、卫生、经济核查八个方面的计划。体育组织系统包括童子军团部、体育委员会、学生体育会，其中体育委员会设精英股、特别体育训练股、卫生股、田径股，分别负责对校级与班级的乒乓球、排球、篮球、班操、医疗班，公共与个人卫生队，班级与校级代表队进行训练。校长定期召开校务会议，包括事务会议、训育会议及教务会议。

学制三年，一年分为上下两期，均招收新生入学。新生报名需到校参加选拔考试，新生考试科目为国语、算数、常识、口试，插班生考试科目为国语、英语、算学、史地等科目。设有免费生、公费生，帮助学行优异家境贫寒的学生就读。开设科目有国文、英语、算数、代数、几何、三角、物理、地理、植物、动物、公民、家事、卫生、童训、体育、音乐、国画。教材课本是民国时期新课程标准初级课程及复兴教科书。学生成绩分为学业成绩、体育成绩及操行成绩，早期各科成绩使用甲乙丙丁考核，后期除操行成绩外均使用百分制考核。

相关的工作制度有《教员服务规约》《级任教员服务公约》《学生训练标准》《学生考试规则》等。

附表：《绵阳联立女子初级中学第一任教职员一览表》。

绵阳联立女子初级中学第一任教职员一览表

序号	姓名	年龄	性别	籍贯	学历	职务	担任学科	每周教学时数	月薪	专任或兼任	到校年月
1	孙世增	34	男	绵阳	四川公立外国语专门学校英文本科毕业	校长	英文	8时	84	专任	民国二十四年（1935）8月
2	蒋起华	23	男	绵阳	国立四川大学中文系毕业	教导主任	国文	12时	77	专任	民国二十四年（1935）8月
3	雷以仁	24	男	绵阳	国立成都高等师范学校数理系毕业	级任	代数几何物理化学三角	14时	63	专任	民国二十四年（1935）8月
4	吕应勋	28	男	绵阳	北京国民大学体育系毕业	童军训练员	童军训练体育	12时、每日晨操30分	49	专任	民国二十四年（1935）8月
5	张鸣翼	39	男	绵阳	四川公立外国语专门学校毕业	校医	英文国文	11时	50	专任	民国二十四年（1935）8月
6	张熙	26	男	巴县	四川艺术专门学校毕业		图画	3时	9	兼任	民国二十四年（1935）8月
7	李合群	40	男	绵阳	前龙绵联合师范学校旧制本科毕业		化学算术公文	11时	30	兼任	民国二十四年（1935）8月
8	孙善可	23	女	绵阳	四川省立女子第一师范学校普通科毕业	事务员			24	专任	民国二十四年（1935）8月
9	谢记明	38	男	绵阳	绵阳县立师范补习所毕业	事务员			24	专任	民国二十四年（1935）8月

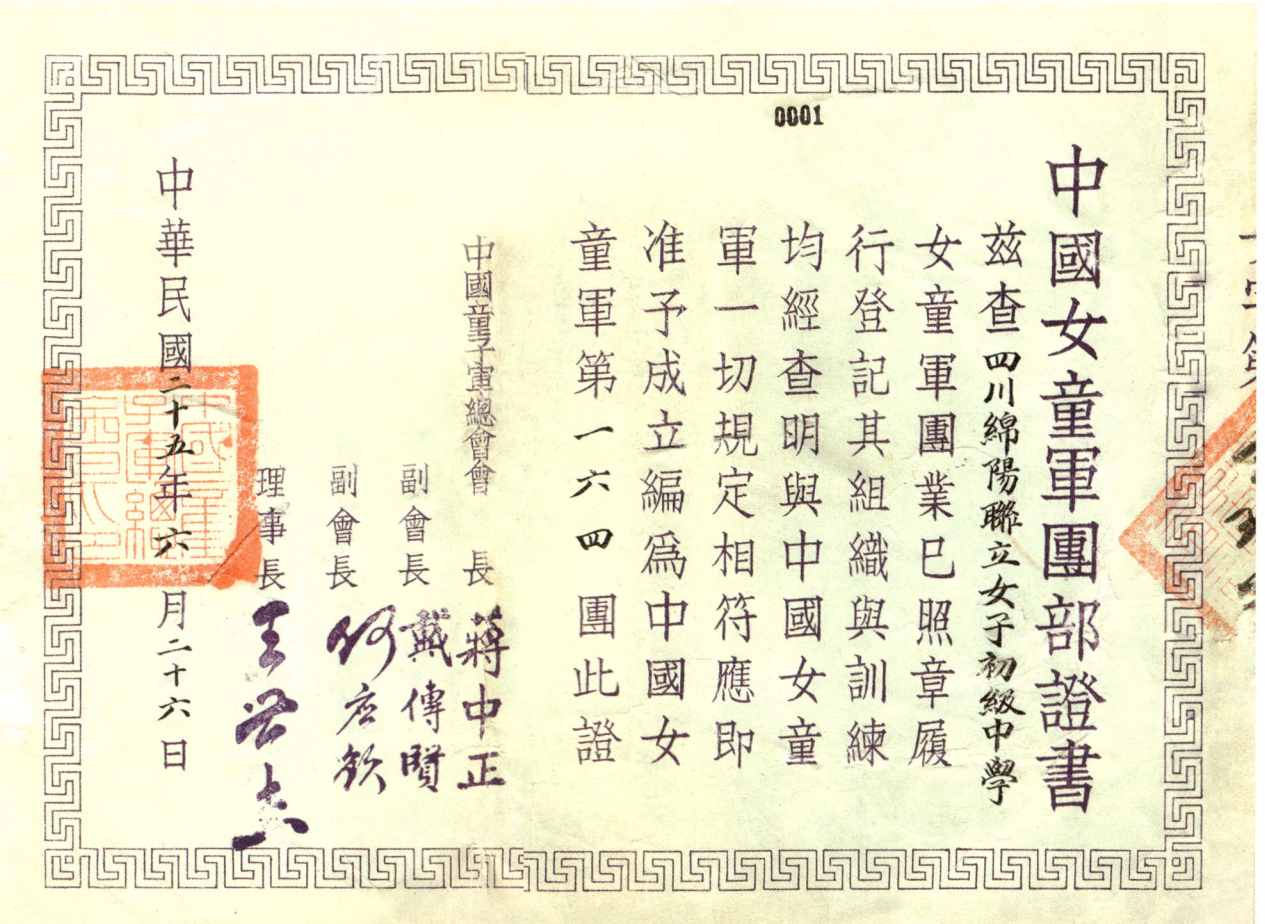

● 民国二十五年（1936）中国女童军团部证书

丁、该生本期各项用费

项别	实用数
学费	
体育费	8角
卫生费	×角
食费	
制服费	
书籍费	
合计	
本期实退各费数目	
备注	

戊、关于下期准备事项

1. 本校订于国历二十六年（1937）二月二十四日（废历正月十四日）开学，赓即行课，希贵家长督饬该生按期到校，若因重大事故不能到校者，须预为请假，否则分别处罚。
2. 应行补考之学生，务须对于补考学科力为补习，以便到校时补考。
3. 次期应缴之费，计学费三元、体育费五角、卫生费四角、食费二十元，书籍费四元，共二十八元，书籍费、食费二项期末结算多退少补。
4. 本校遵省府通令设有奖学金额，凡学生学行成绩与奖学金条例所规定相符者，得分别转请省府核发奖金以资激励。
5. 本校在行课期间不准日假及寄宿假，如有特殊事故，须请日假或寄宿假者须有家庭信函证明。
6. 寒假期间所规定之各科作业，务希贵家长督饬该生努力潜修，免致荒怠，次期到校时应将各科作业成绩缴呈办公室以便考核。
7. 该生在家有何不良习惯及不良性格，希随时函告本校，以便实施个别训练，对本校有所建议亦盼随时函告。

校长孙世增

中华民国二十六年（1937）一月三十日

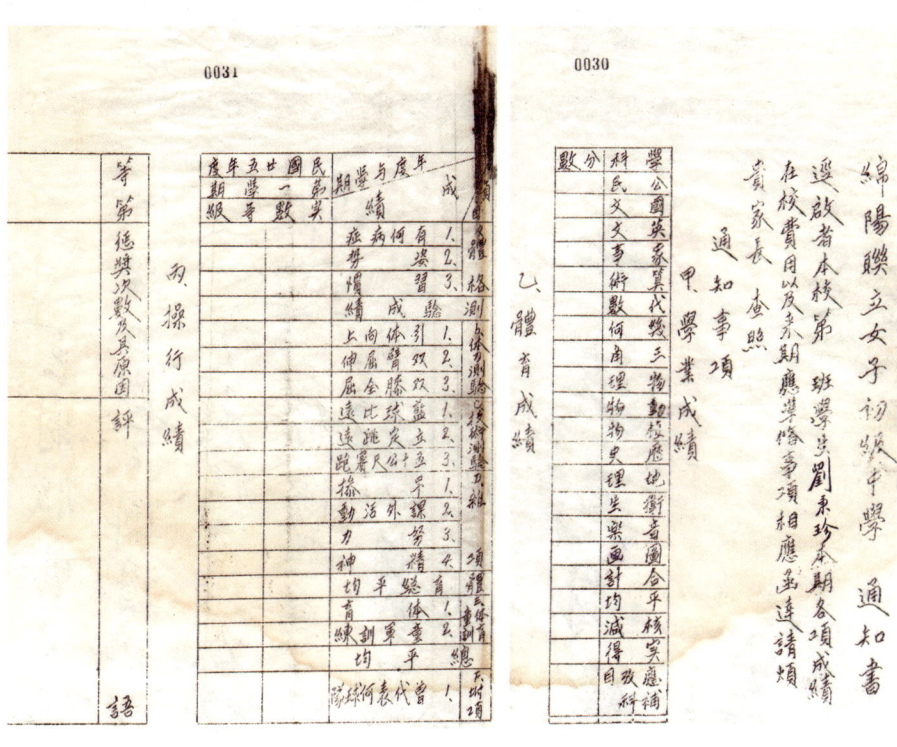

● 民国二十六年（1937）学生通知书

绵阳联立女子初级中学 通知书

径启者本校第 班学生刘秉珍，本期各项成绩、在校费用以及来期应准备事项相应函达，请烦贵家长 查照。

通知事项：

甲、学业成绩

学科	分数
公民	
国文	
英文	
家事	
算术	
代数	
几何	
三角	
物理	
动物	
植物	
历史	
地理	
卫生	
音乐	
图画	
合计	
平均	
核减	
实得	
应补考科目	

乙、体育成绩

项目		成绩 年度与学期	民国二十五年度（1936）第一学期 实数等级
A.体格	1.有何病症		
	2.姿势		
	3.习惯		
	测验成绩		
B.体力测验	1.引体向上		
	2.双臂屈伸		
	3.双膝全屈		
C.技术测验	1.篮球比远		
	2.立定跳远		
	3.五十公尺赛跑		
D.杂项	1.早操		
	2.课外活动		
	3.努力		
	4.精神		
	体育总平均		
E.体育童训	1.体育		
	2.童军训练		
	总平均		
F.附项	曾代表何球队		

丙、操行成绩

等第	惩奖次数及其原因	评语

子初級中學招生廣告

徵費
- 甲、學費叁元
- 乙、體育費伍角
- 丙、衛生費四角
- 丁、食費貳拾元
- 戊、書籍費陸元　期末多退少補
- 己、制服費叁元

開學日期：國曆九月一日

附告
1. 本校適今設有免費生九名公費生三名氏學行優異家境寒暖之學生均有免費希望
2. 本校採取嚴格管理學生自審不能遵守者勿庸來校

中華民國廿六年七月　日

校長 曾孟容

四川省第十三区联立

招收名额
1. 初中新生一班共五十名
2. 初中二年级插班生十五名

投考资格
1. 新生年在十二岁以上十六岁以下曾由高级小学毕业或具有同等学力者
2. 插班生须持有原校二学期转学证书者

报名

日期：国历七月二十日起至第二次考试前一日止
（废历六月十三）

地点：绵阳城内通圣街本校传事房

手续：
1. 缴呈毕业证书或转学证书
2. 填具志愿书保证书
3. 缴呈二寸半身像片

考试

科目：
1. 新生：国语、算术、常识、口试
2. 插班生：国语、英语、算学、史地、生物、口试，体格检查

日期：
第一次：废历六月二十五日……

● 民国二十六年（1937）招生广告

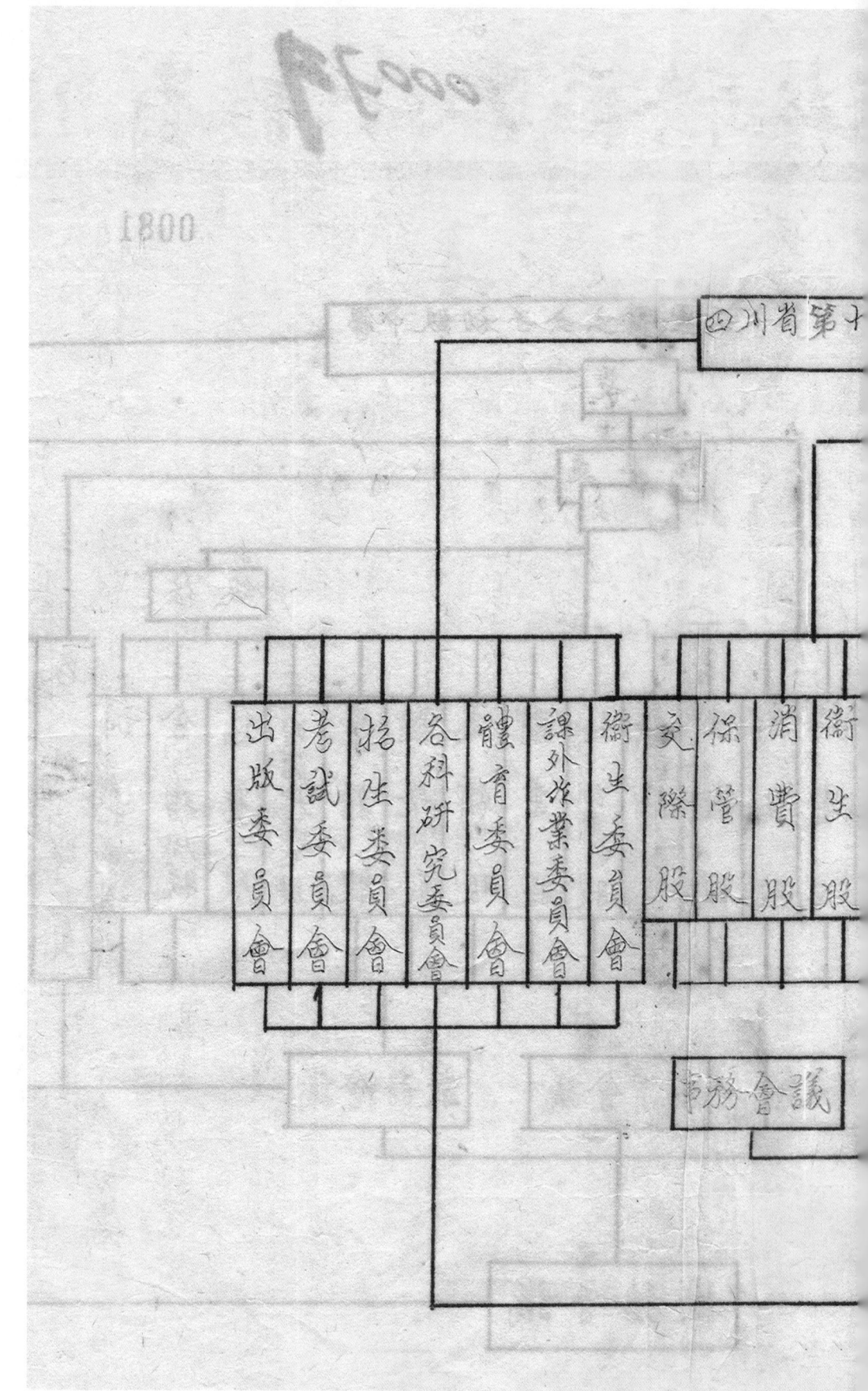

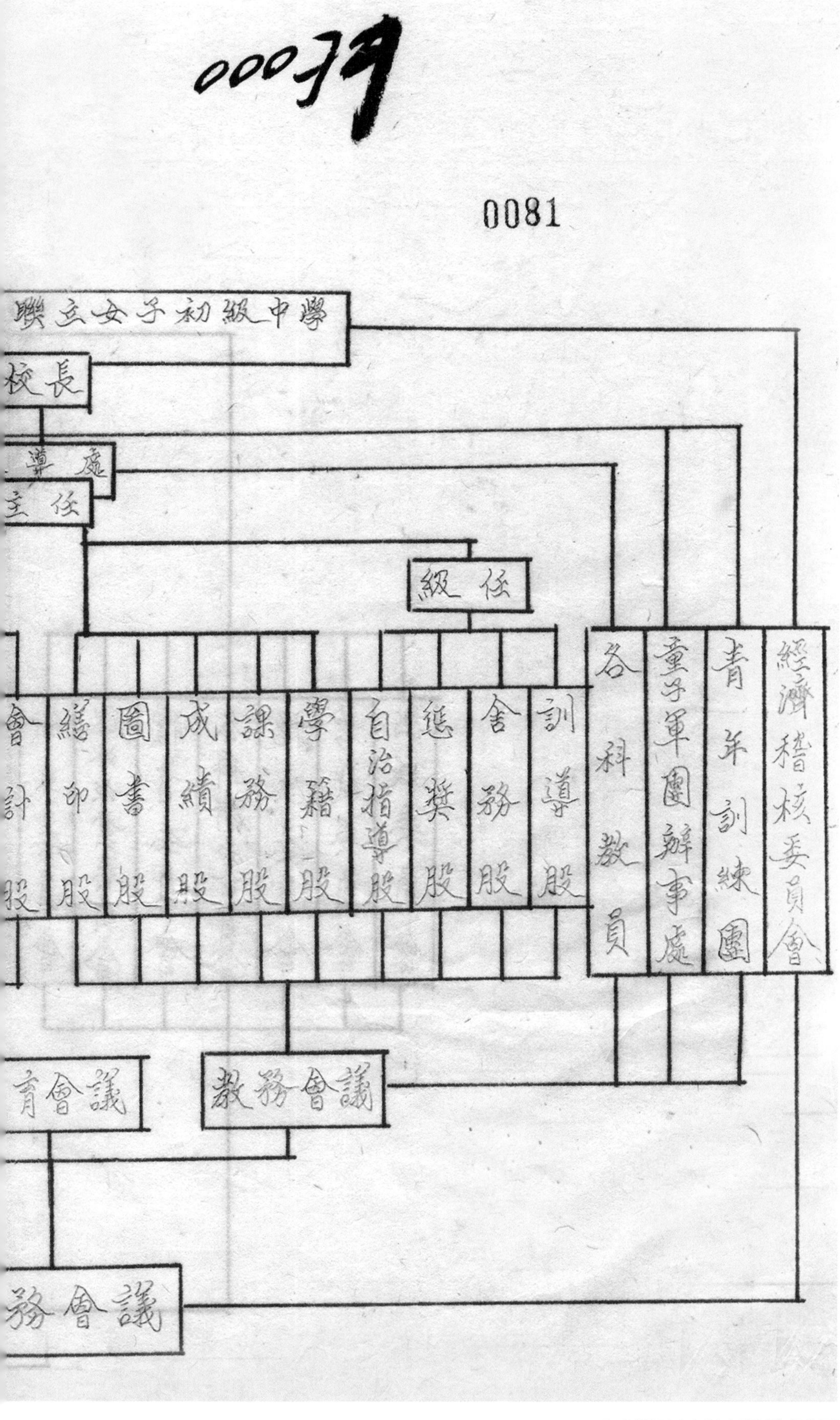

● 民国二十七年（1938）机构图

四川省第十三区联立女子初级中学招生广告

招收名额
1. 初中新生一班共五十名
2. 初中二年级插班生十五名

校考资格
1. 新生年在十二岁以上十六岁以下，曾由高级小学毕业或具有同等学力者
2. 插班生须持有原校二学期转学证书者

报名
日期 国历七月二十日、废历六月十三日起至第二次考试前一日止
地点 绵阳城内通圣街本校传事房
手续
1. 缴呈毕业证书或转学证书
2. 填具志愿书、保证书
3. 缴呈二寸半身像片

考试
科目
1. 新生：国语、算术、常识、口试
2. 插班生：国语、英语、算学、史地、生物、口试、体格检查
日期
1. 第一次国历七月二十二日、废历六月十五日，在本校举行
2. 第二次国历八月三十日、废七月二十五日，在本校举行

征费
甲、学费叁元
乙、体育费伍角
丙、卫生费肆角
丁、食费贰拾元，期末多退少补
戊、书籍费陆元，期末多退少补
己、制服费叁元，期末多退少补

开学日期：国历九月一日

附告
1. 本校遵令设有免费生九名、公费生三名，凡学行优异、家境寒畯之学生均有免费希望
2. 本校采取严格管理学生自审不能遵守者勿庸来校

中华民国二十六年（1937）七月　日

校长　曾孟容

四川省第十三区联立女子初级中学教职员一览表

职别	姓名	性别	年龄	籍贯	资格经历	著述	现职（科目及时数）	薪	到校年月
校长	李有度	男	四一	四川江油	国立北京大学英文学系毕业 曾任北平大学女子师范四年		英语公民教员	一四〇.〇〇元	廿八年二月
教导主任	李德辉	女	二八	四川南江	四川中学女子部毕业 生物学毕业		自然一科教员 每周十六小时	一二〇.〇〇元	廿六年二月
童级任	蒋起莘	男	三五	四川绵阳	四川公立外国语专科学校毕业 曾任龙泉师范四川中学		国语国语教员 每周十六小时	一〇〇.〇〇元	廿六年八月
童级任	张鸿翼	男	二七	四川绵阳	四川大学教育系毕业 曾任医宁绵中南充女师		英语国语教员 每周十六小时	一〇〇.〇〇元	廿七年八月
专任教员	梁荣贞	女	四二	四川绵阳	重庆大学体育系毕业 历任中南女子中学体育		体育童子军教员 每周十六小时	一〇〇.〇〇元	廿七年二月
专任教员	胡有肃	女	二四	河南	国立上海国立音乐学校毕业		音乐教员 每周十八小时	三二.〇〇元	廿七年二月
专任教员	萧宗华	女	二五	四川安岳	国立东北大学理科学院毕业 曾任郯城师范二年		算学教员 每周十六小时	六四.〇〇元	廿六年三月
教员	冯礼信	男	二五	河南	国立上海艺术专科学校毕业 曾任军队绵阳县		图画劳作教员 每周十六小时	四四.〇〇元	廿八年三月
教员	许文清	女	三四	四川	国立东南大学地质学校毕业		历史地理教员 每周十六七小时	三〇.〇〇元	廿六年一月
舍监	陈世富	男	四七	四川巴县	四川成都艺术门毕业			三〇.〇〇元	廿八年二月
会计	张潜永	男	四〇	四川绵阳	四川中学毕业 曾任三台中江弘药县会计主任			三〇.〇〇元	廿八年二月
校医	叶鹤龄	男	三〇	四川华阳	四川省立第一高级中学毕业 曾任三台南部盐亭校医			三五.〇〇元	廿八年二月
事务员	张志齐	男	三四	四川绵阳	四川省立第一中学毕业 曾任绵阳南城			三〇.〇〇元	廿八年一月
事务员	吴忠炳	男	四八	四川绵阳	四川省立第一中学毕业 曾任三台南部盐亭县			二五.〇〇元	廿八年十月
书记	冯止恒	男	三三	四川德阳	四川省立师范毕业 书记廿年			二〇.〇〇元	廿八年二月
书记	雍志荣	男	三〇	四川绵阳	立市龙泉联合初中毕业 书记廿二年			二〇.〇〇元	廿八年二月

民国二十七年（1938）教职员一览表

四川省第十三区联立女子初级中学教职员一览表

职别	名姓	性别	年龄	籍贯	资格	经历（服务年月）	著述	现职科目及时数	月薪	到校年月
校长	李有度	男	41	四川江油	国立北京大学英文学系毕业	曾任北平市立中学、北平大学等校教员十七年		英语、公民教员 每周十二小时	140.00元	二十八年（1939）二月
教导主任兼级任	李德辉	女	27	四川南江	北平中国学院生物系毕业	曾任北平四川中学等校教员四年		自然科教员 每周十六小时	120.00元	二十八年（1939）二月
专任教员兼级任	蒋起莘	男	35	四川绵阳	四川大学中文系毕业	曾任绵阳县初中、省绵中教员六年		国语教员 每周十八小时	100.00元	二十八年（1939）二月
专任教员兼级任	张鸿翼	男	42	四川绵阳	四川公立外国语专门学校毕业	历任龙绵师范、安县初中、渠县中学、四川省立第二中学教员十六年		英语、国语教员 每周十八小时	100.00元	二十七年（1938）八月
童军教练员兼体育指导	梁荣贞	女	24	四川蓬溪	重庆大学体育科毕业	曾任遂宁中学体育教员一年		体育童军教员 每周十六小时	100.00元	二十七年（1938）八月
专任教员兼级任	胡有肃	女	25	四川青神	四川大学数学系毕业	曾任郫县中学私立成公中学教员二年		算学教员 每周十八小时	100.00元	二十八年（1939）二月
教员	萧宗华	女	31	四川安县	上海国立音乐专科学校毕业			音乐教员 每周八小时	33.00元	二十七年（1938）二月
教员	冯永信	男	25	河南武安	国立艺术专科学校毕业	曾任军委会政治部宣传队队员		图书、劳作、字事教员 每周十六小时	64.00元	二十八年（1939）三月

教员	许文清	女	25	黑龙江	国立东北大学史地系毕业		历史、地理教员每周十六小时	64.00元	二十八年（1939）三月
会计	陈世富	男	34	四川巴县	四川省财训所毕业	曾任三台征收局会计主任		50.00元	二十六年（1937）五月
校医	张涪永	男	47	四川绵阳	前绵州联中毕业	曾任绵阳县初中校医		30.00元	二十七年（1938）二月
出纳	叶鹤龄	男	30	四川华阳	成都大成中学毕业	曾任三台中江县政府科员		35.00元	二十八年（1939）一月
事务员	张志霄	男	27	四川绵阳	潼属共立高中毕业	曾任绵阳南城丰谷小学教职员二年		30.00元	二十八年（1939）二月
事务员	吴忠炳	男	48	四川绵阳	国学专门学校毕业	曾任三台南部盐务监科长稽核所课员		30.00元	二十八年（1939）二月
书记	冯止恒	男	33	四川德阳	四川省立第一中学毕业	曾任四川省会警察厅科员等职		25.00元	二十七年（1938）十月
书记	雍志恭	男	30	四川绵阳	四川龙绵联合县立师范毕业	曾任绵阳县初中书记等职		25.00元	二十八年（1939）二月

● 民国二十七年（1938）概况调查表

二十七年度全国中等学校概况调查表

二十七年（1938）月填报

1. 校名及其沿革	校名	四川省第十三区联立女子初级中学		所在地	原校址：绵阳城内通圣街 疏散校址：绵阳丰谷井〔二十八年（1939）九月迁移〕						
	沿革	民国二十四年（1935）年八月第十三区行政督察专员公署为整顿辖区各县中等教育起见，乃合并各县县立初级中学女生部及各县女子初级中学，就绵阳县立初级中学女生部校址成立绵阳联立女子初级中学；二十六年（1937）上期改为四川省第十三区联立女子初级中学。									
2. 教职员	校长姓名及经历	校长李有度，国立北京大学英文学系毕业，曾任北平市立第四中学、国立北平大学、山东省立高级中学教员等职。									
	教员	总数9人（内女教员5人），专任6人，兼任3人，最高月薪140元，最低月薪32元，众数　元。									
	职员	总数7人（内女职员　人），专任　人，兼任　人，最高月薪50元，最低月薪25元，众数　元。									

3. 学生及毕业生	学生总数146人（男　人，女146人）									
	初中科三年级第四班26人（内女生　人）	现在学生之家庭职业状况	职业	百分比	职业	百分比	本届毕业生状况	总数24人		前三年毕业生总数及状况	总数　人
	初中科二年级第五班34人（内女生　人）		党	2%	工	2%		类别	百分比		类别	百分比
	初中科一年级第六班49人（内女生　人）		政	8%	学	25%		升学	20%		升学	
	初中科一年级第七班37人（内女生　人）		军	8%	商	35%		服务	50%		服务	
	科年级班人（内女生　人）		警		其他			赋闲	14%		赋闲	
	科年级班人（内女生　人）		农	20%	无业			病亡			病忘	
								其他	16%		其他	
	本年招生投考与录取人数比较：投考学生总数62人，录取学生总31人，百分比50%。										

4. 经费及设备	二十六年（1937）度岁出经费数$13434.00元					类别	数量	价值	实验（室型）容量
	经常费	俸给	$10076.00元	计$13166.00元	设备	图书	1400余种	800余元	
		设备	$2016.00元			仪器	90种	1000元	
		办公	$1074.00元			药品	60种	120元	
	临时		$268.00元			标本			
	经费来源：由四川省政府教育厅统筹办理按月发给					机械			

5. 学生缴费及待遇	学生缴费		学生待费			6. 学生劳作及实验作品	种类	数量	价值
	类别	金额	类别	名额	每名每学期补助数		烹饪		
	学费	3元	公费	1	32.4		缝纫		
	宿费	元	免费	无	32.4				
	膳费	20元□号□五角	奖学金	无					
	其他	书籍费4元、体育费5角、制服费4元、卫生费4角。							

7.训练实施办法	（1）个别训练：由级任与导师向学生个别谈话，因材施教，以纠正其错误，培养其德性。 （2）团体训练：于纪念周及每日升旗集合全校学生训导。	8.抗战以来所受影响	抗战以来，敌机不时窥川，警报频传，一般学生家庭，因避免轰炸，大多疏散，相继来校请求转学休学者，层出不鲜，对于（编者按：原文缺。）
9.平时感觉困难之点		10.改进计划	（1）本校为应当时环境需要，减少突袭损害起见，拟一面呈请拨款疏散，一面积极筹划疏散进行。 （2）本抗战教育宗旨，实践国民精神总动员纲领，切实推进。
备注			

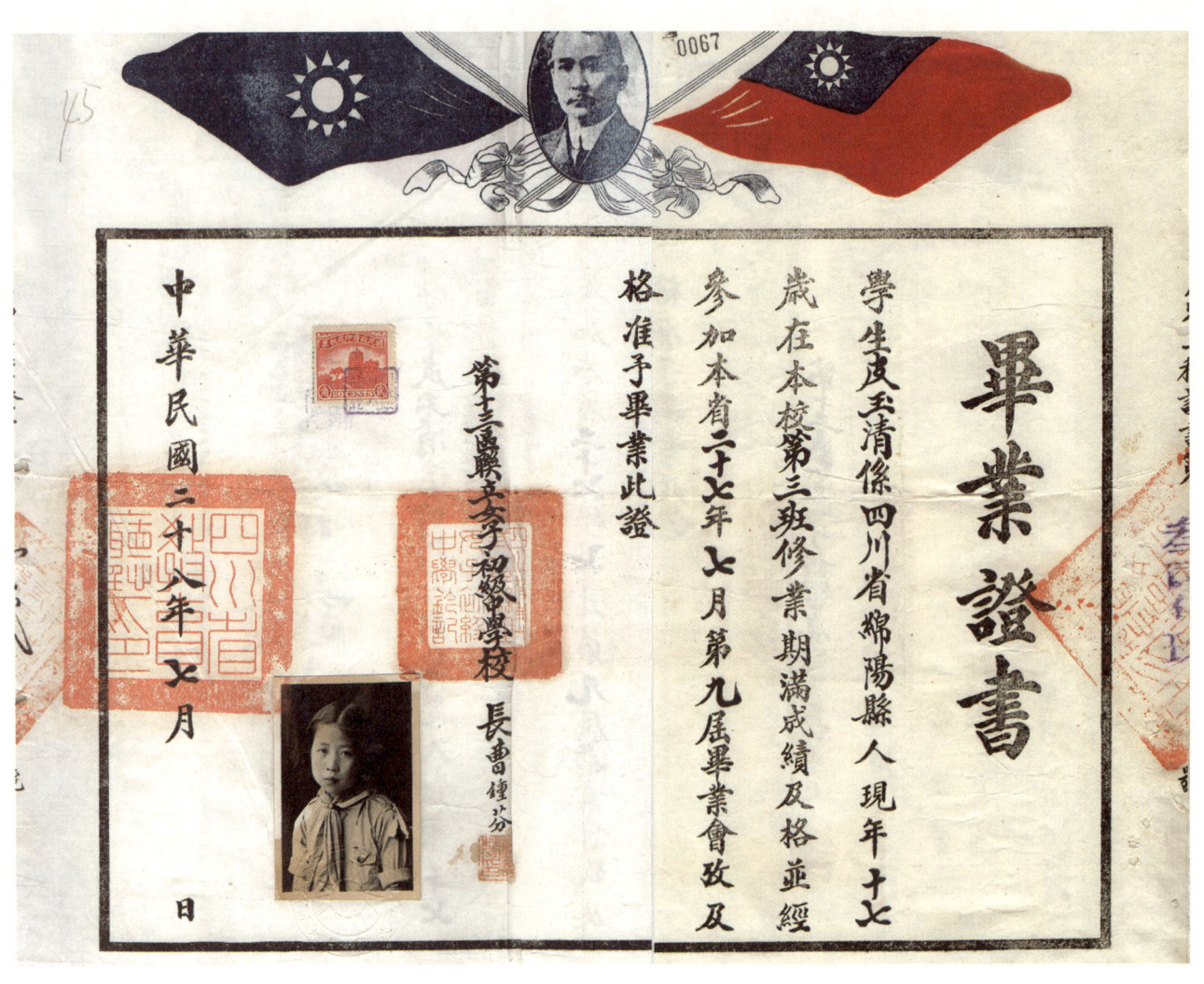

● 民国二十八年（1939）学生毕业证书

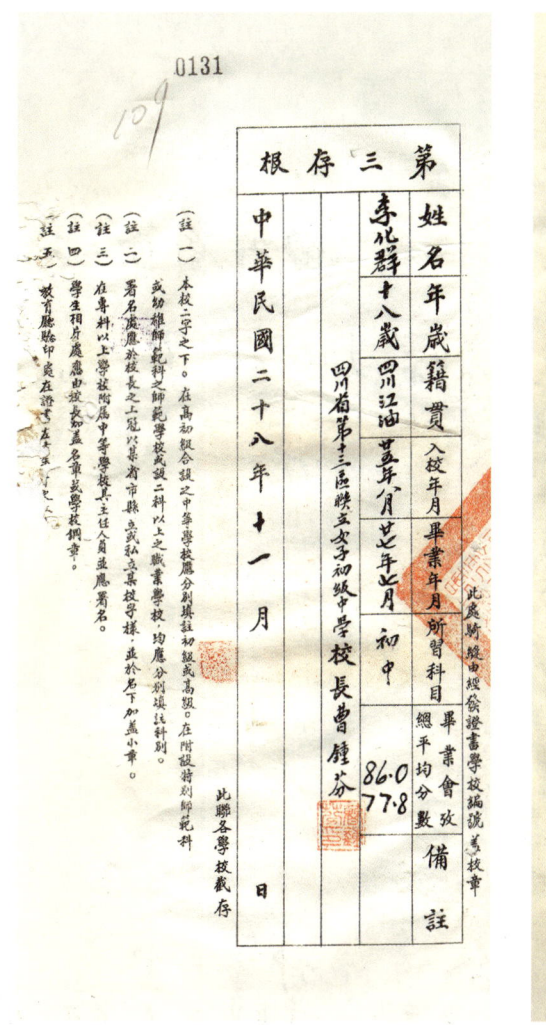

● 民国二十八年（1939）学生毕业证书存根

● 民国二十八年（1939）学生毕业证书存根

四川省第十三区联立女子初级中学在...

科目及学期		班数	班号	现有学生数			各该学期	原有原班生数		摆男
				合计	男	女		男	女	
	合 计									
在校学生数	高级									
	合 计	5								
	初中科一学期	1	第九班 43			43	卅二年一月		30	
	" " 二 "	1	第八班 34			34	卅一年七月		26	
	" " 三 "	1	第七班 25			25	卅年一月		9	
	" " 四 "	1	第六班 26			26	卅年七月		14	
	" " 五 "									
	" " 六 "	1	第五班 22			22	廿九年七月		16	
	级									

本表根据...

学生人数调查表

借读生数		公费学额		免费学额		贷金学生数		受军训预备人数		受军训人数		备注
男	女	男	女	男	女	男	女	男	女	男	女	
12	13	14	15	16	17	18	19	20	21	22	23	24
										43		本班除原班生外有留级生十三名
										34		本班除原班插班生外有复学生四名,留级生二名
										25		本班除原班插班外有再收生复学生十二名
										26		本班除原班插班生外有复学生六名
				1						22		

下期事实填列。

● 民国二十八年（1939）下期在校学生人数调查表

注意點

(一)兒童初入中國童子軍團時，須由團長或精警領袖視情形，向其解釋明白，並須指導其反復誦讀，以求徹底為止。

(二)兒童單獨行入伍宣誓禮，以各個舉關宣誓誦讀為難，須視國旗或黨國旗及總理遺像。

(三)童子軍領袖領導，頌由曾履行中國童子軍童軍之服務員童子軍領袖誦讀，領導入耳須注意全體動作之一致，體循釋朗誦，每讀一句，令

(四)誦讀誓詞時，態度需莊嚴，姿勢要正確，聲音要洪亮，讀句要清晰，快慢要適宜。

(五)誦讀誓詞，如有非童子軍參加，應將誓詞抄錄，張貼於注目之處，或即出分發。

中国童子军誓词诵读办法（二十八年二月颁布）

中国童子军宣读或背诵誓词，依照下列办法行之。

甲、读法

警词分为六句诵读，每句遇有点号，稍停，但仍须接读，共计六卷半为止，分句如下：

（一）某某（本人姓名）誓遵奉

总理遗教。

（二）确守中国童子军之规律。

（三）余愿奉行下列三事：

（四）第一 励行忠孝仁爱信义和平之教训，为中华民国忠诚之国民。

（五）第二 随时随地扶助他人，服务公众。

（六）第三 力求自己智识道德体魄之健全。

乙、姿势

诵读誓词时，必须立正，右手自然举为礼，两肩平齐，四指并拢向外、高过头部、行不指敬为礼、两肩平齐，读至末句最后...

民国二十八年（1939）中国童子军誓词诵读办法

八、各校舉行縣慶祝會時會場之佈置可是目辦會籌辦佈置燈綵、懸附八、協資擬辦，各級舉辦慶祝樓、錦標義捐，放焰團遊戲等集會成活動，亦許由各校廣慶開易之。

九、各縣市縣及公團童子軍等舉行慶祝會應及各項活動，應照通情形逕紙呈報本部和中縣省會舉辦會備案。

八、本辦法由中國童子總會頒佈施行。

四、三民主義萬歲！
五、中華民國萬歲！
六、萬歲高歡為結束
  （歡呼時須將棍頂上為準，最後中須得跳躍，將帽為擲）
  (一)呼第一句應將第左手貢軍棍，或將帽放於棍頂上為準，最後中須得跳躍，將帽為擲
  (二)唱中國童子軍歌（全體合唱）
  (三)散會（奏樂）
五、舉行慶祝典禮之場所，以在露天廣場為宜，當天氣應據天責佈，附近過交交通要道，沿路梨點標語及圖畫。
六、舉行慶祝典禮時，應歡迎當地民眾及兒童參觀。
七、各省市及各國童軍參加慶祝典禮後，應勵行社會校服務，戰時後方服務，並服務計劃應由各級會管機關聯絡地方情形切實佈置之。本年本月恰為中國童子軍總會勸員徵募教育基金運動，嚴後一月更須由各該主管機關認真籌募基金勵餞籌劃，

中国童子军誓词诵读办法

二十八年（1939）二月颁布

童子军宣读或背诵誓词，依照下列办法行之。

甲、读法

誓词分为六句诵读。每句遇有点号，稍停，但所须接读至整句完毕为止，分句如下：

（一）某某（本人姓名）誓遵奉 总理遗教。

（二）确守中国童子军之规律。

（三）终年奉行下列三事：

（四）第一，励行忠孝、仁爱、信义、和平之教训，为中华国民忠诚之国民。

（五）第二，随时随地扶助他人，服务公众。

（六）第三，力求自己智识、道德、体体之健全。

乙、姿势

诵读誓词时，必须立正，右手自然高举，两肩平臂略弯，掌向外，高过头部，行三指敬礼，读至末句最一字后，将手放下，仍成立正姿势，如遇右手持棍，应先将棍倒放地上，倒棍法为左足向前一步，身下弯，右手顺势将棍直倒地上，棍位于右足部前方。

丙、要点

（一）儿童初入中国童子军团，须由团长将誓词及规律向其解释明白，并须指导其反复诵读，以至纯熟为止。

（二）童子军履行入伍宣誓，并须注视国旗或党国旗及总理遗像读为原则。

（三）集团背诵誓词，须由曾履行中国童子军宣誓之服务员或童子军领导，领导人面对全体，每读一句，全体循声朗读，领导人并须注意全体动作之一致。

（四）诵读誓词时，态度要庄重，姿势要正确，声音要洪亮，读句要清晰，快慢要适宜。

（五）诵读誓词，如有非童子军参加，应将誓词抄录张贴于注目之处，或印出分发。

四川省中等学校学校沿革及教职员经费调查表

完全学校名称： 四川省第十三区联立女子初级中学

详细校址： 绵阳城内道署街（原校地）　绵阳丰谷井大神庙（疏散后校址）

学校沿革

教育部备案年月	教育厅立案年月　民国廿六年二月

其他沿革历史：民国廿四年八月第十三区行政督察专员公署为整顿辖区各种中等教育起见乃合併辖区私立初中女生部原属私立女子初中就绵阳县立初中女生部校址成立绵阳联立女子初级中学廿六年二月奉令改为四川省第十三区联立女子初级中学

教职员

校长：
1. 姓名：曹鍾荣
2. 别号：——
3. 年龄：三十五岁
4. 性别：女
5. 籍贯：四川江津
6. 到职年月：廿六年八月
7. 月薪元数：照折成数160元除五扣不折奉此色折计
8. 最高一阶段学历：英国伦敦大学心理学硕士
9. 未到职前一期之履历：——

各部主任：

姓名	别号	性别	职务名称	每週任课时数
李凤瑞	——	女	教导主任兼文学组长	12
翟端平	——	女	训导师兼训导组长	14

教职员别	合计	男	女
总数	20	12	8
1.每课担任职员数	8	6	2
2.职教员兼任数	8	3	5
3.专任教员数	3	2	1
4.兼任教员数	1	1	

经费

各项来源及数目：（二十九年二月起至二十九年七月底止）

总计 13116.50 元

1. 省库款　12456.50 元
2. 代收款　210.00 元
3. 学费　450.00 元
4. ——
5. ——
6. ——

支付数目：（元数）

总计 10488.57 元

1. 薪工费合计 8708.32 元
   - 职员薪金 2635.00
   - 教员薪金 6023.00
   - 雇员薪金 506.00
   - 校工工资 134.32

2. 设备费合计 282.88 元
   - 购置费 218.29
   - 修缮费 ——
   - 实验费 64.59

3. 办公费合计 1341.30
   - 文具 438.91
   - 邮电 29.30
   - 消耗 491.00
   - 杂支 257.29
   - 簿籍 124.80

4. 学生膳费 ——
5. 体育费 156.07 元
6. 特种训练费 ——
7. 奖学金 ——
8. 会考费 ——

学生每名学生各期担负费用

1. 学费　3.00 元
2. 膳费　30.00
3. 住宿费　——
4. 体育费　0.50 元
5. 服装费　15.00 元
6. 实习材料费　——
7. 卫生费　0.40
8. 图书费　0.50

备注：川省所纳图书费倂入杂费

按照廿八年下学期事实填列，经费数亦按照廿八年下学期实数填示

● 民国二十九年（1940）沿革教职员经费调查表

四川省中等学校学校沿革教职员经费调查表

完全学校名称：四川省第十三区联立女子初级中学

详细校址：绵阳城内通圣街（原校址）绵阳丰谷井火神庙（疏散后校址）

学校沿革	教育部备案年月 教育厅立案年月 民国二十六年（1937）二月 其他简明校史：民国二十四年（1935）八月第十三区行政督察专员公署为整顿辖区各县中等教育起见，乃合并辖区各县县立初中女生部及各县县立女初中，就绵阳县立初中女生部校址成立绵阳联立女子初级中学；二十六年（1937）二月奉令改为四川省第十三区联立女子初级中学。
教职员	校长：1.姓名 曹钟芬　　2.别号 ____　　3.年龄 35岁　　4.性别 女　　5.籍贯 四川江津 6.到职年月 二十八年（1939）八月　　7.月薪天数及折扣成数 160元除五十天不折除以九五折 8.最高一阶段之学历 英国伦敦大学心理学硕士　　9.未到职前一期之经历 ____

<table>
<tr><th colspan="5">各部主任</th><th colspan="4"></th></tr>
<tr><td>姓名</td><td>别号</td><td>性别</td><td>职务名称</td><td>每周任课时数</td><td>职教员别</td><td>合计</td><td>男</td><td>女</td></tr>
<tr><td>李凤瑞</td><td></td><td>女</td><td>教导主任兼教学组长</td><td>12</td><td>总　数</td><td>20</td><td>12</td><td>8</td></tr>
<tr><td>乔端平</td><td></td><td>女</td><td>主任导师兼训导组长</td><td>14</td><td>1.未兼课之职员数</td><td>8</td><td>6</td><td>2</td></tr>
<tr><td></td><td></td><td></td><td></td><td></td><td>2.职教员兼任数</td><td>8</td><td>3</td><td>5</td></tr>
<tr><td></td><td></td><td></td><td></td><td></td><td>3.专任教员数</td><td>3</td><td>2</td><td>1</td></tr>
<tr><td></td><td></td><td></td><td></td><td></td><td>4.兼任教员数</td><td>1</td><td>1</td><td></td></tr>
</table>

经费

各项来源及数目　二十九年（1940）二月起至二十九年（1940）七月底止

总计13116.50元

1.经费12456.50元　　2.代办费210.00元　　3.学费450.00元

支付数目（元数）总计10488.57元

1.薪工费合计8708.32元	2.设备费合计282.88元	3.办公费合计1341.30元	4.学生膳费____元
职员薪金2045.00元	购置费218.29元	文具438.91元	5.体育费156.07元
教员薪金6023.00元	修缮费____元	邮电29.30元	6.特种训练费____元
雇员薪金506.00元	实验费64.59元	消耗491.00元	7.奖学金____元
校工工资134.32元		杂支257.29元	8.会考费____元
		簿籍124.80元	

学生负担费用（按每名学生一学期计算）

1.学费3.00元　　2.膳费30.00元　　3.住宿费____元　　4.体育费0.50元

5.服装费15.00元　　6.实习材料费____元　　7.卫生费0.40元　　8.图书费0.50元

备注：学费解缴、卫生、图书等费并入体育

按照二十八年（1939）下学期事实填列，经费数亦按照二十八年（1939）下学期实数填列

内政部卫生署绵阳公路卫生站公函

阳 一三号

民国二十九年（1940）二月 日发

事由：为函复原参加检查新生体格希烦查照一案由。

径复者：案准

贵校一三二号公函节开：本校于二月十五日招考新生，请贵站协助代为检查体格，即烦查照见复为荷等由准此本站负有卫生保健之责固愿参与。贵校选育英才之举，相应函复，希即查照，为荷！

此致

四川省第十三区联立女子中学校

主任医师 檀树芬

二十九年（1940）二月十一日 时收到

教员服务规约

1. 本校教员应负训育责任并以身作则。
2. 本校教员授课应按照预定教学进度切实进行。
3. 本校教员应按期详细评改学生练习课卷演草及笔记报告，并应签字负责注明月日。
4. 本校教员应指导学生实验及实习。
5. 本校教员应轮值指导学生自习。
6. 本校教员应指导学生课外阅读及作业，并考核其成绩。
7. 本校教员应轮值出席纪念周及各种集会结队。
8. 本校教员非有重大事故不得请假，如经请假课务必须请人代理或自行补授。
9. 本校教员对于图书、仪器、标本、图表应负指导、保管之责。
10. 本校聘请教员之聘约，如遇特别情形，得商取双方同意改任其他教科或职务，并增减其待遇。

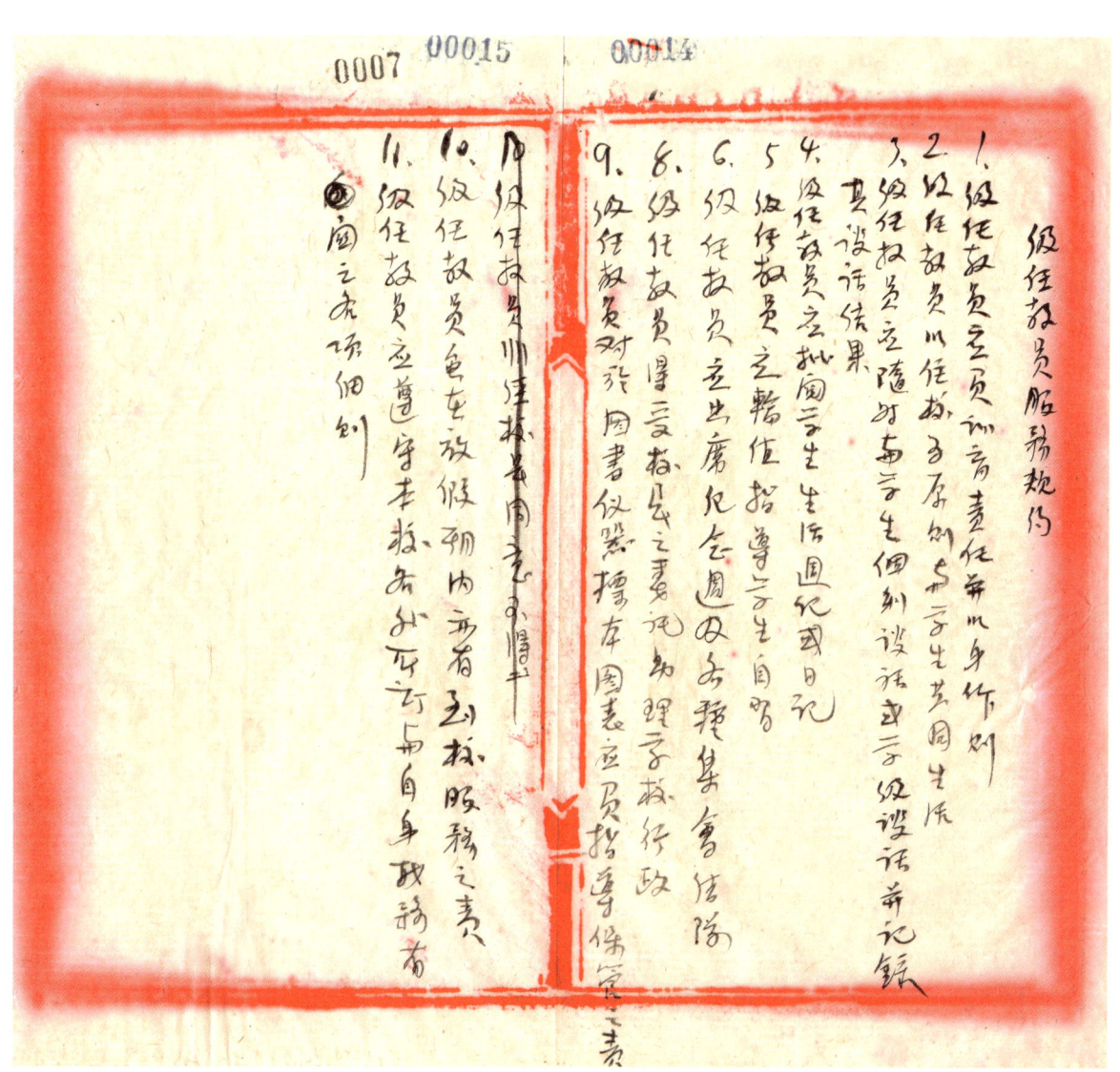

● 级任教员服务规约

级任教员服务规约

1. 级任教员应负训育责任并以身作则。
2. 级任教员以住校为原则与学生共同生活。
3. 级任教员应随时与学生个别谈话或学级谈话并记录其谈话结果。
4. 级任教员应批阅学生生活周记或日记。
5. 级任教员应轮值指导学生自习。
6. 级任教员应出席纪念周及各种集会结队。
8. 级任教员得受校长之委托助理学校行政。
9. 级任教员对于图书、仪器、标本、图表应负指导保管之责。
10. 级任教员虽在放假期内亦有到校服务之责。
11. 级任教员应遵守本校各处所订与自身职务有关之各项细则。

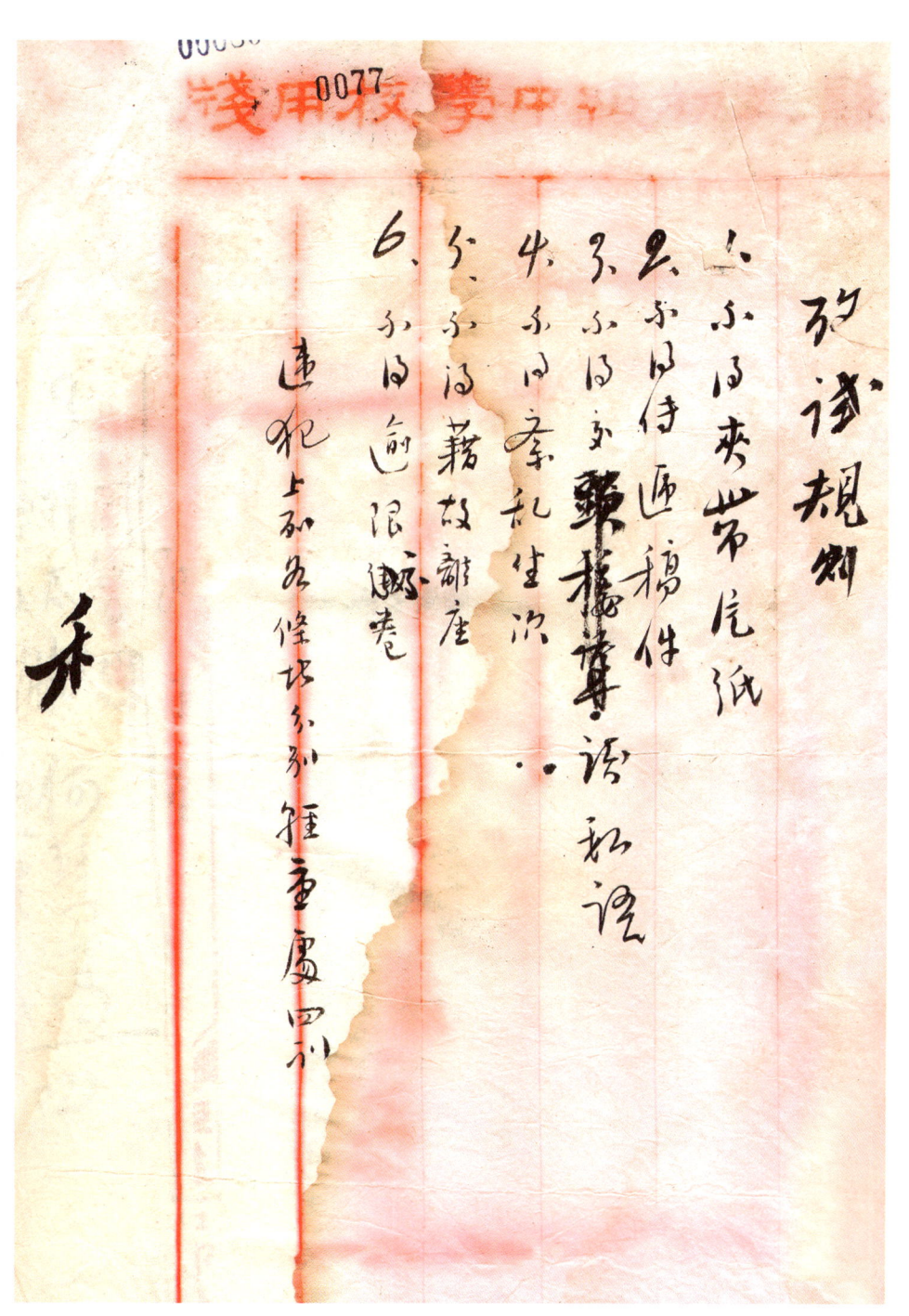

● 考试规则

考试规则

1. 不得夹带片纸。
2. 不得传递稿件。
3. 不得交谈私语。
4. 不得紊乱坐次。
5. 不得借故离座。
6. 不得逾限交卷。

违犯上列各条者分别轻重处罚。

期六）午后八时交齐，以示优待投稿诸君。
9. 本简章自公布之日起实行。
10. 本简章如有未尽善处得由职员大会增改之。

帼魂壁报社征稿启事

本报订于下周星期一（十月四日）出版，凡属我校教职员暨同学均有投稿之权，希即查照后列投稿简章按期投稿。无任欢迎此启。

四川省第十三区联立女子初级中学学生自治会帼魂壁报社启 十月一日

计附本报投稿简章于后

帼魂壁报社投稿简章

1. 本报分社论、论著、新闻、短评、特载、科学、漫谭、杂俎、文艺（分小说、散文、诗……等）各栏，一律欢迎投稿，但以含有爱国情绪者为佳。
2. 来稿务望用本报规定稿纸缮写清楚，并加新式标点。
3. 所投之稿文言白话不拘，在文艺作品中至多不得超过五百字以上，以免多占篇幅。
4. 来稿文字本社有删改之权，如不愿删改者请预先声明。
5. 来稿登载后，即由本校国文教师记分，作为学校平时成绩之一，恕不致酬（教职员例外）。
6. 来稿请随注姓名，揭载时如何署名，悉听作者自便。
7. 来稿请交本校编辑主任莫树滋收。
8. 交稿日期订于每周星期五日午后八时以前一律交齐，逾期则在下期发表。本期因系创刊，未及早通知，特展一日至明日（星

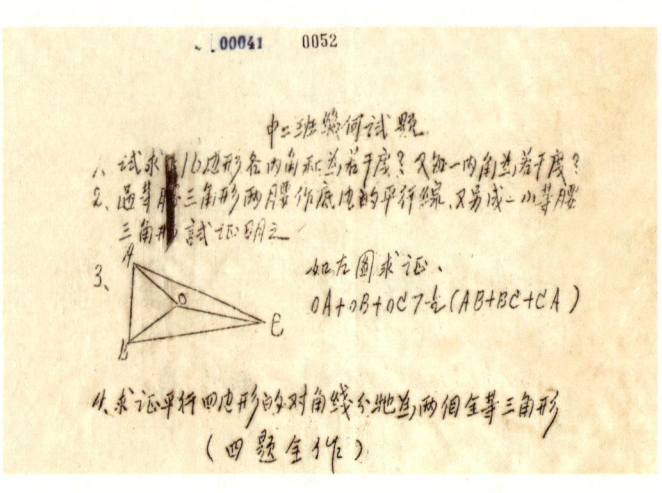

● 中二班几何试题

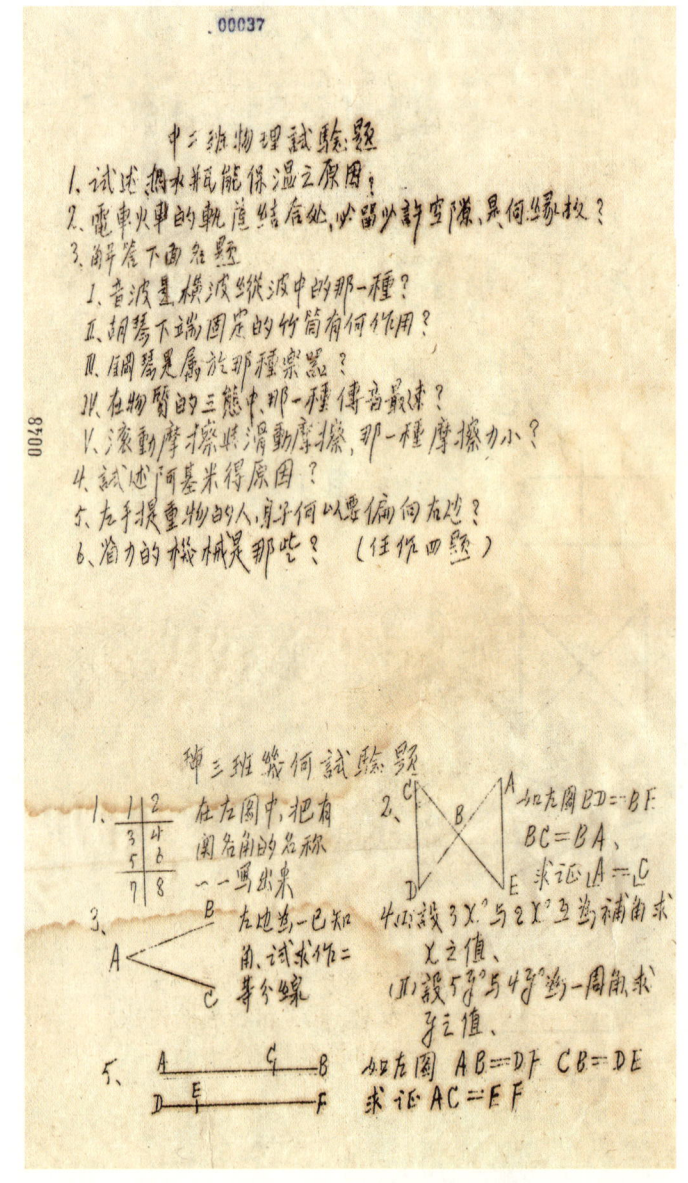

● 中二班物理试验题及中三班几何试验题

中二班几何试题

1. 试求正六边形各内角和为若干度？又每一内角为若干度？
2. 过等腰三角形两腰作底边的平行线，又另成一小等腰三角形，试证明之。
3. 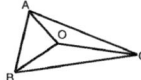 如左图求证：
   $$OA+OB+OC > \frac{1}{2}(AB+BC+CA)$$
4. 求证平行四边形的对角线分它为两个全等三角形。（四题全作）

中二班物理试验题

1. 试述热水瓶能保温之原因。
2. 电车、火车的轨道结合处，必留少许空隙，是何缘故？
3. 解答下面各题
   Ⅰ 音波是横波、纵波中的哪一种？
   Ⅱ 胡琴下端固定的竹筒有何作用？
   Ⅲ 钢琴是属于哪种乐器？
   Ⅳ 在物质的三态中，哪一种传音最速？
   Ⅴ 滚动摩擦与滑动摩擦，哪一种摩擦力小？
4. 试述阿基米得原因？
5. 左手提重物的人，身子何以要偏向右边？
6. 省力的机械是哪些？（任作四题）

中三班几何试验题

1. 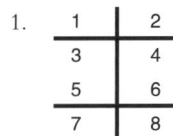 在左图中，把有关各角的名称一一写出来。

2. 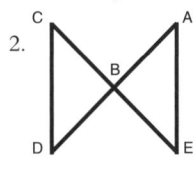 如左图 BD=BE
   BC=BA，
   求证∠A=∠C

3. 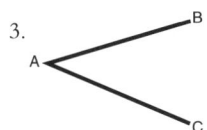 左边为一已知角，试求作二等分线。

4. （Ⅰ）设 $3x°$ 与 $2x°$ 互补角，求 x 之值。
   （Ⅱ）设 $5y°$ 与 $4y°$ 为一周角，求 y 之值。

5. 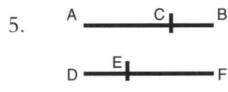 如左图
   AB=DF CB=DE
   求证 AC=EF

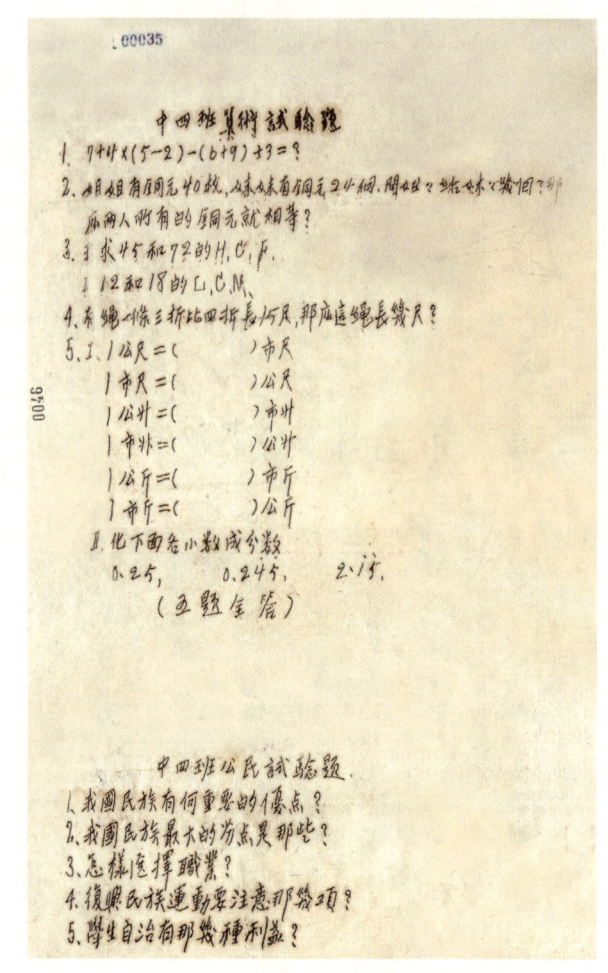

中四班算术试验题及公民试验题

中四班算术试验题

1. 7+4×(5-2)-(6+9)÷3=？
2. 姐姐有铜元40枚，妹妹有铜元24个，问姐姐给妹妹几个，那么两人所有的铜元就相等？
3. Ⅰ 求45和72的H、C、F。
   Ⅱ 12和18的L、C、M。
4. 有绳一条三折比四折长15尺，那么这绳长几尺？
5. Ⅰ 1公尺=(　　)市尺
   1市尺=(　　)公尺
   1公升=(　　)市升
   1市升=(　　)公升
   1公斤=(　　)市斤
   1市斤=(　　)公斤
   Ⅱ 化下面各小数成分数
   　　0.25　　　　0.245　　　　2.15
   (五题全答)

中四班公民试验题

1. 我国民族有何重要的优点？
2. 我国民族最大的劣点是哪些？
3. 怎么样选择职业？
4. 复兴民族运动要注意哪几项？
5. 学生自治有哪几种利益？

中四班英文试验题

1.Translate the following into Chinese:

Jam and Mary lived in a big house. The house was near a big park. There were many trees, many flowers, a hill and a river in the park. One day Jam said "Mary will you go with me to the park to-day?" Mary said: "Yes, Jam, I shall be glad to go with you. We can play there."

2.Give the meaning of the following words:

鸟=　　　　纸=　　　　花=　　　　饥饿=

昨日=　　　河=　　　　快乐=　　　狐狸=

太阳=　　　马=　　　　黑暗=　　　斧=

3.Fill in the blanks:

（1）I_____two eyes; I see with _____eyes.

（2）I see a neat: it is on the_____, but it is in the_____.

（3）How_____boys have you?

（4）We sit near the_____.

4.Correct the following errors:

（1）That is an door.

（2）This is a ant.

（3）I have one books.

（4）You have three pencil.

中四班地理试验题

1. 试述中山先生所拟洪泽湖并开两口的计划？
2. 安徽省内的河流以江淮为巨川，试列举两巨川在安徽省内的重要支流？
3. 浙江省东靠何海？海岸是什么岸？有哪些重要的岛屿港湾？
4. 浙江省内有哪些重要山脉和河流？
5. 上海市何以能成为全国经济的中心，计划市中心区域的目的何在？
6. 江苏、浙江、安徽三省重要的矿产有哪些？
7. 试述下列产物的出产地——紫泥陶器、苏绣杭缎、绍酒、火腿、湖笔、龙井茶、湖菜、歙砚、宣纸、宁式木器、平水茶。
8. 安徽省的气候概况是怎样的？

⑪ 就根的性質和存在的地位而言,可分根為那些種類?各見於那些植物?

⑫ 列舉根的各種作用及對於人生的重要用途和作用

⑬ 何謂細胞?細胞的構造是怎樣?

⑭ 細胞的分生是怎樣?

⑮ 根何以能夠伸長?根何以能夠加粗?

⑯ 何謂土壤?土壤的成分是些甚麼?

⑰ 土壤的種類有那些?那一種土壤對於植物的生長最適宜?

⑱ 植物所需要的物質是那些?其中最主要的又是那些?

⑲ 何謂肥料?重要的肥料有那些?

⑳ 農人做莊稼,為甚麼要施用肥料?

植物学练习题

余必达拟 廿五年冬

① 何谓自然物？
② 自然物可分几类，为那；每类如何区别？试各举例言之。
③ 怎样叫做植物？
④ 何谓植物学？植物学所研究的是甚麽，事项有那些？
⑤ 植物学的分科有那些？
⑥ 研究植物学的方法有那些？
⑦ 植物的营养器官是那些？那些？
⑧ 种子发芽时必须的要素是那些？生殖器官是那些？
⑨ 何谓胚？胚是由那几部分所构成的？
⑩ 何谓根？根可分为那些部分？根的构造是怎样？

㉛ 就芽着生的位置、性質、季節、萌芽而言可分芽為那些种類？

㉜ 莖為甚麽要向地上生長？就生長期而言可分何為草本？就地上莖、地下莖分別各舉例言之。草本植物為那幾類？

㉝ 何為木本？本植物分為那幾類？各舉例言之。

0039

㉞ 莖的種類有那些？試就地上莖、地下莖分別各舉例言之。

㉟ 莖的變態有那些？各舉例言之。

㊱ 根與莖怎樣的區别？試舉例言之。

㊲ 舉例言之、列舉莖的各種作用。

㊳ 莖的變態有那些？各舉例言之。

㊴ 土中的水分何以能昇到樹木的頂上去？

㊵ 樹木的皮剝傷了何以會死？

何謂耕耘？耕耘有那些益處？

根為甚麼要向地下生長？有無方法使他向上？

何謂根瘤？根瘤對於植物有何益處？就植物壽命的長短或可分植物為那幾類？各舉例言之。

何謂莖？莖可分為那幾部分？

莖的內部構造是怎樣？和作用

莖何以能伸長或加粗？

年輪的成因是怎樣？

單子葉植物莖的構造和雙子葉莖的構造有何不同？試舉例言之。和保護物

何謂芽？芽的構造是怎樣？

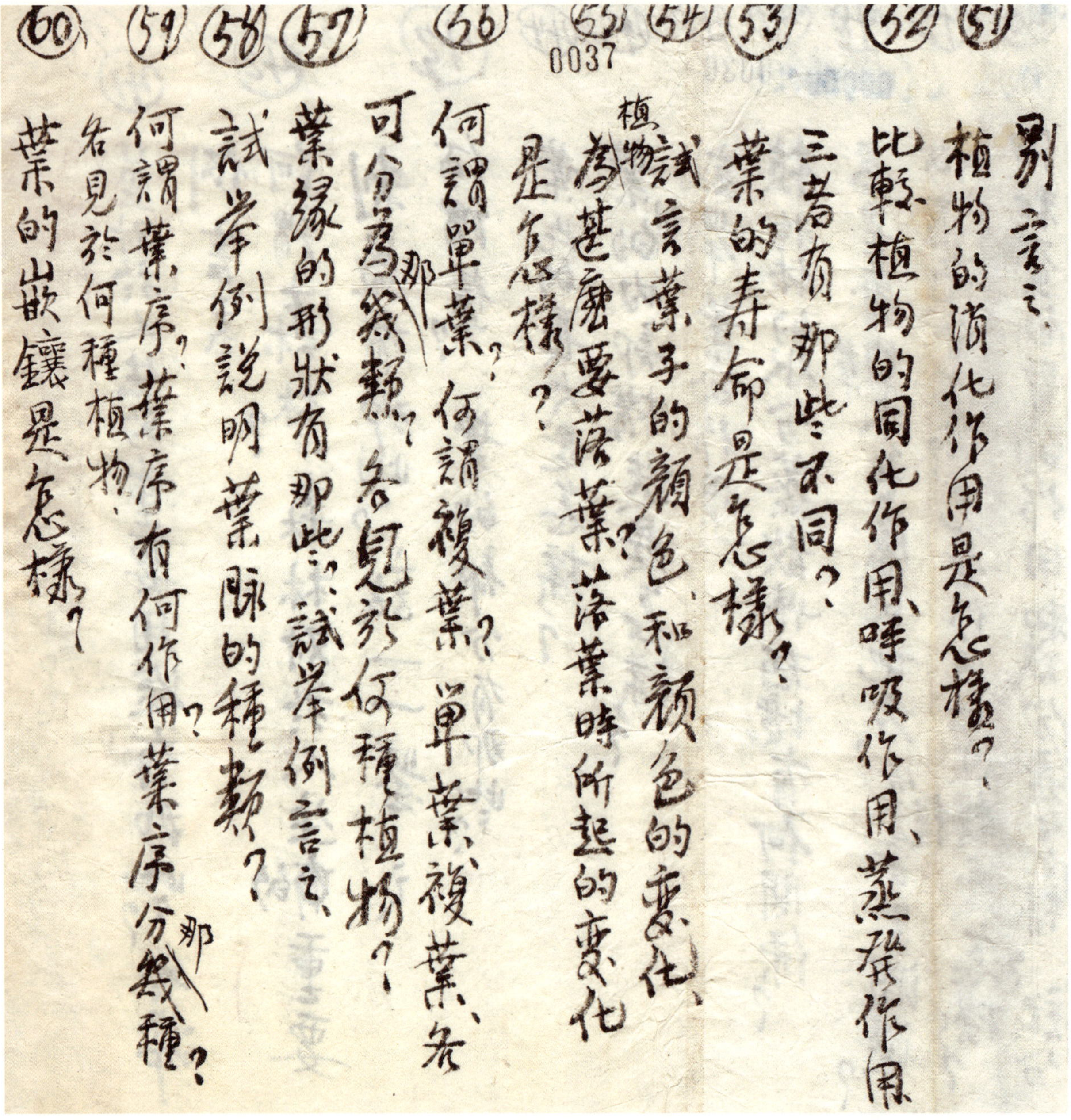
(60) (59) (58) (57) (56) (55) (54) (53) (52) (51)

0037

别言之、

(51) 植物的消化作用是怎樣？、

(52) 比較植物的同化作用、呼吸作用、蒸發作用

三者有那些不同？、

(53) 葉的壽命是怎樣？、

(54) 試言葉子的顏色和顏色的變化、

(55) 植物為甚麼要落葉？落葉時所起的變化是怎樣？

(56) 何謂單葉？何謂複葉？單葉、複葉、各可分為那幾類？各見於何種植物？

(57) 葉緣的形狀有那些？試舉例言之、

(58) 試舉例說明葉脈的種類？

(59) 何謂葉序？、葉序有何作用？葉序分那幾種？各見於何種植物、

(60) 葉的嵌鑲是怎樣？

㊶ 莖对於人生的重要用途有那些？各举例言之
㊷ 何謂森林？森林对於人生的重要刺盖有那些？試二一擧之、
㊸ 何謂葉？葉的部分有那些？
㊹ 試擧列葉的作用、
㊺ 葉先的長大是怎樣？
㊻ 葉的内部構造是怎樣？
㊼ 植物体的水分蒸散供環境有何關係？
㊽ 房甚麽草木蒸盛的地方，空氣等多潤濕？
㊾ 何謂光合作用？光合作用的过程是怎樣？
㊿ 油和蛋白質的作用和成分是怎樣？試分

試言花中各部分的作用。

花中植物的授粉是怎樣？可分花為那些種類？各見於那些植物。

就花中各部的完缺而言，可分花為那些種類？各見於那些植物。

花排列的次序，可分為幾種？各見於那些植物。

傳授花粉的方法，可分為那幾種？各種的性質是怎樣？各見於那些植物。

花的蜜汁、香氣、美麗有何作用？

舉例說明自花授粉和他花授粉。

人工授粉的方法是怎樣？

人工授粉，何以能改良種子？

花對於人生的重要用途有那些？試舉例說明之。

(61) 葉的變形有那些，各見於何物，各有何用？

(62) 試舉例說明葉的睡眠運動。

(63) 葉對於人生的重要用途有那些？試各舉例言之

(64) 舉例證明植物生殖的方法有那幾種？

(65) 花的構造是怎樣？

(66) 花冠的形狀可分為那些種類？各見於那些植物？

(67) 以萼為標準，可分子房為那幾類？各見於那些植物？

(68) 雄蕊和雌蕊的構造是怎樣？

植物学练习题

余必达拟　二十五年（1936）冬

1. 何谓自然物？
2. 自然物可分为哪几类？每类如何区别？试各举列言之。
3. 怎样叫做植物？
4. 何谓植物学？植物学所研究的事项是些什么？植物学的分科有哪些？
5. 研究植物学的方法有哪些？
6. 植物的营养器官是哪些？生殖器官是哪些？
7. 种子发芽时必须的要素是哪些？
8. 何谓胚？胚是由哪几部分所构成的？
9. 何谓根？根可分为哪些部分？
10. 根的构造是怎样？
11. 就根的性质和存在的地位而言，可分根为哪些种类？各见于哪些植物？
12. 列举根的各种作用及对于人生的重要用途？
13. 何谓细胞？细胞的构造和作用是怎样？
14. 细胞的分生是怎样？
15. 根何以能够伸长？根何以能够加粗？
16. 何谓土壤？土壤的成分是些什么？
17. 土壤的种类有哪些？哪一种土壤对于植物的生长最适宜？
18. 植物所需要的物质是哪些？其中最主要的又是哪些？
19. 何谓肥料？重要的肥料有哪些？
20. 农人做庄稼，为什么要施用肥料？
21. 何谓耕耘？耕耘有哪些益处？
22. 根为什么要向地下生长？有无方法使他向上？
23. 何谓根瘤？根瘤对于植物有何益处？
24. 就植物寿命的长短而言，可分植物为哪几类？各举例言之。
25. 何谓茎？茎可分为哪几部分？
26. 茎的内部构造和作用是怎样？
27. 茎何以能伸长或加粗？
28. 年轮的成因是怎样？
29. 单子叶植物茎的构造和双子叶茎的构造有何不同？试举例言之。
30. 何谓芽？芽的构造和保护物是怎样？
31. 就芽着生的位置、性质、季节等而言可分芽为哪些种类？
32. 茎为什么要向地上生长？
33. 何为草本？就生长期而言，可分草本植物为哪几类？举例言之。
34. 何为木本？木本植物分为哪几类？各举例言之。
35. 茎的种类有哪些？试就地上茎、地下茎，分别举例言之。
36. 根与茎怎样区别？试举例言之。
37. 茎的变态有哪些？各举例言之。
38. 列举茎的各种作用。
39. 土中的水分，何以能升到树木的顶上去？
40. 树木的皮剥伤了，何以会死？
41. 茎对于人生的重要用途有哪些？各举例言之。

42. 何谓森林？森林对于人生的重要利益有哪些？试一一举之。
43. 何谓叶？叶的部分有哪些？
44. 叶片的长大是怎样？
45. 叶的内部构造是怎样？
46. 试列举叶的作用。
47. 植物体的水分蒸散与环境有何关系？
48. 为什么草木繁盛的地方，空气多润湿？
49. 何谓光合作用？光合作用的过程是怎样？
50. 油和蛋白质的作用和成分是怎样？试分别言之。
51. 植物的消化作用是怎样？
52. 比较植物的同化作用、呼吸作用、蒸发作用，三者有哪些不同？
53. 叶的寿命是怎样？
54. 试言叶子的颜色和颜色的变化。
55. 植物为什么要落叶？落叶时所起的变化是怎样？
56. 何谓单叶？何谓复叶？单叶、复叶各可分为哪几类？各见于何种植物？
57. 叶缘的形状有哪些？试举例言之。
58. 试举例说明叶脉的种类？
59. 何谓叶序？叶序有何作用？叶序分哪几种？各见于何种植物？
60. 叶的嵌镶是怎样？
61. 叶的变形有哪些？各见于何物？各有何用？
62. 试举例说明叶的睡眠运动。
63. 叶对于人生的重要用途有哪些？试各举例言之。
64. 植物生殖的方法有哪几种？试举例说明之。
65. 花的构造是怎样？
66. 花冠的形状可分为哪些种类？各见于哪些植物？
67. 以萼为标准可分子房为哪几类？各见于哪些植物？
68. 雄蕊和雌蕊的构造是怎样？
69. 试言花中各部分的作用。
70. 植物的授粉是怎样？
71. 就花中各部的完缺而言，可分花为哪些种类？各见于哪些植物。
72. 花排列的次序，可分为几种？各见于哪些植物？
73. 传授花粉的方法，可分为哪几种？各种的性质是怎样？各见于哪些植物？
74. 花的蜜汁、香气、美丽有何作用？
75. 举例说明自花授粉和他花授粉。
76. 人工授粉的方法是怎样？
77. 人工授粉何以能改良种子？
78. 花对于人生的重要用途有哪些？试举例说明之。

四川省第十三區聯立中學三級同學錄

于谷校長存念

四川省第十三區聯立中學孟女子初級中學同學錄序

本校成立，瞬將兩載，余任職斯校，六載有半矣。茲值第二班同學畢業在邇，擬刊同學錄，請余計劃繕印，並爲作序，以記之。余學識淺陋，自愧不文，但不能漠視因進而語之曰：同學錄之刊何義也？曰：求友、治學二事。吾人生斯世，合學識以勝人物，以爲精神永契之證作業，不能無友。一堂朝夕，若者吾傅、識而別久毋志母忘。一日志緣，佛言因果，中必有緣，會合求學，何等樂事。今日東西，風雨同居，斯乃前緣，得久匪易，行將別矣！千里一覺，屨屨紀勝之物，以爲精神永契之證耶：更有進者：余特貢獻三事，願勉諸君。

一、丁此世界風雲險惡之秋，我中華民國國難嚴重之際，凡我同學均應本「天下興亡，女子有責」之訓，以作救亡圖存之準備。(二)自立自強—民爲廿世紀之新女性應養成高尚之人格，造就豐富之學識，鍊成強健之體魄，打倒「女子無才便是德」之腐詞，「賢妻良母之妄言」，以及「回到家庭去」之狂呼，而自交自強。(三)厲行節約—目前農村破產，社會崩潰，時局阽危，有如累卵，而一般婦女猶復奢侈成風，殊深浩嘆。希我同學，厲行服用國貨，裝飾力求簡樸，以挽頹風，有厚望焉。
民國丁丑年端陽郇敦二日綿陽徐松如序于聯女中

第二班畢業紀念
曾孟容題

赠二班毕业同学

不患不逢患不立，于身以之何由异？三年辛勤今归去，正属春教更努力！勿谓孤身无人师，青出于蓝古有之。预祝鹏鶱十万里，冲霄祗在一时。

黄䇳纪题

第二班学生毕业纪念

学问者金库研究即其钥也

李森尼题

刻苦自励

周玉贞题

学无止境

黄国祥题

百尺竿头更进一步

张蓼先题

学然后知不足

李文龙题

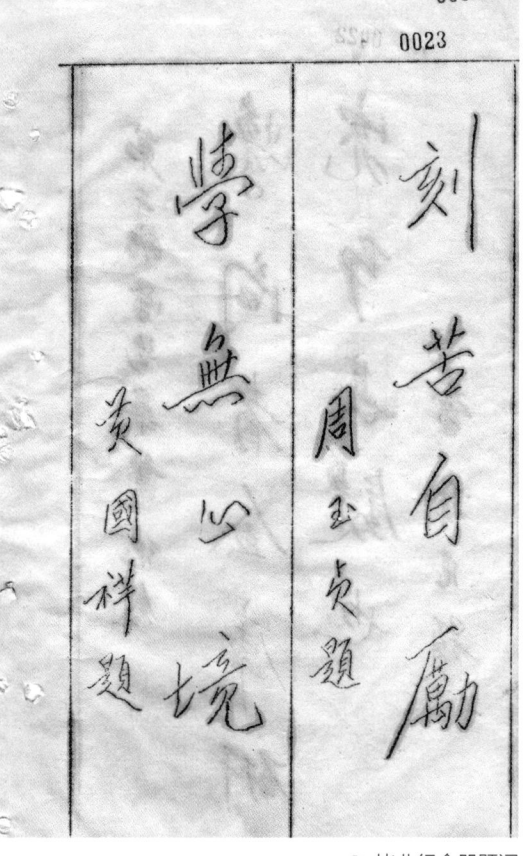

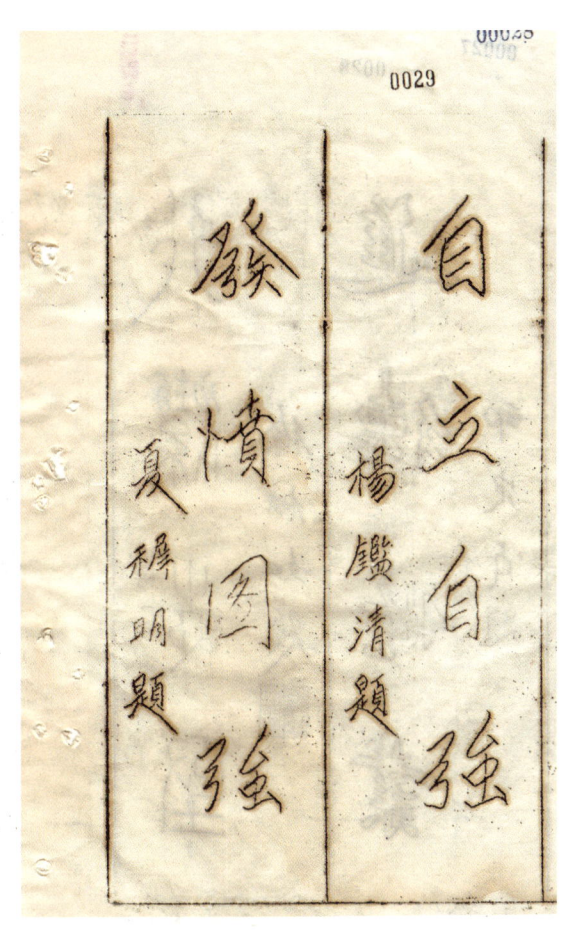

● 毕业纪念册题词

四川省第十三区联立女子初级中学　同学录序

　　本校成立，瞬将两载，余任职斯校，一载有半矣。兹值第二班同学毕业在迩，拟刊同学录，请余计划缮印并乞作序以记之。余学识浅陋，自愧不文，但不能深拒，因进而语之曰：同学录之刊何义也？一曰求友。治学、作业不能无友，一堂之中，若者吾俦，识而别之，毋忘、毋忽。二曰志缘。佛言因果，中必有缘，会合求学，何寻乐事！千里一室，风雨同居，斯乃前缘，得之匪易，行将别矣，焉可不留"志录纪胜"之物。以为精神永契之证耶！更有进者：余特贡献三事，勖勉诸君。（一）救亡图存——丁此世界风云险恶之秋、我中华民国国难严重之际，凡我同学均应本"天下兴亡，女子有责"之训，以作救亡图存之准备。（二）自立自强——凡为二十世纪之新女性应养成高尚之人格，造就丰富之学识，练成强健之体魄。打倒"女子无才便是德"之腐词、"贤妻良母"之妄言以及"回到家庭去"之狂呼，而自立自强。（三）厉行节约——目前农村破产社会崩颓，时局阽危，有如累卵、而一般妇女犹复奢侈成风，殊深浩叹；希我同学，厉行节约运动，服用国货，装饰力求简朴，以挽颓风，有厚望焉。是为序。

民国丁丑年（1940）端阳节后二日
绵阳徐松如　序于联女中

绵阳县学生寒假战训团团歌

莘莘学子，英彦之俦，起舞南山之上，击楫涪江中流。效祖逖澄清中原，学勾践复耻雪仇，抱定成仁取义之信念，用树自力更生之鸿猷，踏着先烈血迹以迈进，努力杀敌，最后胜利收。

省立绵阳师范学校

概 况

民国时期，四川省政府颁布了《四川省师范教育整个设施方案》，文件明确规定民国二十九年（1940）要在四川省第十三区（原绵阳县）设省立师范学校一所。同年7月18日，经四川省政府批准，省立绵阳师范学校由第十三区联立女子初级中学改办，校址在绵阳市丰谷镇，第一任校长是黄长直。7月31日，四川省政府颁布了将该区省立绵阳中学代办简师科拨归师校办理的训令。8月4日，师校字第74号公函至国立六中，奉令接收其师范部，却因学生、经费设施等由，到第二年（1941）8月也未能完成交接。同年8月7日，国立六中成立梓潼分校，接收一事宣告结束。民国二十九年（1940）8月4日至9日，两校交接了师校物品，女子初中校长曹钟芬移交了各类器具1696件、文卷84宗、账簿230本、表据196份、图书2390册、仪器284种、款项235.56元。8月10日，校长黄长直发布第一号《校告牌》，公告女子初中的原有学生并入师校学习直至毕业。9月4日，师校正式开学，首批学生是新招师范生2个班、附入本校的女子初中3个班及省立绵阳中学简易师范2个班学生，共计157人。民国时期，师校第二、三任校长分别是彭鼎、陈宗海。

师校实行春秋两季招生，一般春季招一班，秋季招一两班，男女各一半，学制三年，毕业后从事小学教育工作，师校仅负责培养不包分配。就读学生通过初中毕业会考进入师校学习，生源基本是绵阳县、德阳县、广汉县、绵竹县、什邡县等周边县区中学及私立师校，也有部分其他师校免考学生。教学机构有教务处、训导处、体育处、事务处，分设主任各1名，负责师校教学和管理工作。师校除培养小学师资外，于民国三十一年（1942）春期遵照省府规定成立四川省立绵阳师范师校附属小学，校址位于绵阳通圣街原址。

师校创办之初，校舍是丰谷镇中心国民师校和禹王宫破旧庙，大部分教室、办公室、教师寝室都是草房，共20余间，男生寝室租用附近民房一院。附属小学虽为楼房，但年久失修，仅用木条支撑，条件非常艰苦。几任校长先后向四川省教育厅申请专项资金修缮校舍，改善办学条件。民国三十七年（1948）彭鼎校长制定了《建筑校舍计划书》共12条，计划在离绵阳县城较近的西山观购地250亩，新建永久校舍一所，但并未实施。

师校在民国期间，虽然校舍条件十分简陋，但是办学并未受到制约和影响。随着《国民教育之五年计划》在全国各省推行，民国三十一年（1942），师校教学班级逐步增加到8个，其中男生3个班、女生3个班、男女合班2个班。民国三十四年（1945），办学规模进一步扩大，班级增加到10个，学生人数增加到388人，教职工人数从建校18人增加到43人。民国三十五年（1946），师校开办招生劳作师范班，学制亦为三年，学生毕业后到小学任劳作课老师。同年，为提高小学教员的水平，应四川省政府和周边县委的要求，师校秋季开办了短期训班，对周边小师校长和教员进行培训。民国三十七年（1948），师校教职工减少到24人，班级仍为10个班，学生人数减少到317人。

民国三十四年（1945）地下党川北工委负责人王叙五来到省立绵阳师范学校，与学生中的共产党员李英、艾文等取得联系，并在该校开展党的地下工作，发展进步青年入党。民国三十五年（1946），学生李英发展了同学王本鉴、李世英入党。民国三十七年春（1948），地下党员刘英年（18班），发起成立了进步组织"读书会"，利用这种公开合法的组织开展活动，秘密阅读革命书籍，如艾思奇的《大众哲学》、苏联文学作品《母亲》《钢铁是怎样炼成的》《铁流》等，这些书籍像磁石一样吸引着许多学生，使他们获得了强烈的追求进步的信念和力量。每到课余时间或节假日，读书会的成员便三五成群地来到校园后面的马鞍山或涪江岸边的芦苇丛中，展开热烈的讨论，加深了认识。1949年5月，经过组织审查，吸收李象山重新入党，李梅山亦同时入党。以后，又陆续发展了周正等六名学生入党，建立了几个党小组。其中李象山、李梅山直属王朴庵领导，师校党组织建设进入了兴盛时期。

中华人民共和国成立后，师校校名几度更换，于1962年更名为四川省绵阳师范学校。一位59级校友回忆道，师校门口有一副对子："事业伟大传播文化种子，责任光荣甘当人民教师。"当时年仅17岁的他，就明白要当一辈子教师。作为"川西北小学教师摇篮"的绵阳师范师校，于20世纪90年代荣获了全国"中师明珠""巴蜀名校"的美誉，建校60年来，共为川西北基础教育输送了一万多名合格的毕业生，遍布绵阳、遂宁、德阳、广元等市县中小学，绝大多数毕业生已经成为教育、文化战线上的骨干教师和优秀人才，还有一些学子成为地方各级的领导干部，为社会做出了贡献。2000年，师校迎来了新的发展机遇，被并入了绵阳教育学院，后于2002年3月，绵阳教育学院与原绵阳师范高等专科学校合并组建为绵阳师范学院，成为本科院校。

一 机构成立

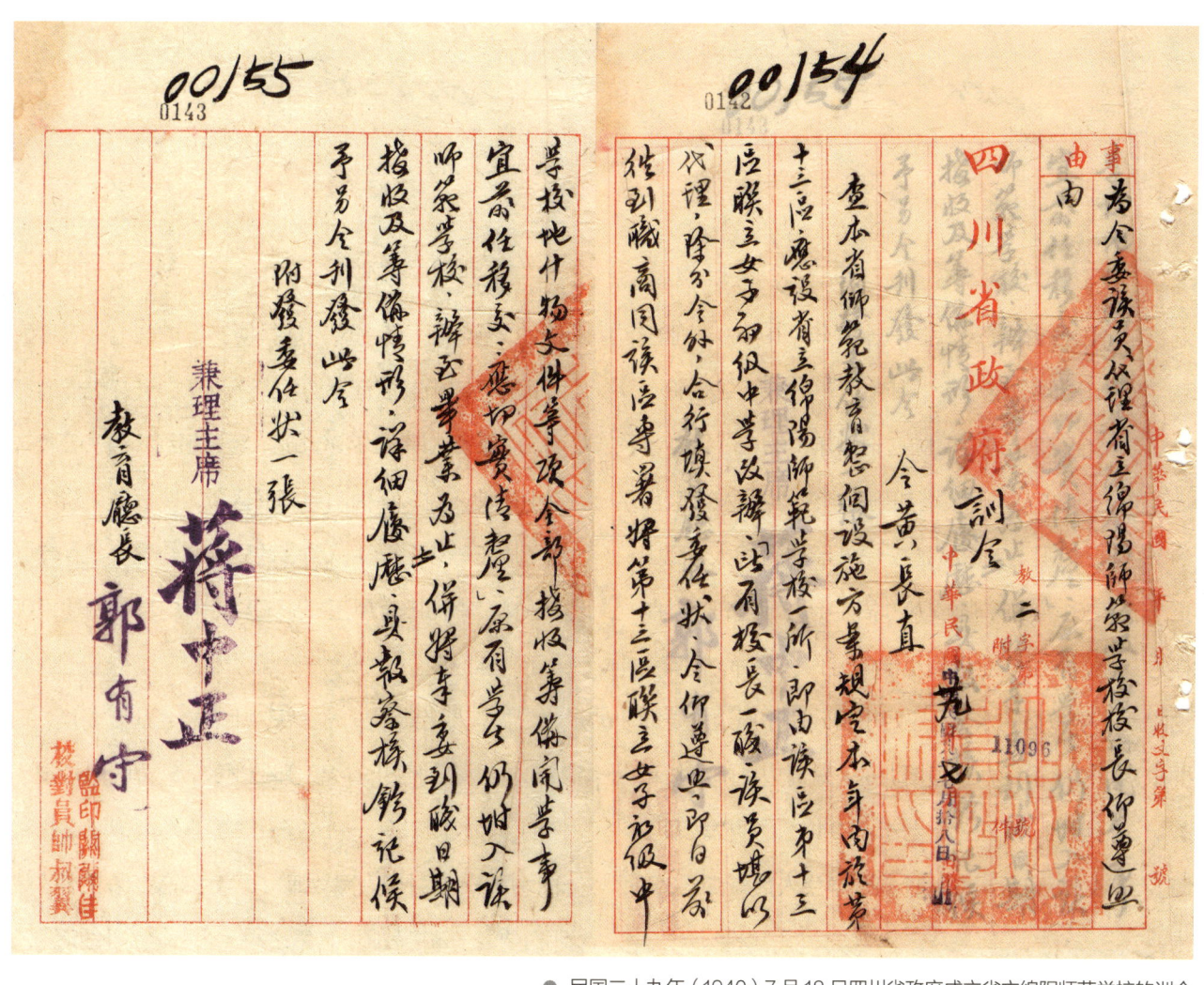

● 民国二十九年（1940）7月18日四川省政府成立省立绵阳师范学校的训令

四川省政府训令

教二字第11096号

中华民国二十九年（1940）七月十八日发

事由：为令委该员代理省立绵阳师范学校校长仰遵照

令黄长直：

查本省师范教育整个设施方案规定本年内于第十三区应设立省立绵阳师范学校一所，即由该区第十三联立女子初级中学改办，此有校长一职，该员堪以代理，除分令外，合行填发委任状，令仰遵照。即日前往到职，商用该区专署，将第十三区联立女子初级中学地什物文件等项全部接收，筹备开学事宜，前任移交，应切实清厘，原有学生仍附入该师范学校，办至毕业为止，并将奉委到职日期、接收及筹备情形、详细履历具报察核钤记候予另令刊发。

此令

附发委任状一张

兼理主席 蒋中正

教育厅长 郭有守

● 民国二十九年（1940）7月18日四川省政府改办联立女子中学的训令

四川省政府训令

教二字第11095号

中华民国二十九年（1940）七月十八日发

令第十三区联立女子初级中学校长曹钟芬：

查本省师范教育整个设施方案规定于第十三区，应设省立绵阳师范学校一所，即由该校改办，校长一职，已令委黄长直代理，除分令外，合行令仰遵照移交取结报查。

此令

兼理主席 蒋中正
教育厅长 郭有守

中华民国二十九年（1940）七月二十二日 收到

事由：为该校已改办为省立绵阳师范学校并令委黄长直代理校长仰遵照移交由

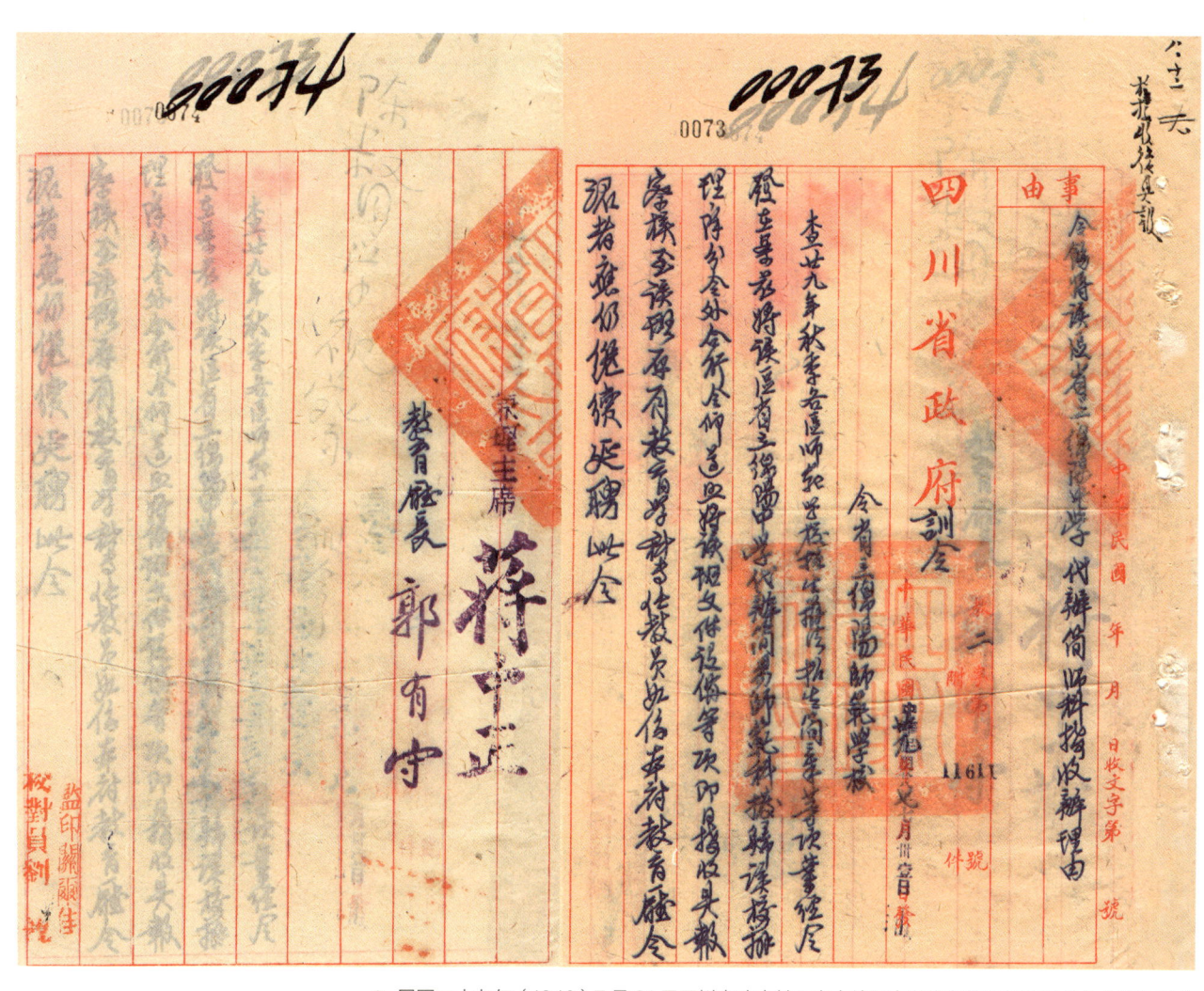

● 民国二十九年（1940）7月31日四川省政府关于省立绵阳中学代办简易师范科并入本校的训令

四川省政府训令

事由：令饬将该区省立绵阳中学代办简师科接收办理

教二字第11611号

中华民国二十九年（1940）七月三十一日发

令省立绵阳师范学校：

查二十九年（1940）秋季各区师范学校招生办法、招生简章等项业经令发在案，兹将该区省立绵阳中学代办简易师范科拨归该校办理，除分令外，合行令仰遵照，将该班文件设备等项即日接收具报察核，至该班原有教育学科专任教员如系本府教育厅令，诸者应仍继续延聘。

此令

兼理主席 蒋中正

教育厅长 郭有守

● 第一号校牌告

四川省立绵阳师范学校牌告

师字第一号

案奉

四川省政府二十九年（1940）七月十八日发教二字第一一零九六号训令略开：

"查本省师范教育整个设施方案规定本年内于第十三区应设省立绵阳师范学校一所，即由该区第十三县联立女子初级中学改办，原有学生仍附入该师范学校，办至毕业为止。"等因，奉此。除遵办外，合行牌告，仰本校初中各级学生一概遵照为要。

此告

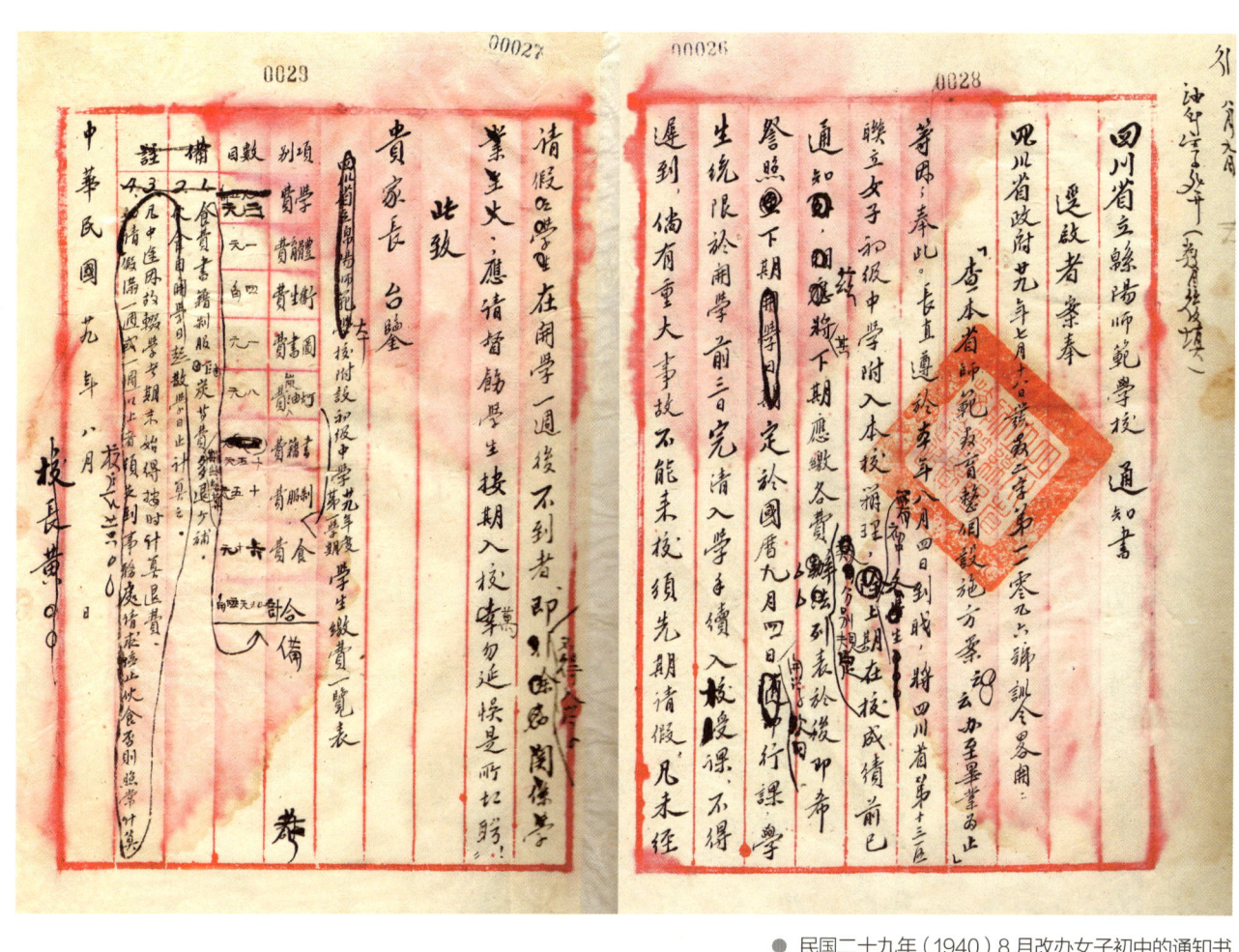

● 民国二十九年（1940）8月改办女子初中的通知书

四川省立绵阳师范学校通知书

径启者 案奉

四川省政府二十九年（1940）七月十八日发教二字第一一零九六号训令略开：

"查本省师范教育整个设施方案云云，奉此。长直遵于本年八月四日到职，将四川省第十三区联立女子初级中学附入本校办理，所有初中各生上期在校成绩前已通知，兹将其下期应缴各费办法分别规定列表于后，即希誊照。下期定于国历九月四日开学，次日行课。学生统限于开学前三日完清入学手续、入校授课，不得迟到。倘有重大事故不能来校须先期请假，凡未经请假之学生在开学一周后不到者，即不得入学。应请督饬学生按期入校，万勿延误是所切盼！

此致

贵家长 台鉴

本校附设初级中学二十九年（1940）第一学期学生缴费一览表

别项	目数	备注
学费	3元	1. 食费、书籍、制服、灯油炭等费期终结算，多退少补。 2. 伙食自开学日起散学日止计算之。 3. 凡中途因故辍学者期末始得按时计算退费。 4. 请假满一周或一周以上者须先到事务处请求停止伙食，否则照常计算。
体育费	1元	
卫生费	4角	
图书费	1元	
灯油炭费	8元	
书籍费	15元	
制服费	15元	
食费	60元	
合计	103.4元	

中华民国二十九年（1940）八月

校长 黄××

● 第二号校告牌

四川省立绵阳师范学校　牌告

师字第2号

本年七月三十一日案奉

四川省政府二十九年（1940）七月教二字第一一六一一号训令略开：

"兹将该区省立绵阳中学代办简易师范科拨归该校办理，除分令外合行令仰遵照。"等因。奉此。除遵办并通知简师科各生家长知照外，兹定于国历九月四日开学，次日行课，合行牌告，仰本校简师科学生其各遵照为要。

此告

中华民国二十九年（1940）八月十三日

校长　黄××　拟

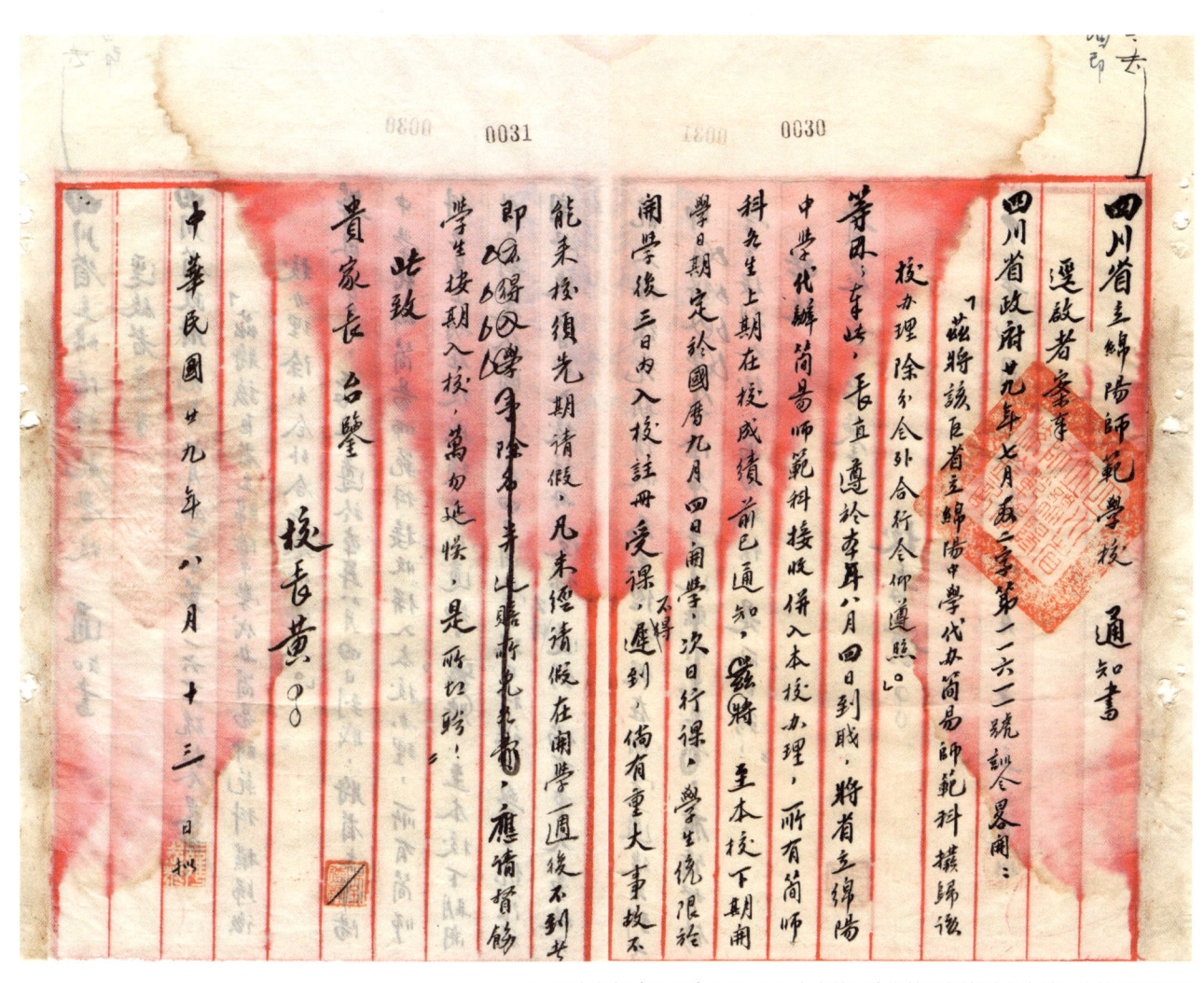

● 民国二十九年（1940）8月13日省立绵阳中学简易师资科学生并入本校的通知书

四川省立绵阳师范学校通知书

径启者 案奉

四川省政府二十九年（1940）七月教二字第一一六一一号训令略开：

"兹将该区省立绵阳中学代办简易师范科拨归该校办理，除分令外合行令仰遵照。"等因；奉此，长直，遵于本年八月四日到职，将省立绵阳中学代办简易师范科接收并入本校办理，所有简师科各生上期在校成绩前已通知，至本校下期开学日期定于国历九月四日开学，次日行课，学生统限于开学后三日内入校注册受课，不得迟到，倘有重大事故不能来校须先期请假，凡未经请假在开学一周后不到者即不得入学，应请督饬学生按期入校，万勿延误，是所切盼！

此致

贵家长 台鉴

校长 黄×× 拟

中华民国二十九年（1940）八月十三日

算分配表一份请烦查照具领

3. 该班本年度经常费除一至七各月份（记领之款）概由前任黎校长负责呈报核销外，兹照抄省府核定之八至十二月份预算分配表一份请烦查照具领。

4. 该班本年上期（即第一学期）成绩尚未报厅请烦贵校查照具报。

5. 贵校本年秋季开学日期请烦分别通知各该生按期到校，免荒学业。

6. 该班应行参加会考一、二科补试学生（详情见新生一览表底案）务希于下届会考时督饬各该生补试俾免学籍发生问题。

7. 该班学生入学时曾各缴有保证金5元（三十二名共160元）相应移交请烦，查收赐据并转报。

四川省绵阳中学校长　郝　纶
中华民国二十九年（1940）八月十三日

四川省立绵阳中学遵令移交代办简易师范班文件事项清册

甲 各种文件

一、交「师校、会」字第壹号卷宗壹本〔关于二十八年（1939）省府令饬添办所有各种校具、教具，以及图书、仪器等物，概借中学部份暂用又该科开办费预计算及年度经常临时费校预算及其他专案呈请事件〕

一、交"教"师字第贰号卷宗壹本〔关于二十八年（1939）省府令饬添办简易师规程及其他专案呈请事件〕

一、交「师教」字第贰号卷宗壹本（关于该科二十九年（1940）度第二班学生学籍成绩注册簿及验发存校厅制、毕业证书——师一陈茋珠，师二张兆斌、杨秀清、饶钦德、曾天银、赵昌喜、李六一、王洁芳等八名厅证各一张（共八张）——附师一班毕业案目

一、交「师校（会）」字第贰号卷宗壹本〔二十九年度省府令饬继续招生规程及核定该科本年度月领经费数目〕

一、交「师函」字第壹号杂卷壹本〔师一、二班二十八、九（1939、1940）两年各该原籍县府申送学生原函及其他来往函件〕

以上共计卷宗肆本，内附证书捌张

乙 交明事项

1. 本校附设简易师范科系二十八年（1939）春季奉令添办所有各种校具、教具，以及图书、仪器等物，概借中学部份暂用。

2. 该科第一班虽于二十九（1940）年一月修业期满，但尚未能领得证书一俟补验之学生学籍核定时，当由本校再为造表赍请给证，事后便将该班学籍成绩各件全盘检送，贵校存查。

3. 本年度经常费除一至七各月份经由前任黎校长负责呈报核销外兹抄附「府核定八至十二月份预

四川省立绵阳师范学校造具接收概目总册 民国二十九年八月

类别	名称	数量总数	备考
器具	童军用具	一九二件	民国廿九年八月四日起 至八月九日 止
	体育用具	五七件	
	教学用具	三一三件	
	膳食用具	六二件	
	炊事用具	一三九件	
	睡眠用具	一二八件	
	图书用具	一二五件	
	家事用具	一三八件	
	音乐用具	四件	
	演剧用具	一六九六件	
	冰浴用具	四六件	
	辨公用具	七三件	
	日常用具	四四六件	
	成绩品	一三件	
文卷	会计文卷	三二宗	
	教务文卷	十六宗	
	普通文卷	三十六宗 八十四宗	

帐簿	会计用帐	三十二本
	教务用簿	五十七本
	训导用簿	八十一本
	通用簿	六十三本 二百三十本
表据	会计用表	十份
	教务用表	一六〇份
	训导用表	二三份
	存根	三份 一九六份
图书	书籍	一九〇〇册
	杂志	三九〇册 二二九〇册
	图表	一〇〇张
仪器	仪器	二八四种 二八四种
款项	廿四年度存款	一一〇.七六元 二三五.六元

● 民国二十九年（1940）8月造具交代接收概目总册

四川省立绵阳师范学校造具交代、接收概目总册

民国二十九年（1940）八月

类 别	名 称	数 量	总 数	交接日期	备 考
器 具	童军用具	192件	1696件	民国二十九年（1940）八月四日起至八月九日止	
	体育用具	57件			
	教学用具	313件			
	炊膳用具	67件			
	睡眠用具	178件			
	图书用具	25件			
	家事用具	138件			
	音乐用具	4件			
	演剧用具	5件			
	沐浴用具	46件			
	训导用具	139件			
	办公用具	73件			
	成绩品	13件			
	日常用具	446件			
文 卷	会计文卷	32宗	84宗		
	教务文卷	16宗			
	普通文卷	36宗			
账 簿	会计用账	32本	230本		
	教务用簿	57本			
	训导用簿	81本			
	通用簿	60本			
表 据	教务用表	160份	196份		
	训导用表	23份			
	存 根	3份			
	会计用表	10份			
图 书	书 籍	1900册	2390张/册		
	杂 志	390册			
	图 表	100张			
仪 器	仪 器	284种	284种		
款 项	二十四年度存款	110.76元	235.56元		上款已由曹校长任内垫支二十九年（1940）上期购置会计簿籍费壹百贰拾肆元捌角，业经呈请拨发归垫在案，尚未奉到指令

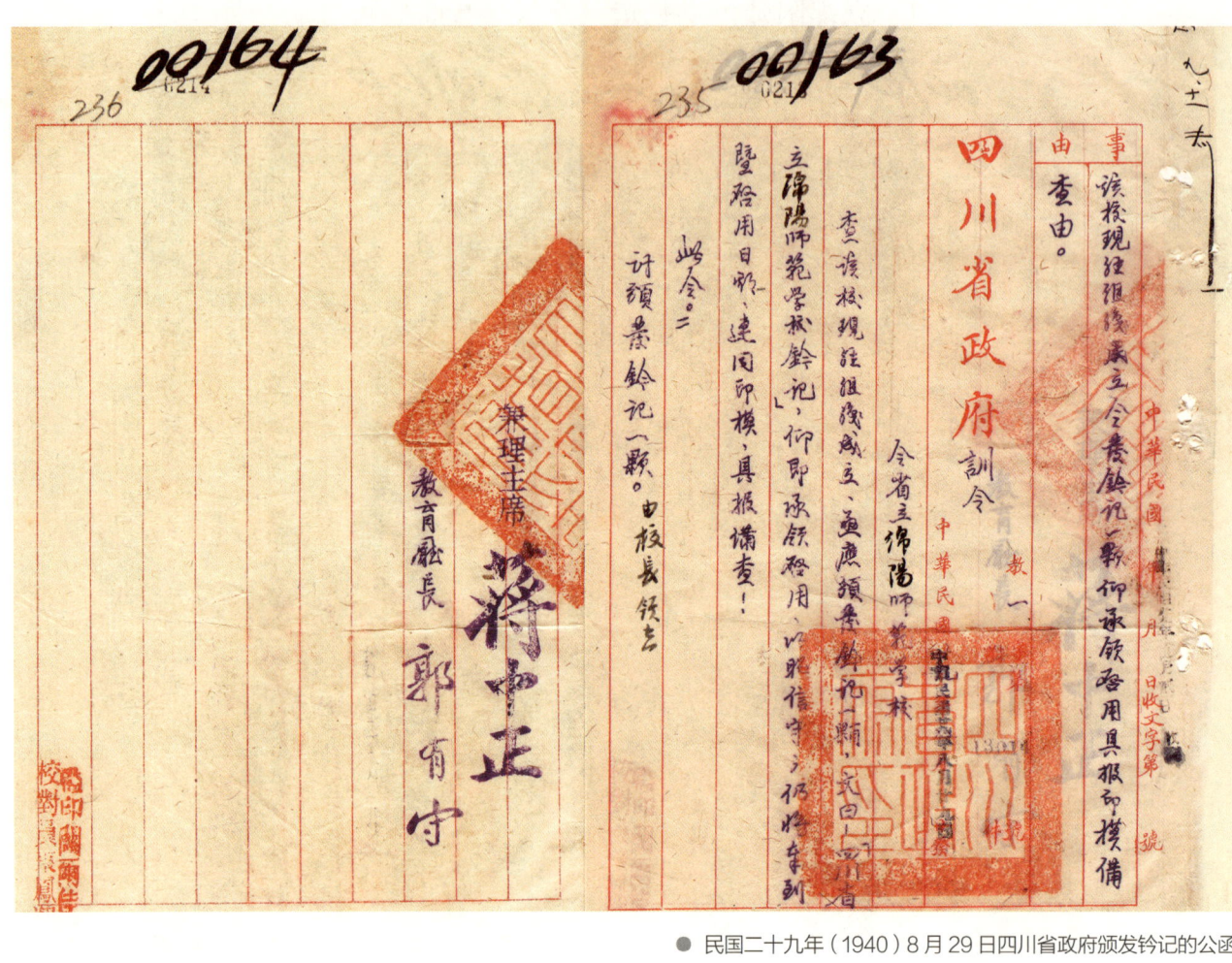

● 民国二十九年（1940）8月29日四川省政府颁发钤记的公函

四川省政府训令

教一字第13014号

中华民国二十九年（1940）八月二十九日发

令省立绵阳师范学校：

查该校现经组织成立，亟应颁发钤记一颗，文曰「四川省立绵阳师范学校钤记」，仰即承领启用，以昭信守；仍将奉到暨启用日期连同印模，具报备查！

此令

计颁发钤记一颗。（由校长领去）

监理主席 蒋中正
教育厅长 郭有守

事由：该校现经组织成立令发钤记一颗仰承领启用具报印模备查由

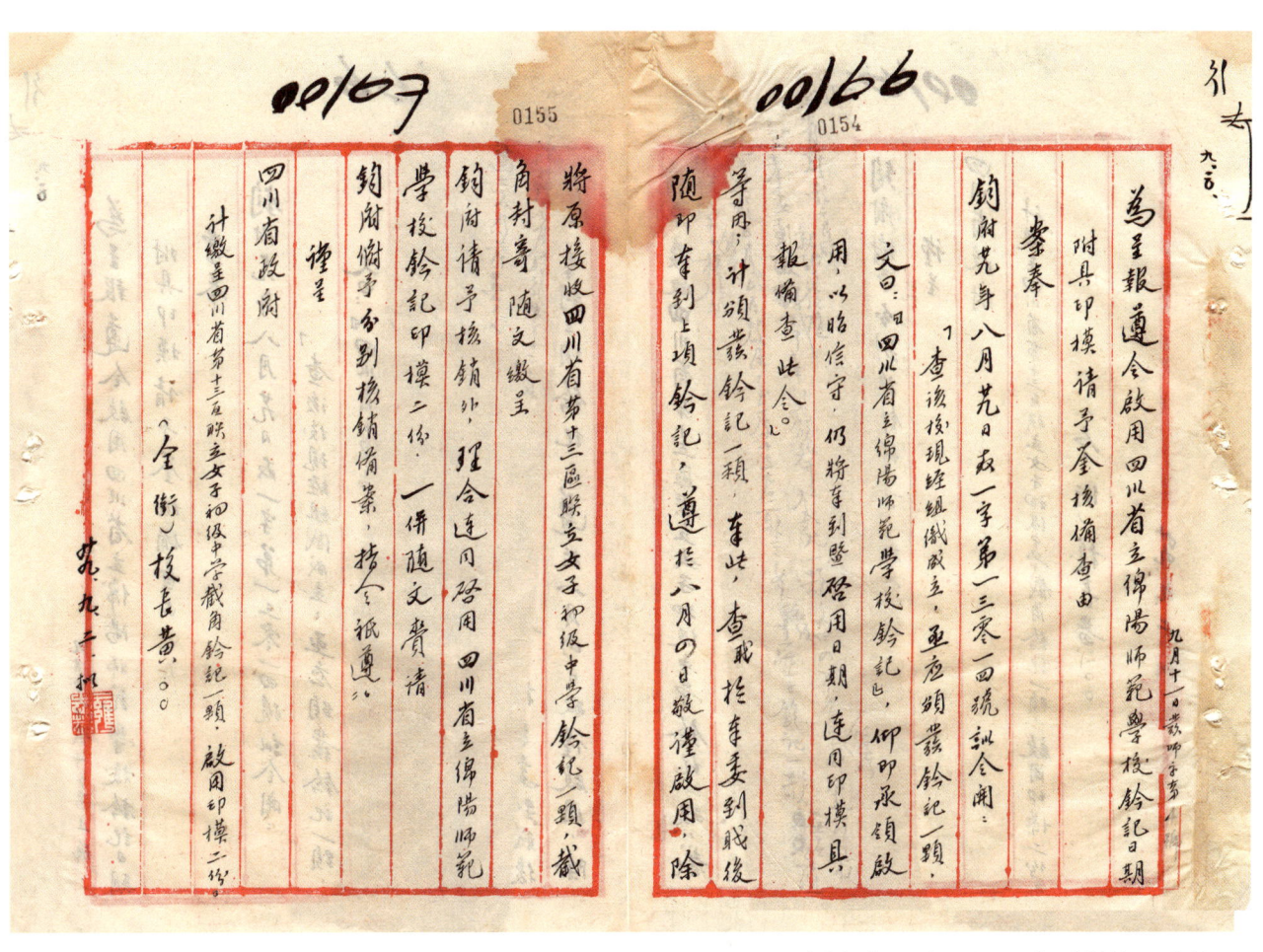

● 民国二十九年（1940）9月11日启用学校钤记日期的公函

为呈报遵令启用四川省立绵阳师范学校钤记日期

九月十一日发 师字第2号

附具印模请予鉴核备查由

案奉

钧府二十九年（1940）八月二十九日教一字第一三零一四号训令开：「查该校现经组织成立，亟应颁发钤记一颗，文曰：『四川省立绵阳师范学校钤记』仰即承领启用，以昭信守，仍将奉到暨启用日期，连同印模具报备查。此令。」等因：计颁发钤记一颗，奉此，查职于奉委到职后随即奉遵于八月四日敬谨启用，除将原接收四川省第十三区联立女子初级中学钤记一颗，截角封寄随文缴呈。钧府请予核销外，理合连同启用四川省立绵阳师范学校钤记印模二份，一并随文赍请钧府俯予分别核销备案，指令只遵。

谨呈

四川省政府

计缴呈四川省第十三区联立女子初级中学截角钤记一颗，启用印模二份。

（全衔）校长 黄×× 二十九（1940）、九、二拟

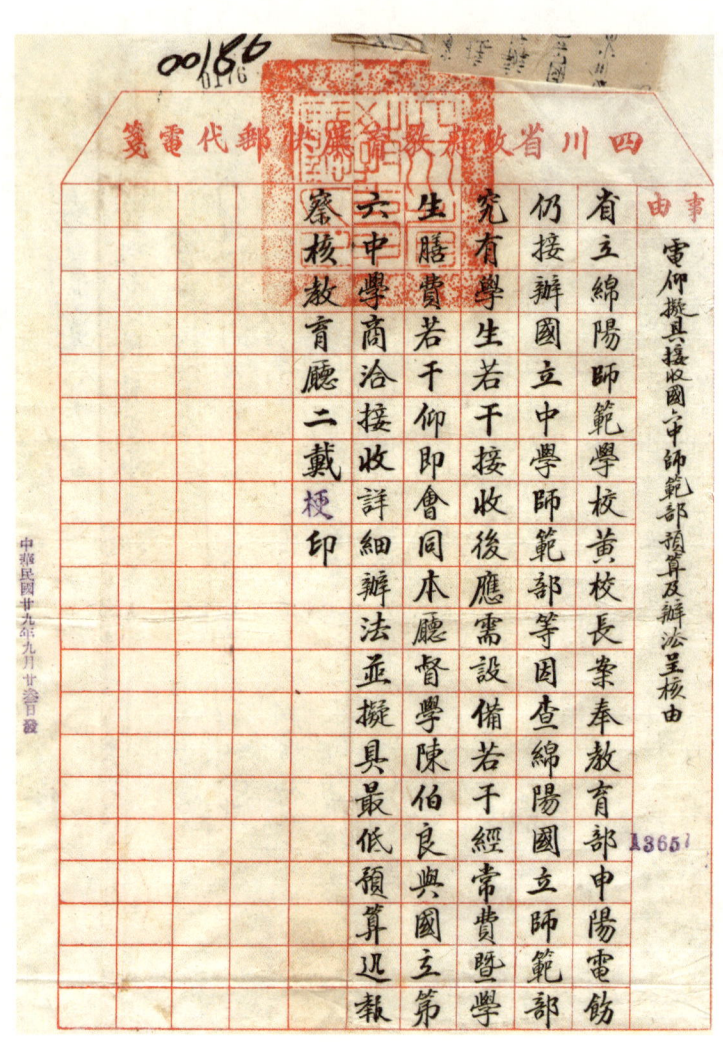

● 民国二十九年（1940）9月23日四川省政府教育厅关于拟具接收国六中师范部预算及办法的快邮代电

四川省政府教育厅快邮代电签

事由：电仰拟具接收国六中师范部预算及办法呈核由

省立绵阳师范学校黄校长案奉教育部申阳电饬仍接办国立中学师范部等因，查绵阳国立师范部究有学生若干接收后应需设备若干、经常费暨学生膳费若干，仰即会同本厅督学陈伯良与国立第六中学商洽接收详细办法并拟具最低预算，迅报察核教育厅。二戴梗印。

中华民国二十九年（1940）九月二十三日发

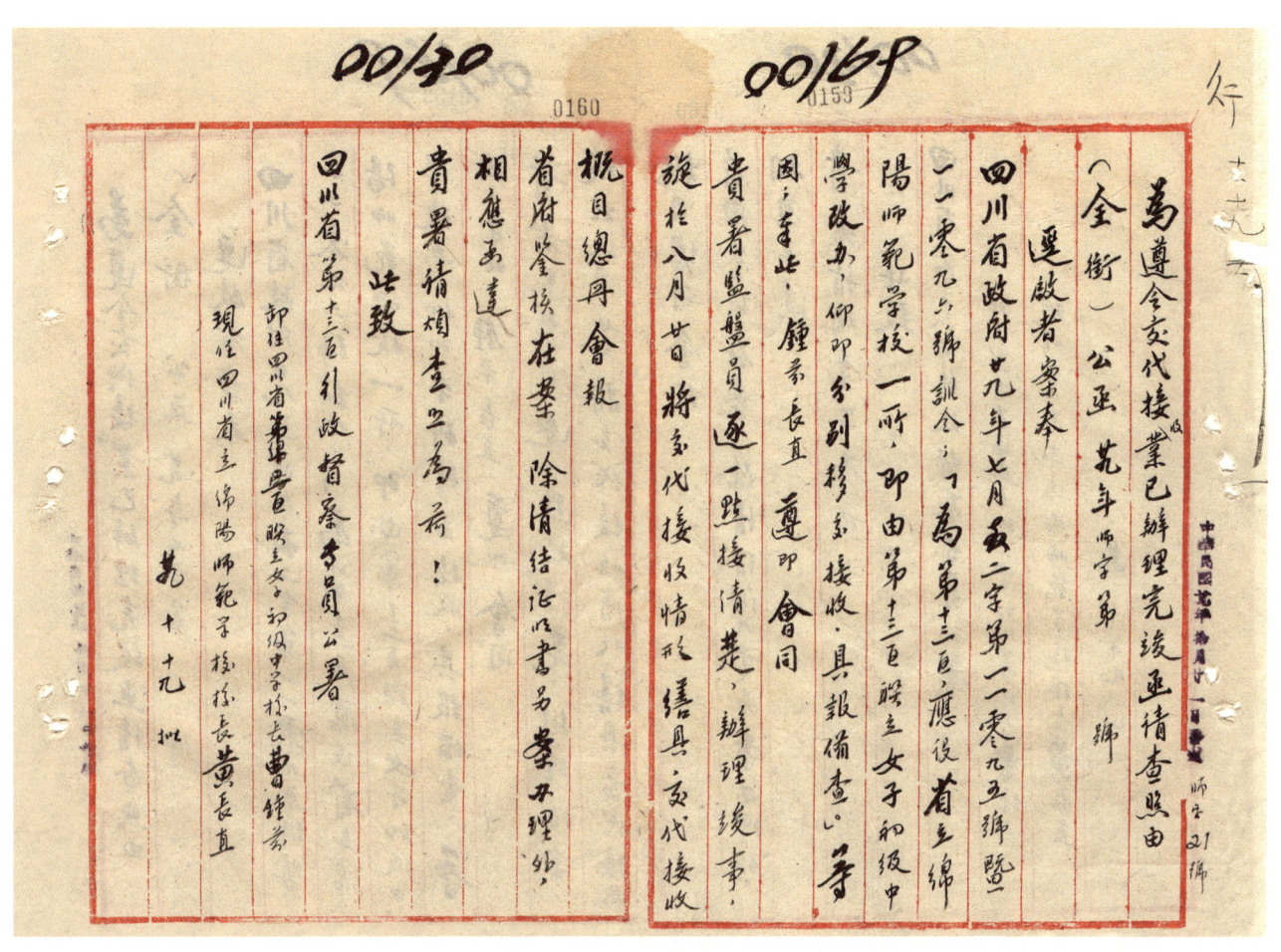

● 民国二十九年（1940）10月19日上报关于女子初中与本校移交情形的公函

为遵令交代接收业已办理完竣函请查照由

（全衔）公函

二十九年 师字第 号

径启者 案奉

四川省政府训令二十九（1940）七月教二字第一一零九五号暨一一零九六号训令："为第十三区应设省立绵阳师范学校一所，即由第十三区联立女子初级中学改办，仰即分别移交接收，具报备查。"等因；奉此。即由第十三区联立女子初级中学校长钟芬、长直遵即会同贵署监盘员逐一点接清楚，办理竣事，旋于八月二十日将交代接收情形膳具交代接收概目总册会报。省府鉴核在案，除清结证明书另案办理外，相应函达。贵署请烦查照为荷！

此致

四川省第十三区行政督察专员公署

卸任四川省第十三区联立女子初级中学校长 曹钟芬

现任四川省立绵阳师范学校校长 黄长直

二十九（1940）、十、十九 拟

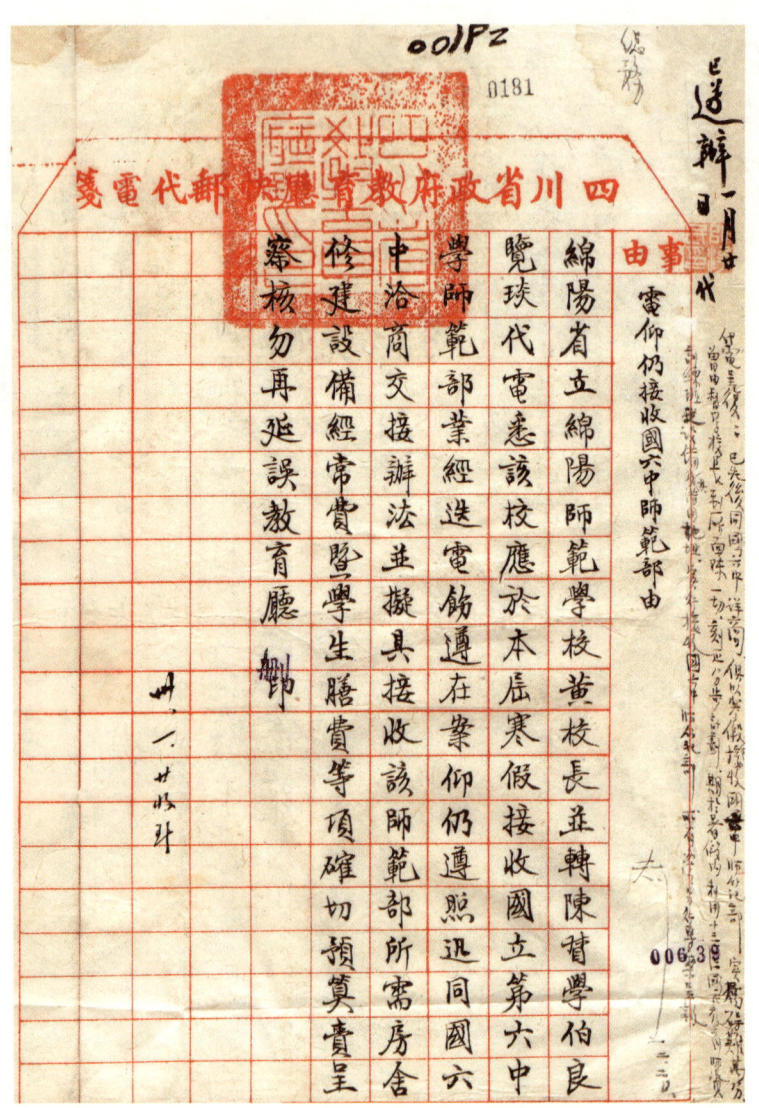

● 民国三十年（1941）1月20日四川省政府教育厅关于仍接收国立六中师范部的快邮代电

四川省政府教育厅快邮代电签

事由：电仰仍接收国六中师范部由

绵阳省立绵阳师范学校黄校长并转陈督学伯良览，琰代电悉该校应于本届寒假接收国立第六中学师范部，业经送电饬遵在案，仰仍遵照迅同国六中洽商交接办法并拟具接收该师范部所需房舍修建、设备、经常费暨学生膳费等项，确切预算。责呈察核，勿再延误。教育厅印。

三十（1941）、1、二十 收到

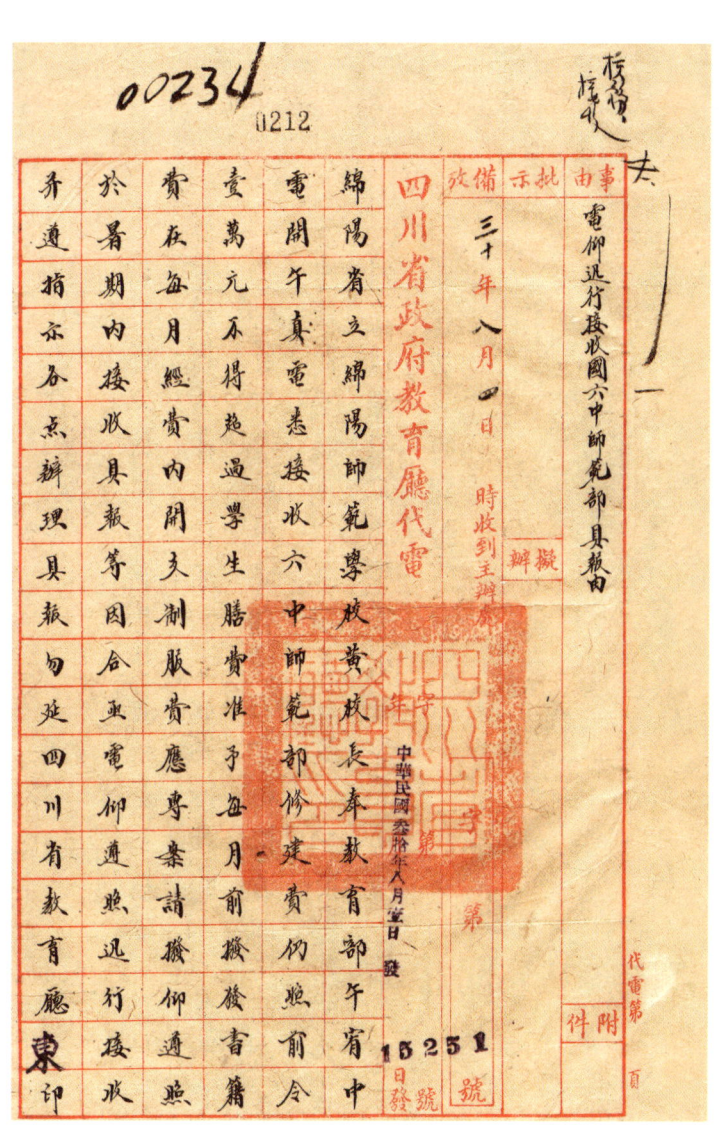

● 民国三十年（1941）8月1日四川省政府教育厅关于迅行接收国立六中师范部的代电

四川省政府教育厅代电

第15251号

中华民国三十年（1941）八月一日发

事由：电仰迅行接收国六中师范部具报由

备考：三十年（1941）八月四日一时收到主办处

绵阳省立绵阳师范学校黄校长奉教育部午宥中电开午真电，悉接收六中师范部修建费仍照前令壹万元，不得超过学生膳费，准予每月前拨发书籍费，在每月经费内开支，制服费应专案请拨，仰遵照于暑期内接收具报等因，合亟电仰遵照迅行接收并遵指示各点办理具报，勿延。

四川省教育厅印

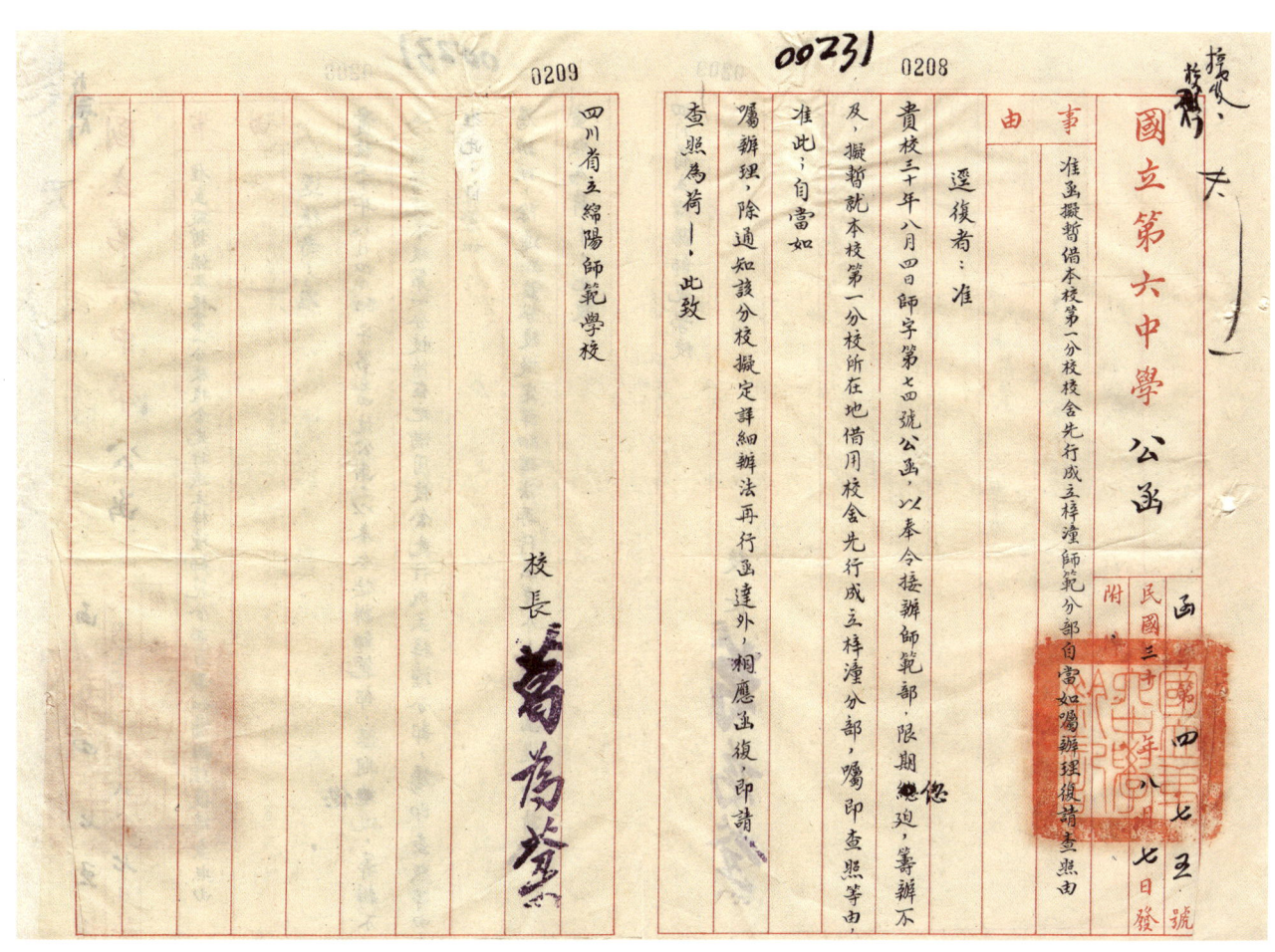

● 民国三十年（1941）8月7日国立六中成立梓潼分校的公函

国立第六中学公函

函字第475号　民国三十年（1941）八月七日发

事由：准函拟暂借本校第一分校校舍先行成立梓潼师范分部自当如嘱办理复请查照由

径复者：准

贵校三十年（1941）八月四日师字第七四号公函，以奉令接办师范部，限期倥迫，筹办不及，拟暂就本校第一分校所在地借用校舍先行成立梓潼分校，嘱即查照等由，准此；自当如嘱办理，除通知该分校拟定详细办法再行函达外，相应函复，即请查照为荷！

此致

四川省立绵阳师范学校

校长　葛为栥

二　教职员名册

全衔二十九年（1940）度第一学期校工人数表

民国二十九年（1940）　月填报

职　名	姓　名	实支金额	备注
校　工	樊坤芳	9.96	
校　工	刘明志	9.96	
校　工	王国保	9.96	
校　工	周永兴	9.96	
校　工	黄文礼	9.96	
校　工	杜启发	9.96	
校　工	孙全兴	9.96	
校　工	李权泰	13.96	
校　工	萧启淑	9.96	
校　工	沈忠勤	9.96	
校　工	李国泰	9.96	
校　工	杜元发	9.96	

● 民国二十九年（1940）第一学期教职员表

全衔二十九年（1940）度第一学期职教员表

职别	姓名	实支金额	备注
校　　长	黄长直	185.00	
教务主任	李镜塘	144.50	
训导主任	帅净民	144.50	
事务主任	曾庆绪	144.50	
会　　计	吴锡钺	90.50	
专任教员兼体育组长	袁琮	131.00	
专任教员兼级任	孙道桂	102.20	
	傅蕴瑛	112.10	
	谌士芬	127.40	
专任教员	张书忱	101.30	
	黄秉筠	138.20	
	王恒璞	114.80	
	王在德	125.60	
专任教员	孙全兴	132.80	
	冯涵忱	89.60	
军事教官	郝启昕	95.00	十月份到校
庶务组长	周子濂	59.00	十月份到校
童军教练员	宋建英	59.00	
校　医	汪永年	59.00	九月份到校
文书干事	雍志恭	40.00	
教务干事	杨茂恒	40.00	十月份到校
事务干事	张伯鸿	40.00	
出纳干事	黄幼娴	40.00	
书　记	白超璧	30.00	
	刘庆福	30.00	
	周植亭	30.00	
	左守谦	30.00	十月份到校

谢海澄 三三 男	孙全兴 三三 男	王左德 三三 男	諶士芬 三五 女	孙道桂 三二 女	傅蕴瑛 三〇 女
福建 县	山东 县	山东 河南	江苏 赣榆	四川 开江	山东 临沂
国立北平师范大学毕业曾任督学首视导员任省立威师女子师范学校教员	国立北平师范大学毕业曾任縣縣教员	国立北平师范大学毕业曾任免省师范学校校长省立中学教员	河北省立女子师范学院家政系毕业曾任省立中学教员	国立北平师范大学化学系毕业曾任四川省立大江女中数理化主任	国立北平师范学院教育系毕业曾任师范学校教员
公民 国文	国文 教育	国文 教育	教育	教育	教育
十五时	芝时	四时	四时	二五时	二九时
续聘	续聘	续聘	续聘	续聘	续聘
四川省教育馆	重庆县教育局				成都

四川省立绵阳师范学校下年度拟聘职教员一览表

民国二十九年十二月填报

姓名	年龄性别	籍贯	学历	经历	检定证件或资格证件名称件数	拟任职务或担任科目时数	拟薪期限	初聘续聘及姓名	介绍人	现职住址	备考
尹士恒	三四 男	章丘 城海寧	国立东北大学教育系毕业	曾任国立东北中学、李庄省立中学教员	毕业证书	教务主任 地理十六时	二三○ 一学期	初聘	李锡塘	本校上期 绵阳	聖灵井
师净民	四三 男	四川 灌县	四川公立国学专门学校毕业	曾任省立四川中学、灌县中学教员，四川省师范学校校长、训育主任及青年团理事、夏令营教官等	国文十三时	一五四 一学期	续聘	黎夫明	私立蓉蓉中学校长 灌县	青城山
曾庆绪	三五 男	四川 遂宁	四川大学教育系及四川省艺术专科学校艺术系毕业	曾任中小学、四川省师范学校教员及四川省政府检定合格师资、劳作美术十四十时		一五二 一学期	续聘	周子高	省立蓉蓉师范学校校长	彭山
袁琛	二八 男	河北 定兴	国立北平师范大学体育系毕业	曾任中学体育教员	体育四时	一四○ 一学期		于庆琛	省立蓉蓉师范学校体育主任	彭山

四川省立绵阳师范学校下年度拟聘职教员一览表

民国二十九年（1940）十二月填报

姓名	年龄	性别	籍贯	学历	经历	检定证件号数或资历证件名称件数	拟任职务或科目时数	专任或兼任	拟支月薪	初续聘及期限	介绍人姓名	介绍人现职	介绍人住址	备注
尹士恒	34	男	辽宁海城	国立东北大学教育系毕业	曾任国立东北中学教员	国立东北大学字第052859号毕业证书	教务主任兼授地理10小时	专任	113.00	初聘一学期	李镜塘	本校上期教务主任	绵阳丰谷井	毕业证书已呈教育部登记
帅净民	43	男	四川灌县	四川公立国学专门学校毕业	曾任中学校长、大学预科导师及青年夏令营团教官	四川省中学师范学校教员检定合格证专第1208号	训育主任兼授国文13小时	专任	155.00	续聘一学期	黎光明	私立荫唐中学校长	灌县青城山长生宫	
曾庆绪	35	男	四川遂宁	四川大学教育学院艺术专门毕业	曾任中师范教员及四川省战时民教督导员	四川省中学师范学校教员检定合格证书第1420号	事务主任兼授劳作美术14小时	专任	155.00	续聘一学期	周子高	省立成都女子师范学校前任校长	彭山西街	
袁琮	28	男	河北正定	国立北平师范大学体育系毕业	曾任省立中学体育员		体育组长14小时	专任	140.00	续聘一学期	于爱琴	省立成都女子师范学校体育主任	彭山	
汪永年	32	男	四川泸县	四川富顺县友联社医学校毕业	曾任汇安医院内外科主任	安众	校医	专任	60.00	续聘一学期	文汉长	四川省卫生实验处医务科长	成都惜字宫	证件待补
傅蕴瑛	30	女	山东临沂	国立北平师范大学教育系毕业	曾任师范学校及教育部社教工作团第二农村建设学校教职员		教员兼级任	专任	119.00	续聘一学期	郝佩如	省立成都女子师范学校教员	成都	

姓名	性别	籍贯	学历	经历	资格证书	担任科目及钟点	专任或兼任	月薪	新聘或续聘	原任人姓名	原任人简历	服务地点	备考
孙道桂	女	四川开江	国立北平师范大学化学系毕业	曾任四川省立女子中学理化教员	国立北平师范大学毕业证书	教员兼级任17小时	专任	115.00	续聘一学期	丁秀君	省立成都女子师范学校校长	彭山	
谌士芬	女	江苏赣榆	河北省立女子师范学院家政系毕业			教员兼级任14小时	专任	125.00	续聘一学期	于爱琴	省立成都女子师范学校教员	彭山	
王在德	男	山东商河	国立北平师范大学教育系毕业	曾任各省等学校算学教员	山东省中学师范教员检定合格证书第383号	算学教员25小时	专任	148.00	续聘一学期	周子强	省政府督学	成都	
孙全兴	男	山东濮县	国立北平师范大学毕业	曾任中学师范国文教员		国文教员23小时	专任	133.00	续聘一学期	王成德	丰都县立中学教导主任	丰都	证件待补
谢海澄	男	福建	国立北平师范大学毕业	曾任县教育视导主任、省立成都女子师范学校教职员		公民教育、国文教员15小时	专任	108.00		罗学府	四川省教育科学馆专门委员	成都	证件待补

職別	姓名	性別					
專任教員	王一平	女					三
專任教員	王在德	男	一				五
專任教員	徐鶴群	女	一	一		一	四
專任教員	溫憶華	男	一				三
專任教員	謝海澄	男	一	一		一	四
文書幹事	雍志恭	男	一				五
教務幹事	楊茂恒	男	一				一
事務幹事	劉慶福	男	一				三

第一頁 共二頁

職別	姓名	性別					
出納幹事	黃幼嫻	女				一	一
書 記	白超璧	男	一	一		三	五
書 記	左守謙	男	一				一
書 記	詹芙先	女		一		一	三
訓導主任	帥守經	男	一	一		三	六一

此份存稿。

四川省立綿陽師範學校教職員直系親屬人口調查表

三十年四月　日填　校長黃長直

科室別	職級	姓名	性別	直系親屬人口數目				共計人口數目	填表人蓋章
				父母	夫妻	子女			
						大口小口	大口小口	大口小口	
	校長	黃長直	男	一				三	
	教務主任	尹士恆	男	一	一	二	一	五	
	事務主任	曾慶緒	男		一	一		二	
	會計	吳節侯	男	一	一	一	二	六	一
	專任教員	袁會玉	男	一	一	一	一	四	
	軍訓教官	王洪昌	男	一	一		一	三	
	童軍教練員	蕭靜芝	女	一	一			二	
	校醫	張鴻瑜	女	一	一			二	
	專任教員	傅玉心	女	一	一	一	一	五	一
	專任教員	諒意雄	女	一	一			三	一

四川省立绵阳师范学校教职员直系亲属人口调查表

三十年（1941）四月　日填　校长黄长直

科室别	职级	姓名	性别	直系亲属人口数目				子　女				共计人口数目		填表人盖章
				父	母	夫	妻	大口	小口	大口	小口	大口	小口	
	校　长	黄长直	男				一					二		
	教务主任	尹士恒	男	一			一	一			二	五	三	
	事务主任	曾庆绪	男									一	一	
	会　计	吴节侯	男	一	一		一		一	二		六	一	
	专任教员	袁会玉	男		一		一				一	四	一	
	军训教官	王洪昌	男									三		
	童军教练员	萧静芝	女		一							二		
	校　医	张鸿瑜	女	一								二		
	专任教员	傅玉心	女	一	一		一			一		五	一	
	专任教员	□□□	女	一								三		
	专任教员	孙全兴	男	一	一		一					四		
	专任教员	王一平	女									三		
	专任教员	王在德	男	一			一	一		一		五		

专任教员	徐鹤群	女	一	一	一				四		
专任教员	温憶华	男	一		一			一	三	一	
专任教员	谢海澄	男	一	一		一	一		四	一	
文书干事	雍志恭	男	一	一	一	一			五		
教务干事	杨茂恒	男							一		
事务干事	刘庆福	男	一		一				三		
出纳干事	黄幼娴	女							一		
书　记	白超璧	男		一	一	一			五		
书　记	左守谦	男							一		
书　记	詹芙先	女	一	一					三		
训导主任	帅守经	男		一		一	三	一	六	一	

四川省政府教育厅训令

中华民国三十年（1941）二月一日收文 字第 号

事由：为该校会计员业经国府主计处分别任免令仰知照由

中华民国三十年（1941）一月二十五日发

三十年（1941）计一字第01575号

令省立绵阳师范学校：

案奉四川省政府二十九年（1940）十二月十六日秘人字第一八八二号训令内开：「案准国民政府主计处本年十一月二十八日渝处字第二六六三号公函内开：案据贵省会计处呈以暂行代理四川省立成都高级农业职业学校会计员余心田，暂行代理四川省立中城小学会计员刘煦民，迄未到差，拟请免职，所遗两缺请以徐迪光、周莘耘分别接充，又第十三区联立女子中学现已改名四川省立绵阳师范学校，原任该校会计员莘奉贞，另有他就，拟请免职，祈鉴核等情，除指令余心田、刘煦民、徐迪光、周莘耘等四员准予分别任免，先派代理，莘奉贞应予解除原任职务，并给委外相应函达，即希查照转行为荷等由准此，合行令知照并分别饬知此令。」等因，奉此，除分行外，合行令仰该校即便知照！

此令

厅长 郭有守

查此呈行为矜慎起见，准此，合行令仰知照，并分别饬知此令，等因奉此，除分行外，合行令仰该校即便知照！

此令

厅长 郭有守

四川省政府教育廳訓令

事由　為該校會計員業經國府主計處分別任免令仰知照由

令省立綿陽師範學校

案奉

四川省政府二十九年十二月十六日秘人字第一八八二號訓令內開：案准國民政府主計處本年十一月廿八日渝廳字第二六六三號公函內開：案據貴省會計處呈以暫行代理四川省立成都高級農業職業學校會計員余心田、暫行代理四川省立中城小學會計員劉鵬民、迄未到差，懇請免職，所遺兩缺請以徐廼光、周葦耘分別接充，又第十三區聯立女子中學現已改名四川省立綿陽師範學校，原任該校會計員葦奉員另有他就，懇請免職，祈鑒核等情，除指令余心田、劉鵬民、徐廼光、周葦耘四員，准予分別

姓名	性别	年龄	籍贯	职务	简历	备考
李先志	男	二〇	四川		照者三试名 中子师范毕业	
吳錦楓	男	三三	四川	專科教員	辛亥举人 平津军 师范毕业 曾任難家小学要民眾省立商师 附小教職員	
陳明書	男	三六	四川		四川省立綿陽師範畢業	曾任荣誉军人服务社员 傷兵之友社員
康元春	女	三〇	西康	幼稚園主任	西康女师范毕业 延岩女子师范毕业	
秦之梅	女	三〇	四川	幼稚園主教	西川省立成都女子师范毕业 照者三试名	曾任教育部邊區教師第九服务團团員 曾任成都女師附小市立黄瓦街小学私立三本中学附小江津县立第一中学教员
周瑞貞	女	三三	山東	護養	青島中學畢業 南京護士學校畢業	曾任青年軍附屬小学教员
張崇玉	女	三三	四川	事務助理	四川綿陽職業學校畢業	曾任綿陽縣立女中助理
傅文先	男	三三	四川	事務兼書記	培英中学肄业	成都市私立县立女中职员

四川省立縣陽師範學校附屬小學教職員表

三十一年度十二月製

姓名	性別	年齡	籍貫	學歷	現任職務	經歷
蔣若瑜	女	三五	四川	樂至師範畢業		曾任樂至縣女中初中部各年主任及旧制小學所立中奈女民師小學主任 方立小學教職員卅五年
李靜昌	女	二四	四川	資陽縣立第一中學畢業	代理校長	任教樂至縣資中縣立中學等各務主任 今川縣師附小
秦遠光	男	二六	四川	資陽縣立師範畢業	級任教員	曾任成都市北部大東街橋花鎮中心村杉朵成都市東王振民小學校長共十三年
張世蘭	女	二六	四川 印峡師範畢業	全	曾印峡顯私王敬摩小學任級任
黃佐鳳	全	二二	四川 蓬溪師範畢業	全	曾任四大于峡黃奎院旧小圓小任教員
左健群	全	二六	四川 萬縣	全	曾任四大于吃附 旧小圓小
徐玉如	全	二八	四川涪陽 涪陽縣李李畢業	全	曾任涪陽縣旧小學 新明春蓬陽中心校 小學教員旧小學廣民祠國小

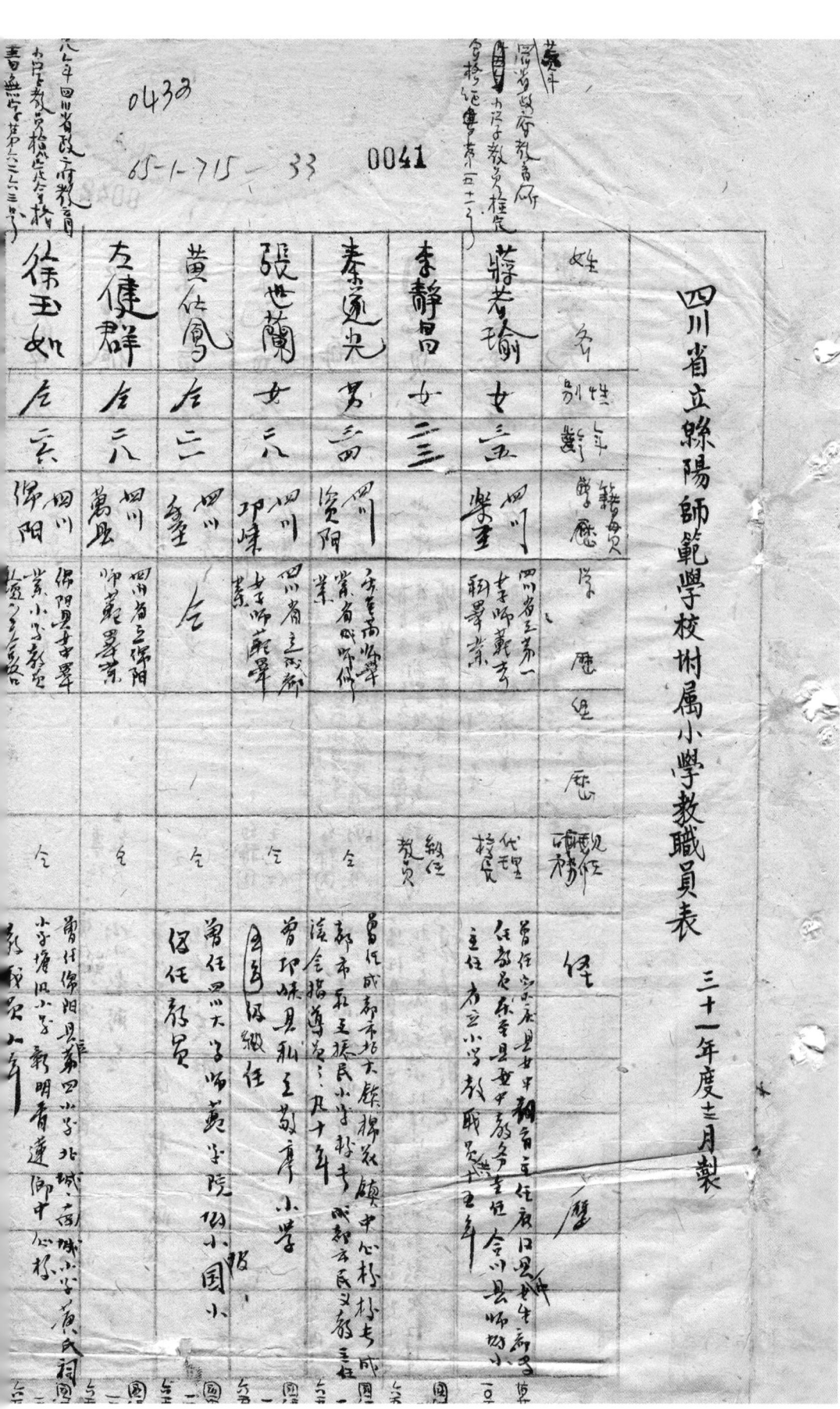

民国三十一年（1942）附属小学教职员表

四川省立绵阳师范学校附属小学教职员表

三十一年（1942）度十二月制

姓名	性别	年龄	籍贯	学历	现任职务	经历	备注
蒋若瑜	女	35	四川乐至	四川省立第一女子师范本科毕业	代理校长	曾任崇庆县女中教育主任及县中女生部专任教员、乐至县女中教务主任、合川县师附小主任、省立小学教职员共十五年	算术 840分钟 105元 三十年（1941）二月
李静昌	女	23			级任教员		国语 算术 自然 1200分钟 65元 三十年（1941）二月
秦遂光	男	34	四川资阳	乐至高师毕业、省成师修业	级任教员	曾任成都市北大镇棉花镇中心校校长、成都市私立振民小学校长、成都市民义教主任读会指导员，凡十年	国语 算术 地理 1200分钟 65元 三十年（1941）八月
张世兰	女	28	四川邛崃	四川省立成都女子师范毕业	级任教员	曾任邛崃县私立敬亭小学级任	国语 算术 历史 1200分钟 65元 三十年（1941）八月
黄仕凤	女	21	四川乐至	四川省立成都女子师范毕业	级任教员	曾任四川大学师范学院附小报国小级任教员	国语 算术 常识 1200分钟 65元 三十年（1941）二月
左健群	女	28	四川万县	四川省立绵阳师范毕业	级任教员		国语 算术 常识 1200分钟 65元 三十年（1941）八月
徐玉如	女	26	四川绵阳	绵阳县女中毕业、小学教员检定合格	级任教员	曾任绵阳县立第四小学，北城、南城小学，黄氏祠小学，塘汛小学，彰明青莲乡中心校教职员八年	国语 算术 常识 1200分钟 65元 三十年（1941）八月
李光宁	女	20	四川安岳	四川省立成都女子师范学校毕业	级任教员		国语 常识 算术 1200分钟 65元 三十年（1941）二月
吴锦枫	女	26	山东泰安	山东第一女子师范毕业	专科教员	曾任山东崇实小学惠民省立简师附小教职员	体育 童军 1300分钟 65元 三十年（1941）二月

姓名	性别	年龄	籍贯	学历	职务	经历	薪金 聘任时间
陈明书	女	28	四川崇庆	四川省立绵阳师范毕业	专科教员	曾任荣誉军人服务队队员、伤兵之友社员	音乐 唱游1300分钟 65元 三十年（1941）八月
康元春	女	29	西康越雋	四川省立成都女子师范毕业	幼稚园主任		65元 三十年（1941）八月
秦之梅	女	25	安徽德宁	安徽省立第三临时中学高中师范科毕业 四川教育学院图书管理讲习班毕业	幼稚园助教	曾任教育部战区教师第九服务团团员、四川省立成都女师图书管理	55元 三十年（1941）二月
周瑞贞	女	32	山东	青岛市私立文德女高中毕业 在市暑期小学教员讲习会毕业	校医	曾任青岛市立中学附小、市立黄台路小学、私立文德女中附小、江津县立女小学教员、江津县立女中职员	40元 三十年（1941）八月
张崇玉	女	20	四川华阳	四川省立成都女子职业学校毕业	会计助理		65元 三十年（1941）八月
傅文光	男	22	四川华阳	成都市私立培英中学肄业	事务员兼书记		40元 三十年（1941）八月

一	羅祖芳 女		四川	曾任四川省立成都吴小职员 成都新新闻报社会计
				四川省立师范修业 助理
				会计
	张萍 女	卅	华阳	青岛私 book记
	傅仲辉 男	廿七	四川华阳	
	周瑞贞 女	廿三	山东	青岛市私立元德小学高级 中华基本国民期小 学校及民教 习会毕 业 曾任青岛市立中学附小、私立 黄台路小学、私立元德女中 附小、江津县立女小等校 北碚区 ...

四川省立绵阳师范学校附属小学教职员表 三十二年度第一学期

姓名	性别	年岁	籍贯	学历	职务	经历	备攷
罗士伦	女	二十二	四川乐山	省立师范毕业	一班级任教员		
宋理智	男	二十三岁	四川梓潼	西南联大肄业	校长		
胡泉庆	男	二十二岁	四川绵竹	省立师范毕业	二班级任教员		
陈志恒	女	二十	四川灌县	省立师范毕业	级任教员		
李咏霓	女		四川灌县	省立师范毕业	教员		
帅立瑜	女		四川绵阳	省立师范级任	级长		
姜馨	女			专科毕业	专科教员		
吴金凤	女	三十					
谢汉桀	男	三十二岁	四川梓潼	省立绵师专科	三年级教员		

● 民国三十二年（1943）度第一学期附属小学教职员表

四川省立绵阳师范学校附属小学职员表

三十二年（1943）度第一学期

姓名	性别	年龄	籍贯	学历	现任职务	经历	备考
罗士伦	女	32	四川乐山	西南联大师范学院毕业	校长		
宋理智	男	23	四川梓潼	省立绵师第一班毕业	级任教员		
胡宗庆	男	22	四川绵竹	省立绵师第一班毕业	级任教员		
陈志恒	女	21					
李咏霓	女						
帅至瑜	女		四川灌县	省立绵师校毕业	级任教员		
姜馨	女		四川绵阳	省立绵师校毕业	级任教员		
吴金凤	女	32			专科教员		

姓名	性别	年龄	籍贯	学历	职务	备注
谢汉杰	男	22	四川梓潼	省立绵师校毕业	专科教员	
秦炽美	女	32	安徽怀宁	安徽省立第三临时中学师范科毕业	幼稚园助教	曾任教育部第九教师服务团团员
谢若蕙	女				幼稚园主任	
张萍	女	33	四川华阳	四川省立绵师校修业	会计助理	曾任四川省立成都实小职员、成都新新新闻报社会计
傅仲辉	男	27	四川华阳		事务员兼书记	
周瑞贞	女	33	山东	青岛市私立文德女高中毕业、本市暑期小学教员讲习会毕业	校医	曾任青岛市立中学附小、私立黄台路小学、私立文德女中附小、江津县立女小等教员、江津县立女中职员

姓名	性别	年龄	籍贯	学历及经历	职务	担任科目	薪金	到职年月
○遂光	男	三六	四川资阳	师范毕业 曾任成都市北大镇忠学校校长等职		美术劳作	三〇〇	
秦□美	女	三三	四川资阳	毕业简师毕	全右	全右	一八〇	全右
戚琳	女	三二	安徽怀宁	安徽省立第一师范毕业 附中学师范科第九教师服务团团员	幼稚园教导	幼稚园游戏	一八〇	三〇年二月
傅仲辉	男	二一	四川华阳	成都市私立培英中学肄业	助教	工作	一○八	卅一年六月
张萍	女	三四	四川华阳	四川省立绵阳师范毕业 曾任成都实验小学职员	书记	李务员	八〇	卅一年一月
周瑞贞	女	三四	山东	青岛市私立文德女高中毕业 曾任青岛市立中学附小教员	校医	助理会计	五〇	卅一年八月

四川省立綿陽師範學校附屬小學三十四年度第二學期教職員表 三十四年九月

姓名	性別	年齡	籍貫	學歷	經歷	現任擔任科目	職務學科分數	檢定年月及合格證書號數	登記年月及所奉部書號數文點數	月薪	到校年月	備考
黃天助	女	三一	四川	省立成都女師畢業	曾任經石助教智當	校長 史地 公民	三二〇 三〇					
宗理智	男	三二	四川梓潼	綿陽師範畢業	曾任附小教員	級任 自然	九六〇 八〇	三二年 八月				
謝若蕙	女	三二	四川崇慶	四川省立綿陽女子師範畢業	曾任大邑中心女小及市立第二小學級任	級任 國語	九六〇 八〇	三三年 八月				
陳志恆	女	三五	四川樂至	四川省立成都女子師範畢業	曾任大邑縣立女小級任	級任 算術	九六〇 八〇	三三年 二月				
嚴保珍	女	三二	四川九邑	同右	曾任安岳城中師附小級任	級任 同右	九六〇 八〇	全右				
王容	女	三五	四川安岳	同右	曾任成都省男師附小及主教	教任 同右	一三〇 八〇	全右				

● 民國三十三年（1944）度第二學期附屬小學教職員表

四川省立绵阳师范学校附属小学三十三年（1944）度第二学期教员表

三十四年（1945）九月

姓 名	性别	年龄	籍贯	学历	经历	检定年月及合格证书号数	登记年月及所奉令文号数	现任职务	担任学科	每周授课分数	月薪数目	到校年月	备考
黄天助	女	31	四川犍为	省立成都女师毕业	曾任犍为县府督学			校长	公民史地	320	130.00	三十四年（1945）二月	
宗理智	男	32	四川梓潼	四川省立绵阳师范毕业	曾任附小教员			级任教员	国语算术自然	960	80.00	三十二年（1943）八月	
谢若蕙	女	32	四川崇庆	四川省立成都女子师范毕业	曾任大邑中心学校教员			级任教员	国语算术自然	960	80.00	三十三年（1944）八月	
陈志恒	女	35	四川乐至	四川省立成都女子师范毕业	曾任省成男师附小及市立第二小学级任			级任教员	国语算术自然	960	80.00	三十二年（1943）二月	
严保珍	女	33	四川大邑	四川省立成都女子师范毕业	曾任大邑县立女小级任			级任教员	国语算术自然	960	80.00	三十二年（1943）二月	
口正容	女	35	四川安岳	四川省立成都女子师范毕业	曾任安岳城中镇中心学校级任教员			级任教员	国语算术自然	960	80.00	三十二年（1943）二月	
			四川口口	四川省立成都女子师范毕业	曾任成都省男师附小级任教员			级任教员	国语算术自然	960	80.00	三十二年（1943）二月	

			山东泰安	四川省立成都女子师范毕业	曾任私立崇实小学教员、山东省立惠民简师附小级任		专科教员	体育音乐	1300	80.00	三十二年（1943）二月
秦遂光	男	36	四川资阳	乐至简师毕业	曾任成都市北大镇中心学校校长等职		专科教员	美术劳作	1300	80.00	三十二年（1943）二月
秦炽美	女	33	安徽怀宁	安徽省立第三临时中学师范科毕业	曾任教育部第九教师团团员		幼稚园主任	音乐游戏识字	1080	80.00	三十二年（1943）二月
戚琳	女	32	河北	省立成都女子师范毕业			幼稚园助教	工作故事	1080	70.00	三十四年（1945）二月
傅仲辉	男	31	四川华阳	成都市私立培英中学肄业			事务员兼书记			50.00	三十一年（1942）八月
张萍	女	34	四川华阳	四川省立绵阳师范毕业	曾任成都市实验小学职员		会计助理			80.00	三十三年（1944）一月
周瑞贞	女	34	山东	青岛市私立文德女高中毕业	曾任青岛市立中学附小教员		校医			50.00	三十一年（1942）八月

姓名	性别	年龄	籍贯	学历		职务	薪金	到职年月
張崇德	女	二〇	同右	同右		教員	一〇	卅年二月
秦熾美	女	三四	安徽 懷寧	安徽省立第三臨時中學畢業 曾任教育部第九救師服務團員		幼稚園 主任 兼幼稚園教養	八〇 七〇	卅年二月
羅葆忠	女	二九	四川 內江	四川省成都市私立培英中學畢業		幼教	八〇	卅一年八月
傅仲輝	男	三二	四川 華陽	四川省立綿陽師範學校肄業		書記	一〇〇	卅一年一月
張淡	女	三五	四川 華陽	四川省立綿陽師範學校畢業		會計助理		
周毓貞	女	三五	山東	青島市私立文德女高中畢業 曾任青島市立中學附小教員		校醫		卅八月

四川省立綿陽師範學校附屬小學 三十四年度第二學期 教職員表　三十五年五月填報

姓名	性別	年齡	籍貫	學歷經歷	檢定年月及合格證書字號	登記字號及所發合格文憑	現任職務	擔任學科	每週授課鐘點數目	到校年月	備考
宋增頤	男	三九	山東惠民	國立北平師範大學教育系畢業 曾任山東省立惠民師範教員等			教務	公民史地	三二	一〇〇二月	
蔣安中	男	二八	四川江油	四川省立綿陽師範學校畢業 曾任省立綿師教員				教育	九六〇	同右	當年
黃仕鳳	女	三二	四川樂至	省立女師畢業 曾任附小教員				級任自然	九六〇	同右	
彭淑瑩	女	二一	四川綿陽	綿陽師範學校畢業				國語	九六〇	同右	
鍾紹琪	女	二〇	四川	同右					九六〇	同右	三月
李雪華	女	一八	四川	同右 同右					九六〇	同右	

● 民國三十四年（1945）度第二學期附屬小學教職員表

四川省立绵阳师范学校附属小学三十四年（1945）度第二学期教职员表

三十五年（1946）五月填报

姓名	性别	年龄	籍贯	学历	经历	检定年月及合格证书号	登记年月及所奉令文号数	现任职务	担任学科	每周授课分数	月薪数目	到校年月	备考
宋增熙	男	39	山东惠民	国立北平师范大学教育系毕业	曾任山东省立惠民师范教员及四川省立绵师教员			校长	公民史地	320	100.00	三十五年（1946）二月	
蒋安中	男	21	四川江油	四川省立绵阳师范学校毕业				级任教员	国语算术自然	960	80.00	三十五年（1946）二月	
黄仕凤	女	32	四川乐至	省成女师毕业	曾任附小教员			级任教员	国语算术自然	960	80.00	三十四年（1945）八月	
彭淑莹	女	21	四川绵阳	四川省立绵阳师范学校毕业				级任教员	国语算术自然	960	80.00	三十五年（1946）二月	
钟绍琼	女	20	四川绵阳	四川省立绵阳师范学校毕业				级任教员	国语算术自然	960	80.00	三十五年（1946）二月	
李雪华	女	18	四川绵阳	四川省立绵阳师范学校毕业				级任教员	国语算术自然	960	80.00	三十五年（1946）二月	
文琪	女	32	四川三台	省成女师毕业				级任教员	国语算术自然	960	80.00	三十四年（1945）八月	

姓名	性别	年龄	籍贯	学历	经历		职务	担任科目			到职年月
郑崇德	男	21	四川绵阳	省立绵阳师范毕业			专科教员	美术劳作	1300	80.00	三十五年（1946）十一月
张崇德	女	20	四川绵阳	省立绵阳师范毕业			专科教员	音乐体育	1300	80.00	三十五年（1946）二月
秦炽美	女	34	安徽怀宁	安徽省立第三临时中学毕业	曾任教育部第九师服务团团员		幼稚园主任	音乐游戏识字	1080	80.00	三十二年（1943）二月
罗葆先	女	19	四川中江	省立绵阳师范毕业			幼稚园助教	工作故事	1080	70.00	三十五年（1946）八月
傅仲辉	男	32	四川华阳	成都市私立培英中学肄业			事务员兼书记			50.00	三十一年（1942）八月
张萍	女	35	四川华阳	四川省立绵阳师范学校肄业			会计助理			80.00	三十三年（1944）一月
周瑞贞	女	35	山东	青岛市私立文德女高中毕业	曾任青岛市立中学附小教员		校医			50.00	三十一年（1942）八月

姓名	周启亚	刘毅仪	席鸣谦	罗荷先	詹芙先	葛振君	孙升堂
性别年龄	男二〇	女一九	女一九	女二〇	女三一	女二四	男五二
籍贯学历	中江 师范第三班毕业	四川绵阳 四川省立绵阳师范第工班毕业	四川遂宁 师范毕业	四川中江 师范第九班毕业	湖北蒲圻	山东蒲圻 齐鲁大学商科毕业	胶县
		卅五年三月 登记	卅五年三月 登记				
职务	教员	手抄音乐	幼稚园主任 识字游戏	幼稚园工作	事务员	童书记	会计助理	校医
	劳作三〇	手抄音乐一三〇	一〇〇	一〇〇 七〇			
	三月	八月 三五年	二月 三五年	二月 三五年	三五年三月	八月	三五年二月

四川省立绵阳师范学校附属小学三十五年度第二学期教职员表

三十六年三月填报

姓名	性别	年龄	籍贯	学历经应	检定年月及合格证书字號	登记年月及所奉令文字號	现任职务	担任学科	每週授课数目	月薪	新到校年月	备考
宋增熙	男	四〇	山東惠民	國立北平師範大學教育学系畢業		登記	校長	公民史地	三二〇	一〇〇	二月	
蔣安中	男	二二	四川江油	四川省立綿陽師範學校第十班畢業	曾任東省立惠民師范及四川省立綿陽師范	卅五年三月登記	教員	級任自然	九六〇	八〇	三五年八月	
向國鐙	男	一九	四川中江	四川省立綿陽師範學校第九班畢業		卅五年三月登記	教員	級任國語算術	九六〇	八〇	三五年二月	
李雪華	女	二〇	四川綿陽	四川省立綿陽師範畢業		卅五年三月登記	教員	級任同右	九六〇	八〇	三五年三月	
許玉珊	女	一九	四川綿陽	四川省立綿陽師範第十一班畢業		卅五年三月登記	教員	級任同右	九六〇	八〇	三五年八月	
薛掌蕊	女	二〇	四川梓潼	同左			教員	級任同右	九六〇	八〇	三六年二月	

● 民国三十五年（1946）度第二学期附属小学教职员表

四川省立绵阳师范学校附属小学三十五年（1946）度第二学期教职员表

三十六年（1947）三月

姓名	性别	年龄	籍贯	学历	经历	检定年月及合格证书号	登记年月及所奉令文号	现任职务	担任学科	每周授课分数	月薪数目	到校年月	备考
宋增熙	男	40	山东惠民	国立北平师范大学教育系毕业	曾任山东省立惠民师范及四川省立绵阳师范教员		三十五年（1946）十二月登记	校长	公民史地	320	100.00	三十五年（1946）二月	
蒋安中	男	22	四川江油	四川省立绵阳师范学校第四班毕业			三十五年（1946）十二月登记	级任教员	国语算术自然	960	80.00	三十五年（1946）二月	
向国镫	男	19	四川中江	四川省立绵阳师范学校第十班毕业			三十五年（1946）十二月登记	级任教员	国语算术自然	960	80.00	三十五年（1946）八月	
李雪华	女	20	四川绵阳	四川省立绵阳师范第九班毕业			三十五年（1946）十二月登记	级任教员	国语算术自然	960	80.00	三十五年（1946）二月	
许玉珊	女	19	四川绵阳	四川省立绵阳师范第十一班毕业			三十五年（1946）十二月登记	级任教员	国语算术自然	960	80.00	三十五年（1946）八月	
薛崇苾	女	20	四川梓潼	四川省立绵阳师范第十一班毕业				级任教员	国语算术自然	960	80.00	三十六年（1947）二月	
薛崇芷	女	19	四川梓潼	四川省立绵阳师范第十一班毕业			三十五年（1946）十二月登记	级任教员	国语算术自然	960	80.00	三十五年（1946）八月	

姓名	性别	年龄	籍贯	学历		登记	职务	任教科目	薪金	津贴	到职时间
周启亚	男	20	四川中江	四川省立绵阳师范第十二班毕业			专科教员	美术劳作	1300	80.00	三十六年（1947）二月
刘敦仪	女	19	四川绵阳	四川省立绵阳师范第十一班毕业			专科教员	音乐体育	1300	80.00	三十六年（1947）二月
席鸣谦	女	19	四川遂宁	四川省立幼稚师范毕业		三十五年（1946年）十二月登记	幼稚园主任	音乐游戏识字	1080	80.00	三十五年（1946）八月
罗葆先	女	20	四川中江	四川省立绵阳师范第九班毕业		三十五年（1946年）十二月登记	幼稚园助教	工作故事	1080	70.00	三十五年（1946）二月
詹芙先	女	31	四川遂宁				事务员兼书记				三十五年（1946）八月
葛振君	女	24	湖北蒲圻				会计助理				三十五年（1946）八月
孙升堂	男	52	山东膠县	齐鲁大学医科毕业			校医				三十六年（1947）二月

姓名									
詹芙先	三一	女	四川遂寧					事務員兼	三十五年八月
葛振君	二四	女	湖北蒲圻					書記	
席鳴謙	一九	女	四川遂寧					會記助理	三十五年八月
羅蓬先	二十	女	四川中江			本校九班畢業 幼稚園教師		幼稚園助理	三十五年二月
說明	一、籍貫須註明省市縣名稱			本期因䢖地方人士玄清增設一班故加聘二人					

國立第六中學 三十年度 第 學期 各級學生一覽表 民國 年 月填報

(此表於學期開始後一個月報送所在地省市教育行政機關)

姓名	年齡	性別	籍貫	學歷	科別年級班別	備註
宋增熙	四十	男	山東惠民		校長	三十五年二月
蔣安中	二十一	男	四川中江	國立北平師範教育系畢業	兼任職務 劉校長月業	三十五年八月
向國鐙	一九	女	四川綿陽	本校四班畢業	高級級任	三十五年二月
李雪華	二十	女	四川江油	本校四班畢業	初級級任	三十四年八月
薛崇芝	一九	女	四川梓潼	本校九班畢業	初級級任	三十五年二月
許玉珊	二十	女	四川梓潼	本校十一班畢業	初級級任	三十五年八月
薛崇芯	一九	女	四川綿陽	本校十二班畢業	初級級任	三十三年二月
徐	三一	女	山東奉安	山東省立濟南女子師範畢業	初級級任	三十一年二月

● 民國三十六年（1947）教職員一覽表

四川省立绵阳师范教职员一览表

三十六年（1947）二月

姓　名	年龄	性别	籍贯	学　历	担任职务	至校年月	备注
宋增熙	40	男	山东惠民	国立北平师范教育系毕业	校　长	三十五年（1946）二月	
蒋安中	21	男	四川江油	本校四班毕业	高级级任	三十四年（1945）二月	
向国镫	19	男	四川中江	本校十班毕业	高级级任	三十五年（1946）八月	
李雪华	20	女	四川绵阳	本校九班毕业	初级级任	三十五年（1946）二月	
薛崇芷	19	女	四川梓潼	本校十一班毕业	初级级任	三十五年（1946）八月	
许玉珊	19	女	四川绵阳	本校十一班毕业	初级级任	三十五年（1946）八月	
薛崇苾	20	女	四川梓潼	本校十一班毕业	初级级任	三十二年（1943）二月	
徐德一	19	女	四川德阳	本校十二班毕业	初级级任	三十六年（1947）二月	

刘敦仪	19	女	四川绵阳	本校十一班毕业	专科教员	三十六年（1942）二月	
周启亚	20	男	四川中江	本校十二班毕业	专科教员	三十六年（1947）二月	
孙升堂	52	男	山东膠县	齐鲁大学医科毕业	校　医	三十六年（1947）二月	
詹芙先	31	女	四川遂宁		事务员兼书记	三十五年（1946）八月	
葛振君	24	女	湖北蒲圻		会计助理	三十五年（1946）八月	
席鸣谦	19	女	四川遂宁	四川省省立幼稚师范毕业	幼稚园主任	三十五年（1946）八月	
罗葆先	20	女	四川中江	本校九班毕业	幼稚园助理	三十五年（1946）二月	

本期因徇地方人大之请，增加一班，故加聘二人。

年度第二學期教職員一覽表

姓名	性別	年齡	籍貫學歷	經歷	現任職務	到職年月
徐恭淑	女	二八	卯咪青系畢業	曾任中學教員	同右	三十七年八月
侯惠貞	女	二六	四川德陽葉		同右 教育農村經濟	三十八年二月
蔣德章	男	三九	江蘇中央軍校畢業		軍訓教官 軍訓	三十年二月
天錫鏹	男	五四	江蘇私立南通學院醫科畢業	曾任世界紅卍字會徐州分會醫務主任軍政部九補訓處野戰醫院長軍醫處長兼廣師管區軍醫院長等職	校醫	三十六年八月
孫國佐	男	四三	四川省立遂寧師範畢業	曾任中學師範教員	會計	三十五年八月
李宗裕	男	二八	山東省立遂寧師範畢業	曾任會計等職		
彭亞雄	男	二八	四川中華會計學校畢業		出納組長	三十九年八月
徐咸熙	男	二八	四川潼南縣中高中部修業	曾任四川省甘蔗改良場及棉業改良場事務員省幹事	庶務組長	三十八年八月
宋崇甫	男	四四	山東河北慶雲師範畢業	曾任國立祥瀋師範會計佐理員及文書組長等職	幹事	三十八年二月
雍志恭	男	三九	陽信	曾任專署科員	書記	三十七年二月
彭修武	男	二六	四川綿陽龍歸師範畢業		書記	三十八年二月
白起璧	男	四七	遂寧省立遂寧師範畢業			
			四川遂寧廣益中學畢業			

附註

四川省立綿陽師範學校三十[七年度第二學期教職員一覽表]

姓名	性別	年齡	籍貫	學歷經歷	擔任科目	到任年月
彭鼎	男	四五	四川遂寧	國立北平師範大學教育系畢業　曾任遂寧縣立中學校長四川省教育廳人事股長督學等職	校長 教育科學	任專任三十[五]
路梅亭	男	四三	山東惠民	北平中國大學哲學教育系畢業　曾任山東濟陽及滕縣簡易鄉師校長四川中江簡師教員國立梓潼師範教員	教務主任 教育學科	同三十[ ]
李清峯	男	四[ ]	山東惠民	國立北京大學畢業　曾任大學講師	訓導主任	同三十八年[ ]
林英斌	男	三八	山東沒上	國立北平師範大學體育科畢業　曾任山東省立平原鄉師泰安中學國立梓潼師範體育教員	事務主任 體育音樂	同三十七年二月
余健唐	男	四六	四川遂寧	國立北京大學畢業　曾任陝院昌其縣中中學教員國文教員	專任教員 國文	同三十六年二月
楊友松	男	二九	四川射洪	國立北京大學畢業　曾任空軍幼年學校教官四川省水利局助理工程師	同右 數學	同三十七年八月
張道興	男	三台	四川三台	國立師範學院勞作專修畢業	同右 博物	同三十三年八月
許存學	男	三○	四川銘賢學院化學工程系畢業	曾任銘賢學院助教	同右 理化	同三十四年八月
廖雨三	男	四[ ]	四川綿陽	四川大學畢業	同右 國文	同三十七年二月
王鳳翔	男	五[ ]	河北博野	河北天津直隸法政專門學校法律本科畢業　曾任中學師範教員初中校長校長陝西寶雞私立博野四存中學各高初中教員	同右 國文	同三十六[ ]
汪儉	男	三[ ]	江蘇江進	南京美專音樂系畢業　曾任高初中教員	同右 音樂	同三十八年[ ]
王象三	男	四一	山東荷澤	國立山東大學中國文學系畢業　歷充山東省立女中鄆兗專科學校國立梓潼師範教員	同右 國文	同三十七年[ ]
胡宗慶	男	三○	四川綿守	國立四川大學師範學院史地系畢業	同右 史地	同二十九年八月
曾慶緒	男	四三	四川遂寧	國立四川大學畢業　曾任中學師範教員	同右 美術	同三十四年八月
李梅山	女	三九	山東戈國	國立北平大學畢業	同右 美術·家事	同三十四年八月

● 民國三十七年（1948）度第二學期教職員一覽表

四川省立绵阳师范学校三十七年（1948）度第二学期教职员一览表

姓名	性别	年龄	籍贯	学历	经历	职务	担任科目	专任或兼任	入校时间
彭鼎	男	45	四川遂宁	国立北平师范大学教育系毕业	曾任遂宁县立中学校长、四川省教育厅人事股长督学等职	校长	教育科学	专任	三十□
路梅亭	男	43	山东惠民	北平中国大学哲学教育系毕业	曾任山东济阳及滕县简易乡师校长、四川中江简师教员、国立梓潼师范教员	教务主任	教育学科	专任	三十□
李清峰	男	44	山东惠民	国立北平师范大学教育系毕业	曾任大学讲师	训导主任	公民、卫生、农村经济及合作	专任	三十四年（1945）八月
林英斌	男	38	山东汶上	北平民国大学体育科毕业	曾任山东省立平原乡师、泰安中学、国立梓潼师范体育教员	体育主任	体育、童军教育	专任	三十八年（1949）二月
余健唐	男	46	四川遂宁	国立北京大学毕业	曾任成都农学院、尚志学院、大同南勋各中学数学教员，省立叙永中学、涪陵、隆昌、蓬溪、遂宁等中学教员，宁溪桂涪中学校长	事务主任	数学	专任	三十七年（1948）八月
杨友松	男	52	四川射洪	公立四川大学法政学院政治经济科毕业、峨眉军官训练团第二期毕业	曾任射洪教育局长，县立初中校长、教育科长，各高初中学国文教员	专任教员	国文	专任	三十六年（1947）二月
张道兴	男	29	山东潍县	国立北平师范学院劳作专修毕业	曾任空军幼年学校教官、四川省水利局助理工程师	专任教员	农工艺及实习	专任	三十六年（1949）二月
许存学	男	30	四川三台	铭贤学院化学工程系毕业	曾任铭贤学院助教	专任教员	理化	专任	三十三年（1944）八月
廖雨三	男	44	四川绵阳	四川大学毕业	曾任中学师范教员、初中校长	专任教员	博物	专任	三十四年（1945）二月
王凤翔	男	55	河北博野	天津直隶法政专门学校法律本科毕业	曾任山西太原国民师范大同三范教员、河北私立博野四存中学校长、陕西宝鸡私立惠中学各高初中教员	专任教员	国文	专任	三十七年（1948）八月
汪俭	男	32	江苏武进	南京美专音乐系毕业	曾任高初中教员	专任教员	音乐	专任	三十六年（1947）
王象三	男	41	山东菏泽	国立山东大学中国文学系毕业	历充山东省立女中乡建专科学校、国立梓潼师范教员	专任教员	国文	专任	三十八年（1949）
胡宗庆	男	30	四川绵竹	国立四川大学师范学院史地系毕业		专任教员	史地	专任	三十七年（1948）八月

姓名	性别	年龄	籍贯	学历	经历	职务	任教科目	专兼任	到校年月
曾庆绪	男	43	四川遂宁	国立四川大学毕业	曾任中学师范教员	专任教员	美术	专任	二十九年（1940）八月
李梅山	女	39	山东武城	国立北平大学毕业	曾任中学师范教员	专任教员	美术、家事	专任	三十四年（1945）八月
孙毓华	女	29	四川宜宾	铭贤学院化学工程系毕业	曾任铭贤学院□外江中学教员、省立绵阳中学教员	专任教员	数学	专任	三十六年（1947）八月
徐恭淑	女	28	四川邛崃	国立四川大学师范学院教育系毕业	曾任中学教员	专任教员	教育学科	专任	三十七年（1948）八月
侯惠贞	女	26	四川德阳	国立四川大学农学院毕业		专任教员	教育、农村经济	专任	三十八年（1949）二月
蒋德章	男	39	江苏	中央军校毕业	曾任排连长、团附教官等职	军训教官	军训	专任	三十年（1941）二月
吴锡钺	男	54	山东阳信	山东省立商专毕业	曾任中学、师范教员	会计		专任	二十九年（1940）八月
孙国佐	男	43	江苏铜山	私立南通学院医科毕业	曾任世界红万字会徐州分会医务主任、军政部九补训处野战院长军医处长、县广师管区军医院长等职	校医		专任	三十六年（1947）八月
李宗裕	男	28	四川遂宁	中华会计学校毕业	曾任会计等职	庶务组长		专任	三十五年（1946）八月
彭亚雄	男	28	四川遂宁	省立遂宁师范毕业		出纳组长		专任	三十五年（1946）八月
徐咸熙	男	28	四川蓬溪	潼属联中高中部修业	曾任四川省甘蔗改良场及棉业改良场事务员、省立绵阳中学出纳组长	干事		专任	三十八年（1949）二月
宋崇甫	男	44	山东阳信	河北庆云师范毕业	曾任国立梓潼师范会计佐理员及文书组长等职			专任	三十八年（1949）二月
雍志恭	男	38	四川绵阳	龙绵师范毕业	曾任专署科员			专任	二十八年（1939）二月
彭修武	男	26	四川遂宁	省立遂宁师范毕业				专任	三十七年（1948）二月
白超璧	男	47	四川遂宁	遂宁广益中学毕业		书记		专任	二十八年（1939）二月

三 调查表

省立绵阳师范学校（科或班）概况

校名沿革	校名	绵阳省立绵阳师范	地址	绵阳丰谷镇（原疏散）
	创办年月	民国二十九年八月	创办人	黄长真

历任校长

姓名	在职起讫时间
黄长真	二十九年八月起至 年
	年 起至 年
	年 起至 年
	年 起至 年

校长大事记草

本校于二十九年八月由四川省第十三区专员公署筹办简师
班至毕业为止，同时四川省立绵阳中学附设简师班二学期成
又本校原址附属小学可望于三十年度第二学期

校长姓名及履历

教职员	教员	总数 18 人（内女教员 4 人）专任 18 人 兼任 人
	职员	总数 18 人（内女职员 4 人）专任 人 兼任 人
学生及毕业生	学生总数	262 人（男 151 人 女 111 ）
	简师科毕业年级一班 31 人（内女生 14 人）
	师范科 一年级 三班 132 人（内女生 57 人）
	师范科 二年级 二班 61 人（内女生 28 人）
	简师科 一年级 一班 38 人（内女生 12 人）
	科 年级 班 人（内女生 人）
	科 年级 班 人（内女生 人）

0116

覽表 30 年 12 月填報 №

上年歲經數一度出費	(半年)25,183元	節餘數	元
經常費 薪給	37513元	學生用費(膳食)	12000元
設備	7500元	研究費	元
辦公	6501元	輔導費	1300元
臨時			
來源			

組成立招收學生兩班，原有中學女生四班托於本校
第二班永保健本校辦理
校傷址（紹陽東衝聖街）事辦理

| | 68元 | 最高月薪 | 150元 | 最低月薪 | 95元 |
| | 75元 | 最高月薪 | 200元 | 最低月薪 | 30元 |

百分比	職業	百分比	最近三年畢業狀況	學生服務	類別\年度	二十七年	二十八年	三十九年
76.91	士	1.39			國民學校			
5.33	商	21.18			中心學校			30人
.74	學	10.42			教育行政			
	其他	1.74			其他			1人
14.10	無業	10.07			總數			31人

● 民国三十年（1941）概况一览表

備考	擬議 請說 事項
附圖難問題不現政府三令五申人習正體字而鄉村小學之環境又非標準文史童吾受之家庭教育大母非我師而我童而受之刺激已深而學校若不施以體罰而又難當教若施以體罰而又違背法令試用何法以代替之	本中所能探求得到乃是在實際教學中發出希本校附設小學二班

逕啟者：本校為明瞭畢業生服務情形起見，特製宗畢業生服務調查表一紙，即布按式填寫，並凡未服務及已升學者亦須將生狀況填寫於備考欄內。

限兩週內寄回本校，勿延為要！

此致

同學 李紫耀

啟 三十年四月十日

四川省立绵阳师范学校毕业生服务调查表

服务人		现在服务学校				服务状况		服务感想
姓名	李荣耀	校名	绵竹县兴汉校 乡米心学校	校址	兴汉乡	职别 教职员	级任 级任班级 高二年级 学科 数学	经验
性别 男	年龄 四十二	校长姓名 仲和熙	别号 李平性 性别 男 籍贯	学生数 男 121 女 32	班数 小二班 初四班 幼小班 杂 共8班	学科教员 三十二人	教学方法 自学辅导式 导师制	1. 经实际教学中已得到评改教学方法上及书本中探求不到的困难问题
籍贯 四川 绵竹	在校之班次 一班	资历 龙县联合县立师范专科		合格的 3 不合格的 8	经费来源 由县财委会发给	约一千二百分钟 课目 国语科书作科算术科体育科	到职年月 三月	2. 儿童发主升初级往往费其长远不能维持人现生活高涨币制贬新资连正副最低不达连十余人往往激潮感困难试
望籍 焜晋 绵竹	现在通信地址 绵竹县兴汉乡心小学		本年度预算数 八四六〇元	本年服务 三人 一年以内者 三人	最高薪数 40元 最低薪数 28元	35元		毋别祝贺教学中选到许多困难以我述
服务经过 由县府指定地点服务								

● 民国三十年（1941）毕业生服务调查表

三十年上期中等学校概况调查表

校名：四川省立绵阳师范学校　01校址：绵阳豐谷井，本校绵阳画壁街

1. 学生数

班级科别	男生数										女生数										合计
初高级科别	一年级一学期	一年级二学期	二年级一学期	二年级二学期	三年级一学期	三年级二学期	四年级一学期	四年级二学期	五年级一学期	五年级二学期	一年级一学期	一年级二学期	二年级一学期	二年级二学期	三年级一学期	三年级二学期	四年级一学期	四年级二学期	五年级一学期	五年级二学期	
附设初中	3												26	18	13						
师范	5	56	21	33							39	18	28								
简师	1	28									11										
合计	9	84	21	33							50	18	28	26	18	13					

2. 本年毕业生数

科别	上期						下期					
	初级班数	男	女	合计	高级班数	男 女 合计	初级班数	男	女	合计	高级班数	男 女 合计
附设初中	1	14		14			1	11		11		

3. 教职员数

教职员	男	女
教员数	14	4
职员数	14	4

4. 经费元数

项目	全年核定预算数
本校	￥125620.00
附属学校	
附属学校	
附属学校	

说明：
1. 学生数科别须註明高级或初级，学生男女亦须照年级学期分开。
3. 教职员数职员数校长主任均在内。
4. 经费元数经费须填全年核定预算数，附属学校如附属小学中学简师职业等分别填列，不得共同列於合计数。

民国三十一年一月　　日填报　　校长 黄長董

● 民国三十年（1941）上下期概况调查表

学校卅年下期各级学生人数调查表

三十年十月七日

科别及班次	开班年月	毕业年月	男	女	合计
经一班	二九年八月	三二年七月	十五	十八	三三
二	全右	全右		二八	二八
三	三〇年二月	三二年一月		三九	三九
四	三〇年八月	三三年七月	二五	一九	四四
五	全右	全右	十五	十四	二九
简师班第三班	二九年二月	三二年七月		十三	十三
始初生第七班	二八年二月	三〇年一月	二〇	卅一	五一
八	二八年七月	三〇年七月		六八	六八
九	二九年二月	三一年一月		一五六	一五六

● 民国三十一年（1942）度附属小学概况调查表

三十一年上期四川省中等学校概况调查表

学校全名 四川省立绵阳师范学校 　 㨂校址 　 原校址：绵阳通圣街　 疏散校址：绵阳丰谷井

一、学生数

级 别		学级数	入校年月	现有学生数		
				计	男	女
合　　计		9		283	140	143
初级	计	3		69	20	49
	简易师范科第五学期					
	简易师范科第六学期	1	三十年入月	28	20	8
	科第五学期					
	科第四学期					
	附设初中科第二学期	1	三十年二月	26		26
	附设初中科第一学期	1	三十年入月	15		15
	科第七学期					
	科第八学期					
高级	计	6		214	120	94
	师范科第五学期	1	三十一年二月	56	37	19
	师范科第六学期	2	三十年入月	71	34	37
	师范科第三学期	1	三十一年二月	36	22	14
	师范科第四学期	2	二十九年入月	51	27	24
	科第七学期					
	科第八学期					

二、教职员数

合　　计		教员数		职员数			
男	女	男	女	男	女	男	女
25	12	16	7			9	5

三、夫役人数 男 13 人　女 2 人

四、本学期收经费预算数 159982 元

五、本学期每名学生缴纳各费数 高级 100 元 初级 — 元
　　　　　　　　　　　　　　　　 新生 219 元
　　　　　　　　　　　　　　　　 旧生 100 元

民国卅一年四月三日　校长　黄○○　签名盖章

说明

1、本表系由各校根据实际情形填报。
2、学别栏依照部颁中等学校规程分类填写。
3、学级数系以六十人为一级计算。
4、教员数系以专任教员为限，其兼任教员由各科合并计算。
5、职员数系指本校职员之总数。
6、夫役数系本校正式夫役之总数。
7、经费预算数依教育厅核定数填入。
8、州有附属学校之经费须另列入不载入总数内。

● 民国三十一年（1942）上期四川省中等学校概况调查表

三十二年下期四川省中等學[校]

校名　四川省立綿陽師範學校詳細校址

一、學校沿革

開辦年月	教廳立案日期	教部立案日期	簡明沿革
民廿九年八月	民廿九年八月		（從此地震起）民國二十九年八月奉四川省政府教育[廳]成立四川省立綿陽師範學校

二、經費收支（三十二年八月一日起至三十三年一月底止之預算數目）

收入元數

	合計	省款	縣款	私人款
學校經費	181396元	181396元		
增設班或科經費	8126元		8126元	

三、校長、軍事教官、童子軍教練員

	姓名	年齡	性別	籍貫	最高階級學歷	簡[歷]
校長	黃直蓀	三八	男	四川華陽	國立北平師範大學畢業	曾任省南[充]
軍事教官	楊光章國	三二	男	四川資陽	中央軍校一期畢業	曾任排長
	蔣德治	三四	男	江蘇上海	中央軍校軍官班畢業	曾任排連[長]
	鄧[　]	二八	男	四川眉山	中央軍校軍訓班畢業	
童子軍教練員	周仲華	三一	女	四川大足	中訓團國民軍事教官訓練班	曾任甘肅省[　]

四、教職員數（包括校長軍事教官童子軍教練員在內）

合計			專任教員數			職員兼教員	
計	男	女	計	男	女	計	男
43	32	11	26	21	5		

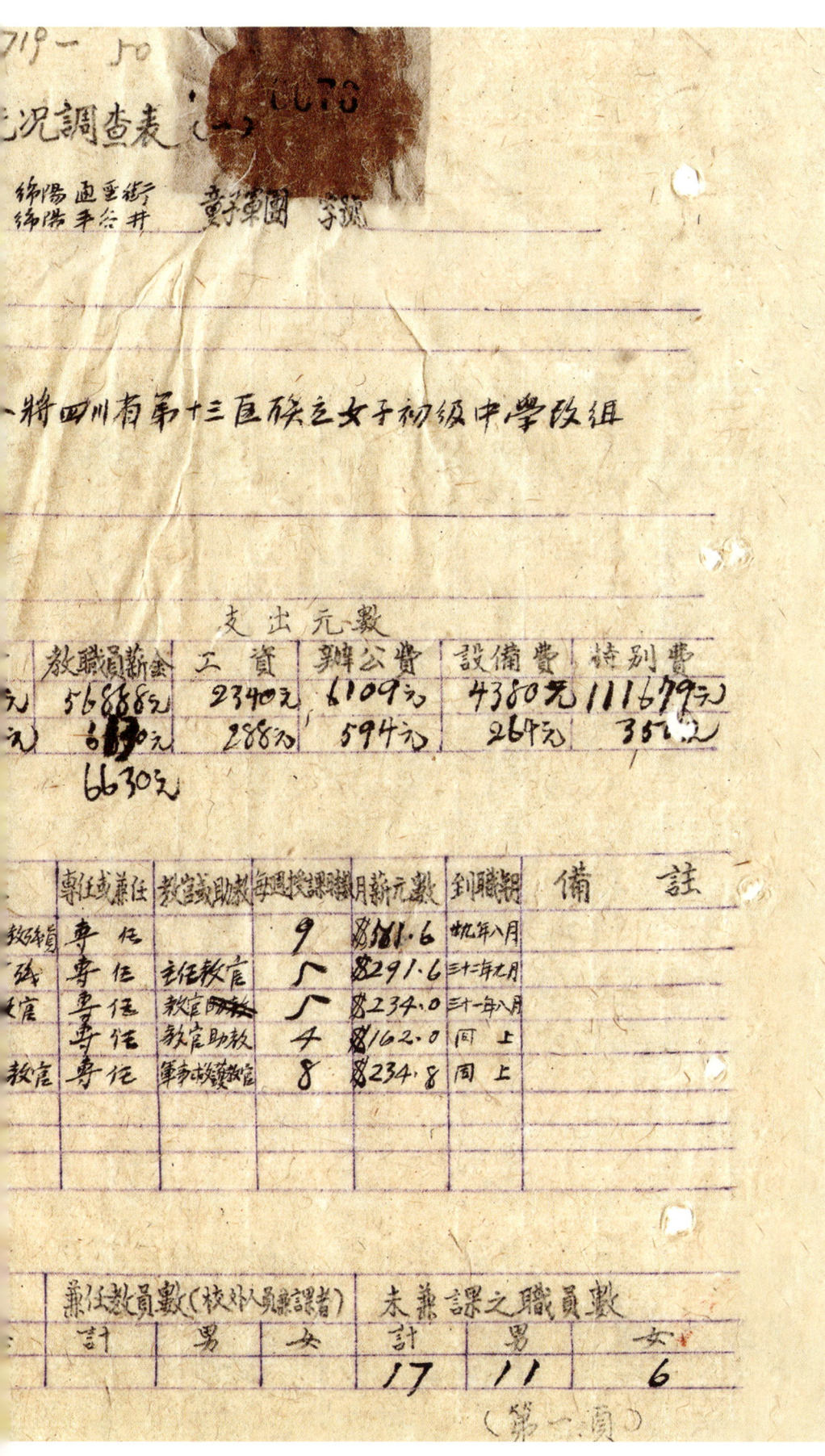

● 民国三十二年（1943）下期四川省中等学校概况调查表1

三十二年下期四川省中等學校

五. 在校學生數

科別及學期		班號	班數	現有學生數			入校年月
				計	男	女	
	總　　計						
高級	師范科第一學期	師十、十一	2	123	60	63	卅二年九月
	師范科第二學期	師九班	1	45		45	卅二年二月
	師范科第三學期	師七班	2	101	43	58	卅一年九月
	師范科第四學期	師六班	1	47	28	19	卅一年二月
	師范科第五學期	師五班	2	48	22	26	卅年八月
	師范科第六學期	師三班	1	25	15	10	卅年二月
	學期						
	學期						
初級	計						
	科第一學期						
	科第二學期						
	科第三學期						
	科第四學期						
	科第五學期						
	科第六學期						
	學期						
	學期						
附設	計						
	科第　學期						
	科第　學期						
	科第　學期						

0077

况調查表（二）

期班學生數			受軍訓之男生數	受訓練之女生數	受童軍訓練人數			已加入青年團之學生數		
計	男	女	受軍訓		計	男	女	計	男	女
23	60	63	60	63						
60		60		45						
04	50	54	43	58						
56	38	18	28	19						
14	55	39	22	26						
46	23	23	15	10						

第二頁

三十三年上期四川省中等

校名 四川省立绵阳师范学校　详细校址

一、学校沿革（三十二年下期已填报者可不填）

开办年月	教厅立案年月	教部备案年月	简明
民国廿九年八月			（从此地写起）（三十二年下期已填报）

二、经费收支（三十三年二月一日起至三十三年七月底止之预算数目）

收入元数

	合计	省款	县款	私人款	补助款	捐助款
本校经费	406700	406700				
增设班或科经费	17884	17884				

三、校长、军事教官、童子军教练员

	姓名	年龄	性别	籍贯	最高学历	经历
校长	黄长真	三九	男	四川华阳	国立北平师范大学毕业	曾任省
军事教官	杨光藩	三三	男	四川资阳	中央训练团军官训练班毕业	曾任团
	蒋德童	三五	男	江苏上海	中央军校军官训练班十一期毕业	曾任排
教练员童子军	邹治国	二九	男	四川眉山	同上	

四、教职员数（包括校长军事教官童子军教练员在内）

合计			专任教员数			职员兼
计	男	女	计	男	女	计
42	34	7	7	5	2	15

绵师足迹：绵阳师范学院档案丛刊·民国卷选刊

概況調查表（一）

谷鎮　　　童子軍團字號　　　童軍團部係單獨設立或附設

支出元數

教職員薪金	工資	辦公費	設備費	特別費
3886	25173	8759	229960	
11640	384	5495	365	600

歷	專任或兼任	教官或助教	每週授課時數	月薪元數	到職年月	備註
掌校教職員	專任		9	320	廿九年八月	
職	專任	主任教官	5		卅二年九月	該員月薪由軍訓部發給
教官等職	專任	教官	5		卅一年八月	同上
	專任	助教	4		卅一年八月	同上

數	兼任教員數（校外）		兼課之職員數		
女	計	男	女	計	男	女
2	1	1		19	16	3

（第一頁）

三十三年上期四川省中[...]

五 在校学生数

科别及学期		班号	班数				现有学生数			入年
			计	男生班	女生班	合班数	计	男	女	
	总计		9	3	3	3	409	187	222	
高级	计		9	3	3	3	409	187	222	
	师范科第一学期	第十二班	1			1	68	32	34	卅三上
	师范科第二学期	第十一班	2	1	1		127	68	59	卅二上
	师范科第三学期	第九班	1			1	47	9	38	卅二上
	师范科第四学期	第八班	2	1	1		84	36	48	卅一上
	师范科第五学期	第六班	1			1	42	25	17	卅一上
	师范科第六学期	第五班	2	1	1		41	17	24	卅年
	学期									
	学期									
	学期									
初级	计									
	科第一学期									
	科第二学期									
	科第三学期									
	科第四学期									
	科第五学期									
	科第六学期									
	学期									
	学期									
	学期									
附设	计									
	班(科)第 学期									
	班(科)第 学期									
	班(科)第 学期									
	学期									

学校概况调查表（二）

0165

	开班学生数			受军训之男生数	受训练看护之女生数	受童军训练人数			已加入青年团之学生数		
	计	男	女			计	男	女	计	男	女
	503	235	268	187	222				409	187	222
	503	235	268	187	222				409	187	222
一月	68	32	34	32	34				68	32	34
七月	123	60	63	68	59				127	68	59
一月	60		60	9	38				47	9	38
七月	104	50	54	36	48				84	36	48
一月	56	38	18	25	17				42	25	17
七月	94	55	39	17	24				41	17	24

● 民国三十三年（1944）上期四川省中等学校概况调查表 2

三十三年上期四〔...〕

六 擬添班級數及學生數

	高級									
	師範科				科				班數	學生
	班數			學生數			班數	學生數		
	男	女	男女合班	男	女	男	女	男女合班	男	女	男女合班	男
三十三年下期	一	一		50	50						
三十四年上期		一		25	25						

七 師範學校學生待遇(未附設簡師班(科))及師訓班之中學及職業學校

	班數	現有學生數			合計			免除學費者		
		計	男	女	計	男	女	計	男	女
師範或鄉村師範	9	409	187	222						
簡易師範或簡易鄉村師範										
中學或職業學校附設師範科										
中學或職業學校附設師範科										

八 中學或職業學校學生公免費人數及金額(師範學校不填此〔項〕)

		合計						
		人數			金額元數	人數		
		計	男	女		計	男	女
公費	一年級							
	二年級							
	三年級							
免費	一年級							
	二年級							
	三年級							

中等學校概況調查表 (三)

	科		附設科				科		附註
	學生數		班數	學生數		班數	學生數		
男女合班	男	女	男女合班	男	女	男 女	男女合班	男 女	

費學生數									附註
及一部膳費者		免除學費及膳費全部者			免除學費膳費各費並供給制服書籍者		其他待遇		
男	女	計	男	女	計	男	女	計 男 女	
		409	187	222					

		初級					附註
元數	共計金額元數	人數			並名金額元數	共計金額元數	
		計	男	女			

第三頁

● 民国三十三年（1944）上期四川省中等学校概况调查表 3

三十三年上期四川省173

九 師範學校畢業學生服務情形（未附設簡師班(科)或師訓班

	畢業人數			合計			中心學校			國民學校		
	計	男	女	計	男	女	計	男	女	計	男	女
師範或鄉村師範	25	15	10	24	14	10	24	14	10			
簡師或簡易鄉村師範												
中學或職業學校附設師範科												
中學或職業學校附設師訓班												

本表根據三十二年寒假畢業人數填列

十 中學或職業學校畢業生畢業後狀況（師範學校不填此表）

		畢業人數			升學							
					小計		大學		專科學校		高中	師
		計	男	女	計	男	女	男	女	男	女	男
高級	計											
	科											
	科											
	科											
初級	計											
	科											
	科											
	科											

本表根據三十二年寒假學校畢業考試及格畢業人

民國三十三年　　月　　日填報

學校概況調查表（四）

（職業學校不填此表）

團		其他教育機關			尚未分配服務處所者			因病呈請展緩服務者			其他			坿註
女		計	男	女	計	男	女	計	男	女	計	男	女	
						1	1							

後狀況

	其他		服務			閒居			死亡			其他			坿註
女	男	女	計	男	女	計	男	女	計	男	女	計	男	女	

長 黃長直 　　（名章）　主辦統計人員　劉慶福　　（名章）

第四頁

民国三十三年（1944）上期四川省中等学校概况调查表 4

三十四年下期四川省中[...]

校名：四川省立绵阳师范学校

一、学校沿革

开办年月	教育部核准备案年月	简[...]
民国二十九年八月	民国二十九年八月奉四川省政府教育厅令将四川省第十[...]	

二、经费收支元数
甲、收入预算元数

	合计	省款	县(市)款	政府补助款	私人捐助款	学生所纳学费杂费卫生体育图书等费
本校经费		15,627,078元	428,564元			459,200元
附设班科经费						

乙、支出预算元数

	合计	教职员薪金(基本数)	工役工资(基本数)	办公费	购置费
本校经费	15,627,057元	46,260元	2,040元	311,814.50	6,807.5
附设班科经费					

支概況調查表（一）

地址：本校 綿陽德探路　疏散分校 綿陽豐谷鎮

沿革

女子初級中學改組成立四川省立綿陽師範學校

不動產租金或其他食物之價款	動產息金	省或縣核發教職員役之生活津貼及薪金加成元數	省或縣市核發教職員生工役之食米及家屬米價數	公費生副食費	其他
		7,178,544元	4,931,570元	2,629,200元	

教職員役生活津貼及薪金加成元數	教職員生工役之食糧款及各項補助元數	公費生副食費	學生雜費衛生體育圖書代辦費	其他
7,178,544元	4,931,570元	2,629,200元	459,200元	

● 民國三十四年（1945）下期四川省中等學校概況調查表1

三十四年下期四川省中

三、校長、軍事教官、體育教員

	姓名	年齡	性別	籍貫	最高階段學歷	
校長	黃直章	四十二歲	男	四川華陽	國立北平師大畢業	曾曾回
軍事教官	蔣德武	三十六歲	男	江蘇上海	中央軍校十一期畢業	曾
	姚輝	三十二歲	男	四川新津	軍校高教班畢業	
體育教員	孫雲藻	四十六歲	男	山東招遠	國立北平師大畢業	曾

四、教職員數

資歷別	共計			專任		
	小計	男	女	計	男	女
總計	39	27	12	25	16	9
國外大學或專科學校畢業者						
國內師範大學學院或大學教育院系畢業者	8	8		8	8	
國內高級師範及優級師範畢業者						
國內大學本科畢業者	9	3	6	9	3	6
國內專科學校畢業者	8	5	3	6	3	3
受中等學校教員檢定合格者						
中等學校畢業者	11	8	3			
其他	3	3		2	2	

…校概況調查表（二）

0058

經歷	專任或兼任	教官或助教	每週授課時數	月薪元數	到校年月	備註
…等學校教職員	專任		9	$320.00	廿九年八月	
…教官		教官	5	$80.00	卅一年八月	
上		教官	5	$130.00	卅三年八月	
…等職	專任		12	$260.00	卅四年二月	

數			職員數				
兼任			專任			兼任	
男	女	計	男	女	計	男	女
		14	11	3			
		2	2				
		11	8	3			
		1	1				

● 民國三十四年（1945）下期四川省中等學校概況調查表2

三十四年下期四川省中等...

五、在校學生數

科別及學期	班號	班數 共計	男生班	女生班	男女合班	每班（組）現有學生數 共計	男	女	入校年月	應屆畢業年月
總計		9	3	4	2	313	151	162		
		9	3	4	2	313	151	162		
高 師範科 第一學期	第壹班	2	1	1		104	54	50	卅四年八月	卅七年七月
師範科 第二學期	第五班	1			1	40	33	7	卅四年二月	卅七年一月
師範科 第三學期	第叁班	2	1	1		63	28	35	卅三年八月	卅六年七月
師範科 第四學期	第二班	1			1	35	18	17	卅三年二月	卅六年一月
師範科 第五學期	第班	2	1	1		53	18	35	卅二年九月	卅五年七月
師範科 第六學期	第九班	1		1		18		18	卅二年二月	卅五年一月
級										
初 計										
科第一學期										
科第二學期										
科第三學期										
科第四學期										
科第五學期										
科第六學期										
級附設										

...校概況調查表（三）

0059

班學生數		受軍事訓練之男生數	受看護訓練之女生數	受童子軍訓練人數									
				共計		計		高級班		中級班		初級班	儲
男	女					男	女	男	女	男	女	男	男
236	264	158	162										
236	264	158	162										
54	50	54	50										
42	12	33	7										
48	45	28	35										
32	34	18	17										
60	63	18	35										
	60		18										

● 民国三十四年（1945）下期四川省中等学校概况调查表3

三十四年下期四川省

六、在校各级学生年龄

科别及学期	共计			十足岁		十一足岁		十二足岁		十三足
	小计	男	女	男	女	男	女	男	女	男
总计	313	151	162							
高级 计	313	151	162							
师范科第一学期	104	54	50							
师范科第二学期	40	33	7							
师范科第三学期	63	28	35							
师范科第四学期	35	18	17							
师范科第五学期	53	18	35							
师范科第六学期	18		18							
初级 计										
科第一学期										
科第二学期										
科第三学期										
科第四学期										
科第五学期										
科第六学期										
附设										

學校概況調查表（四）

0060

	十五足歲		十六足歲		十七足歲		十八足歲		十九足歲		二十足歲		廿一足歲		廿二足歲		廿三足歲		廿四足歲	
歲女	男	女	男	女	男	女	男	女	男	女	男	女	男	女	男	女	男	女	男	女
	10	9	19	38	30	42	32	34	19	15	19	13	13	3	4	3	1	2		3
	10	9	19	38	30	42	32	34	19	15	19	13	13	3	4	3	1	2		3
	6	9	14	21	14	14	9	6	5		3				4		1	2		
	4		5	4	4	1	6	1	4	1		4		2		1				
				11	7	11	7	5	5	3	3	1	5	2			1	1		1
				2	3	5	6	3	2	5	3		3		1	1				1
					2	8	4	12	3	3		6	9	3	1		1			1
						3		7		3		3					1		1	

民國三十四年（1945）下期四川省中等學校概況調查表 4

三十四年下期四川省中等

七、擬添班級數及學生數

	高			級						初			
	師範科				師範科					科			
	班數			學生數		班數			學生數		班數		學生數
	男	女	男女合班	男	女	男	女	男女合班	男	女	男	女	男女合辦 男 女
三十五年上期			1	50									
三十五年下期	1	1		50	50								

八、師範學校及職業學校學生待遇

	班數	全校現有學生數			合計	計			免除學費者			免除
		共計	男	女		男	女	計	男	女	計	
師範學校	9	313	157	156								
職業學校												

九、中學或職業學校學生公免費人數及金額

	人 數			高 級						
				公費元數	每名金額元數					免費
	計	男	女		計	學費	雜費	衛生費	圖書費	體育費
公費	共計									
	一年級									
	二年級									
	三年級									
免費	共計									
	一年級									
	二年級									
	三年級									

校概況調查表(五)

0061

科			附設科				科				備註
學生數		班數	數	學生數		班數	數	學生數			
男	女合班	男 女	男女合班	男	女	男 女	男女合班	男	女		

學生數									備註
膳費補 免除學費及膳食全部者			免除學膳各費並供給制服書籍者			其他待遇			
女	計	男	女	計	男	女	計	男 女	
3	13	15	163						

初級			每名金額元數						共計金額元數	備註
人數			免費							
計 男 女		公費元數	計	學費	雜費	衛生費	圖書費	體育費		

民国三十四年（1945）下期四川省中等学校概况调查表5

三十四年下期四川省中

十、師範學校畢業學生服務情形

上學期畢業人數			已分配服務								
			合計			中心國民學校			國民學校		
計	男	女	計	男	女	計	男	女	計	男	女
師範學校											

十一、中學或職業學校畢業生畢業後狀況

上學期畢業人數			升								
			小計			大學		專科學校		高中	
計	男	女	計	男	女	男	女	男	女	男	女
高級	計										
	科										
	科										
初級	計										
	科										
	科										

校概況調查表（六） 0062

	其他教育機關			自行就業者			尚未分配服務處所者			因病呈請展緩服務者			其他			備註
	計	男	女	計	男	女	計	男	女	計	男	女	計	男	女	

後狀況

級職業		其他		服務			閒居			死亡			其他			備註
男	女	男	女	計	男	女	計	男	女	計	男	女	計	男	女	

● 民国三十四年（1945）下期四川省中等学校概况调查表6

三十五年度第二学期四[...]

校名 四川省立绵阳师范学校

一、学校沿革

開辦年月	教育部核准備案年月	簡明
(已經填報可不填)		

二、經費收支元數

甲、收入預算元數

	合計	省款	縣市款	政府補助款	私人捐助款	學生所納學費衛生體育圖書…
本校經費	8395670.00	7974835.00				365310
附設(班科)經費	113830.00	113830.00				

乙、支出預算元數

	合計	教職員薪金(基本數)	工役工資(基本數)	辦公費	購…
本校經費	8395670.00	487447.00	1944.00	506939.00	1872…
附設(班科)經費	113870.00	6920.00	72.00	70992.00	…

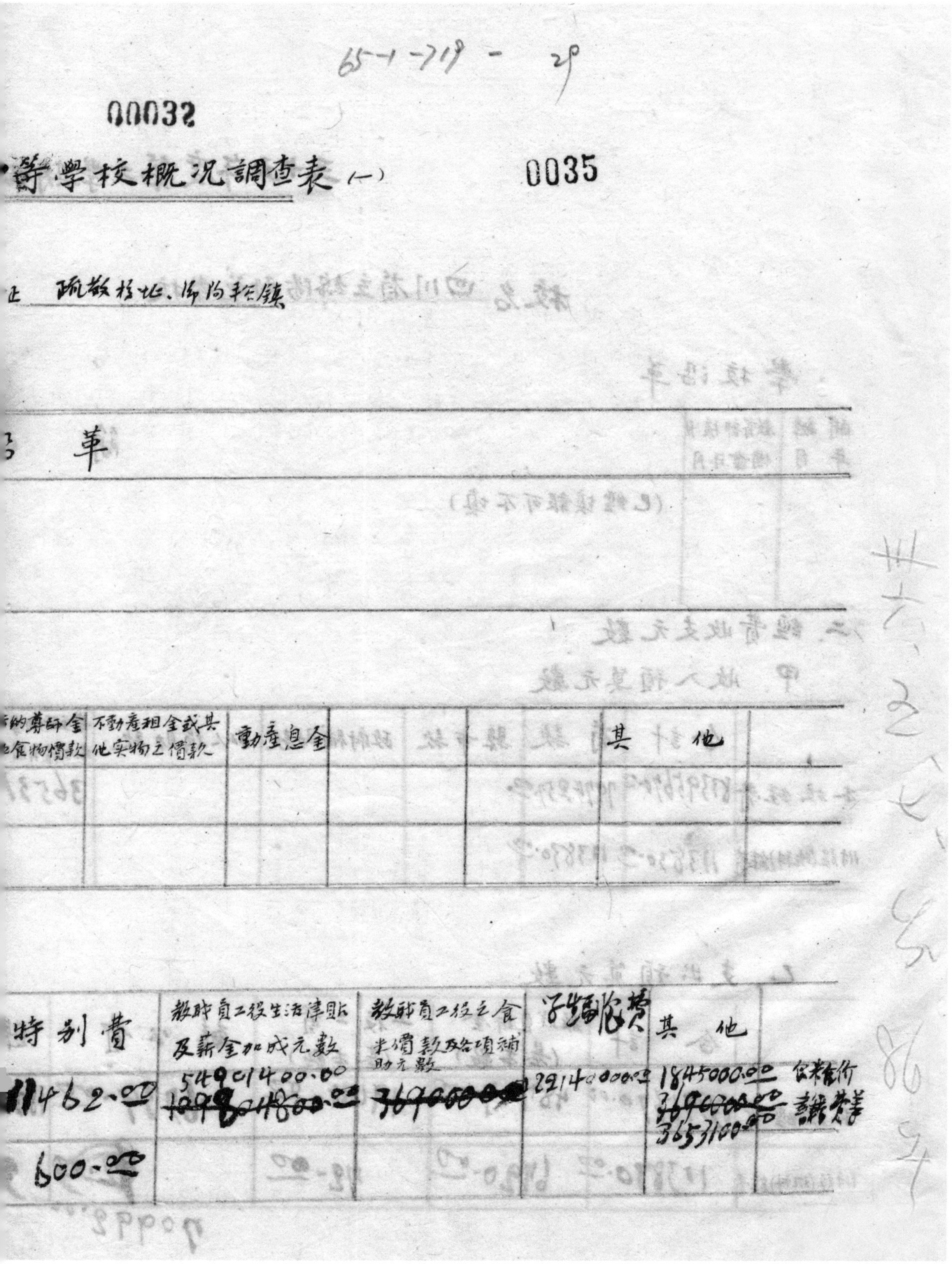

等學校概況調查表 (一)

00032　　　　　　　　　0035

(Page is rotated/partially illegible — a Republic-era Sichuan secondary school survey form,民国三十五年(1946)度第二学期四川省中等学校概况调查表1)

特別費	教職員工役生活津貼及薪金加成元數	教職員工役主食米價款及各項補助元數	副食費	其他
11462.00	549014000.00	36900000	22140000.00	18450000.00 公糧代价
600.00				36900000 講義費
				3653100.00

● 民国三十五年（1946）度第二学期四川省中等学校概况调查表1

三十五學年度第二學期四川省

三、校長、軍事教官、體育教員、童子軍教練員

	姓名	年齡	性別	籍貫	最高階段學歷	簡明經
校長	彭齅	四十四	男	四川遂寧	國立北平師範大學畢業	曾任中學校長四川省廠長
軍事教官	蔣德章	三十八歲	男	江蘇上海	中央軍校軍官訓練班畢業	曾任排連長團附參
	王英	四〇	男	四川儀隴	中央軍校軍官訓練班畢業	曾任廿四軍少校參謀
體育教員	尹志元	二十八	男	四川榮慶	教育部特設體育師資訓練所畢業	曾任彭縣中學體育
	尹大章	二十六	男	四川郫縣	同上	曾任成都華美女中體
童子軍教練員						

四、教職員數

資歷別	共計			教員		
	小計	男	女	計	男	女
	40	30	10	25	19	6
	7	7		7	7	
	10	5	5	10	5	5
	8	7	1	8	7	1
	15	11	4			

校概況調査表 (二)

或兼任	教官或助教	每週授課時數	月薪元數	到職年月	備註
任		9小時	$320.00	卅五年八月	
任	教官	5小时	$80.00	卅年八月	
任	教官		$80.00	卅五年二月	
任		12小时	$260.00	卅六年二月	
任		20小时	$240.00	卅六年二月	

		職 員 數				
男	任女	專計	男	任女	兼計	男 任女
		15	11	4		
		15	11	4		

● 民国三十五年（1946）度第二学期四川省中等学校概况调查表 2

(三) 三十五學年度第二學期

五、在校學生

科別及學期		班號	班　　　　數				每班(組)現有學生數			入校年月
			共計	男生班	女生班	男女合班	共計	男	女	
總　　　計			10	3	3	4	369	215	154	
高級	計		10	3	3	4	369	215	154	
	師範科第一學期	師廿二班	1			1	63	33	30	三十六年二月
	〃　二　〃	師廿一班	2	1	1		86	45	41	三十五年八月
	〃　三　〃	師十九班 師十八班	2			2	83	56	27	三十五年二月
	〃　四　〃	師十七班 師十六班	2	1	1		61	36	25	三十四年八月
	〃　五　〃	師十五班	1			1	28	23	5	三十四年二月
	〃　五　〃	師十三班	1	1			22	22		三十三年八月
	〃　六　〃	師十四班	1		1		26		26	三十三年八月
初級	計									
	科第一學期									
	〃　二　〃									
	〃　三　〃									
	〃　四　〃									
	〃　五　〃									
	〃　六　〃									
附設級	計									

…省中等學校概況調查表 (三)

0037

周班	學生數		練童男生數	受看護訓練女生數	受童子軍訓練人數								
					共計		高級班		中級班		初級班		預備班
計	男	女			計	男	女	男	女	男	女	男	女
9	297	222	215	154		3		3					
9	297	222	295	154		3		3					
3	33	30	33	30									
7	49	48	45	41									
6	35	16	56	27									
	36	20											
4	54	50	36	25									
4	42	12	23	5									
8	48		22										
5		45		26									

民国三十五年（1946）度第二学期四川省中等学校概况调查表 3

三十五學年度第二學期四川省

六、在校各級學生年齡

科別及學期	共計 小計	男	女	十足歲 男	十足歲 女	十一足歲 男	十一足歲 女	十二足歲 男	十二足歲 女	十三足歲 男	十三足歲 女	十四足歲 男
總計	369	215	154									1
高級 師範科第一學期	63	33	30									
高級 師範科第二學期	86	45	41									1
高級 師範科第三學期	83	56	27									
高級 師範科第四學期	61	36	25									
高級 師範科第五學期	50	45	5									
高級 師範科第六學期	26	0	26									
初級 科第 學期												
附設 班(科)第 學期												

校概況調查表（四）　　0038

十六足歲		十七足歲		十八足歲		十九足歲		二十足歲		二十一足歲		二二足歲		二三足歲		二四足歲		二五歲	
男	女	男	女	男	女	男	女	男	女	男	女	男	女	男	女	男	女	男	女
20	26	28	31	51	35	47	31	25	15	13	8	11	1	8		2		1	2
8	12	4	7	5	5	5	3	3		1									
8	13	10	8	12	3	5	6	2	7	4	2	1		1					
2	1	8	12	18	7	22	6	2	1	1		1		1		1			
1		3	4	13	10	8	8	5	3	1		4		1					
1		3		3	3	7		13		6	2	5		5		1		1	
						7		8		4		2	4		1				2

● 民国三十五年（1946）度第二学期四川省中等学校概况调查表4

三十五學年度第二學

七. 擬添班級數及學生數

	高				級				初	
	師範科					科					
	班數			學生數		班數		學生數		班	
	男	女	男女合計	男	女	男	女	男女合計	男	女	男	女
三十六年下期	1		1	50	50							
三十七年上期	1		1	50	50							

八. 師範學校及職業學校學生待遇

		班數	全校現有學生數			合 計			免費學
			共計	男	女	共計	男	女	共計
師範學校	師範學校		369						
	簡易師範學校								
	中學或職業學校附設師範科班								
	職業學校								

九. 中學或職業學校學生公免費人數金額（師範學校不填此表）

		高								
		人數				每名金額元數				
		計	男	女	公費數	計	學費	雜費	衛生費	圖書費	體育費
公費	共計									
	一年級									
	二年級									
	三年級									
免費	共計									
	一年級									
	二年級									
	三年級									

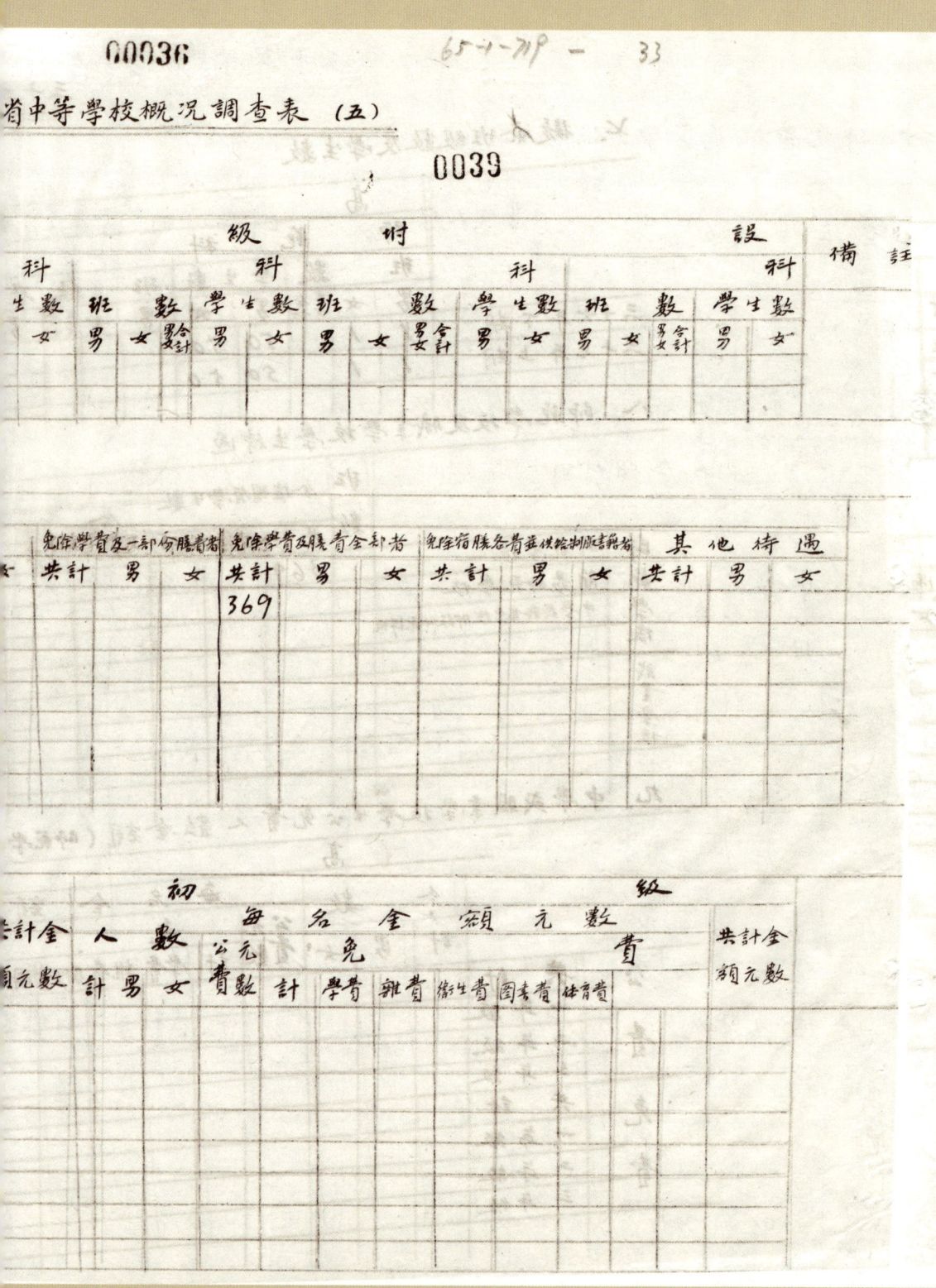

● 民国三十五年（1946）度第二学期四川省中等学校概况调查表 5

三十五學年度第二學期四

十、師範學校畢業學生服務情形

學校性質別		畢業人數			合計			已分配服 中心國民學校			國民學校		
		計	男	女	計	男	女	計	男	女	計	男	女
師範或鄉村師範	上學期	28	15	13	28	15	13	28	15	13			
	上學期以前	292	127	165	284	121	163	284	121	163			
簡師或鄉村簡師	上學期												
	上學期以前												
中學或職業學校附設師科(班)	上學期												
	上學期以前												

十一、中學或職業學校畢業生畢業後狀況（師範學校不填此表）

學校性質別		上學期畢業人數	小計	升大男
高級	計			
	科			
	科			
	科			
初級	計			
	科			
	科			
	科			

十二、中學或職業學校畢業生畢業後狀況（師範學校不填此表）

學校性質別		小計			小學		農業或農場		工業或
		計	男	女	男	女	男	女	男
高級	計								
	科								
	科								
初級	計								
	科								
	科								

?等學校概況調查表(六)

0040

者		其他			自行就業者			尚未分配服務處所者			因病呈請展緩服務者			其他			
女		計	男	女	計	男	女	計	男	女	計	男	女	計	男	女	
														8	6	2	其他欄係畢業服務一年以上成績優良經呈准州入師範學院者

科學校		高中		師範		高職		軍警學校		其他	
男	女	男	女	男	女	男	女	男	女	男	女

機關或商店		醫院及衛生機關		其他機關及學校		閒居			死亡			其他		備註
男	女	男	女	男	女	計	男	女	計	男	女	男	女	

第二十五年度第二学期概况一览表

(九) 课程

级别	学科												
	公民	国文	体育	算学	教育	教材教法	教育问题	物理	化学	博物	史地	军训	美术	音乐	劳作
师十三	全	全	全	全	全	全	全		全				全	全	全
师十四	全	全	全	全	全	全	全	全					全	全	全
师十五	全	全	全	全	全	全	全	全	全				全	全	全
师十六	全	全	全	全	心理	教育			化学			卫生	全	全	全
师十七	全	全	全	全			测验统计			博物		地方自治潜能意习	全	全	全
师十八	全	全	全				教育行政				史地	地方自治	全	全	全
师十九	全	全	全									地方建设	全	全	全
师二十	全	全	全										美术	音乐	全
师二十一	全	全	全											音乐	全
师二十二	全	全	全												农事家事

科 体育 音乐 美术 劳作 社会

(十) 训练

标准方法	
1.锻炼强健身体	1.导师制
2.陶镕道德品格	2.党国训练
3.培育民族文化	3.军事管理
4.充实科学知能	4.劳动服务
5.养成勤劳习惯	5.生产副练
6.启发研究民国	6.新生活运动
7.教育之兴趣	7.自治组织
8.培养终身服务教育之精神	8.择业指导
	9.专业训练

(十一) 类别

健康类	球类	校级队	田径赛队	国术类
休闲类	歌咏团	戏剧团	中乐队	西乐队

学术类
公民类 国文研究会 社会研究会 史地研究会 物生研究会
艺术类 理化研究会 艺术研究会 音乐研究会 教育研究会 社会问题研究会

(十二) 研究组织

类别	参加人员
国文及英文教科研究会	国文英文教员
算学教科研究会	算学教员
自然科教科研究会	博物理化教员
社会科教科研究会	史地公民教员
艺术科教科研究会	劳作美术教员
劳作科教科研究会	劳作教员
家事科教科研究会	家事教员
体育科教科研究会	体育教员
教育科教科研究会	教育教员

(十三) 辅导地方教育

种类	方法
本校研讯通报	由本校编印定期刊物每期通讯辅导次数不定
介绍毕业生	适当期间选定科目举行示范教学
微收各县国民教师	本校教导处选定期前往辅导校政行教学

(十四) 兼办社会教育

类别	办法
民众学校	每年办民众学校三期夜校男女生一班星期班
民工训练班	每校选择一年
民众壁报	每周出刊一次每年二次
	每周利用假时举行
	一年内

(九) 岁出

项目	类目	金额	比分百

数量

| 价格 | 二八二五六八元一四四七九八二元 五二二六二元 (旧值)(旧值)(旧值) |

备考

舍

类别	数目
挂储藏	3
教职员学生辅公室	16
寝室	25
食堂	2
	1
房	3
范	

四川省立绵阳师范学校

（一）沿革

民国二十四年八月四川省十三区行政督察专员公署为整顿辖区各县立女生初中就绵阳县立初中女生部校址成立第十三区联立女子初级中学至二十九年春季先后计共有学生九班毕业者五班同年四月省政府鉴定四川省师范教育整个设施方案于十三区设立绵阳师范学校一所即由本区第十三联立女子初级中学校改办原有学生附入本师范学校办至卅二年一月卅女初中第九班学生毕业后即成为完全师范班级别为校址所限暂每年春季招收男女合班一班秋季男女分班各一班云。

（二）行政组织

(1) 校长一人
(2) 教务处主任兼教学组长一人，教务组设备人一长（人管图书器），文书人事干事，注册组长一人
(3) 训导处主任训育组长兼军训人，训育组长军训导师，级任导师
(4) 体育卫生兼童军事务主任一长体育组人，体育组助教一人
(5) 事务主任一人，文书人事干事一人，庶务组长一人，出纳组长一文书
(6) 会计室会计一人，助理会计一人
(7) 各种会议及各委员会

（二）学级编制

部别	班别	年级	级
师范	三	三年学	上学期
	二	二年学	上学期
	一	一年学	上学期
	二	二年学	上学期
	一	一年学	上学期

（三）职工人员

职别	薪给
校长 1	$320
主任教员 4	$260
教会组干事司书校医	$240
计长事记 2	$200
计员 1	$180
校工 22	$100
厨工 5	$70
	$50

（四）教员

资格	男	女	合计
师范大学毕业者	7		7
专门学校毕业者	5	5	10
中央军校毕业者	6		6
专任票任			1

每周授课时数：最多时数四、最少三○
待遇（标准）

（五）学生

班别	男	女	年龄最高	最低	平均
师三	26		22	16	18
师二	22		21	15	19
师一	23	5	19	17	19
师二	36		20	15	18
师一	25	7	19	17	18
师三	28	19	20	15	17
师二	28	8	19	16	18
师一	45		22	17	20
师一	41		21	16	20
师二	32	31	20	16	19

籍贯

县别	人数
绵阳	89
县安	38
梓潼	37
江油	24
罗江	13
竹江	14
德阳	15
汉阳	7
什邡	12
射洪	36
中江	32
剑阁	10
安县	4
旺苍	38
苍溪	2
巴中	1

家庭职业

职别	人数
农	8
工	1
商	4
学军	1
医阀	

毕业生

班别	人数
师一、二、三、四、五、六、七、八、九	101
师一、二、三女初一、二、三	59
合计	90

（六）岁目经常临时合计

（七）种图书校具仪器标本及理化

（八）种普通音乐劳作选科图书仪器教室

● 民国三十五年（1946）度第二学期四川省立绵阳师范学校概况一览表

四川省立绵阳师范学校附属小学概况调查表

三十五 学年度

项目		总计	幼稚园	小学 高级部 合计	小学 高级部 各年级	小学 高级部 毕业级	小学 初级部	民教班 合计	民教班 高级	民教班 初级
学级数	合计	15	2	13			2	9		
	本学年度第一学期学级数	7	1	6			1	4		
	本学年度第二学期学级数	8	1	7			1	5		
学生数	合计 计	485	73	412			37	64	311	
	男	254	35	219			24	25	170	
	女	231	38	193			13	39	141	
	本学年度第一学期学生数 计	202	32	170			18	27	125	
	男	103	14	89			11	8	70	
	女	99	18	81			7	19	55	
	本学年度第二学期学生数 计	283	41	242			19	37	186	
	男	151	21	130			13	17	100	
	女	132	20	112			6	20	86	
职教员	计	15	2	13			3	2	8	
	男	4		4			3	1		
	女	11	2	9				1	8	
毕业学生数	合计 计	73	26	19					28	
	男	43	13	13					17	
	女	30	13	6					11	
	本学年度第一学期实际毕业学生数 计	12	12							
	男	5	5							
	女	7	7							
	本学年度第二学期应届毕业学生数 计	61	14	19					28	
	男	38	8	13					17	
	女	23	6	6					11	

岁出经费数(元)			
总计	(合计)22,101,422元	(幼)3,665,830元	(小学)18,435,592元
薪给费	(合计)13,584元	(幼)1,992元	(小学)11,592元
津贴费	(1)28,980,800元	(1)3,645,300元	(1)18,335,500元
办公费	(1)70,892元	(1)12,392元	(1)58,600元
设备费	(1)35,446元	(1)6,146元	(1)29,300元
其他	(1)700元	(1)100元	(1)600元

成立年月 三十一年一月

备考：(1)本学年度第二学期因学生骤增特加设一班，增聘教员一人，其薪津各费由原薪津数内匀支。
(2)民教班因招生困难亦未能开班。

说明：
一、校长或主任应列入教职员数内升算，幼稚园民教部之教职员数只填本级教员数。
二、岁出经费数应就该学年度第二学期所在之会计年度全年核定预算数分项详填。为填列民教部经费如不能列入小学栏，但须能备考栏内注明，附设幼稚园经费办法亦同，填列不得混淆。
三、若未附设某类学校(如幼稚园小学或民教班)应在文内声明备查，若此三类学校均无，可免缴此表，但须声明，以免徒循公文周折。
四、本表规定于每学年度第一学期内呈报，至迟不得过学期终了后一个月。

民国三十五年（1946）附属小学概况调查表

省立綿陽師範附屬小學概況一覽表

三十五年春季

		總計	幼稚園	高級及計小	高六	學五	初級	民教班 高級 嬌女	初級 成人 嬌女
學級數	前學期(34年秋)	9	1	6	1	1	4	1 1	1 1
	本〃(注報請)	9	1	6	1	1	4	1 1	1 1
學生數	前〃 男	125	22	89	13	10	66	8	6
	(女)	101	12	76	3	13	60	8	5
	本〃 男	148	13	92	11	14	67	7	6
	(女)	103	16	74		13	61	7	6
教職員	男	3		3					
	女	11	2	9					
畢業生數	前 男	58	8	20	13	7		16	11
	女	38	3	12	3	9		10	13
	本 男	37	3	21	11	10		7	
	女	30	3	14		14		7	6

經費尚未撥定

總計十一班	師二十八班	師二十七班	師二十六班	師二十五班	師二十四班	師二十三班
247		46		51		45
196	46		44		26	
443	46	46	44	51	26	45
443	46	46	44	51	26	45
18			2	2	2	2
443	46	46	44	51	26	43
	三十七年八月	三十七年八月	三十七年二月	三十七年二月	三十六年八月	三十六年八月
	四十年七月	四十年七月	四十年一月	四十年一月	三十九年七月	三十九年七月

四川省中等学校设置班级及学生人数调查表

三十七年十月填报

校名	四川省立绵阳师范学校	校址	绵阳县魏城镇			
现有班级	高级 初级	师十八班	师十九班	师二十班	师二十一班	
现有学生 男女合计 免费学金奖学金	学生数	26	27	22		
	公费 免费 奖学金	10	10		32	8
	学费 总数	36	37	22	32	
		36	37	22	32	
		2	2	2	2	
		36	37	22	32	3
入学年月		三十五年二月	三十五年二月	三十五年八月	三十五年八月	
应届毕业年月		三十八年一月	三十八年一月	三十八年七月	三十八年七月	
备注						

民国三十七年（1948）四川省中等学校设置班级及学生人数调查表

(丙) 标本教具：子．植物标本。26种　辰．博物挂图。32幅
　　　　　丑．动物标本。18种　巳．生理模型。
　　　　　寅．矿物标本。无　午．其他
　　　　　卯．博物挂图。3种
(丁) 其他教学用具（如小黑板仪器用具等）。48件

八、经费概况：
(1) 每月经常费若干（包含薪俸设备等费）。五万四千六百三十一元
(2) 每学期有若干临时费。　无定额

九、研究实验事项：
(1) 举行何种教学方法之实验。子．乡土补充教材　丙．学科作业训导方法之实验。
　　　　　　　　　　　　　丑．错字矫正方法
(2) 进行何种问题调查研究。子．儿童之调查研究　(丁) 其他实验研究事项。
　　　　　　　　　　　　　丑．乡土教材之调查

十、办理社教（下列各项如办理请将所办写）
1. 通俗讲演。参加民众宣传工作五次及　5. 协助会社之组织。
2. 壁报。纪念日出刊八次　6. 协助当地方建设事业
3. 民众卫生指导。协助办理种痘防疫工作　基地
4. 协助保甲编制

十一、如何辅导师范生实习。(一) 审订实习计画　(四) 筹备示范教学　(七) 参加分组讨论会
　　　　　　　　　　　　(二) 商定实习办法　(五) 参加实习指导会议　(八) 参加实习检讨会
　　　　　　　　　　　　(三) 准备教材　　(六) 指导实习工作

十二、何人辅导师范生实习。(一) 正校校长　(三) 附小校长
　　　　　　　　　　　　(二) 正校教育科教师　(四) 附小教职员

十三、辅导地方教育在教育行政及教学方法上如何使其改进。
本会辅导江油、彰明二县国民教育，曾派员前往考察访问，并举办通讯研究。

十四、师范生实习困难情形如何。正校附小相距过远未能举办分散实习、观摩实验机
会亦少，每期应届毕业生仅能集中实习三週（参观时间在外）时间似嫌不足。

民国三十七年（1948）附属小学设施概况调查表2

师范学校附属小学设施概况调查表 （表一）

填写者：四川省立绵阳师范附属小学 三十七年三月 日

一、学校所在地名 绵阳德操路

二、教职员履历待遇

(1) 校长姓名及履历 校长宋增焜 国立北平师范大学教育系毕业 历任中学学校教员

(2) 全校教职员 十四 人

　　子、专科以上学校毕业者 二 人　　寅、非师范学校毕业者 王 人
　　丑、师范学校毕业者 十一 人　　甲、检定合格者 　　人
　　　　　　　　　　　　　　　　　乙、未受检定者 　　人

(3) 校长应月薪津 100 元 教职员应月薪津最高者为 88 元 最低者为 50 元 平均为 88 元 (如发食粮等物应折价计算)

三、附小校长是否在师范学校任课？所任何课？曾任本校教育学科 现担任教育实习学科

四、学生数：高 91 人，中 45 人，初 83 人，幼 41 人，成人 12 人，合 272 人

五、学级数：高 三 级 中 一 班 初 三 班 幼 一 班 成人 一 班 合计 九 班

六、学级编制：复式 二 班 单式 七 班 二部制 0 班 导生 0 班

七、设备状况

(1) 校舍 五十一 间 (楼房 十一 间 年久失修不能使用未计入)

(2) 场地面积：子、体育场地 13,576 方尺，丑、校园 1,699 方尺
　　　　　寅、校舍所估地积 2,061 方尺，卯、农场 无 方尺

(3) 课桌凳式样 (附图並註明高低尺寸)

(4) 图书数量：
　　子、儿童阅览用书 586 册，丑、教科用书 152 册，
　　寅、教师进修及参考书 76 册，卯、定期杂志 4 份
　　辰、报纸 2 份 巳、图表 65 幅
　　午、其他 25 种 25 种

(5) 仪器数量：子、物理方面，丑、化学方面，寅、其他

表二

五、實習期有何種弊病？　　　　　　六、如何舉行教學演習？
六、實習時有何種指導？　　　　　　七、如何舉行教學指導？
七、實習後之工作如何？　　　　　　八、如何舉行實習報告？

(四) 各種實習時間之分配
　(1) 參觀見習每生平均佔（民教參觀二週　　）小時
　　　　　　　　　　　　　（游藝參觀三日　　）
　(2) 教學實習每生平均實習共（1000分鐘　　　）小時
　(3) 級務行政實習每生平均實習（四小時　　　）小時
　(4) 社教及社會行政實習每生平均實習（四小時　）小時
　(5) 地方教育行政實習每生平均實習（二小時　　）小時
　(6) 課務行政實習每生平均實習（六小時　　　）小時
　(7) 其他實習每生平均佔（不定　　　　　　）小時

(五) 普通試教與批評試教
　(1) 普通試教佔試教時間百分之幾？　1/4
　(2) 批評試教佔試教時間百分之幾？　1/5

(六) 試教之年級及試教科目如何支配？
　(1) 定式試教那些年級。　　(2) 名教定科那些年級。

(七) 試教教案如何編制。

(八) 教學實習成績考核
　(1) 由何人考核。　　　　　(2) 考核方法如何。

(九) 實習施行上所感困難最多及最良改進方法
　(1) 教學實習施行方面
　　乙由於附小班次少僅七班，在採取改進辦法，特附小按為十二班
　(2) 教學實習施行方面（至於級務行政，社會行政，課務行政，社教行政
　　　　　　　　　　　　各項皆同式參考等）
　　各困難　　　　　　　其補救及改進方法

　　備考：(4)關於實習之細則辦法等即附載

● 民國三十七年（1948）師範學校學生實習教學調查表 4

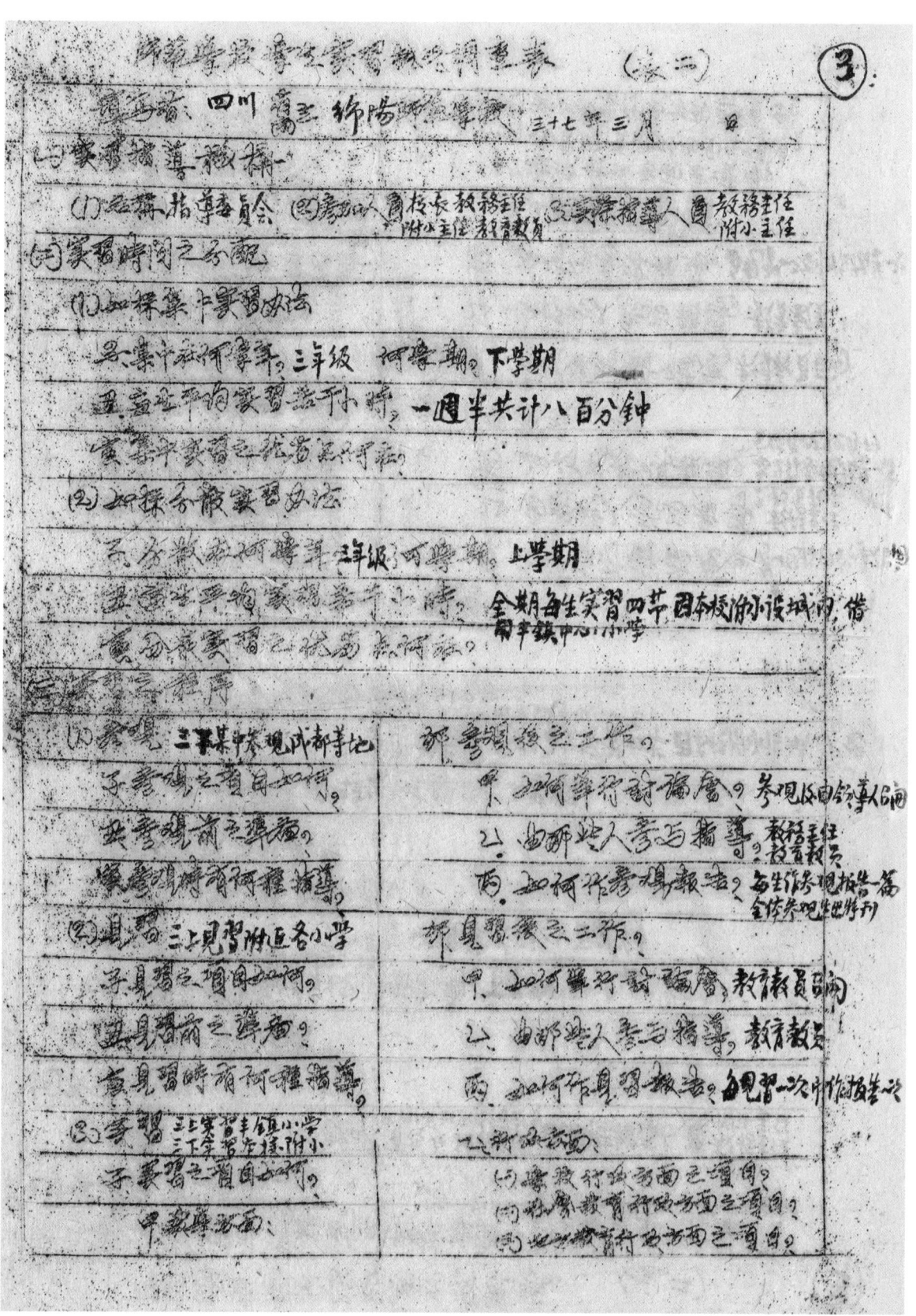

(表三)

贰、教育素养及实施经验修养方面。 叁、义务专业训练方面。
丑、教育方法及技术训练方面。
(三) 训练时间支配？
　　(1) 课内　(2) 课外　(3) 假期　(4) 集会　(5) 其他
(四) 训练经费来源及支配情形如何。
(五) 实施训练有何困难。
(六) 改进意见。
(七) 教育厅局评语。

师范生训练考核实施情形调查表　　(表四)

填写者：四川省立绵阳师范学校　　三十七年三月

(一) 训练考核负责人员境为谁？训导主任须负全校学生思想方面之训练，
　　　　　　　　　　　　　　　并训育其德业学生全校学生生活方面之管理。
(二) 考核方法？
　　(1) 考核之一般原则。　　　　(4) 平时考查　由各级任导师随时旺对学生
　　　　　　　　　　　　　　　　　　　　　　　行个别考查记分。
　　(2) 考核之实施步骤。　　　　(5) 学期考查　每期终举行训练考核严密记分考核之。
　　(3) 计分标准。八十分以上为甲等，七十以上　(6) 学分计算　总平均分数与平时考查十加上
　　　　　　　　为乙等，六十以上为丙等，六十　　　　　　　学期考查十乘四相加而成。
　　　　　　　　以下为不及格。
(三) 考核结果处理？
　　(1) 呈报或报院局？随同成绩表报　　(2) 奖惩标准　学生操行学业成绩优等者防范
　　　　　　　　　　或专案呈报　　　　　　　　　　　　　成绩优异或操生就学能力经历
　　　　　　　　　　　　　　　　　　　　　　　　　　奖学金
　　(4) 执行情形。师范生品学俱良者由学校颁给奖状或奖金，操行学业成绩低劣者，分别留级或退学之处分
(四) 考核之困难情形及如何改进？
　　(1) 困难　学生在寒暑假期内不易考核，但寒暑假及　(2) 改进　学生在寒暑假期内，则请各学生寄卷考核之
　　　　　　星期例假，则考核不易周到　　　　　　　　　　　　星期例假，则请由各周师认真执行考核
(五) 教育厅局评语：

(表二) ⑤

(2) 数学例子

(3) 下列成绩考核表：
　子、学科成绩考核表
　丑、自习成绩考核表
　寅、教育见习成绩考核表
　卯、学校行政实习成绩考核表
　辰、社教实习成绩考核表
　巳、地方行政实习成绩考核表
　午、乡镇保行政实习成绩考核表
　未、其他实习成绩考核表

师范生训练实施概况调查表　（表三）

填写者　四川省（市）绵阳师范学校　三十七年三月

(一) 训练主持人姓名及职务如何？　校长彭鼎主持全校行政。

(二) 训练项目：

(1) 如何举行学科训练以提高学生程度？
　子、各科研究方面。举行各科研究会
　丑、各科作业方面。认真指导各科课外作业
　寅、各科测验方面。规定各科定期作业下期到校查验
　卯、学科比赛方面。举行各科成绩观览比赛
　辰、学科奖惩与观摩方面。定期举行科学展览会
　巳、其他有关学科训练事项。

(2) 如何举行德行训练以养成学生良好品行？
　子、自律如何？（培养读书风气，提高治学意识，锻炼自律使学，不悬远苦学精神）
　丑、训练方式：
　　(一) 中心训练周方面？由校长训示国民应徵
　　(二) 自治组织方面？学生如论采用甲，但须有合适学生，应遵照图表
　　(三) 环境布置方面？国旗党旗总理遗像党国旗苦谋

　寅、训练德目？
　卯、导师感化方面？属加强师训随时个别训练
　辰、家庭联络方面？与学校家庭联络通讯
　巳、品格测验方面？由各级任导师随时调查学生品格并举行标准测验会
　午、其他训练方式？全校学生一律加入三民主义青年团

(3) 如何举行生活训练以培养学生优良生活习惯？
　子、劳动服务方面？遵照新中等学校劳动服务办法，生产词，生活习惯养生训词
　丑、整洁卫生方面？每周举行整洁大扫除一次及内务检查一次
　寅、守时守法方面？励新生活运动发扬自治精神
　卯、健康娱乐方面？每期举行健康检查一次，体育竞赛，集会会餐各一次
　辰、团体生活方面？每期举行迎新实业送旧同乐会
　巳、其他生活训练方面。

(4) 如何举行专业训练以培养专业精神？

师范学校学生实习教学调查表（表二）

填写者：四川省（市）立绵阳师范学校　　三十七年（1948）三月　日	
（一）实习教导机构	
（1）名称：指导委员会　（2）参加人员：校长、教务主任、附小主任、教育教员　（3）实际指导人员：教务主任、附小主任	
（二）实习时间之分配	
（1）如采集中实习办法	
子、集中在何学年？三年级；何学期？下学期。	
丑、每生平均实习若干小时？一周半共计八百分钟。	
寅、集中实习之优劣点何在？	
（2）如采分散实习办法	
子、分散在何学年？三年级；何学期？上学期。	
丑、每生平均实习若干小时？全期每生实习四节，因本校附小设城内，借用丰镇中心小学。	
寅、分散实习之优劣点何在？	
（三）实习之程序	
（1）参观　三下某中参观成都等地	卯、参观后之工作？
子、参观之项目如何？	甲、如何举行讨论会？参观及由领导人召开。
丑、参观前之准备？	乙、由那些人参与指导？教务主任、教育教员。
寅、参观时有何种指导？	丙、如何作参观报告？每生作参观报告，全体参观生出特刊。
（2）见习　三上见习附近各小学	卯、见习后之工作？
子、见习之项目如何？	甲、如何举行讨论会？教育教员召开。
丑、见习前之准备？	乙、由那些人参与指导？教育教员。
寅、见习时有何种指导？	丙、如何作见习报告？每见习一次作报告一次。
（3）实习　三上实习丰镇小学；三下实习本校附小。	乙、行政方面：
子、实习之项目如何？	（一）学校行政方面之项目？
甲、教导方面：	（二）社会教育行政方面之项目？
	（三）地方教育行政方面之项目？

丑、实习前有何种准备？	甲、如何举行讨论会？
寅、实习时有何种指导？	乙、那些人参与指导？
卯、实习后之工作如何？	丙、如何作实习报告？
（四）各种实习时间之支配	
（1）参观见习每生平均估（成都参观三周、附近参观三日）小时	
（2）教学实习每生平均实习共（1000分钟）小时	
（3）学校行政实习每生平均实习（四小时）小时	
（4）社教及社教行政实习每生平均实习（四小时）小时	
（5）地方教育行政实习每生平均实习（二小时）小时	
（6）乡镇保行政实习每生平均实习（六小时）小时	
（7）其他实习每生平均（不定）小时	
（五）普通试教与批评试教	
（1）普通试教占教学时间百分之几？1/4	
（2）批评试教占教学时间百分之几？1/5	
（六）教生试教年级及试教科目如何支配？	
（1）各教生试教那些年级？　　（2）各教生试教那些科目？	
（七）各科教案如何编制？	
（八）教生实习成绩考核	
（1）由何人考核？　　（2）考核方法如何？	
（九）实习施行上所感到之困难及其补救或改进办法	
（1）教学实习施行方面	
子、困难：附小班次少，仅七班；丑、补救及改进办法：将附小扩为十二班。	
（2）行政实习施行方面（包括学校行政、地方教育行政、乡镇保行政、社教行政及指导国民学习等） 子、困难　　　　丑、补救及改进办法	
检附：（1）关于实习之细则办法等印刷品	
（2）教案例子	
（3）下列成绩考核表：	辰、社教实习成绩考核表
子、参观成绩考核表	巳、地方行政实习成绩考核表
丑、见习成绩考核表	午、乡镇保行政实习成绩考核表
寅、教学实习成绩考核表	未、其他实习成绩考核表
卯、学校行政实习成绩考核表	

师范生训练实习概况调查表（表三）

填写者：四川省（市）立绵阳师范学校　　　　三十七年（1948）三月　日

（一）训练主持人姓名及职务如何？校长彭鼎主持全校行政。	
（二）训练项目：	
（1）如何举行各学科训练，以提高学生程度？	
子、各科研究方面？举行各科研究会。	卯、学科比赛方面？举行各科成绩展览比赛。
丑、各科作业方面？认真指导各科课外作业。	辰、学科讲演与观摩方面？定期举行学科讲演比赛。
寅、假期作业方面？规定学生假期作业下期到校呈缴。	巳、其他相关学科训练事项？
（2）如何举行德行训练，以养成学生良好品行？	
子、目标如何？1.培养读书风气　2.提高政治意识　3.锻炼强健体格　4.发扬专业精神	丑、训练项目？
寅、训练方式：	
（一）中心训练周方面？由校长讲述国父遗教。	（四）导师感化方面？励行导师制，随时个别训练。
（二）自治组织方面？学生自治采用保甲组织，将全校学生分为良师兴国两镇，各班设保长。	（五）家庭联络方面？与学生家庭联络通讯。
	（六）品格测验方面？由各级任导师，随时测验学生品格并举行操行考查会。
（三）环境布置方面？图书室、成绩展览室、理化实验室、卫生室、音乐室。	（七）其他训练方式？全校学生一律加入三民主义青年团。
（3）如何举行生活训练，以培养学生优良生活习惯？	
子、劳动服务方面？遵令举行中等学校学生助耕助收办法、生产训练、清洁检查等劳动服务。	卯、健康娱乐方面？每期举行健康检查一次、防疫训练一次，并举办运动会、音乐会各一次。
丑、整洁美化方面？每周举行整洁大检查一次及内务检查一次。	辰、团体生活方面？每期举行迎新会、欢送会、同乐会。
寅、守时守法方面？励行新生活运动，发扬自治精神。	巳、其他生活训练方面。
（4）如何举行专业训练，以培养专业精神？	
子、教育专业兴趣与信念培养方面？	寅、其他专业训练方面？
丑、教育方法及技术养成方面？	
（三）训练时间支配？	
（1）课内　（2）课外　（3）假期　（4）年会　（5）其他	
（四）训练经费来源及支配情况如何？	
（五）实施训练有何困难？	
（六）改进意见	
（七）教育厅局评历	

师范生训练考核实施概况调查表（表四）

填写者：四川省（市）立绵阳师范学校	三十七年（1948年）三月　日

（一）训练考核负责人员姓名及职务如何？训导主任汪俭负全校学生思想方面之训练，军训教官蒋德章负全校学生生活方面之管理。

（二）考核方法？

（1）考核之一般原则？1.德育：注重人格陶冶；2.智育：注重生活技能；3.体育：注重普遍锻炼；4、美育：注重现代化；5.群育：注重民主精神。

（2）考核之实施步骤？

（3）计分标准？八十分以上为甲等，七十分以上为乙等，六十分以上为丙等，六十分以下为不及格。

（4）平时考察？由各级任导师随时注意学生言行个别考查记分。

（5）学期考查？每期终举行训练考核联席会议考核之。

（6）总分计算？总平均分数为平时考查十分之六、学期考查十分之四，相加而成。

（三）考核结果处理？

（1）是否是报厅局？随同成绩表呈报或专案呈报。

（2）执行情况？师范生品学优良者由学校颁给奖状或奖金，操行学业成绩过劣者，分别留级或退学之处分。

（3）奖惩情形？学生操行学业成绩优良者分别将考成绩过劳或不堪造就者分别惩处或退学。

（四）考核之困难情形及如何改进？

（1）困难？学生在校期内易于考核，但寒暑假及星期例假，则考核不易周到。

（2）改进？学生在寒暑假期内，则请由学生家长考核点，星期例假则请由各导师认真执行考核。

（五）教育厅局评历？

四 上级制度

民国二十九年（1940）教育部颁发《国语讲习课程暂行纲要》

国语讲习课程暂行纲要

课程门类凡七：

（一）注音符号　要目：发音及基本拼法

[内容标准及参考品] 以教育部《教育播音小丛书》之《国语训练大纲》第一、第二两讲及《注音符号发音表》为主，参用赵元任新《国语留声片课本甲种》第一、第二两课及白涤洲《标准国音留声片课本》前四面，练习用《国音字母拼音练习表》。

[注意事项] 本门专授注音符号之发音及其基本拼法（基本即阴平声），暂不涉及国音及声调，专为拼读国音或方音之工具训练，以能正确拼读『注音汉字』所注之国音（不必依标准四声，可各依本地自然声调），并能拼写自己读汉字的方音（不须另用方音符号者），为修毕的最低限度。训练期间不问长短，此门务须于最短期间尽先修毕（为便利课外自习计，故须参用留声片）。

（二）国音　要目有四：

（1）国音及标准声调　以《训练大纲》第三至第五讲为主，参用第七讲之第十六节，并《赵片》第三、第四两课，及《白片》第五面，练习时参考《注音汉字字模表》（教育部颁行又见黎锦熙《注音汉字》书中）及《国音常用字汇与中华新韵》（皆教育部公布）。

[注意事项] 本门这第（1）项专为汉字之国音读法训练（包含四声之标准读法），以能熟记二百一十字之国音（见《训练大纲》第五讲及《扫除文盲急读合音例字表》）并能自由检查《注音汉字字模表》及《国音常用字汇》，为毕

184

(一)總說明

(1) 本綱要所列課程凡七門，入門可約分為四：(甲)(乙)(丙)(丁)四類。(甲)即「注音符號」，此為基礎訓練，為不識注音符號或拼讀不準者而設，每日約兩小時，俟熟練後即能修習、時間視課程所在之便減定之。(乙)即二「國音及語」「國語訓練」為必修科，須授與(丙)即三「國語文法」四「國語運動史」則須於第一週授起之「特別講習」者，可以半年或一年教完，則可擇其需要者進修之。(丁)即「國語文法」「國語運動史」(六)「國語教術的訓練」則可於第二週授起，時間均視講習期間之長短定之。若在半年以上，則須於省委長則時期，另加至於(四至六)科目為必修科，期間視上述重國語技術的訓練者，可以半年教畢(此等科目者速修之。

(2) 本綱要大體上注重國語技術的訓練，以口耳熟習為主要目的。

(3) 現任教職員補習者如在鄉村之習「注音符號」即可，都市則須修畢乙類(二)(三)兩科。

(4) 講習期間如定為半期，每日即正式授課十八小時，則(甲)類之(四)(五)三門即可教去不必任人速修（如從前已習注音符號及國音者，不必再習)，已兩教者，此兩類三門六小時(補修)

(5) 講習期間如延長至半年，則可更辦丁類(乙類之三)國語教學推，丙類(三)國語史或的改為正則兩類三門不必全設，或僅設一兩門，而改為特別講習，或於其實際重要者(如「國語教育史」或「小時反訓練的訓練」)

(6) 講習期間如在延長至半年以上，而每半期授課時間並不滿六小時，則講習科目須修乙類(二)(三)國語練習須作為正式課程或參入正式課程中講授（例如「國語音韻學大意」即可參入「文字學概要」內講之）

(7) 講習時期，則語門定的改為正式課程（此等科目，多為大學文學院及師範學院中文系所有，如便利，可拒文選修）

(二) 國音之說法，參用舊綱第二次文字(一)卷三第二、三四文(三)卷四之(一)（閩南國音之來源，可不用近日閩南音說來但讀書及解釋都重為根據研究國語，但留首後用舊綱語音之特別講習，則此時亦未及及來源亦可

(3) 國語課程與新文學運動，參用舊綱卷三文(三)(3)：卷三文第一面（閩子「新文學運動」可於「閩南文學」之特別講習為科學院」內討論國語教育文實際事項，述明其歷文的進展及歷史概要。

(4) 文字改革運動，參用舊綱卷三第二回之第三回之(四)，卷四之(四)文字法令文要點。

(五)特別講習，要目如下：

(1) 語文學(Philology)（大意，亦名語言學文法方面）
(2) 語音學(Phonetics)（大意，但須該閩語音能暢能雖能地運用）
(3) 中國文字形體之遷先（或，文字學概要）
(4) 訓詁學(Semantics)（亦名「語義學」，注重本國語詞意及其文義文法(意)
(5) 中國聲韻學研究法（或漢字之讀音發之注音預修(以(3)為門)）
(6) 方言調查研究法（以近代語系及文法為主，但須以現山所為預修課程）
(7) 國語由漢語布及于全國其他諸語）
(8) 國語文學（或如習作）
(9) 其他

（注意事項）特別講習，學期員職員有二時周等均選將時的先文，如時更東辦時，則設門宜的改為正式課程。(此等科目，多為大學文學院及師範學院中文系所有，如便利，可借資選修)

之最低限度。

（2）变音（附国音练习）以《训练大纲》第六、第九两讲为主，参用《赵片》第五至第八课，及《白片》第一至第八面（对于《赵片》第六课之《一字几读例》及《白片》第八面之《歧音字练习》须以《注音汉字字模表》后附之《同字异音表》为练习用，这《同字异音表》也附在《注音汉字》书中）。

[注意事项] 本门这第（2）项专为国音中变调（如上声变阳平等及轻声）、变韵（如卷舌韵）、变读（即普通之同字异音）之训练，前二项系标准语练习之分析的准备，后一项「同字异音」则于普通识字皆宜注意。

（3）方音比较 以《训练大纲》第七、第八两讲为主，分组参用各该地之《方音注音符号总表》，分地之《方音注音符号传习小册》及《注音符号本地图》。

[注意事项] 本门这第（3）项须就方言分组训练，从各该组方音与国音之比较上：一、得知矫正方音之系统的经济的方法，二、学习四十个注音符号以外之特别的方音注音符号，以为拼写各该地特别方音之工具，后者更为重要，乡村民教用注音汉字课本读物，于右旁所注国音之外，即可运用此种工具于左旁酌注方音。

（4）译音符号（即国音字母第二式）基本拼法，即以《国音字母拼音练习表》为主；声调条例以《国音字母表》之「说明」（乙种）为主，参用赵元任新《国语留声片课本》第一部国音练习时，参用《国音常用字汇》。（其《赵片》《国音》（乙种）《国语》（三）国（乙种）之第二部「国语」则并入下末之附录，并须渗入最近部定之国民教育及社会教育等法令。

（三）国语练习 要目有二：

（1）文法上之要点 注意代名词、助词、叹词等之读法，参用《赵片》第九至十一课及《白片》第一面至第三面；又黎锦熙令另编初小国语教科书「首册」（应选用近部普通初小之「先综合后分析法」（可参用中华平民教育促进会之《实验课本》及国语会民众用书编委会之《民众课本》第一册），并注音符号之变通拼读法（见《扫除文盲急读令音例字表》及《赵片》第二课第七节（文）（一）（二）两门所定（如本《课程纲要》（一）（二）两门所定师资训练之先分析后综合（附）项，参照《新著国语教学法》页四一四；《扫除文盲与注音符号》，见《教育通讯》第八、第十、第十二期）；（三）师资训练之先分析后综合拼读法（见《扫除文盲急读令音例字表》及《赵片》第二课第七节（文）（一）（二）两门所定（如本《课程纲要》（一）（二）两门所定师资训练之先分析后综合注书符号），见《教育通讯》第八、第十、第十二期）；（三）师资训练之先分析后综合拼读法（见《扫除文盲急读令音例字表》及《赵片》第二课第七节（文）（一）（二）两门所定（如本《课程纲要》（一）（二）两门所定师资训练之先分析后综合拼读法（见《民众课本》第一册）、并注音符号之变通拼读法（见《扫除文盲急读令音例字表》及《赵片》

（2）会话讲演诵读等 参用《赵片》第十二至十六课，《白片》第四面至第八面又《复兴说话教本》及《范本》全部。

[注意事项] 本门专为国语说话技术之训练，其材料须取综合的词句，与上门国音专重字音者不同，练习时，宜多采儿童文学及民众文艺的材料，注意示范。

（四）国语文法 要目有四：

1 单句的成分及词位
2 词类（注意复合词及词类连书（即语词分写法））
3 复句及连词
4 标点符号

[注意事项] 本门目的在使国语所用的词句规律化、统一化，对于寻常文法上易误之点，特宜注意。

（五）国语教学法 要目有六：

（1）国语科之目的及课程标准 以部定现行之小学、中学及师范《国语国文科课程标准》为主（可采用黎锦熙《新著国语教学法》第一章及卷末之附录）。

（2）作文 文法、文体、批改方法等（可参用《新著国语教学法》第六章）。

[注意事项] 此项须注意文法在教学上之适用，

（3）说话 参用《新著国语教学法》第五章（注意第三节第三项语言教学之新方法）。

（4）读书 教材（儿童文学、平民文学）及课本读物之运用（可参用《新著国语教学法》第四章）。

[注意事项] 此项教学法之要旨为：（1）普通小学及都市民校，须纯用标准国语；（2）乡村民校，视区域对于标准语之远近，（甲）酌用国音乡调或（乙）全用乡土语。

（5）注音符号 民众学校之综合分析并用法（分析法单授符号书，参照教育部《民众学校课本》第一之「比声法」；并用综合法将符号拼成复合词者，可参用中华平民教育促进会之《实验课本》及国语会民众用书编委会之《民众课本》第一册），并注音符号之变通拼读法（见《扫除文盲急读令音例字表》及《赵片》第二课第七节（文）项，参照定县平教会之实验报告，见黎锦熙《国语运动史纲》页四一四；《扫除文盲与注音符号》，见《教育通讯》第八、第十、第十二期）；（三）师资训练之先分析后综合拼读法（如本《课程纲要》（一）（二）两门所定。

[注意事项] 此项只就法令规定国语科之目标及作业类别略加申说，余如教材教法等，（以普通小学及国民教育为主，是否各项分说。（以普通小学及国民教育为主，是否各项分说，视听讲者之需要酌定之。）

（2）注音符号之「初步分析法」（应选用近部令另编初小国语教科书「首册」为例证，并参《新著国语教学法》第二章）；（二）民众学校之综合分析并用法（分析法单授符号书，参照教

（4）方音调查研究法〔以「汉字」之读音及语耳熟习，拼读正确为主要目的。

（5）中国文字形体变迁史（或「文字学概要」）

（6）训诂学（Semantics）（亦名「语义学」，注重本国语词意义之发生系属及演变，此门亦可以「近代语研究」及「现代方言考」代之）

（7）方言调查研究法（以「词类」及「文法」为主，但须以第（4）门为预修课程，其范围可由汉语而及于全国其他语族）

（8）国语文学（或加习作）

（9）其他

[注意事项] 本《纲要》特别讲习，其题目范围及时间等，均随时酌定之，如需要练习时，则该门宜酌改为正式课程（此等科目多为大学文学院及师范学院国文系所有，如便利，可指定选修）。

[总说明]

1 本《纲要》所列课程凡七门，又可约分为（甲）（乙）（丙）（丁）四类：（甲）即（一）「注音符号」，此为基本训练，为不识注音符号者或拼读不准者而设，每日约两时尽先于一周内授毕。（乙）即（二）「国音」及（三）「国语运动史」为必修科，须俟熟习注音符号之读法拼法后始能修习，时间视讲习所在之区域定之。（丙）即（四）至（六），为选修科，内中如：（四）「国语文法」可于第一周授起；（五）「教学法」及（六）「国语运动史」则须于（一）（二）两门修毕后授起，时间均视讲习期间之长短定之。（丁）即（七）「特别讲习」，如讲习期短，则可省去，长则酌设；讲习期间之长短，若长至半年以上，则可择其需要较切者改为正式课程，并可就附近大学等设有此等科目者选修之。

187

（2）本纲要大体上注重国语技术的训练，以口耳熟习，拼读正确为主要目的。
（3）现任教职员补习者，如在乡村，只习（甲）项之（一）「注音符号」亦可，都市则须修毕（乙）类（二）（三）两门。
（4）讲习期如定为四星期，每星期正式授课十八小时，则（丙）类之（四）（五）（六）三门即可设立，任人选修（如从前已将注音符号及国音练熟，不必再修习（甲）（乙）两类者，此（丙）类三门亦可随时补修）；若期间更短或钟点减少，则（丙）类三门不必全设，或酌改为特别讲习，或只设其实际需要者（如「国语教学法」）。
（5）讲习期间如延长至半年以上，而每星期授课时间并不减少时，则各门课程可以扩张要目，或课程中讲授[例如「语音学大意」即可参入（一）「注音符号」或（二）「国音」中讲授]。
（6）讲习期内，即讲授期短，俾将来可以自行详细研究材，提要指点说明。
（7）各门讲义，可根据本《纲要》中所举「参考品」或自编或即采用成书，都以详备为主（惟不宜多涉专门学理）。
（8）高中师范科及各级师范学校或普通之暑期讲习会、训练班之类亦可参照本表，酌定国语训练之正式课程，惟门类及时间，宜各按其全部课程，适宜配定。
（9）凡初中、高中及专门以上学校学生，于课外补习注音符号及训练国音国语者，均可参照本表（一）（二）（三）三门规定补习训练之班级及时间。

如标点符号、词类、连书、文白、互译等。
（6）写字 参用《新著国语教学法》第七章：如注音符号书法体式，尚须参照《注音汉字》十四至十六页；简体字，尚须参用二十四年部颁之《简体字表》。

[注意事项] 此项须注意：（一）注音符号之正确迅速的写法；（二）汉字之行草及简体。

（六）国语运动史 要目有四：
1 注音符号之源流 参用黎锦熙《国语运动史纲》卷一、卷二之（1）、卷三第三回之（4）
（1）关于国音之来源，可参用近出关于音韵学读书及黎锦熙《怎样研究国语》列「声韵沿革」之特别讲习，则此门中不涉及来源亦可。
（2）关于最近之「注音汉字」参用黎锦熙之《注音汉字》。
（3）国语课程与新文学运动 参用《史纲》卷二、卷三之（2）、卷三第三回之（2）；卷四之（2）（3）（4），可于「国语文学」之特别讲演中更详之。
（4）文字改革运动 参用《史纲》卷三第二回及第三回之（1）、卷四之（2）、又《史纲》序。

[注意事项] 本门均就国语教育之实际事项，述明其历史的进展及历年法令之要点。

（七）特别讲习 要目如下：
1 语文学（Philology）（大意，亦名「语言学」，注重语言之文法方面）
2 语音学（Phonetics）（大意，但必须练国际音标，能正确地运用）
3 中国声韵沿革（或声韵学概要）

书名	著者	出版社	备考
国音字母第式国语模范读本册	黎锦熙	中华书局	（廿八年修正）
国音字母第式新话戏咸谱			
最后五分钟	赵元任	仝右	
初小国语读本（首册）	黎锦熙	商务印书馆（廿九年改订）	内有公有之注音符号书法式
新著国语教学法	蒋镜芙	中华书局	注符教学，先练会後分析法，次示例
民众学校课本	教育部	各大书店	注音符号第一册
注音符号浅说	徐朗秋	教育部	内有民校注音符号教学法
扫除文盲与注音符号	黎锦熙	中国文化服务社	
扫除文盲注音符号总读合声例字表	仝右	商务印书馆	
国语运动史纲	仝右	仝右	
国语研究国语	仝右	读书指导社	参考品
教育通讯第五卷第国语专号	教育通讯社	仝右	参考品
国语通刊	中央日报副刊	教育部国语推行委员会	参考品（现在消息）
民众小报	教育部民众教育小报社	仝右	参考品（注音读物）

國語講習用書表

書名	著者	註
教育部教育播音小叢書國語訓練大綱	教育部社會教育司	
新國語留聲片課本甲種乙種	趙元任	全上 乙種係用國音字母第二式
標準國音留聲片課本	全上 商務印書館	
教育部公布國音常用字彙	白滌洲 中華書局	
注音漢字	教育部國語推行委員會 商務印書館	凡有公布之六七八九亦強音漢字字模表。國音字母為武並附注音。
國語辭典	黎錦熙	全右 國音字母為武並附標音。
中華新韻	全右	兩武對照
全國方音注音符號總表	全右 商務印書館	
注音符號叢書表	全右	
國音字母表	全右	兩武對照
國音字母表	全右 上	
小《國音》字母表	全右	
國音字母拼音練習表	黎錦熙 商務印書館	兩武對照
新著國語文法	全右 商務印書館	即菊公布之新式標點符號案

● 民國二十九年（1940）教育部頒發《國語講習用書表》

国语讲习用书表

书　名	著　者	出　版　者	附　注
教育部教育播音小丛书国语训练大纲	教育部社会教育司	教育部社会教育司	
新国语留声片课本甲、乙种	赵元任	商务印书馆	乙种系用国音字母第二式
标准国音留声片课本	白涤洲	中华书局	
教育部公布国音常用字汇	教育部国语统一筹备委员会	商务印书馆	国音字母两式兼用标音
注音汉字	黎锦熙	商务印书馆	内有公布之六七八八个《注音汉字字模表》
国语辞典	教育部国语推行委员会	商务印书馆	国音字母两式兼用注音
中华新韵	教育部国语推行委员会	教育部国语推行委员会	
全国方音注音符号总表	教育部国语推行委员会	教育部国语推行委员会	两式对照
注音符号发音表	教育部国语推行委员会	教育部国语推行委员会	两式对照
国音字母表	教育部国语推行委员会	商务印书馆	两式对照
小型国音字母表	教育部国语推行委员会	教育部国语推行委员会	两式对照
国音字母拼音练习表	黎锦熙	教育部国语推行委员会	两式兼习
新著国语文法	黎锦熙	商务印书馆	内有公布之《新式标点符号案》
复兴说话教本	王向、何容等	商务印书馆	
复兴说话范本	王向、何容等	商务印书馆	
国音字母第三式国语模范读本（首册）	黎锦熙	中华书局［二十八年（1939）修正］	
国音字母第二式、对话戏戏谱最后五分钟	赵元任	中华书局［二十八年（1939）修正］	
新著国语教学法	黎锦熙	商务印书馆［二十九年（1940）改订］	内有公布之《注音符号书法体式》
初小国语读本（首册）	蒋镜芙	中华书局	注符教学"先综合后分析法"之示例
民众学校课本	教育部	各大书店	注意第一册
注音符号浅说	徐朗秋	教育部	内有民校注符"比声"教学法
扫除文盲与注音符号	黎锦熙	中国文化服务社	内有注符教学分组法
扫除文盲注意符号急读合音例字表	黎锦熙	中国文化服务社	
国语运动史纲	黎锦熙	商务印书馆	
怎样研究国语	黎锦熙	商务印书馆（读书指导第一辑内）	参考品
教育通讯第三卷　期国语专号	教育通讯社	商务印书馆（读书指导第一辑内）	参考品（最近要件）
国语周刊	中央日报、画刊	教育部国语会口语周刊社	参考品（现在消息）
民众小报	教育部国语民众小报社	教育部国语会口语周刊社	参考品（注音读物）

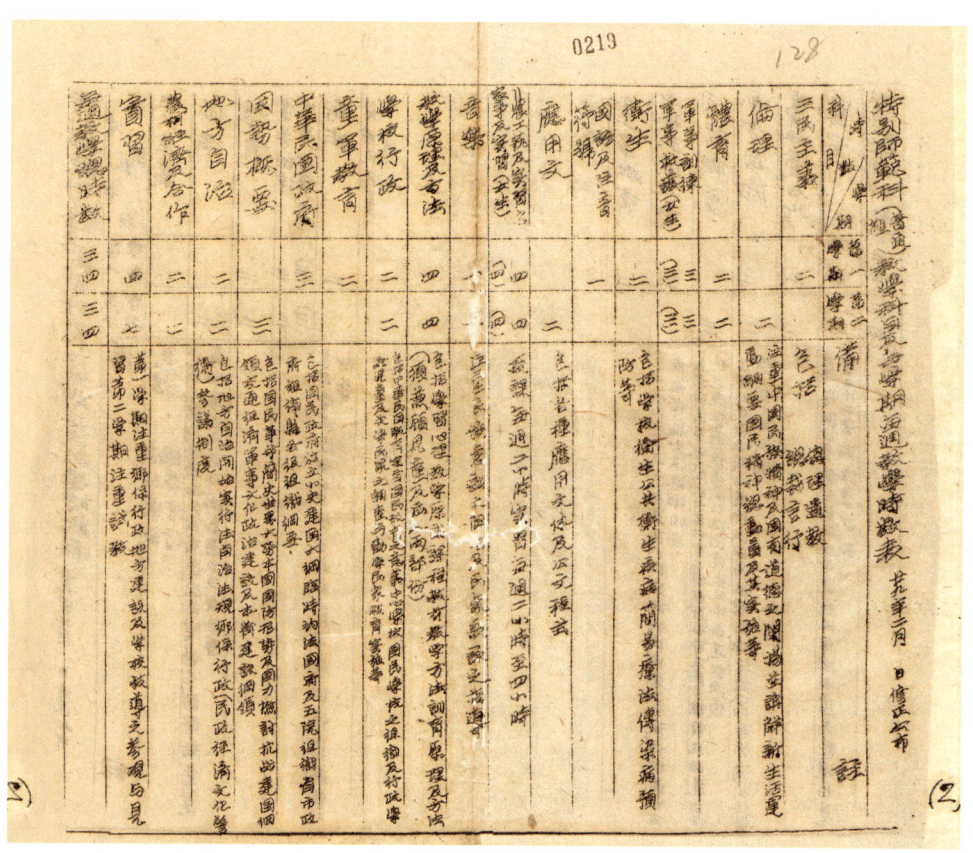

● 民国二十九年（1940）教育部颁发《特别师范科（普通组）教学科目及每学期每周教学时数表》

民国二十九年（1940年）教育部颁发《特别师范科（普通组）教学科目及每学期每周教学时数表》

二十九年二月 日修正公布

学期 时数 科目	第一学期	第二学期	备 注
三民主义	二		包括总理遗教、总裁言行
伦理		二	注重中国民族精神及固有道德之阐扬并讲解新生运动纲要国民精神总动员及其实施等
体育	二	二	
军事训练、军事救护（女生）	三（三）	（三）三	
卫生	二		包括学校卫生、公共卫生疾病、简易疗法、传染病预防等
国语及注音符号	一		
应用文		二	包括各种应用文体及公文程式
农工艺及实习家事实习(女生)	四（四）	四（四）	授课每周二小时实习，每周二小时至四小时
音乐	一	一	注重民族意识之陶冶及民众歌咏之指导
教学原理及方法	四	四	包括学习心理教学原则、课程教材教学方法、训育原理及方法（须兼顾儿童及成人两部份）
学校行政	二	二	包括中华民国教育宗旨、国民教育之意义、中心学校国民学校之组织及行政、学龄儿童及失学民众之调查与劝学、民众教育实施等
童军教育	二		
中华民国政府	三		包括国民政府成立的史建国大纲、临时约法、国府及五院组织、省市政府组织、县各级组织纲要
国势概要		三	包括国民革命简史、世界大势、本国国防形势及国力检讨、抗战建国纲领、交通经济军事文化政治建设及本省建设纲领
地方自治	二	二	包括地方自治开始实行法、自治法规、乡保行政（民政经济文化警卫）参议制度
农村经济及合作	二	二	
实习	四	七	第一学期注重乡保行政地方建设及学校教导之参观与见习，第二学期注重试教
每周教学总时数	三四	三四	

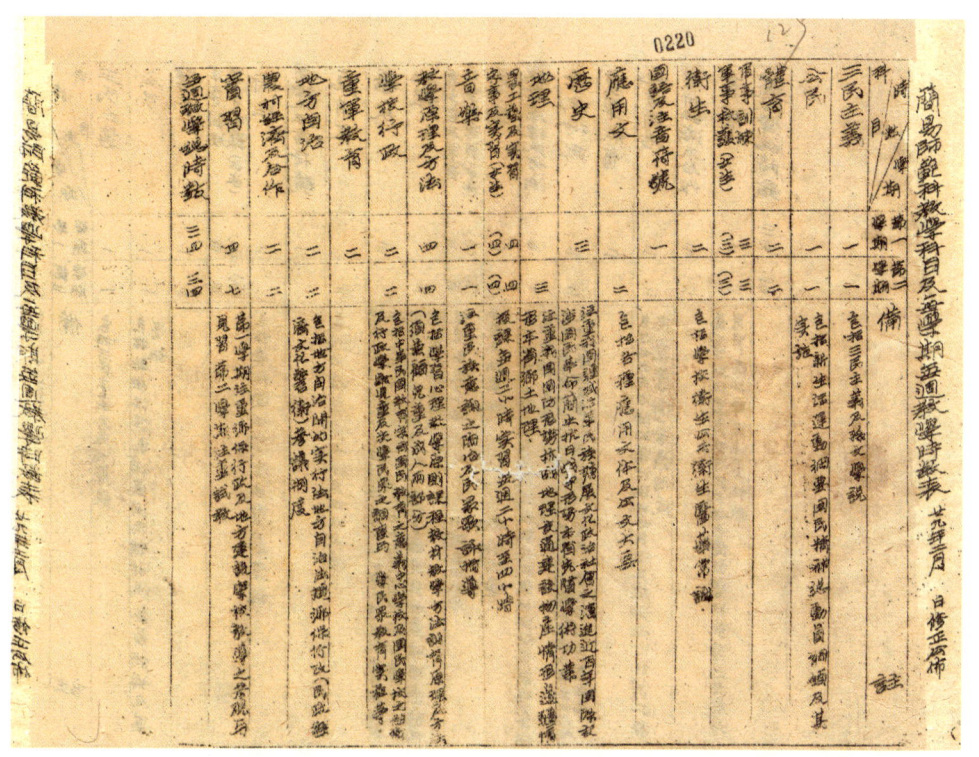

● 民国二十九年（1940）教育部颁发《简易师范科教学科目及每学期每周教学时数表》

民国二十九年（1940）教育部颁发《简易师范科（普通组）教学科目及每学期每周教学时数表》

二十九年二月 日修正公布

科目＼时数＼学期	第一学期	第二学期	备注
三民主义	一	一	包括三民主义和孙文学说
公民	一	一	包括新生活运动纲要、国民精神总动员纲须及实施
体育	二	二	
军事训练、军事救护(女生)	三（三）	（三）三	
卫生	二		包括学校卫生、公共卫生、医药常识等
国语及注音符号	一		
应用文		二	包括各种应用文体及公文大要
历史	三		注重我国疆域沿革、民族扩展、文化政治社会之演进，近百年国际 涉国民革命简史、抗日战争形势、本省先贤学术功业
地理		三	注重我国国防形势、抗战、地理交通建设、物产情形、边疆情形、本省乡土地理
农工艺及实习 家事及实习（女生）	四（四）	四（四）	授课每周二小时、实习每周二小时至四小时
音乐	一	一	包注重民众意识之陶冶及民众歌咏指导
教学原理及方法	四	四	包括学习心理教学原则、课程教材教学方法、训育原理及方法（须兼顾儿童及成人两部分）
学校行政	二	二	包括中华民国教育宗旨、国民教育之意义、中心学校及国民学校之组织行政、学龄儿童及失学民众之调查、学民众教育实习？等
童军教育	二		
地方自治	二	二	包括地方自治开始实行法、地方自治法规、乡保行政(民政经济文化警卫)参议制度
农村经济及合作	二	二	
实习	四	七	第一学期注重乡保行政及地方建设、学校教导之参观与见习，第二学期注重试教
每周教学总时数	三四	三四	

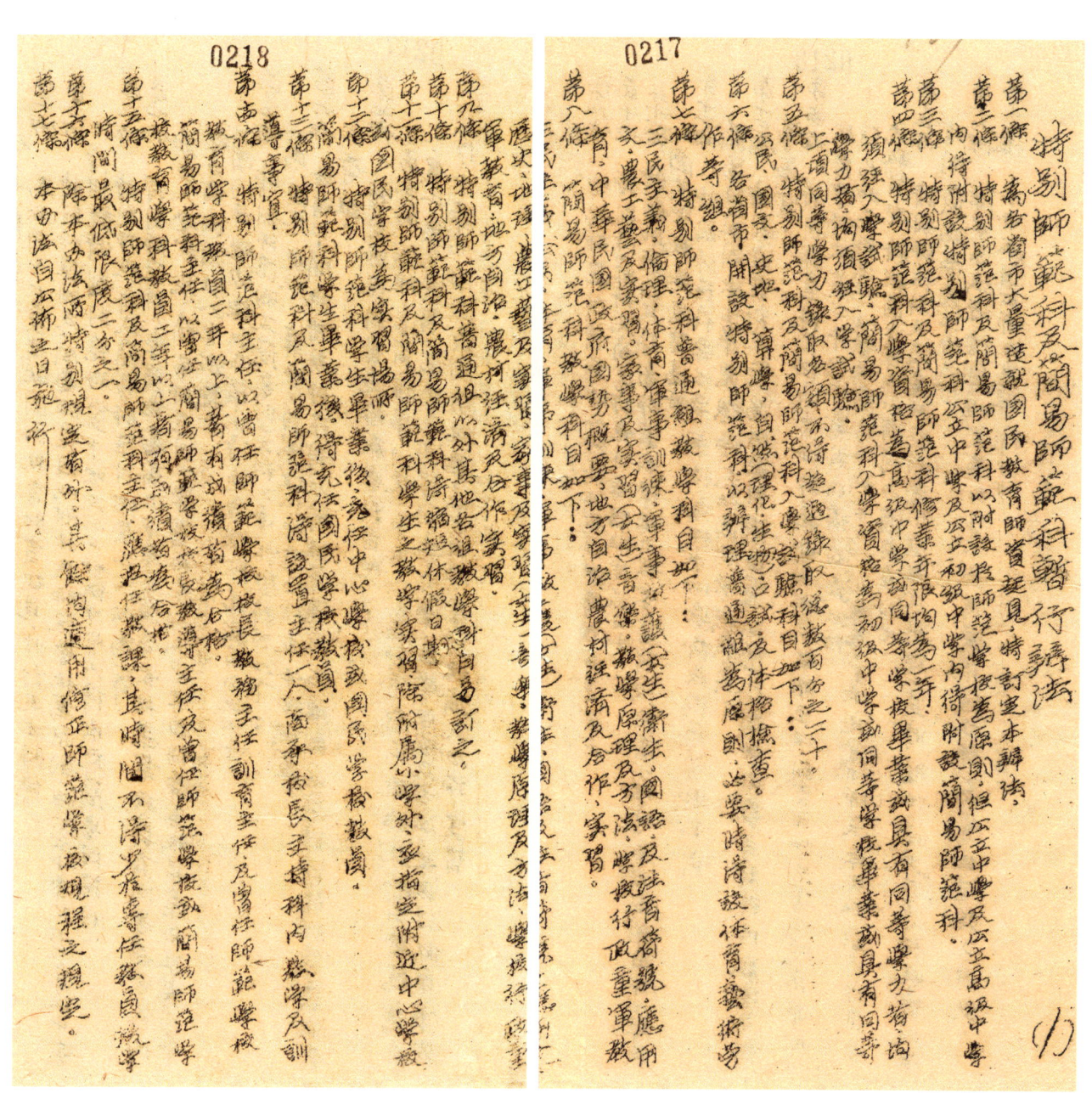

● 民国二十九年（1940）教育部颁发《特别师范科及简易师范科暂行办法》

特别师范科及简易师范科暂行办法

第一条　为各省市大量造就国民教育师资起见，特订定本办法。

第二条　特别师范科及简易师范科以附设于师范学校为原则，但公立中学及公立高级中学内得附设特别师范科，公立中学及公立初级中学内得附设简易师范科。

第三条　特别师范科及简易师范科修业年限均为一年。

第四条　特别师范科入学资格为高级中学或同等学校毕业或具有同等学力者，均须经入学试验。简易师范科入学资格为初级中学或同等学校毕业或具有同等学力者，均须经入学试验。

第五条　上项同等学力录取名额不得超过录取总数百分之二十。

第六条　特别师范科及简易师范科入学试验科目如下：
公民、国文、史地、算学、自然（理化、生物）、口试及体格检查。

第七条　各省市开设特别师范科，以办理普通组为原则，必要时得设体育、艺术、劳作等组。
特别师范科普通组教学科目如下：

三民主义、伦理、体育、军事训练、军事救护（女生）、卫生、国语及注音符号、应用文、农工艺及实习、家事及实习（女生）、音乐、教学原理及方法、学校行政、童军教育、中华民国政府国势概要、地方自治、农村经济及合作、实习。

第八条　简易师范科教学科目如下：三民主义、公民、体育、军事训练、军事救护（女生）、卫生、国语及注音符号、应用文、历史、地理、农工艺及实习、家事及实习（女生）、音乐、教学原理及方法、学校行政、童军教育、地方自治、农村经济及合作、实习。

第九条　特别师范科普通组以外其他各组教学科目另订之。

第十条　特别师范科及简易师范科得缩短休假日期。

第十一条　特别师范科及简易师范科学生之教学实习，除附属小学外，应指定附近中心学校或国民学校为实习场所。

第十二条　特别师范科及简易师范科学生毕业后，充任中心学校或国民学校教员。简易师范科学生毕业后得充任国民学校教员。

第十三条　特别师范科及简易师范科得设置主任一人，商承校长，主持科内教学及训导事宜。
特别师范科主任，以曾任师范学校校长教务主任、训育主任及曾任师范学校教育学科教员二年以上，著有成绩者为合格。
简易师范科主任，以曾任简易师范学校校长、教导主任及曾任师范学校或简易师范学校教育学科教员二年以上，著有成绩者为合格。

第十五条　特别师范科及简易师范科主任，应担任教课，其时间不得少于专任教员教学时间最低限度二分之一。

第十六条　除本办法所特别规定外，其余均适用修正师范学校规程之规定。

第十七条　本办法自公布之日施行。

● 民国三十一年（1942）教育部颁发《师范学校（科）学生实习办法》

师范学校（科）学生实习办法

（三十一年二月六日四八九四号部令公布）

一、为增进师范生实习效能并加强师范生专业训练起见，特订定本办法。

二、各师范学校（科）对于师范生之实习应组织实习指导委员会专负计划及指导学生实习之责。

三、实习指导委员会设委员七人至九人，名誉委员三人至五人。

四、实习指导委员会以师范学校校长、有关之各部主任、教育学科教员及附属学校校长、有关之各部主任为委员，师范学校校长、教务主任、附属学校校长为常务委员，并由师范学校校长聘请与实习有关各乡（镇）保长、中心学校国民学校校长、民众教育馆馆长为名誉委员。

五、实习指导委员会职权如左

（一）订定有关实习各项事则

（二）订定有关实习各项应用表式

（三）订定实习历支配实习时间与事项

（四）审核与实习有关各项报告

（五）评核学生实习总成绩

（六）处理其他一切有关实习之重大事宜等项。

六、实习包括参观、见习、教学实习及行政实习等项。

七、各项实习时间之支配以参观及见习合占十分之三、教学实习占十分之四、行政实习占十分之三为原则。

八、师范学校除最后一学年规定实习时间外，其余各学年亦应于必要时随时举行参观。

(２) 我国伦理思想与国府道德(三民主义、国父及 蒋委员长言论)
(３) 青年应有之道德修养(新生活规律与青年守则)

(四)
(１) 我国疆域与人口之关系
(２) 我国人口实况
(３) 我国政府之人口政策

(五)
(１) 民族与民族国家(民族意义、我国民族之演变与现状)
(２) 民族国家与国际关系(国际法与国际道德)
(３) 国际法在国际间之地位
(４) 民族国家在国际间之势力及情况
(５) 国际亲善与外交政策

(六) 民与民权主义
(１) 民族发展与教育
(２) 我国在国际间之地位及国际组织

(壹) 民与民权主义
(１) 民权主义之要义(我民权成立之政治思想)
(２) 我国政府(阐述方国政制)
(３) 创制与复决
(４) 中国国民党
(５) 五权宪法

(叁)
(１) 法权之运用
(２) 政权与治权之要旨
(３) 考铨与政策
(４) 今后之使命

(肆) 公民与法律主义
(１) 法律之性质
(２) 法律之职责
(３) 法律之制裁与义务
(４) 法律之体系
(５) 法律之执行(立法、司法、行政之机关)
(６) 国内各级机关要

师范学校公民课程标准 三十一年十二月 修正颁布

第一 目标

（一）使学生认识中华民族之构成因素，固有道德与其国际地位，以养成纯正之民族意识。

（二）使学生明瞭宪政治制度宪法运用法律常识，以及中国国民党之政纲政策，以培养其运用民权之能力。

（三）使学生习得国民经济之常识，并国农工商业及资源之情形，以知义其正确之民生观念。

（四）使学生明瞭总理三民主义其真谛，并三民主义教育之精神，以准定其全观基础，使其终身服膺勿失。

第二 时间支配

（一）公民三民主义之通义 第一学年每通二小时 第二三学年每通一小时

第三 教材大纲

（一）公民与三民主义之通义
  (1)三民主义
  (2)三民主义与建国
  (3)三民主义与国民教育

（二）公民与民族主义之养成及其翌识：
  (1)民族之构成及其翌论
  (2)民族之养成
  (3)民族与国家

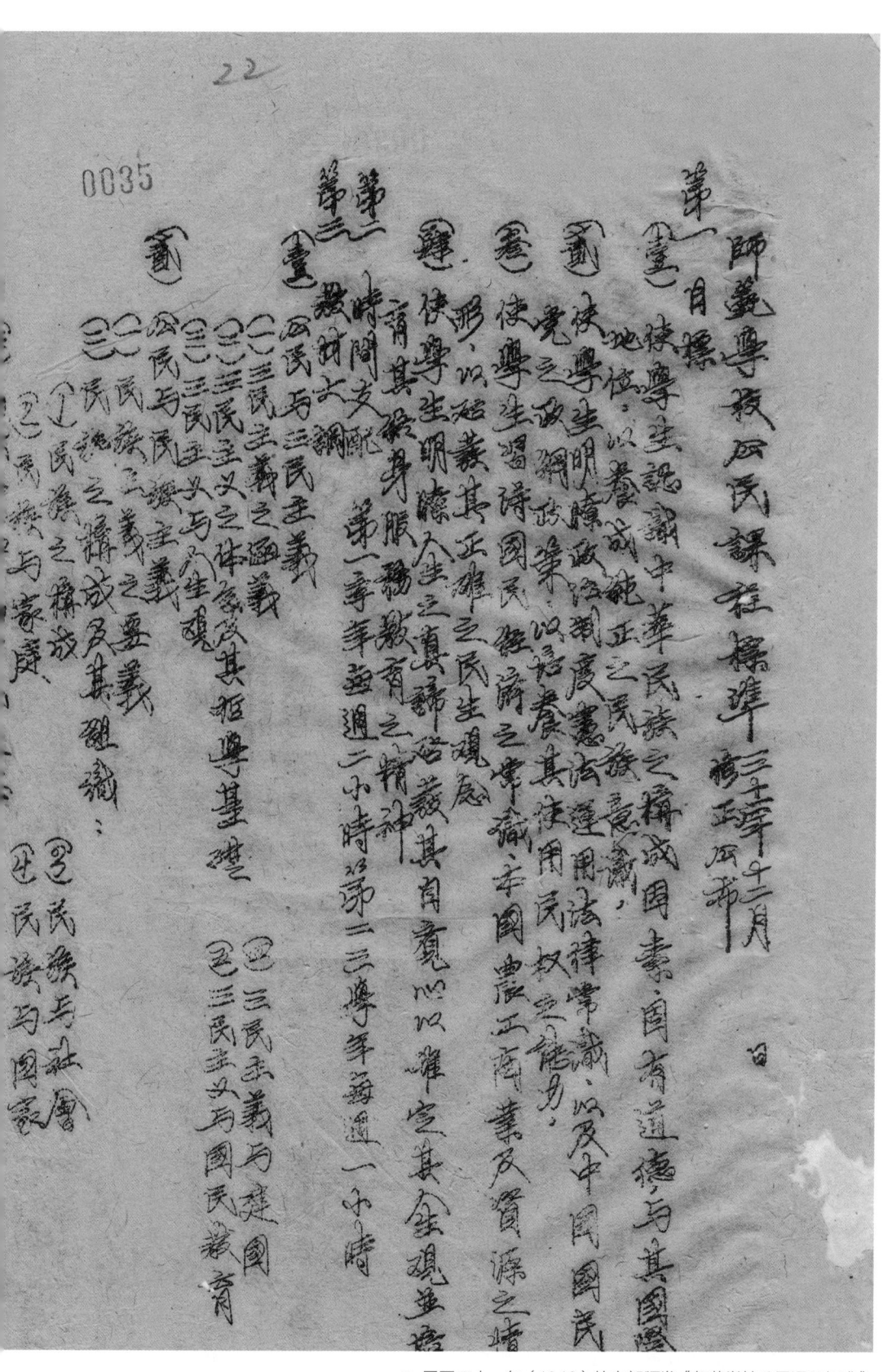

● 民国三十一年（1942）教育部颁发《师范学校公民课程标准》

(四)导择地设备师资生间领有关公民教学之良好书籍及教学之参考资料等
(五)开发公民科应有之特殊教材（对於非常时期前治项目按济问题社会名经内之公民教学及津社会生活之印证以养成其观察判别之能力）随时讲解并酌举实例等
(六)社会名种组织可借为师范学生考加实际研究及动（例如社会调查社）
(七)发动户役学生参加中心学校国民学校训育组织以实习副
(八)教法要点
为此事实证正谁足见教学时不清采用词读唯教材一切裁剖这以通以政治徵种高音协三民主义为南洋學民教探训融通及以通以持主体特课科教员副课之
(三)学生成長对於教程能承教授而致其兴思应
(四)一切领导启发教放部时讲习期间任务特为个性标准认要副授数材
(五)谢投授教材时应注重一种教学
巴通时考察阅作部查县有专设之纪录

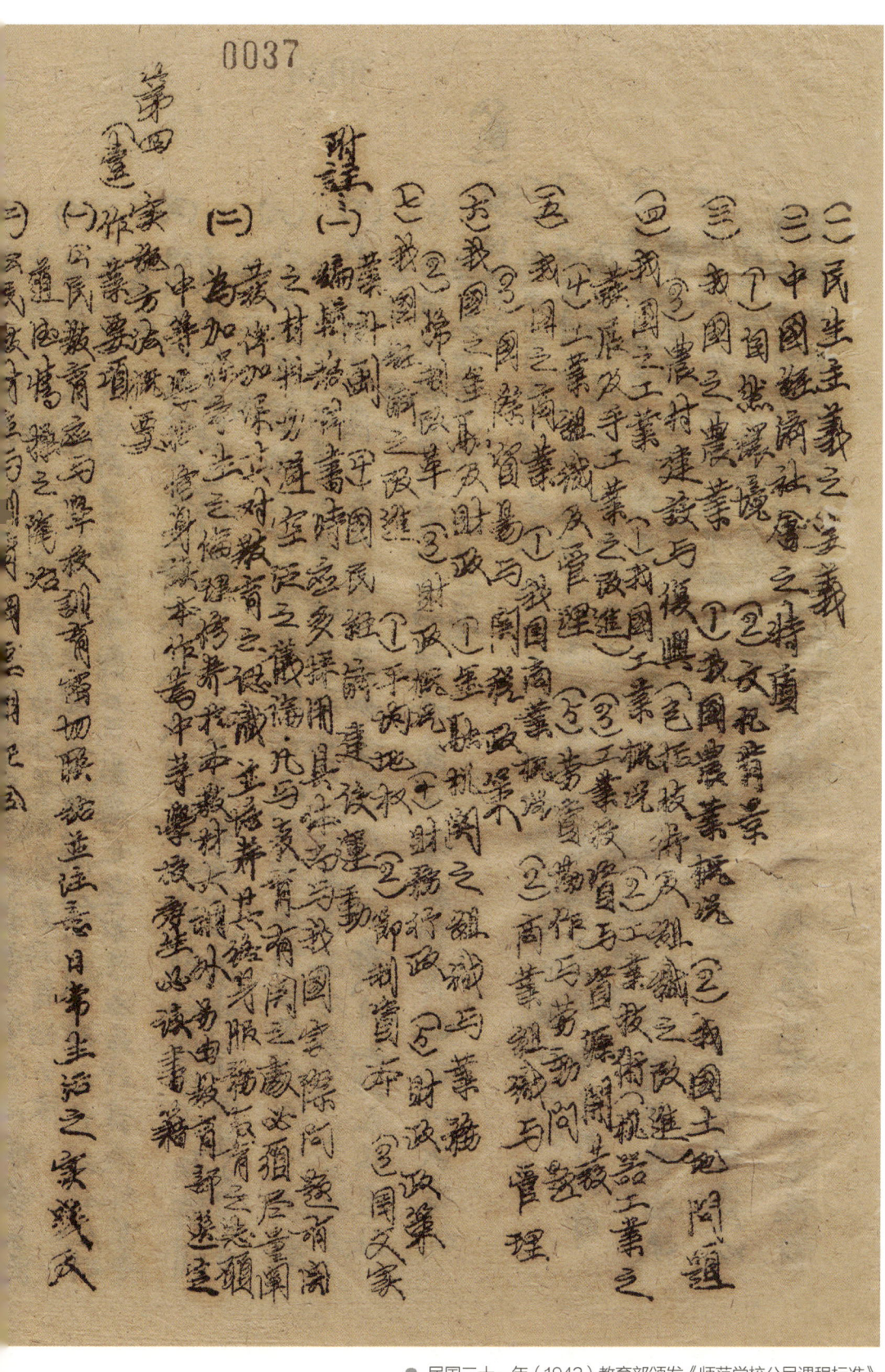

● 民国三十一年（1942）教育部颁发《师范学校公民课程标准》

师范学校公民课程标准

三十一年（1942）十二月修正公布

第一 目标

（壹）使学生认识中华民族之构成因素，固有道德与其国际地位，以养成纯正之民族意识。

（贰）使学生明了政治制度、宪法运用、法律常识，以及中国国民党之政纲政策，以培养其使用民权之能力。

（叁）使学生习得国民经济之常识，本国农工商业及资源之情形，以启发其正确之民生观念。

（肆）使学生明了人生之真谛，启发其自觉心以确定其人生观并培育其终身服务教育之精神。

第二 时间支配

第一学年每周二小时，第二、三学年每周一小时。

第三 教材大纲

（壹）公民与三民主义

 （一）三民主义之涵义

 （二）三民主义之体系及其哲学基础

 （三）三民主义与人生观

 （四）三民主义与建国

 （五）三民主义与国民教育

（贰）公民与民族主义

 （一）民族主义之要义

 （二）民族之构成及其组织

  1. 民族之构成；

  2. 民族与家庭；

  3. 民族与社会；

  4. 民族与国家。

 （三）民族精神及公民道德

  1. 中华民族及其精神；

  2. 我国伦理思想与固有道德（兼述）；

  3. 青年应有之道德修养（新生活规律与青年守则）。

 （四）民族与人口问题

  1. 民族复兴与人口之关系；

  2. 我国人口实况；

  3. 我国应有之人口政策。

  甲、人口之发展与繁殖

  乙、婚姻指导与优生

 （五）民族与国际关系

  1. 民族国家与国际关系

  2. 国际法与国际道德；

  3. 国际公约与国际组织及情况；

  4. 中华民族在国际之地位；

  5. 国防建设与外交政策。

（叁）公民与民权主义

 （一）民权主义之要义（包括总裁之政治思想）

 （二）民权之运用

  1. 选举；

  2. 罢免；

  3. 创制；

  4. 复决。

 （三）治权之实施

  1. 五权宪法；

  2. 我国政府；

  3. 中国国民党；

  4. 政纲与组织；

  5. 历史与使命；

  6. 今后之政策；

 （四）中国国民党（附述各国政制）

  1. 政纲与组织；

  2. 历史与使命；

  3. 今后之政策；

 （五）民权与法治

  1. 法治之意义；

  2. 法律之性质；

  3. 法律上之权利与义务；

  4. 法律之产生；

  5. 法律之制裁与施行（包括执行机关）；

  6. 法律之体系及其内容概要。

（肆）公民与民生主义

 （一）民生主义之要义

 （二）中国经济社会之特质

  1. 自然环境

  2. 文化背景。

 （三）我国之农业

  1. 我国农业概况；

  2. 我国土地问题；

  3. 农村建设与复兴（包括技术及组织之改进）

 （四）我国之工业

  1. 我国工业概况；

  2. 工业技术（机器工业之发展及手工业之改进）；

  3. 工业投资与资源开发；

  4. 工业组织及管理；

（5）劳资协作与劳动问题。
（五）我国之商业
　1　我国商业概况；
　2　商业组织与管理；
　3　国际贸易与关税政策。
（六）我国之金融及财政
　1　金融机关之组织及业务；
　2　币制改革；
　3　财政概况；
　4　财务行政；
　5　财政政策。
（七）我国经济之改进

附注：
1．平均地权；
2．节制资本；
3．国文实业计划；
4．国民经济建设运动。

（一）编辑教科书时，应多采用具体而与我国实际问题有关之材料，力避空泛之议论，凡与教育有关之处，必须尽量阐发俾加深其对教育之认识，并培养其终身服务教育之志愿。
（二）为加深学生之伦理修养，于本教材大纲外，另由教育部选定中等学校修身读本作为中等学校学生必读书籍。

第四　实施方法概要
（壹）作业要项
（一）公民教育应与学校训育密切联络并注意日常生活之实践及道德情操之陶冶。
（二）公民教材应与训育纲要相配合。
（三）学生自治团体及课外活动应由学校指导进行以实践公民生活之训练，并注意培养学生组织能力与自治方法。
（四）学校应设备适于师范生阅读有关公民教学之良好书籍，遇有关公民教学之题材，并应举行讲演研究等集会。
（五）关于公民科应有之特殊教材（例如非常时期社会各项救济问题社会金融之调剂以及工商业管理等）应随时讲解并指导学生讨论。
（六）社会各种组织于可能范围内应令学生前往参观，俾从教案内之公民教导获得社会生活之印证，以养成其观察及评判之能力。
（七）于可能范围内应令学生参加实际公民活动（例如社会调查、社会服务等）。
（八）应设法使学生参加中心学校、国民学校训育组织以实习训练见重及成人等事项。

（贰）教法要点
（一）为求青年思想正确起见，教学时不得采用偏激性教材。
（二）一切教材应以适合本国国情、政治信仰者为主，国外学说介绍时须详译慎解融会贯通而以三民主义为依据。
（三）学生应有适当之布置与设备应接能得良好之公民训练。
（四）教员应观察学生个性指导其课外阅读有关优良书籍，以满足其兴趣而善导其思想。
（五）随时考授关于部颁《小学训育标准》等教材使学生具有充分之认识。
（六）诵授教材时应与时事联络教学。

中學及師範學校教員檢定委員會組織規程

第一條　各省市（行政院直轄市）教育行政機關，為檢定中學及師範學校教員，組織中學及師範學校教員檢定委員會。

第二條　中學及師範學校教員檢定委員會，設委員七人至十一人，由省市教育行政機關長官充任主任委員，並就左列人員，分別指派或聘請為委員。

一、省市教育行政機關主管科科長。

二、省市督學。

三、現任或曾任大學校長、教育學院院長、或師範學院院長。

委員會舉行會議時，以主任委員為主席，主任委員缺席時，應指定委員一人為代理主席。

第四條　左列會事項，須經委員會審議決定之。

一、各項試驗規則之擬訂。

二、受檢定各教員呈繳各項文件及著作之審查。

三、受檢定各教員檢定合格、或不合格之核定。

四、檢定試驗成績之核算及揭示事項。

五、其他關於檢定之重要事項。

第五條　委員會設命題閱卷委員若干人，由委員會就左列人員聘請之。

一、富於某科教學經驗之大學或師範學院教授。

二、中學及師範教育專家。

第六條　委員概為無給職，但聘任委員得酌來往路程之酌支旅費。

第七條　委員會設幹事若干人，由主任委員就各該機關職員中調用之。

第八條　委員會辦事細則，由各省市教育行政機關訂定之。

第九條　本規程自公布日施行。

● 民国三十一年（1942）教育部颁发《修正中学及师范学校教员检定委员会组织规程》

修正中学及师范学校教员检定委员会组织规程

第一条 各省市（行政院直辖市）教育行政机关，为检定中学及师范学校教员，组织中学及师范学校教员检定委员会。

第二条 中学及师范学校教员检定委员会，设委员七人至十一人，由省市教育行政机关长官充任主任委员，并就左列人员，分别指派或聘请为委员。

一、省市教育行政机关主管科科长。

二、省市督学。

三、现任或曾任大学校长、教育学院院长或师范学院院长。

第三条 委员会举行会议时，以主任委员为主席，主任委员缺席时，应指定委员一人为代理主席。

第四条 左列各事项须经委员会审核决定之。

一、各项试验规则之拟订。

二、受检定各教员呈缴各项文件及著作之审查。

三、受检定各教员检定合格或不合格之核定。

四、检定试验成绩之核算及揭示事项。

五、其他关于检定之重要事项。

第五条 委员会设命题阅卷委员若干人，由委员会就左列人员聘请之。

一、富于某科教学经验之大学或师范学院教授。

二、中学及师范教育专家。

第六条 委员概为无给职，但聘任委员得视来往路程之远近，酌支旅费。

第七条 委员会设干事若干人，由主任委员就各该机关职员中调用之。

第八条 委员会办事细则，由各省市教育行政机关订定之。

第九条 本规定自公布日施行。

第五條 具有左列資格之一者，得受試驗檢定

一、高級中學教員。

（1）國內外大學各院系畢業者。
（2）國內外專科學校（修業年限須在三年以上，並係招收高中畢業生者）專門學校本科或大學專修科畢業後，有一年以上之教學經驗者。
（3）國內外專科學校（修業年限須在三年以上，並係招收高中畢業生者）專門學校本科或大學專修科畢業後，有一年以上之教學經驗者。
（4）曾任簡易師範或其同等學校高等師範本科或專修科師範學院初級部或師範專科學校教員五年以上，經主管教育行政機關考核，認為成績優良者。
（5）具有精練技術者。（專適用於勞作科教員）

二、初級中學教員。

（1）具有高級中學教員無試驗檢定規定資格之一者。
（2）國內外大學各院系高等師範本科或專修科師範學院初級部或師範專科學校畢業者。
（3）國內外專科學校（修業年限須在三年以上，並係招收高中畢業生者）專門學校本科或大學專修科畢業後有一年以上之教學經驗者。
（4）曾任初級中學或其同等學校教員五年以上，經主管教育行政機關考核，認為成績優良者。
（5）具有精練技術者（專適用於勞作科教員）。

三、師範學校教員。

（1）國內外師範大學或師範大學畢業者。
（2）國內外大學研究院所研究期滿，得有碩士或博士學位者。
（3）國內外大學教育學院或其他各院系畢業，曾修習教育學科二十學分以上，有證明書者。
（4）國內外師範學校各院系，高等師範本科或專修科畢業後有一年以上之教學經驗者。
（5）國內外專科學校（修業年限須在三年以上，並係招收高中畢業者），專門學校本科或大學專修科畢業後，有二

第五條 具有左列資格之一者，得受試驗檢定

一、高級中學教員。

（1）國內外大學各院系畢業者。
（2）國內外專科學校（包括五年制專科學校）專門學校或大學專修科畢業者。
（3）與高級中學程度相當學校畢業後，有二年以上之教學成績，確有研究成績，或有專門著述發表者。
（4）曾任初級中學或其同等學校教員三年以上者。（專適用於圖書音樂教員）
（5）具有精練之藝術技能者。（專適用於圖書音樂教員）

四、簡易師範學校教員。

（1）國內外專科學校（包括五年制專科學校）專門學校或大學專修科畢業者。
（2）與師範學校程度相當學校畢業後，有二年以上之教學經驗，或有專門著述發表者。
（3）曾任簡易師範學校教員三年以上者。

中学及师范学校教员检定规程

第一条　中学及师范学校教员，由各省市教育行政机关组织中学及师范学校教员检定委员会，依照本规程检定之。

中学及师范学校教员检定委员会，遇必要时，得由教育部派员指导办理。

前项委员会组织规程另定之。

第二条　中学及师范学校教员之检定，分无试验检定与试验检定两种。无试验检定，由检定委员会审查其各项证明文件决定之；试验检定，除审查其各项证明文件外，并加以试验。

第三条　试验检定，每学年举行一次；无试验检定每学期举行之，于每学期开始前举行之。

第四条　中学及师范学校教员检定分左列两种：

一、高级中学教员。

（1）国内外师范学院或师范大学毕业者。

（2）国内外大学研究院所研究期满，得有硕士或博士学位者。

（3）国内外大学教育学院系毕业，或其他各院系毕业，曾修习教育学科二十学分以上，有证明书者。

（4）国内外大学各院系高等师范本科或专修科毕业后，有一年以上之教学经验者。

（5）国内外专科学校（修业年限须在三年以上，并系招收高中毕业生者），专门学校本科或大学专修科毕业后，有二年以上之教学经验者。

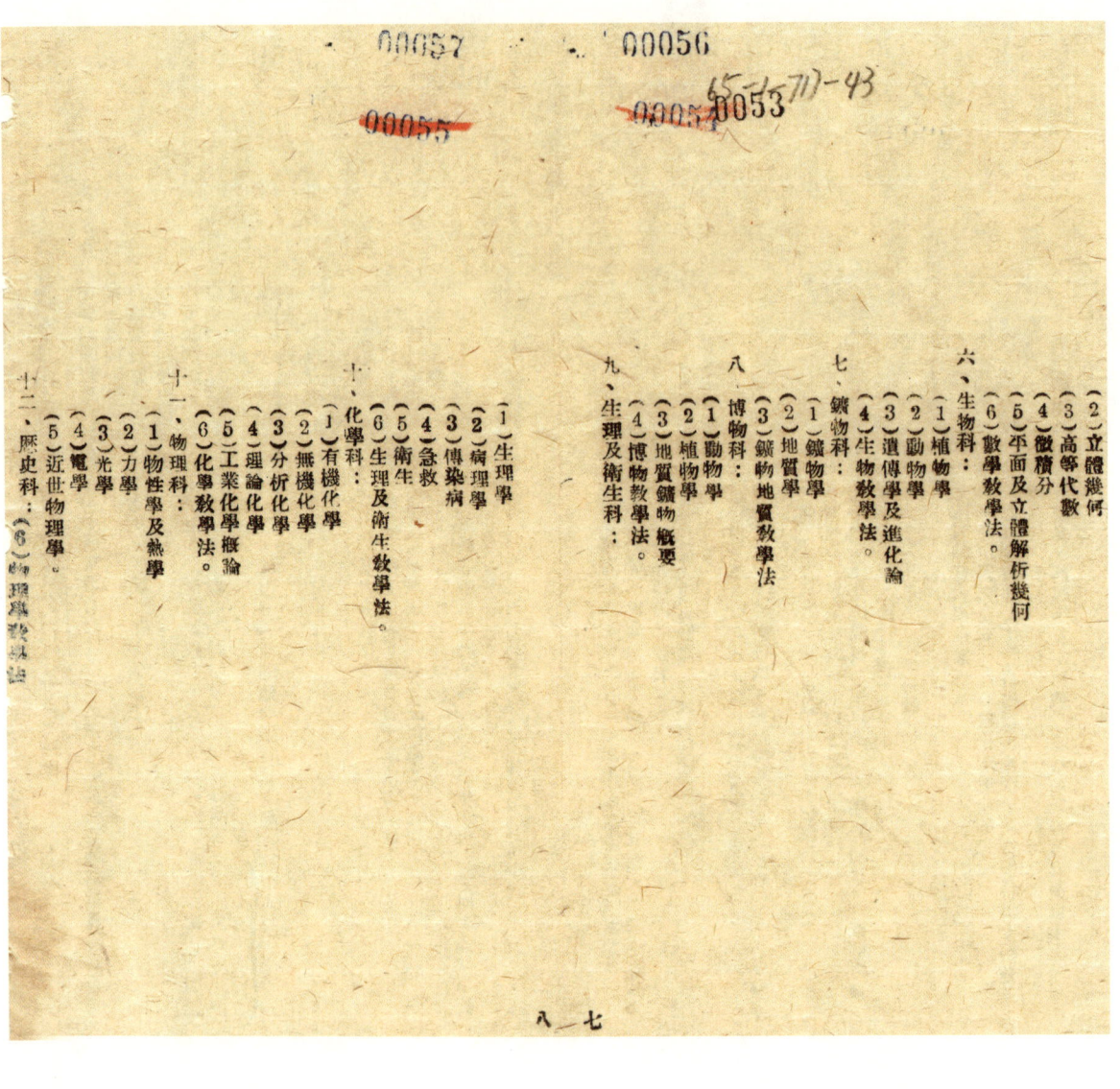

（2）立體幾何
（3）高等代數
（4）微積分
（5）平面及立體解析幾何
（6）數學教學法

六、生物科：
（1）植物學
（2）動物學
（3）遺傳學及進化論
（4）生物教學法。

七、鑛物科：
（1）鑛物學
（2）地質學
（3）鑛物地質教學法。

八、博物科：
（1）動物學
（2）植物學
（3）地質鑛物概要
（4）博物教學法。

九、生理及衛生科：
（1）生理學
（2）病理學
（3）傳染病
（4）急救
（5）衛生
（6）生理及衛生教學法。

十、化學科：
（1）有機化學
（2）無機化學
（3）分析化學
（4）理論化學
（5）工業化學概論
（6）化學教學法。

十一、物理科：
（1）力學
（2）光學
（3）電學
（4）物性學及熱學
（5）近世物理學
（6）物理科教科法

十二、歷史科：

二、初級中學教員。
（1）國內外專科學校（包括五年制專科學校）、專門學校或大學專修科畢業者。
（2）與高級中學程度相當學校畢業後，有二年以上之教學經驗，並對所受檢定學科確有研究成績，或有專門著述發表者。
（3）曾任初級中學教員三年以上者。
（4）具有精練之藝術技能者（專適用於圖書音樂教員）。

三、師範學校教員。
（1）國內外大學各院系畢業者。
（2）國內外專科學校（修業年限須在三年以上，並係招收高中畢業生者）、專門學校本科或大學專修科畢業後有一年以上之教學經驗者。
（3）檢定合格之簡易師範學校教員，在檢定後有一年以上之教學經驗者。
（4）曾任師範學校教員三年以上者。
（5）具有精練之藝術技能者（專適用於圖書音樂教員）。

四、簡易師範學校教員。
（1）國內外專科學校（包括五年制專科學校）、專門學校或大學專修科畢業者。
（2）與師範學校程度相當學校畢業後，有二年以上之教學經驗，並對所受檢定學科確有研究成績，或有專門著述發表者。
（3）曾任簡易師範學校教員三年以上者。
（4）具有精練之藝術技能者（專適用於圖

第六條　中學及師範學校教員申請檢定時，須呈繳下列各件。

一、畢業證書或修業證書。
二、服務證明書。
三、著作（無著作者缺）。
四、本人履歷書，志願書，及最近照片。

第七條　各省市舉行中學及師範學校教員試驗檢定，須於三個月前，由各該省市教育行政機關，將日期及辦法登報公布。

第八條　中學及師範學校教員試驗檢定之科目，規定如左。

甲、共同應試科目
　（1）教育概論。
　（2）教學法。

乙、專科應試科目
一、公民科：
　（1）黨義
　（2）法學通論
　（3）政治學
　（4）經濟學
　（5）社會學

二、體育科：
　（1）體育原理
　（2）各種運動法則及原理
　（3）健康教育及健康檢查
　（4）運動裁判法及指導
　（5）體育教學法。
　（6）倫理學。

三、國文科：
　（1）作文（一篇）
　（2）文法及修辭
　（3）中國文學史
　（4）文學史
　（5）國文教學法。

四、英語科：
　（1）作文（一篇及翻譯）
　（2）英國文學
　（3）英語文法及修辭
　（4）英語教學法。

五、數學科：
　（1）普通數學（包括算術、代數、幾何及三角）

（4）具有精練之藝術技能者。（專適用於圖畫音樂教員）中學及師範學校教員五年以上，經主管教育行政機關考核，認為成績優良，並有專門著述發表者。

（6）年以上之教學經驗者。

（7）具有精練技術者（專適用於勞作教員）。

四、簡易師範學校教員。
　（1）具有師範學校教員無試驗檢定規定資格之一者。
　（2）國內外大學各院系高等師範本科或專修科師範學院初級部或師範專科學校畢業者。
　（3）國內外專科學校（修業年限須在三年以上，並係招收高中畢業生者）、專門學校本科或大學專修科畢業後有一年以上之教學經驗者。
　（4）曾任簡易師範或其同等學校教員五年以上，經主管教育行政機關考核，認為成績優良者。
　（5）具有精練技術者（專適用於勞作教員）。

第五條　具有左列資格之一者，得受試驗檢定。

一、高級中學教員。
　（1）國內外大學各院系畢業者。
　（2）國內外專科學校（修業年限須在三年以上，並係招收高中畢業生者）、專門學校本科或大學專修科畢業後，有一年以上之教學經驗者。
　（3）檢定合格之初級中學教員，在檢定後有一年以上之教學經驗者。
　（4）曾任高級中學教員三年以上者。

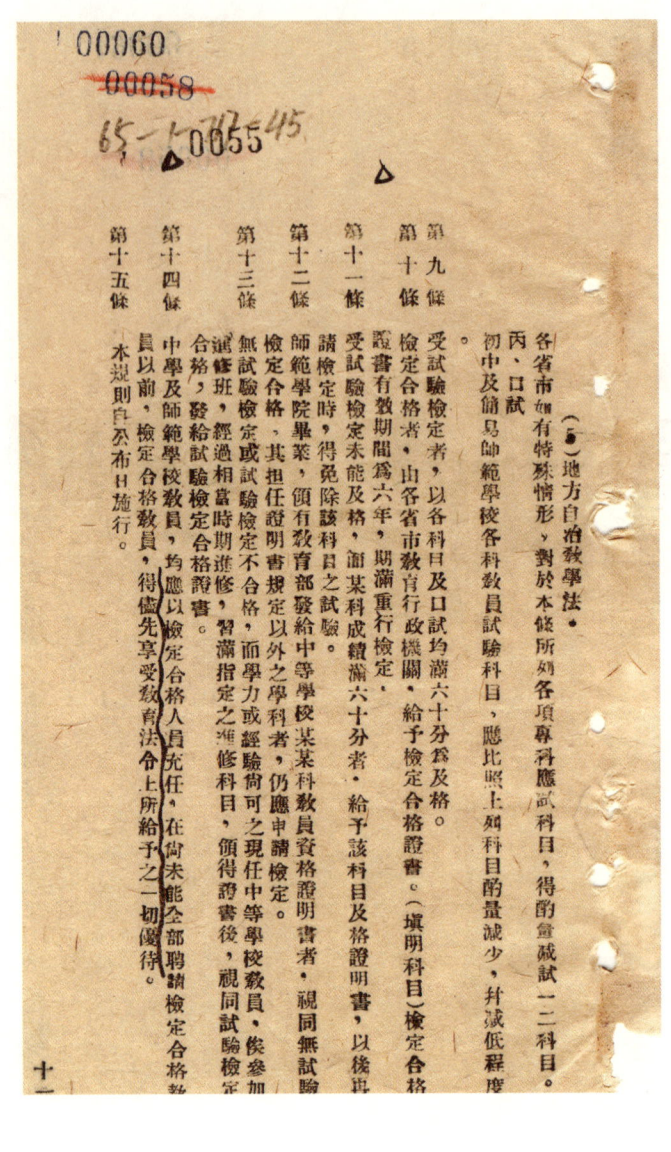

（五）地方自治教學法。

各省市如有特殊情形，對於本條所列各項專科應試科目，得酌量減試一二科目，並減低程度。初中及簡易師範學校各科教員試驗科目，應比照上列科目酌量減少，並減低程度。丙、口試

第九條　受試驗檢定者，以各科目及口試均滿六十分為及格。

第十條　檢定合格者，由各省市教育行政機關，給予檢定合格證書。（填明科目）檢定合格證書有效期間為六年，期滿重行檢定。

第十一條　受試驗檢定未能及格，而某科成績滿六十分者，給予該科目及格證明書，以後申請檢定時，得免除該科目之試驗。

第十二條　師範學院畢業，領有教育部發給中等學校某某科教員資格證明書者，視同無試驗檢定合格，其擔任證明書規定以外之學科者，仍應申請檢定。

第十三條　無試驗檢定或試驗檢定不合格，而學力或經驗尚可之現任中等學校教員，俊參加適修班，經過相當時期進修，習滿指定之進修科目，領得證書後，視同試驗檢定合格，發給試驗檢定合格證書。

第十四條　中學及師範學校教員，均應以檢定合格人員充任，在尚未能全部聘請檢定合格教員以前，檢定合格教員，得儘先享受教育法令上所給予之一切優待。

第十五條　本規則自公布日施行。

（2）文法及修辭
（3）中國文學
（4）文學史
（5）國文教學法
四、英語科：
（1）作文（一篇及翻譯）
（2）英國文學
（3）英語文法及修辭
（4）英語教學法
五、數學科：
（1）普通數學（包括算術、代數、幾何及三角）
（2）立體幾何
（3）高等代數
（4）微積分
（5）平面及立體解析幾何
（6）數學教學法
六、生物科：
（1）植物學
（2）動物學
（3）遺傳學及進化論
（4）生物教學法
七、礦物科：
（1）礦物學
（2）地質學
（3）礦物地質教學法
八、博物科：
（1）動物學
（2）植物學
（3）地質礦物概要
（4）博物教學法
九、生理及衛生科：

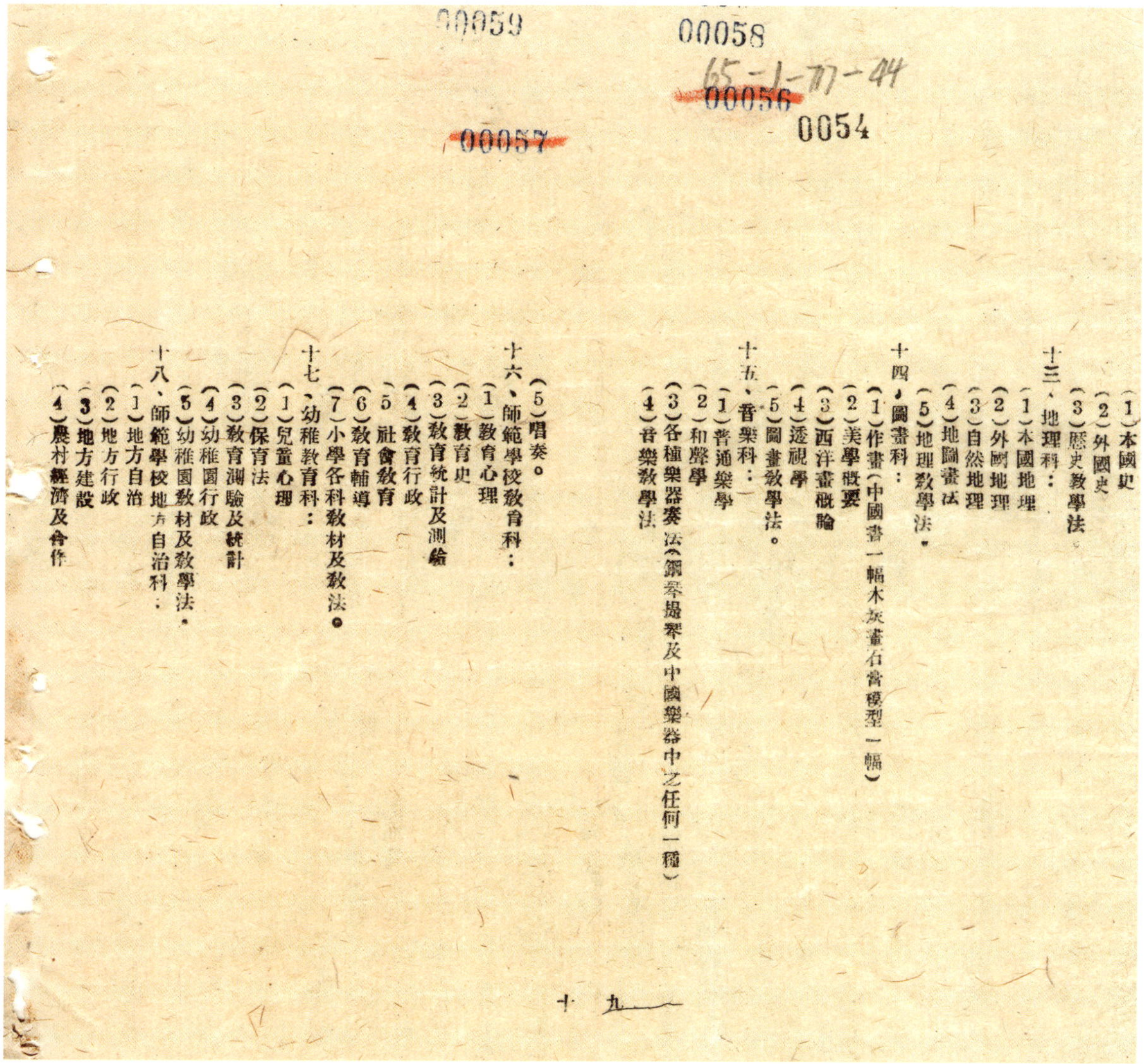

00059

00058

65-1-77-44

~~00056~~

0054

~~00057~~

(1)本國史
(2)外國史
(3)歷史教學法。

十三、地理科：
(1)本國地理
(2)外國地理
(3)自然地理
(4)地圖畫法
(5)地理教學法。

十四、圖畫科：
(1)作畫(中國畫一幅木炭畫石膏模型一幅)
(2)美學概要
(3)西洋畫概論
(4)透視學
(5)圖畫教學法。

十五、音樂科：
(1)普通樂學
(2)和聲學
(3)各種樂器奏法(鋼琴提琴及中國樂器中之任何一種)
(4)音樂教學法
(5)唱奏。

十六、師範學校教育科：
(1)教育心理
(2)教育史
(3)教育統計及測驗
(4)教育行政
(5)社會教育
(6)教育輔導
(7)小學各科教材及教法。

十七、幼稚教育科：
(1)兒童心理
(2)保育法
(3)教育測驗及統計
(4)幼稚園行政
(5)幼稚園教材及教學法。

十八、師範學校地方自治科：
(1)地方自治
(2)地方行政
(3)地方建設
(4)農村經濟及合作

十九

书音乐教员）。

第六条　中学及师范学校教员申请检定时，须呈缴下列各件。

一、毕业证书或修业证书。

二、服务证明书。

三、著作（无著作者缺）。

四、本人履历书、志愿书及最近照片。

第七条　各省市举行中学及师范学校教员试验检定，须于三个月前，由各该省市教育行政机关将日期及办法登报公布。

第八条　中学及师范学校教员试验检定之科目，规定如左。

甲、共同应试科目

（1）教育概论

（2）教学法

（3）总理遗教及总裁言论

乙、专科应试科目

一、公民科：

（1）党义

（2）法学通论

（3）政治学

（4）经济学

（5）社会学

（6）伦理学

二、体育科：

（1）体育原理

（2）各种运动法则及原理

（3）健康教育及健康检查

（4）运动裁判法及指导

（5）体育教学法

三、国文科：

（1）作文（一篇）

（1）生理学

（2）病理学

（3）传染病

（4）急救

（5）卫生

（6）生理及卫生教学法

十、化学科：

（1）有机化学

（2）无机化学

（3）分析化学

（4）理论化学

（5）工业化学概论

（6）化学教学法

十一、物理科：

（1）物性学及热学

（2）力学

（3）光学

（4）电学

（5）近世物理学

（6）物理学教学法

十二、历史科：

（1）本国史

（2）外国史

（3）历史教学法

十三、地理科：

（1）本国地理

（2）外国地理

（3）自然地理

（4）地图画法

（5）地理教学法

十四、图画科：

（1）作画（中国画一幅，木炭画石膏模型一幅）

（2）美学概要

（3）西洋画概论

（4）透视学

（5）图画教学法

十五、音乐科：

（1）普通乐学

（2）和声学

（3）各种乐器奏法（钢琴提琴及中国乐器中之任何一种）

（4）音乐教学法

（5）唱奏

十六、师范学校教育科：

（1）教育心理

（2）教育史

（3）教育统计及测验

（4）教育行政

（5）社会教育

（6）教育辅导

（7）小学各科教材及教法

十七、幼稚教育科：

（1）儿童心理

（2）保育法

（3）教育测验及统计

（4）幼稚园行政

（5）幼稚园教材及教法

十八、师范学校地方自治科：

（1）地方自治

（2）地方行政

（3）地方建设

（4）农村经济及合作

（5）地方自治教学法

丙、口试

各省市如有特殊情形，对于本条所列各项专科应试科目，得酌量减少，初中及简易师范学校各科教员试验科目，应比照上列科目酌量减少，并减低程度。

第九条　受试验检定者，以各科目及口试均满六十分为及格。

第十条　检定合格者，由各省市教育行政机关，给予检定合格证书（填明科目）。检定合格证书有效期间为六年，期满重行检定。

第十一条　受试验检定未能及格，而某科成绩满六十分者，给予该科目及格证书，以后再请检定时，得免除该科之试验。

第十二条　师范学校某某科教员资格证明书者，视同无试验检定合格，其担任证明书规定以外之学科者，仍应申请检定。

第十三条　无试验检定或试验检定不合格，而学力或经验尚可之现任中等学校教员，俟参加进修班，经过相当时期进修，习满指定之进修科目，领得证书后，视同试验检定合格，发给试验检定合格证书。

第十四条　中学及师范学校教员，均应以检定合格人员充任，在尚未能全部聘请检定合格教员以前，检定合格教员，得尽先享受教育法令上所给予之一切优待。

第十五条　本规则自公布日施行。

改進師範生實習要點

一、師範學校部辦法（以下簡稱各校應遵照部頒師範學校〔課程〕實習辦法及規定切實施行）。

二、各校應訂定附屬小學校及附屬中學校之人員須切實參與其工作。

三、各校應組織實習指導委員會，於校期間會商所有師範學校及附屬小學應實習事項。

四、各校應照規定成立實習指導處，並須計劃各種實習事項及督促推進。

五、各校應擬定實習計劃及實習事項並督促其施行，須訂定各該表格。

六、各校學生實習地點小學實習之時數不得少於一個月分，實習於不斷或破裂實習及各種目標之實施方式應有詳細之規劃及具體實施。

七、各校學生於參觀見習及行政實習約須嚴密報告批閱，討論會時須經期舉行僅有詳細的記載或指導人員交換意見以檢交學生各項實習成績分列詳細記入並照成績及觀後實習導人員出發視事師範教育時應特別注意學業實習又實施情形。

八、各校教育行政機關觀事師範教育時應特別注意學業實習又實施情形。

九、實習機關除附屬學校及指定之鄉（鎮）係外其所在地之中心學校國民學校及部近之鄉（鎮）係與校者教育機關亦可於商得其主管人員之同意派學校或實習。

十、附屬學校外其他實習機關係經教育行政機關得為實習指導員。

十一、學校及見習久實習包括：
（一）教學及訓導實施
（二）行政實施
（三）社會教育事業
（四）鄉（鎮）係教育及行政事業

十二、各項參觀訪問及參觀學校或機關先期接洽參觀時須由負責實習教師率領。

十三、參觀訪問應分發表後或問題交學生先充分明瞭的反應加注意。又實必須先發問題答一樣一個單元。

十四、參觀時應隨時筆記參觀後應即舉校然後問題應徹查一面報告。

十五、每次參觀分教師應當適參見之外應由附屬學校教師伙實習學生參觀後於最後一學期內舉行示範參觀。

十六、見習時由負責實習教師員支持計劃又貴後時習時下一次如各項實習後實習學校或機關原員責人顧等又參。

● 民國三十二年（1943）教育部頒發《改進師範生實習要點》

會而利用課外時間作專題準備及委派處理工作

戊 各項實習時將其原員責人即為領隊實習完畢然後

導員

以八、各項實習時皆導導者及學生均就所規定之表格詳細頂載

並就參觀及見習成績之考察其標準分(一)象前準備(二)進行

狀況(三)報告

此項實習成績佔實習總成績百分之三十

四、教學實習成績之考查其標準分(一)象前準備(二)課時教

學(三)課後處理

此項實習成績佔實習總成績百分之四十

五、行政實習之考查其標準分(一)象前準備(二)行政處

理(三)報告

此項實習成績佔實習總成績百分之三十

堅 各項實習成績先由指導人員考核再由實習指導委員

會評定

四 學生實習成績不及格者不准畢業

墨 各師範學校(科)茲依照本辦法參酌實情擬定實施

細則呈由各省市教育廳局轉呈教育部(國文部範學校

還呈教育部)備案

罢 本辦法由教育部公布施行

民国三十二年（1943）教育部颁发《改进师范生实习要点》

● 民国三十二年（1943）教育部颁发《飞行体格初检标准》

飞行体格初检标准

一、身高一百五十六公分以上。

二、体重四十八公斤以上，姿态优良，肌肉发达，并须参照中国健康男子比例表。

三、呼吸盈虚差七公分以上，呼吸保持力（闭气时间）六十秒。

四、胸廓发育须完全正常而无畸形或两侧有不称之现象。

五、心肺须正常（坐脉每分钟不得超过八十次）。

六、视力在六公尺距离左右眼分别作［E］视力表至少为6/6。

七、两眼望诊须正常（轻度砂眼或中等度砂眼而可治愈者及格）。

八、中心辨色力须绝对无色盲。

九、耳部须正常
　1. 外耳道有病须治愈。
　2. 鼓膜须绝对无穿孔。

十、咽喉扁桃体须无发炎及肥大现象（割除后方能及格）。

十一、鼻须正常。

十二、皮肤有皮肤病须即治疗（如麻面及白发过多不及格）。

改进师范生实习要点

一、各师范学校部科（以下简称各校）应遵照部颁师范学校（科）学生实习办法之规定切实实施。

二、各校附属小学应具备复式及单级之学级编制，必要时应得设置二部学级编制。

三、各校应妥拟学生实习计划并拟订各级学生实习日历以便推进。

四、各校应按照规定组织实习指导委员会。

五、各校应制备师范生参观见习及实习等各种应用表格，并须订定各种须知以资遵守。

六、各校学生在附小实习教学之时数，不得少于一千八百分钟，对于单式复式单级及各科目各种行政亦须按期举行，备有详细记录，指导人员并须按照规定评定学生各项实习成绩，分别详细载入学生实习成绩簿。

七、各校学生于参观见习及行政实习后均须缴阅报告，批评会、讨论会亦须按期举行，备有详细记录，指导人员并须按照规定评定学生各项实习成绩，分别详细载入学生实习成绩簿。

八、各级教育行政机关视导人员出发视导师范教育时，应特别注意学生实习机关之实施情形。

九、实习机关除附属学校及指定之乡（镇）保外，其所在地之中心学校、国民学校及邻近之乡（镇）保与社会教育机关亦可于商得其主管人员之同意后派学生前往实习。

十、除附属学校其他实习学校之教职员及实习机关之职员得由师范学校校长函聘为实习指导员。

十一、参观及见习之范围包括

（一）学校行政

（二）教学及训导实施

（三）社会教育事业

（四）县及乡（镇）保育行政

（五）乡（镇）保一般自治及行政事务

十二、参观前须与被参观学校或机关先期接洽，参观时须由负责实习教师率领。

十三、参观前应分发表格或问题令学生详阅，对于参观之目的及应加注意之点必须使学生充分明了。

十四、参观教学应看完一整个单元。

十五、参观时应随时笔记，参观后除填答表格问题外应缴书面报告。

十六、每次参观后应开研究会一次。

十七、参观方式除普通参观外，应由附属学校特定各种示范教学供实习学生参观，并得于最后一学期内举行外埠参观。

十八、见习（习后）应具书面报告并开研究会讨论所遇困难及一切问题。

十九、见（习后）应具书面报告□□意视察。

二十、□□指导领导人□□助工作一面实地学习，以说明并于见习时□□意视察。

二十一、教学实习须有充实实习之机会，并以普遍实习单式复式单级等学级为原则。

二十二、教学实习时应将实习学生就实习学级数分二人至五人为一组，并根据实习指导委员会规定之分量及实习学生分组性质均匀使各组分别担负全学级教学之责。

二十三、实习学生根据实习科目支配表于实习前三日（与？）原担任教师接洽教学进度状况及教材来源以便准备。

二十四、实习学生于每次教学实习前应编制教案，并由原担任教师审核。

二十五、教学实习时实习指导者须在旁视察并记录其缺点，以便开研究会时提出讨论或加指示。

二十六、举行研究教学由指定学生施教，指导员及全体实习学生列席参观研究，并于施教毕举行教学研究讨论会。

二十七、教学实习后应具书面报告并开研究会。

二十八、为使养成娴熟的教学技能，各实习学生教学实习时在附属学校实际担任教学之时数不得少于一千八百分钟。

二十九、行政实习之范围包括

（一）学校行政实习

1. 教导行政实习；
2. 事务实习；
3. 学校办理社会教育实习；
4. 辅导国民学校实习。

（二）社会教育行政实习

1. 民众教育馆等社会教育机关实习；
2. 社会教育事业之参与。

（三）地方自治及行政实习

1. 地方教育行政实习；
2. 乡（镇）保自治及行政实习

（四）教育行政民政工作生产事业国民兵队。

三十、行政实习前指导者对于实习时应注意之点须详加说明。

三十一、行政实习前应先请原负责人讲述工作情形，实习者须尊重其意见诚恳接受指示，对于地方习俗惯例应作同情之理解，勿作恶意批评。

三十二、行政实习时如遇有困难问题应随时询问。

三十三、行政实习后应具书面报告并开研究会讨论实习时所遇之各项问题。

三十四、实习学生在教学实习及行政实习时如认为应行变更其惯例或较重大之事项须先得原负责人之同意。

三十五、于临毕业前得集中实习二星期至五星期，在此期间所应授之其他各科得预为提前授毕。

三十六、各项实习总时数除应切实依照第七条所规定之比例外，更须将所规定时间尽量用于各种实习及批评研究会，而利用课外时间作事前准备及事后处理工作。

三十七、各项实习时其原负责人即为该项实习学生之当然指导员。

三十八、各项实习时指导者及学生均应就所规定之表格详细填载。

三十九、参观及见习成绩之考查其标准分三十。

四十、教学实习成绩之考查其标准分

（一）事前准备；
（二）进行状况；
（三）报告。

此项实习成绩占实习总成绩百分之三十。

（一）事前准备；
（二）课间教学；
（三）课后处理。

此项实习成绩占实习总成绩百分之四十。

四十一、行政实习成绩之考查其标准分

（一）事前准备；
（二）行政处理；
（三）报告。

此项实习成绩占实习总成绩百分之三十。

四十二、各项实习成绩先由指导人员考核再由实习指导委员会评定。

四十三、学生实习成绩不及格者不得毕业。

四十四、各师范学校（科）应依照本办法参酌实际情形订定实施细则，呈由各省市教育厅函转呈教育部（国立师范学校径呈教育部）备案。

四十五、本办法由教育部公布施行。

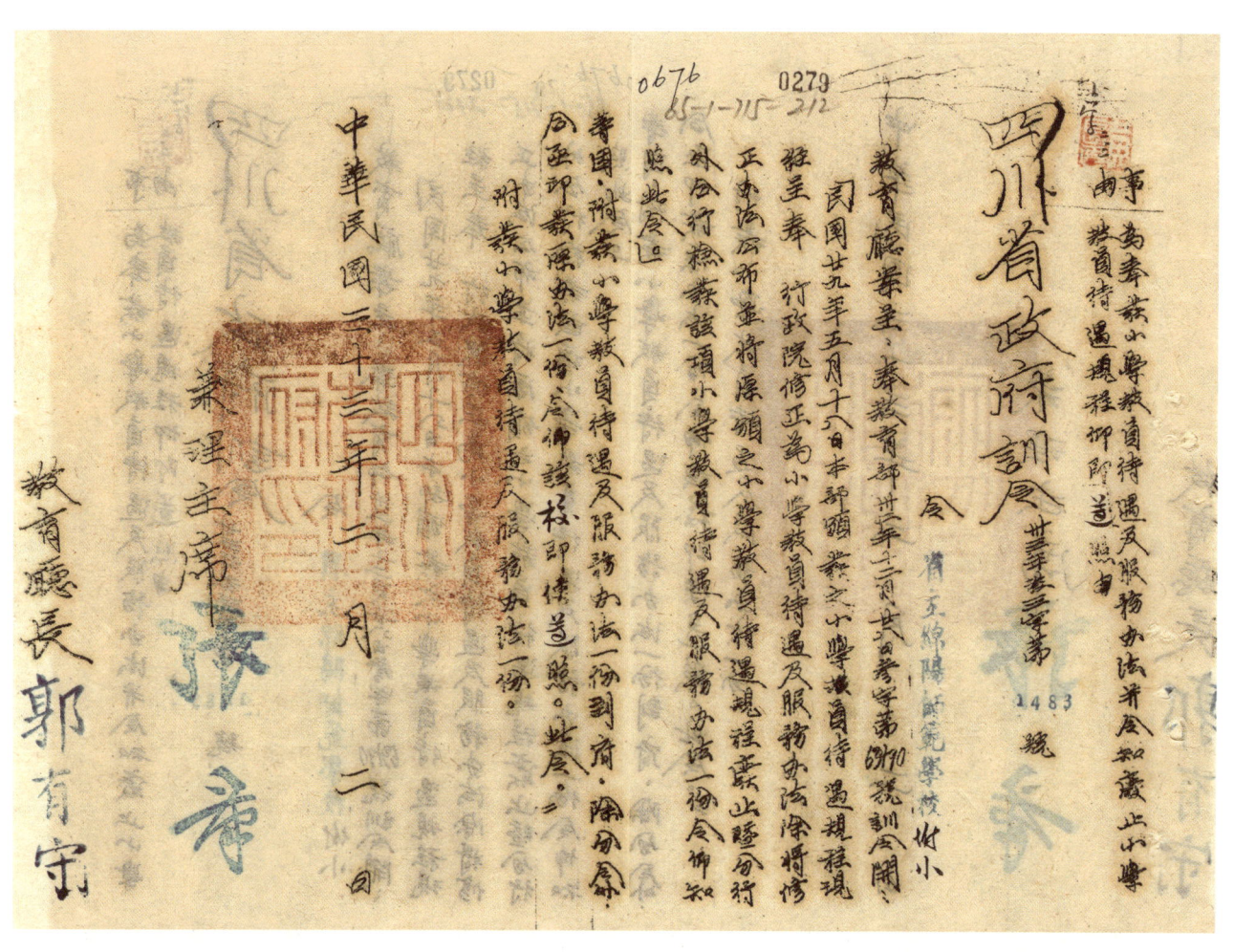

● 民国三十三年（1944）教育部颁发《小学教员待遇及服务办法》

四川省政府训令

三十三年（1944）教三字第1483号

事由：为奉发小学教员待遇及服务办法并令知 废止小学教员待遇规程仰即遵照由

令省立绵阳师范学校附小：

教育厅案呈，奉教育部三十二年（1943）十二月二十八日参字第63490号训令开："民国二十九年（1940）五月十八日本部颁发之小学教员待遇及服务办法，现经呈奉行政院修正公布并将原颁之小学教员待遇规程废止暨分行合行检发该项小学教员待遇及服务办法一份令仰知照此令。"等因，附发小学教员待遇及服务办法一份到府。除分令外，合函即发原办法一份，令仰该校即传遵照。此令。

附发小学教员待遇及服务办法一份。

中华民国三十三年（1944）二月二日

兼理主席 张群

教育厅长 郭有守

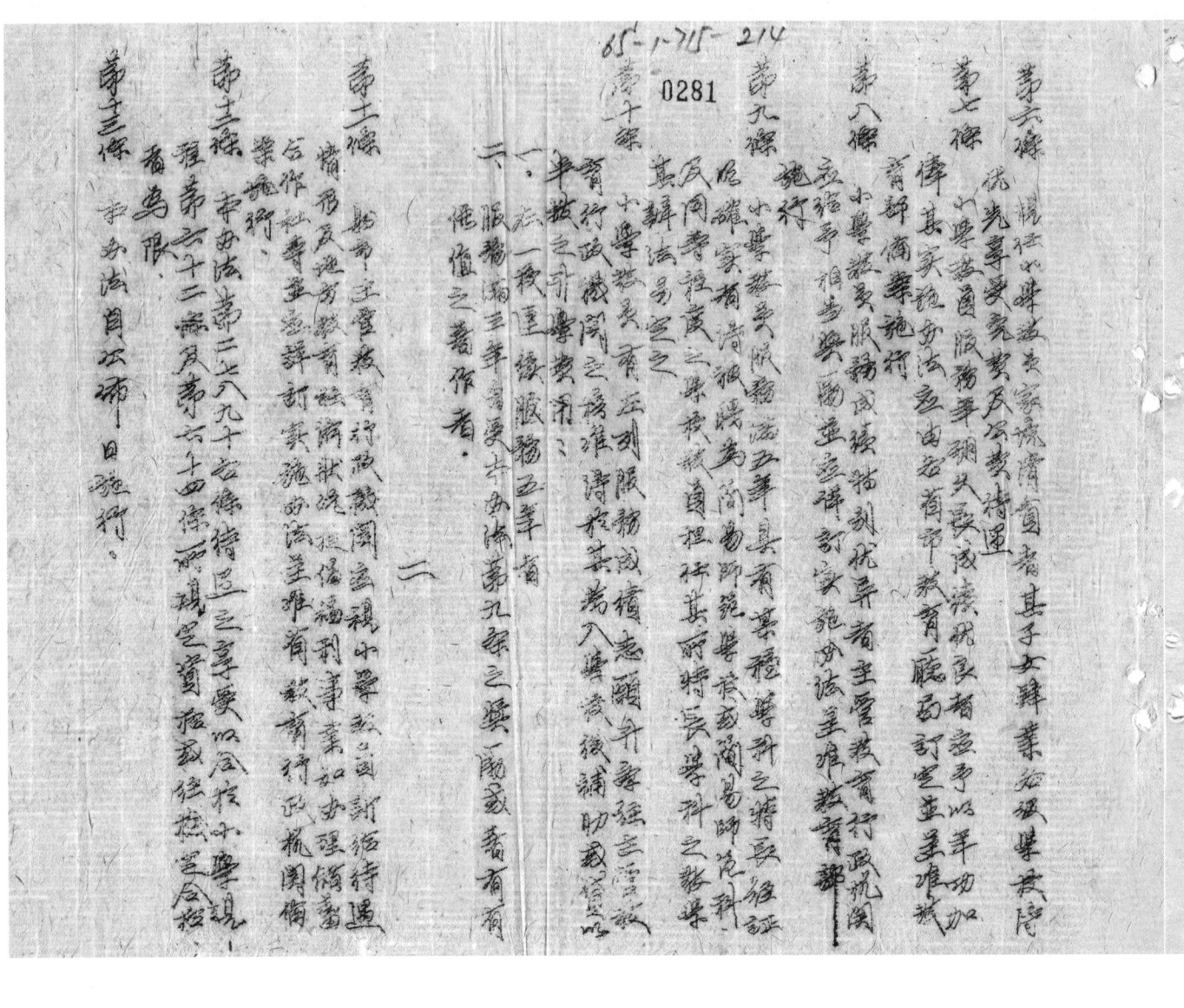

第五条 乡村小学教员经呈准主管教育行政机关后得接受儿童家庭关于食宿之供给。

第六条 现任小学教员家境清贫者,其子女肄业各级学校,得优先享受免费及公费待遇。

第七条 小学教员服务年(限?)久长成绩优良者应予以年功加俸,其实施办法应由各省市教育厅局订定,并呈准教育部备案施行。

第八条 小学教员服务成绩特别优异者主管教育行政机关应给予相当奖励,并应详订实施办法呈准教育部施行。

第九条 小学教员服务满五年具有某种学科之特长,经证明确实者得被聘为简易师范学校或简易师范科及同等程度之学校教员,担任其所特长学科之教学,其教育行政机关之核准得于其考入学校后补助或贷以半数之升学费用:

一、在一处连续服务五年者。

二、服务满三年者受本办法第九条之奖励或著有有价值之著作者。

第十一条 县市主管教育行政机关应视小学教员薪给待遇情形及地方教育经济状况,提倡福利事业,如办理储蓄合作社等,并应详订实施办法呈省教育行政机关备案施行。

第十二条 本办法第二、七、八、九、十各条待遇之享受以合于小学规程第六十二及第六十四条所规定资格或经检定合格者为限。

第十三条 本办法自公布日施行。

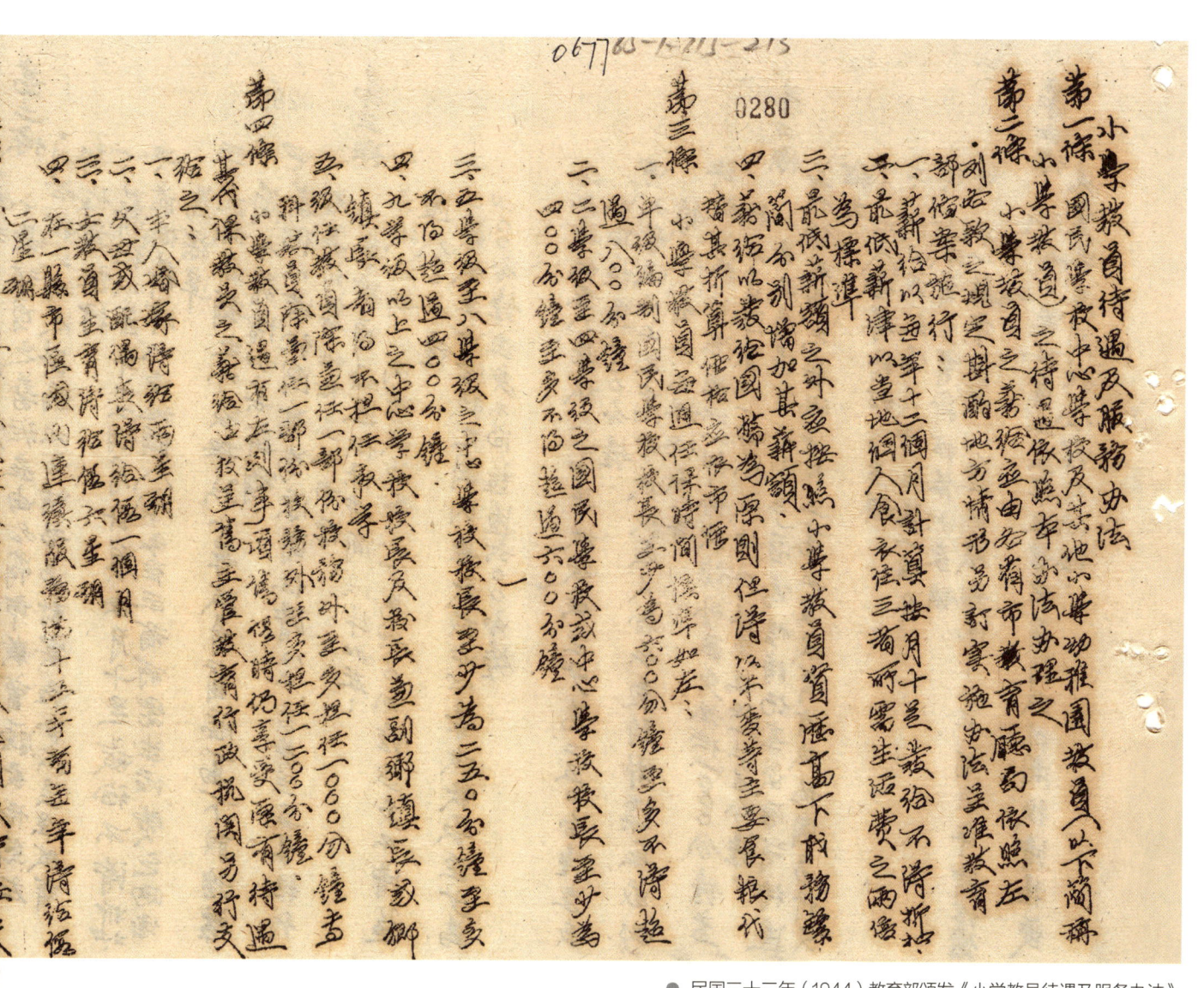

民国三十三年（1944）教育部颁发《小学教员待遇及服务办法》

小学教员待遇及服务办法

第一条 国民学校、中心学校及其他小学幼稚园教员（以下简称小学教员）之待遇依照本办法办理之。

第二条 小学教员之薪给应由各有市教育厅局依照左列各款之规定，斟酌地方情形另订实施办法呈准教育部备案施行。

一、薪给以每年十二个月计算，按月十号发给，不得折扣。

二、最低薪津以当地个人食衣住三者所需生活费之两倍为标准。

三、最低薪额之外尚按照小学教员资历高下、职务繁简分别增加其薪额。

四、薪给以发给国币为原则，但得以米麦等主要食粮代替，其折算价格应依市价。

第三条 小学教员每周任课时间标准如左：

一、单级编制国民学校校长至少为六〇〇分钟，至多不得超过八〇〇分钟。

二、二学级至四学级之国民学校或中心学校校长至少为四〇〇分钟，至多不得超过六〇〇分钟。

三、五学级至八学级之中心学校校长至少为二五〇分钟，至多不得超过四〇〇分钟。

四、九学级以上之中心学校校长及校长兼副乡镇长或乡镇长者得不担任教学。

五、级任教员除兼任一部分校务外，至多担任一〇〇〇分钟，专科教员除兼任一部分校务外至多担任一二〇〇分钟。

第四条 小学教员遇有左列事项请假时仍享受原有待遇，其代课教员之薪给由校呈请主管教育行政机关另行支给之：

一、本人婚嫁得给两星期。

民国三十三年（1944）教育部关于各类师范学校学生毕业考试科目的代电

教育部代电

中字第33659号

中华民国三十三年（1944）七月十二日发

国立第六中学师范部

事由：为规定各类师范学校学生毕业考试科目令仰知照由

兹规定各类师范学校学生毕业考试科目如次：（一）师范学校及简易师范学校：国文、本国史地、数学、理化、教育通论、教材及教学法、地方自治等七科为毕业考试科目；（二）三年制及二年制幼稚师范科：国文、本国史地、数学、教育通论、儿童心理，另加试专门训练科目二种；（三）体育、音乐、美术、劳作、童子军、社会教育等。师范科：国文、教育概论、教材及教学法，另加试各该科专门训练主要科目四种。以上规定，一律自三十三年（1944）度第一学期起施行。仰——遵照。教育部文中印。

科目\時教期學	第一學年第一學期	第一學年第二學期	第二學年第一學期	第二學年第二學期	第三學年第一學期	第三學年第二學期	備註
國文	六	六	五	五	五	五	
數學	四	四	三	三	二	二	
地理	三	三	二	二			
歷史	三	三	二	二			
博物	三	三	三				
化學				三	三		
物理			三	三			
生理衛生	二	二					
體育	二	二	二	二	二	二	
童子軍	一	一	一	一			
公民	一	一	一	一	一	一	
美術	二	二	二	二			
音樂	二	二	二	二			
教育通論					三	三	
教育心理			二	二			
教育行政					二	二	
地方自治					二		
實用技術甲	(三)	(三)	(三)	(三)			
實用技術乙	三	三	五	二			
每週教學時數	三四	三四	三四	三四	三四	三四	包括教材教法及實習
教學及實習					二	九	包括測驗及統計概要
說明：							

● 民國三十三年（1944）教育部頒發《三年制簡易師範學校教學科目及各學期每週各科教學時數表草案》

三年制简易师范学校教学科目及各学期每周各科教学时数表草案

三十三年（1944）□月　日须发

科目数＼学期时	第一学年		第二学年		第三学年		备注
	第一学期	第二学期	第一学期	第二学期	第一学期	第二学期	
国　文	六	六	五	五	五	五	
数　学	四	四	三	三	二	二	
地　理	三	三	二	二			
历　史	三	三	三	三			
博　物	三	三	三				
化　学			三	三			
物　理					三	三	
生理卫生	二	二	一	一			
体　育	二	二	二	二	三	三	
童子军	二	二	一	一	一	一	
公　民	一	一	一	一	一	一	
美　术	二	二	二	二	二		
音　乐	三	三	二	二	二	二	
教育通论					三	二	
教育行政					二	二	
教育心理			二	二	二		包括测验及统计概要
地方自治					二	二	
农村经济及合作					二	二	
实用技术（甲）	三	二	二	二	二		
实用技术（乙）	（三）	（三）	（二）	（二）	（二）		
教学及实习			二	五	二	九	包括教材教法及实习
每周教学总时数	三四	三四	三四	三四	三四	三四	

说明：

● 民国三十三年（1944）四川省政府制定《体育日男生运动测验项目与给分表》

体育日男生运动测验项目与给分表

项目 分数	50公尺 （秒）	（翻杆） 跑 （秒）	跳远 （公尺）	八磅铅球 （公尺）	跳高 （公尺）	手榴弹 （公尺）	垒球掷远 （公尺）	投篮 （次）	弹跃比高 （公尺）	举重 （次）	引体向上 （次）	障碍跑 （秒）
100	6.3	14	5.40	13	1.60	65	50	26	0.95	15	10	32
95	6.7	15	5.10	12.25	1.55	60	45	23	0.87	13	9	33
90	7	15.5	4.80	11.50	1.50	55	40	20	0.70	12	8	34
85	7.3	16	4.50	10.70	1.45	50	37	18	0.65	11	7	35
80	7.6	16.5	4.26	10.00	1.40	45	34	16	0.60	10	6	36
75	7.8	17	4.00	9.25	1.35	40	31	14	0.55	9	5	37
70	8	17.5	3.80	8.50	1.30	35	29	12	0.50	8	4	38
65	8.3	18	3.20	7.75	1.25	30	27	10	0.45	7	3	39
60	8.6	18.5	3.20	7.00	1.20	25	25	8	0.40	6	2	40
50	8.8	19	3.00	6.50	1.15	23	22	6	0.35	5	1	42
40	9	20	2.80	6.00	1.10	22	20	5	0.30	4		44
30	9.2	21	2.60	5.50	1.05	21	18	4	0.25	3		46
20	9.4	22	2.40	5.00	1.00	20	16	3	0.20	2		48

民国三十三年（1944）四川省政府制定《体育日女生运动测验项目与给分表》

体育日女生运动测验项目与给分表

项目 分数	50公尺 （秒）	（翻杆）跑 （秒）	跳　高 （公尺）	跳　远 （公尺）	垒球掷远 （公尺）	投　篮 （次）	弹跃比高 （公尺）	篮球掷远 （公尺）
100	7.8	16.4	1.20	4.00	30	22	0.52	30
95	8.84	17	1.15	3.75	28	20	0.48	27
90	8.4	17.5	1.19	3.50	26	18	0.44	24
85	9.3	18	1.05	3.30	24	16	0.40	21
80	9.5	18.5	1.00	3.10	22	14	0.36	18
75	10.4	19	0.95	2.90	20	12	0.33	16
70	10.4	20	0.90	2.70	18	10	0.30	15
65	10.7	21	0.85	2.55	16	8	0.28	14
60	11	22	0.80	2.40	14	6	0.26	12
50	11.2	22.4	0.75	2.30	13	5	0.22	11
40	11.4	22.8	0.70	2.20	12	4	0.18	10
30	11.6	23	0.65	2.10	11	3	0.16	9
20	11.8	23.2	0.60	2.00	10	2	0.14	8

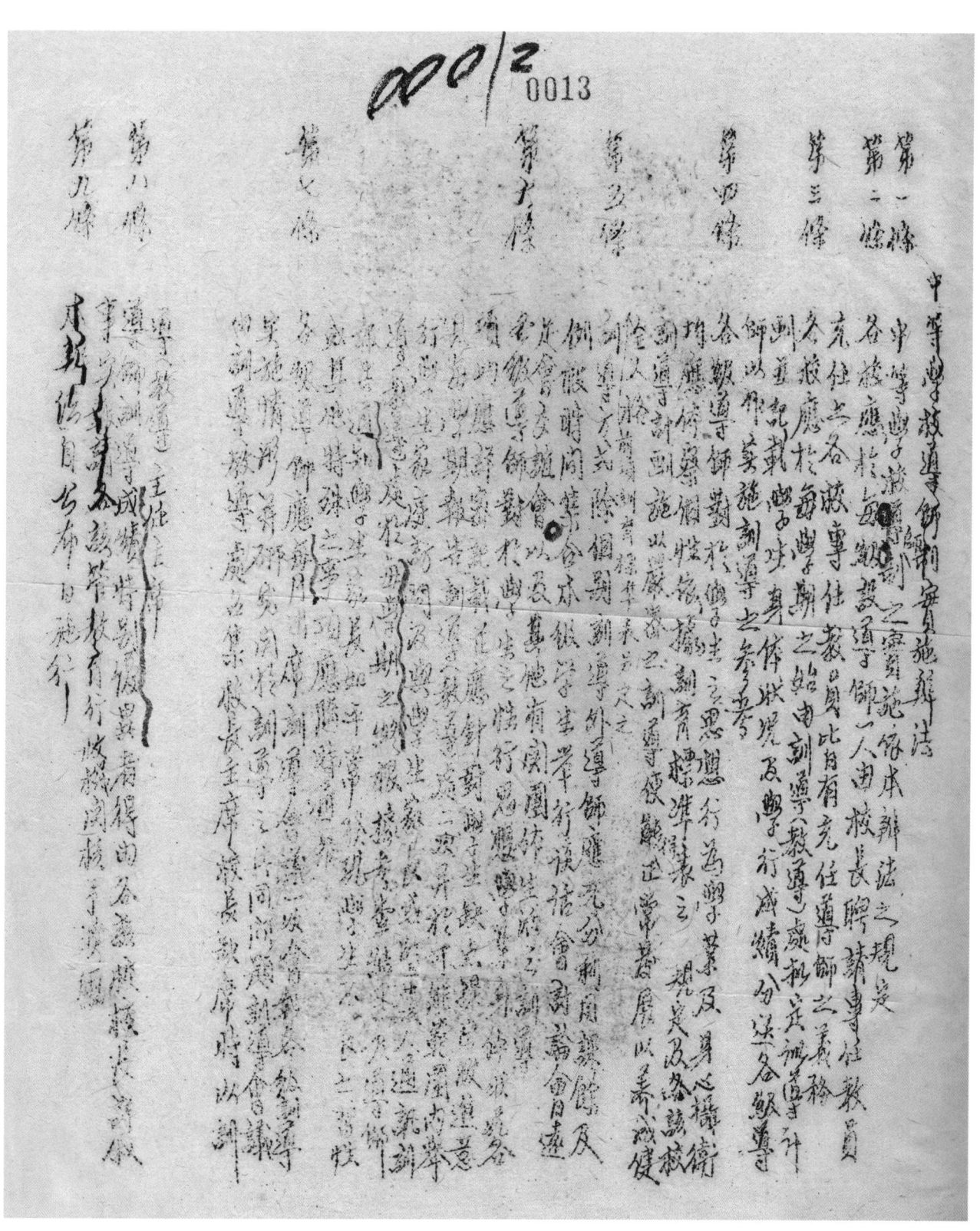

● 民国三十五年（1946）教育部颁发《中等学校导师制实施办法》

中等学校导师制实施办法

第一条 中等学校导师制之实施依本办法之规定。

第二条 各校应于每级设导师一人，由校长聘请专任教员充任之，各校专任教员皆有充任导师之义务。

第三条 各校应于每学期之始，由训导（教导）处拟定训导计划，并记载学生身体状况及学行成绩，分送各级导师以作实施训导之参考。

第四条 各级导师对于学生之思想、行为、学业及身心卫生均应体察个性，依据训育标准表之规定及各该校训导计划施以严审之，训导便能得正常发展以养成健全人格，前项训育标准表另定之。

第五条 训导方式除个别训导外，导师应充分利用课余及例假时间集合本级学生举行谈话会、讨论会、远足会、交谊会以及其他有关团体生活之训导。

第六条 各级导师对于学生之性行、思想、学业、身体状况各项均应详密记载并应针对学生缺点提出改进意见，每学期报告训导（教导）处二次，并于可能范围内举行学生家庭访问及与学生家长或监护人通讯，训导（教导）处于每学期之终，根据考察结果及导师报告通知学生家长，如平常发现学生不良之习性或其他特殊之事项，应随即通报。

第七条 各级导师应每月出席训导会议一次，会报各级训导实施情形并研究关于训导之共同问题，训导会议由训导（教导）处召集，校长主席。校长缺席时以训导（教导）主任主席。

第八条 导师训导成绩特别优异者得由各该校校长详叙事实，报请各该管教育行政机关核予奖励。

第九条 本办法自公布日施行。

甄審現役導干校軍訓幹部實施花辦法

第一條　為提高高中及同等學校軍訓幹部素質增強工作效率起見特訂本甄審辦法是施之

第二條　軍訓幹部之甄審由各省軍管區承辦並由軍管區及其所在之各師團管區分別負責甄審

第三條　甄審辦法：

一、省(會)府近學校(含國省市縣立以及奉准備案之私立各學校)經部核派之軍訓幹部由軍管區副司令參謀長或處長名集處詢

二、師(團)管區府近學校(含國省市縣立以及奉准備案之私立各學校)經部核派之軍訓幹部由師團管區司令名集致詢

三、邊遠偏辟區域學校由師團管區根據軍時視察致核所得為評判之參致

第四條　甄審標準：

1、品行：
  1.容端正無鮮污行為有確能為師表之品德
  2.思想純正精神振作其目常生活行動嚴肅儀恩刻苦耐勞者

2、學術：
  1.普通學科有中下級幹部之年齡者
  2.軍事學科最低須具有高中畢業以上程度把負學生軍事教青者

三、年齡：未趟過各階級服役之年齡

四、體格：健強而無暗疾確能克頓達守作用者

五、才能：對學生統御有方能起領導作用者

六、服務：有服務熱忱盡忠職守之精神對學校軍訓極其興趣者

第五條　各軍訓幹部之甄審依據上項甄審範圍標準外仍應參酌歷年致積情形由軍管區綜合評定之

第六條　凡經甄審不合標準人員由軍管區彙選名冊(附格式)並限於三十六年十一月底送國防部以編除官兵安置辦法予以役退役退戰之處理

第七條　本辦法經核准後是施之

● 民国三十六年（1947）川北师管区剑阁团管区司令部关于甄审现职学校军训干部实施办法的代电

甄审现职学校军训干部实施办法

第一条　为提高高中及同等学校军训干部素质，增强工作效率起见，特订本甄审办法实施之。

第二条　军训干部之甄审，由各省军管区承办，并由军管区及其所在之各师团管区分别负责甄审。

第三条　甄审办法：

一、省会附近学校（含国、省、市、县立，以及奉准备案之私立各学校）经部核派之军训干部由军管区副司令、参谋长或处长名集考询；

二、师（团）管区附近学校（含国、省、市、县立，以及奉准备案之私立各学校）经部核派之军训干部由师团管区司令名集考询；

三、边远偏僻区域学校军训干部，由师团管区根据平时视察考核所得为评判之参考。

第四条　甄审标准：

一、品行：思想纯正精神振作，其日常生活行动严肃，仪容端正，无卑污行为，有确能为师表之品德；

二、学术：

1. 普通学科最低须具有高中毕业以上程度。
2. 军事学科有中下级干部军事之技能，足以担负学生军事教育者。

三、年龄：未超各阶级服役之年龄；

四、体格：健强而无暗疾，确能刻苦耐劳者；

五、才能：对学生统御有方，能起领导作用者；

六、服务：有服务热忱、尽忠职守之精神，对学校军训极具兴趣者。

第五条　各军训干部之甄审除依据上项甄审范围标准外，仍应参酌历年考绩情形，由军管区综合评定之。

第六条　凡经甄审不合标准人员由军管区汇造名册（附格式），并限于三十六年（1947）十一月底送国防部以编馀官兵安置办法予以役退职退役之处理。

第七条　本办法经核准后实施之。

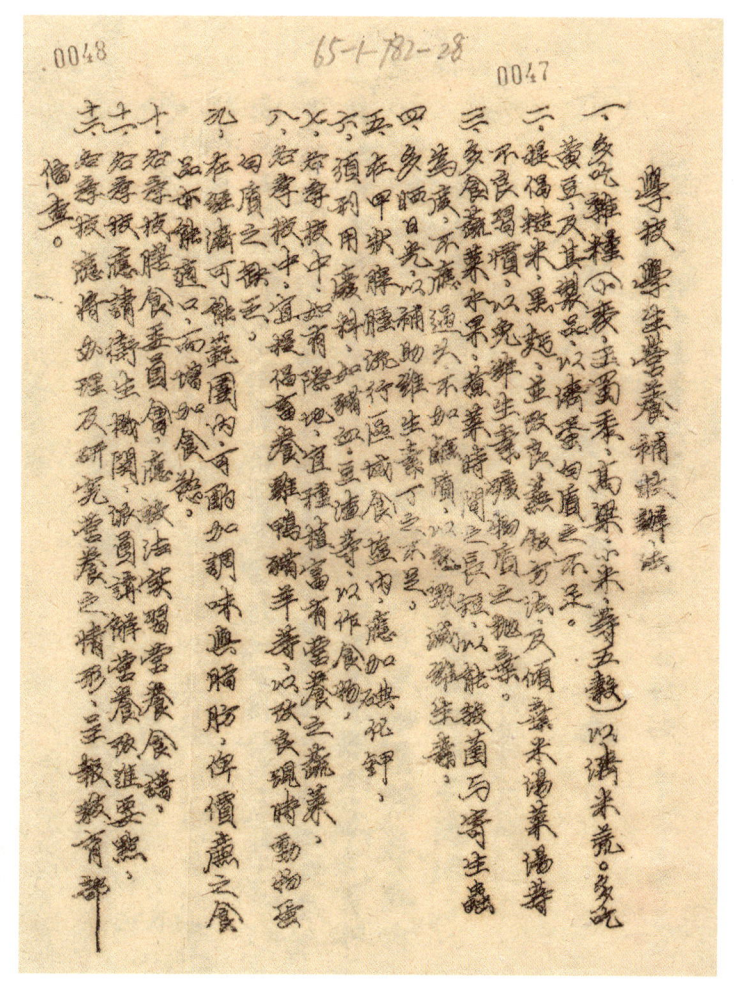

● 民国三十六年（1947）四川省政府政府制定《学校学生营养补救办法》

学校学生营养补救办法

一、多吃杂粮（小麦、玉蜀黍、高粱、小米等五谷）以济米荒。多吃黄豆及其制品，以济蛋白质之不足。

二、提倡糙米、黑面，并改良蒸饭方法及倾弃米汤、菜汤等不良习惯，以免维生素矿物质之抛弃。

三、多食蔬菜水果。煮菜时间之长短，以能杀菌与寄生虫为度，不应过头。不加卤质，以免毁灭维生素。

四、多晒日光，以补助维生素丁之不足。

五、在甲状腺肿流行区域，食盐内应加碘化钾。

六、须利用废料，如猪血、豆渣等，以作食物。

七、各学校中如有隙地，宜种植富有营养之蔬菜。

八、各学校中，宜提倡畜养鸡、鸭、猪、羊等，以改良现时动物蛋白质之缺乏。

九、在经济可能范围内，可酌加调味与脂肪，俾价廉之食品亦能适口，而增加食欲。

十、各学校膳食委员会，应设法实习营养食谱。

十一、各学校应请卫生机关，派员讲解营养改进要点。

十二、各学校应将办理及研究营养之情形，呈报教育部备查。

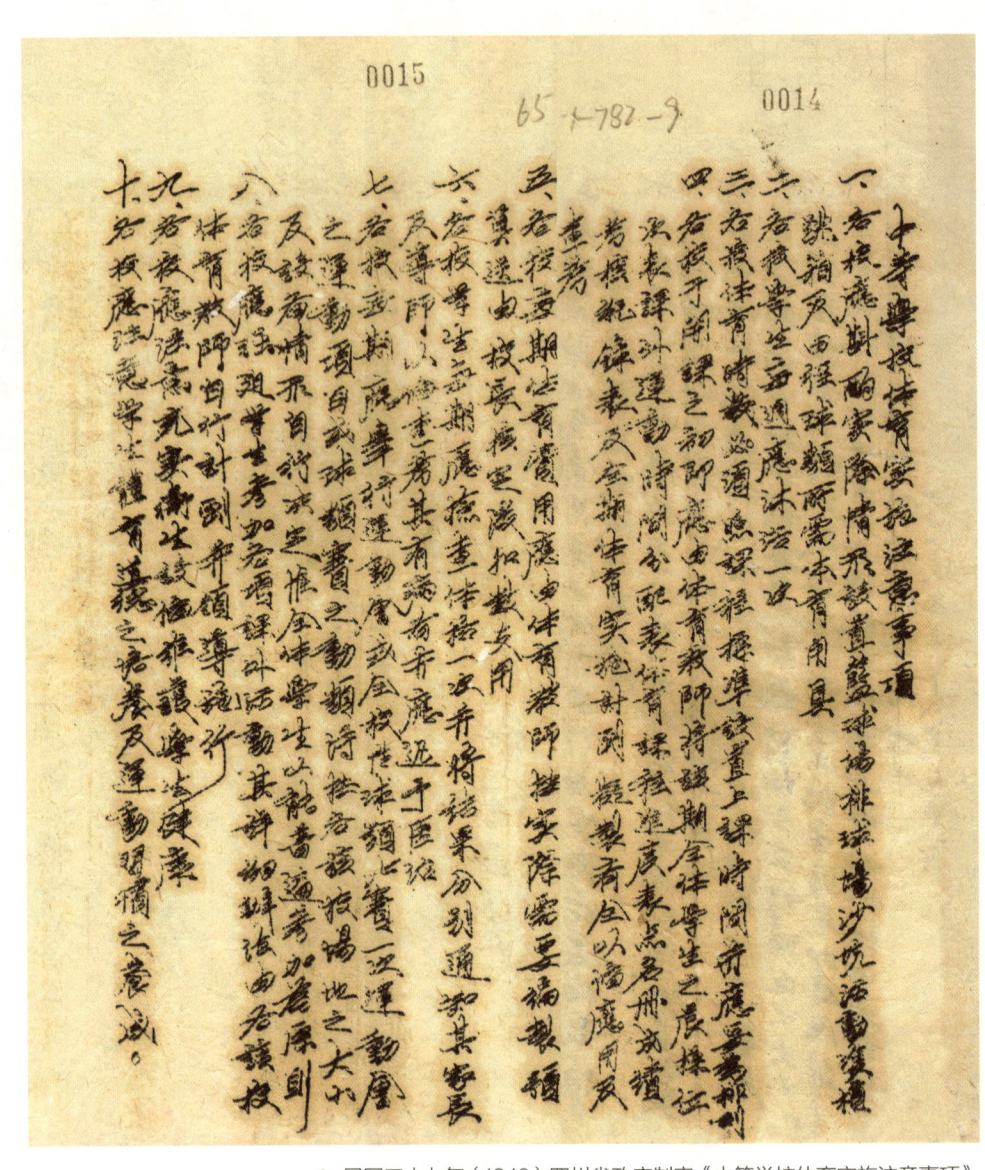

● 民国三十七年（1948）四川省政府制定《中等学校体育实施注意事项》

中等学校体育实施注意事项

一、各校应斟酌的实际情形设置篮球场、排球场、沙坑活动□□跳箱及田径球类所需体育用具。

二、各校学生每周应沐浴一次。

三、各校体育时数必须照课程标准设置上课时间并应要为排列。

四、各校于开课之初即应由体育教师将该期全体学生之（晨操位）次表、课外运动时间分配表、体育课程进度表、点名册、成绩考核纪录表及全期体育实施计划拟制齐全以备应用及查考。

五、各校每期体育费用应由体育教师按实际需要编制预资送由校长核定后扣数支用。

六、各校学生每期应检查体格一次，并将结果分别通知其家长及导师以备查，若其有病者并应迅予医治。

七、各校每期应举行运动会或全校性球类比赛一次，运动会之运动项目或球类赛之动类得按各该校场地之大小设备情形自行决定，惟全体学生以能普遍参加为原则。

八、各校应强迫学生参加各项课外活动，其详细办法由各该校体育教师自行计划并领导施行。

九、各校应注意充实卫生设备，维护学生健康。

十、各校应注意学生体育道德之培养及运动习惯之养成。

五 行政管理

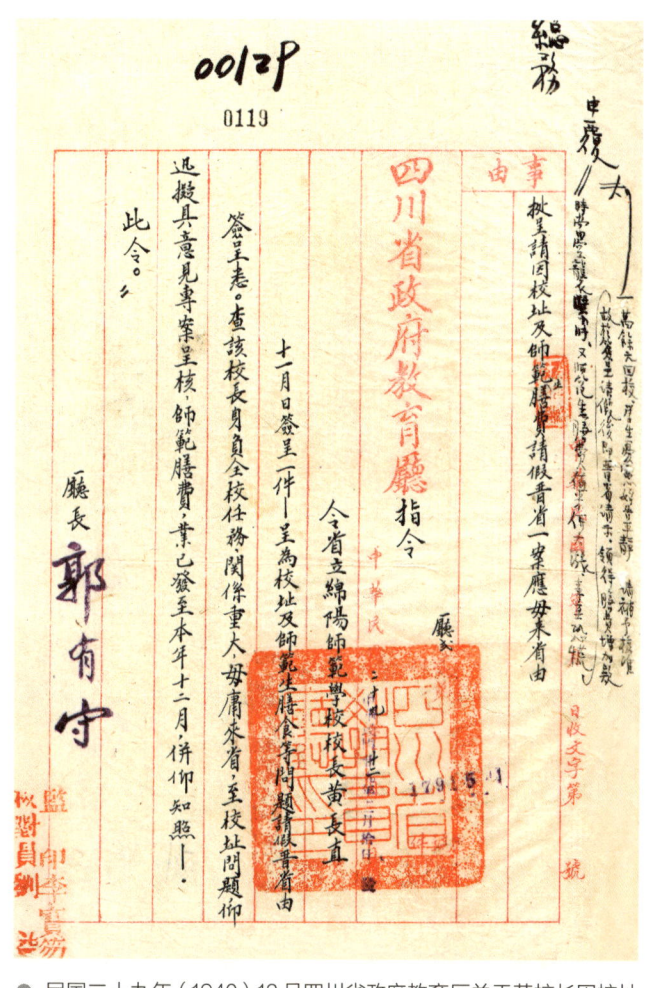

● 民国二十九年（1940）12月四川省政府教育厅关于黄校长因校址及膳食费请假晋省的指令

四川省政府教育厅指令

厅二字第17915号

中华民国二十九年（1940）十二月十日发

令省立绵阳师范学校校长黄长直

十一月日签呈一件——呈为校址及师范生膳食等问题请假晋省由

签呈悉。查该校长身负全校任务，关系重大，毋庸来省，至校址问题仰迅拟具意见专案呈核，师范膳费，业已发至本年十二月，并仰知照！

此令

事由：据呈请因校址及师范生膳费请假晋省一案应毋来省由

厅长 郭有守

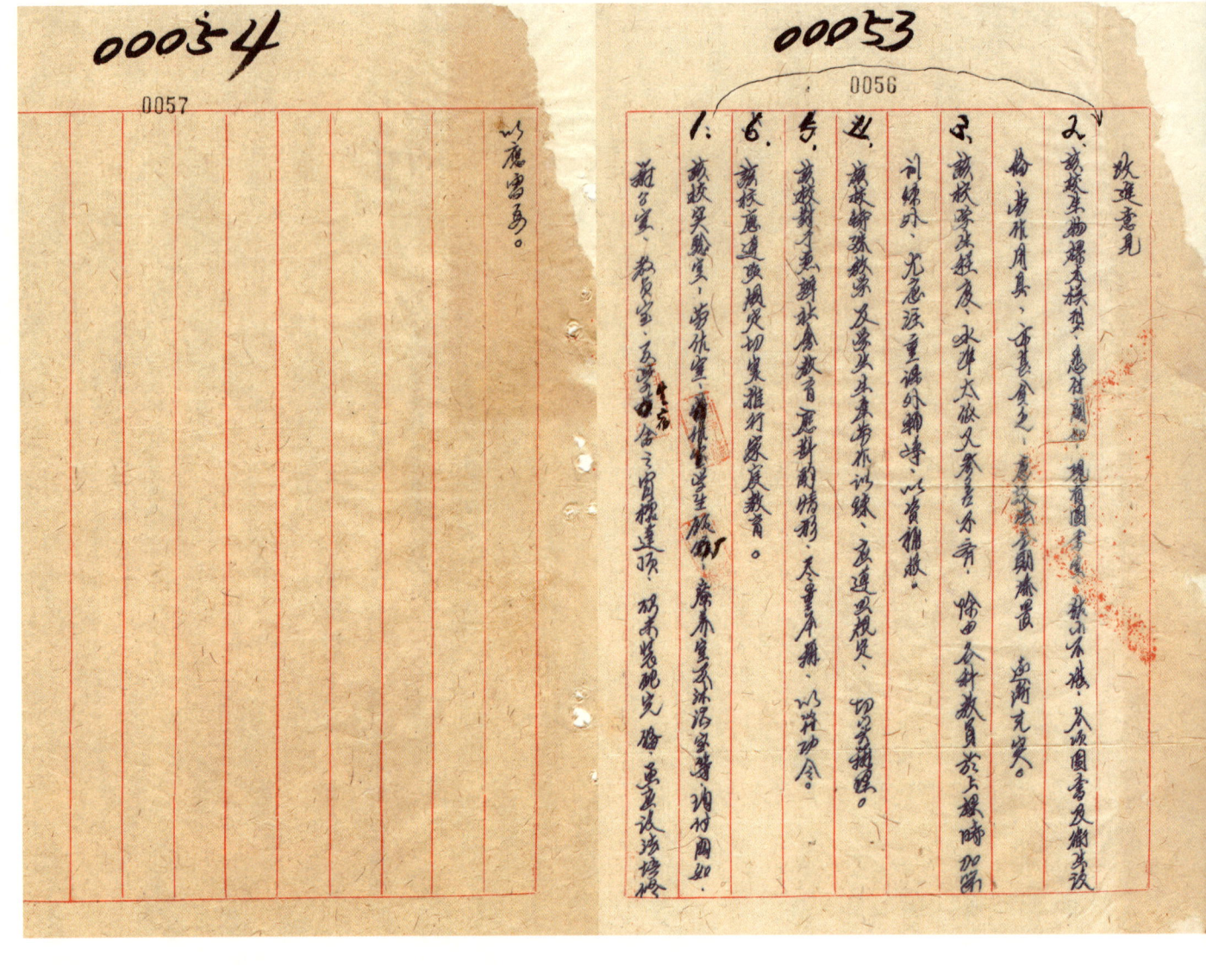

5. 该校对于急办社会教育应斟酌情形，尽量举办，以符功令。

6. 该校应遵照规定切实推行家庭教育。

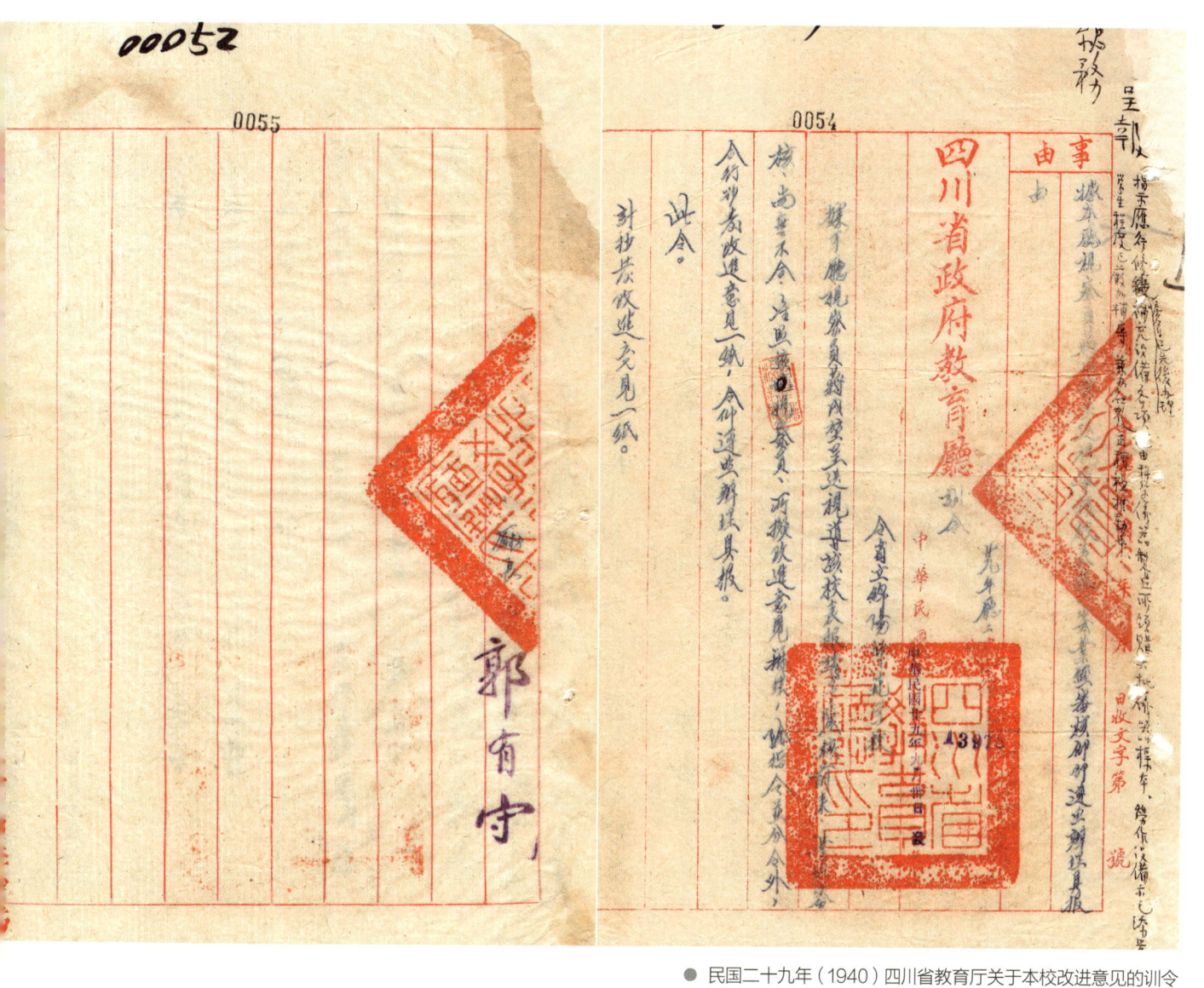

● 民国二十九年（1940）四川省教育厅关于本校改进意见的训令

四川省政府教育厅训令

二十九年（1940）厅二字第13978号
中华民国二十九年（1940）九月三十日发

令省立绵阳师范学校：

据本厅视察员蒋成堃呈送视导该校表报请予鉴核前来，业经审核，尚无不合，准照该视察员所拟改造意见办理，除指令并分令外，合行抄教改进意见一纸，令仰遵照办理具报。

此令。

计抄发改进意见一纸。

厅长　郭有守

改进意见

1. 该校实验室、劳作室、学生饭厂、疗养室及沐浴室等均付阙如，办公室、教员室及学生宿舍之窗标达顶，仍未装配完备，亟应设法培修以应雷电。

2. 该校生物标本模型悉付阙如，现有图书室狭小不堪，各项图书及卫生设备、劳作用具亦甚贫乏应设法分期添置，逐渐充实。

3. 该校学生程度、水准太低又参差不齐，除由各科教员于上课时加紧训练外，尤应注重课外辅导，以资补救。

4. 该校特殊教学及学生生产劳作训练，应遵照规定切实办理。

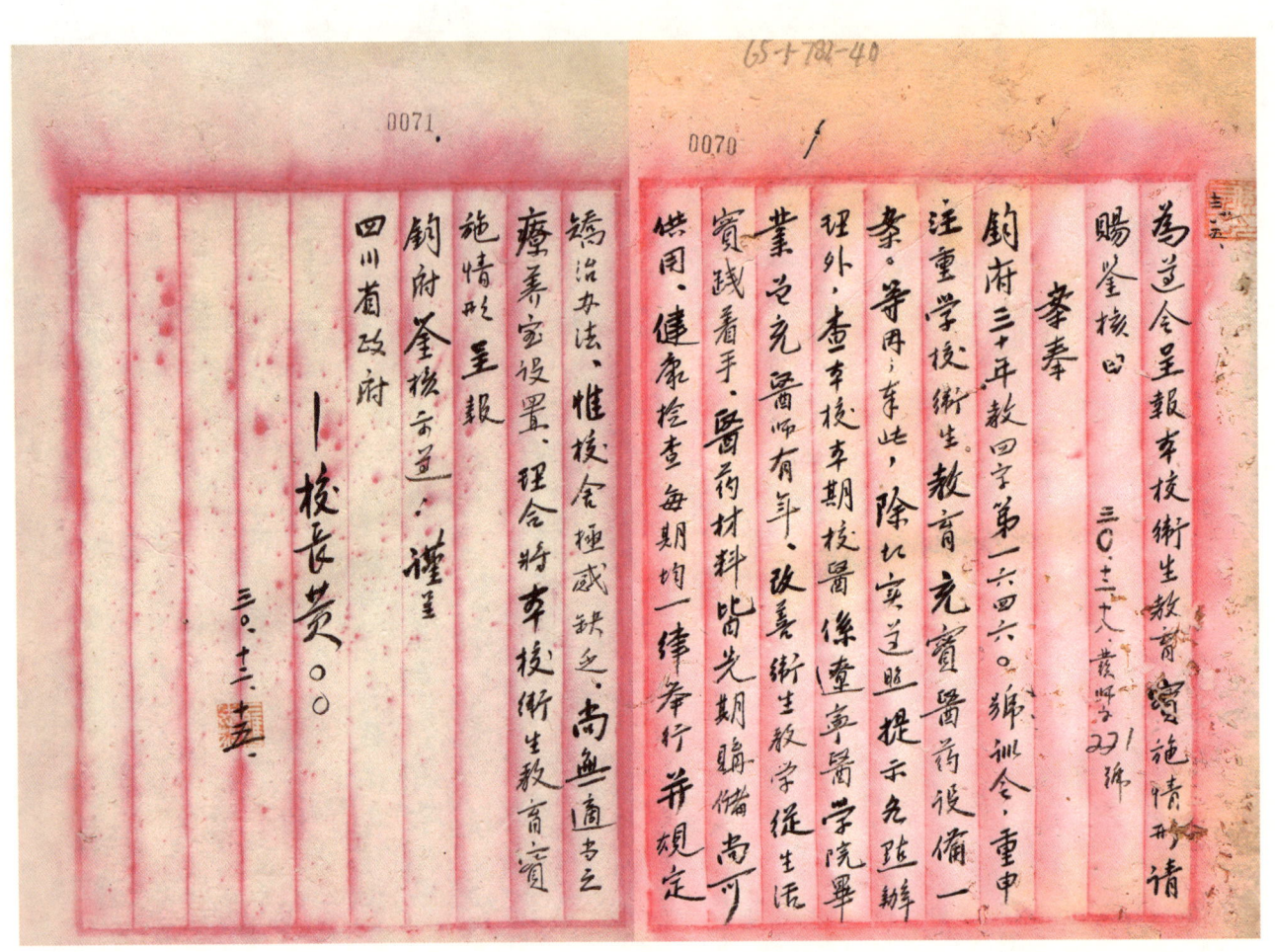

民国三十年（1941）关于呈报卫生教育实施情形的公函

为遵令呈报本校卫生教育实施情形请赐鉴核由

三〇年（1941）十二月十八（日）发 师字221号

案奉

钧府三十年（1941）教四字第一六四六零号训令，重申注重学校卫生教育，充实医药设备一案等因，奉此，除切实遵照提示各点办理外，查本校本期校医系辽宁医学院毕业，留充医师有年，改善卫生教学从生活实践着手，医药材料皆先期购储尚可供用。健康检查每期均一律举行，并规定矫治办法。惟校舍极感缺乏，尚无适当之疗养室设置，理合将本校卫生教育实施情形。呈报

钧府鉴核示遵谨呈

四川省政府

——校长 黄××

三〇（1941）、十二、十五

● 民国三十一年（1942）附属小学设施状况

四川省立绵阳师范学校附属小学设施状况

一、沿革，于三十一年（1942）春期遵照省府规定成立。

二、校址校舍，就本校在绵阳通圣街原址设立，略加修葺可设小学十二班、幼稚园一组。

三、学级编制，现有高级二班、初级五班，刻俱仅属单式，又幼稚一组。

四、教职员，男女教职员共十五人，教员多数为女性，俱系由师范学校卒业。

五、学生，男女共二百五十人。

六、经费，全年一万五千余元。

七、设备，有篮排球场各一处、滑梯两付、轩轻板一付、摇篮一只、沙箱二具、双手万能工具一组、自然标本仪器一套、参考用书一百余册、图表六十余件。

八、实习指导，上期办理本校师范生实习一次，各教师全体参加指导，尚足供应实习之用，目前正计划供绵阳县巡回施教团实习之用。

九、实验工作，刻方创设之始，暂拟于本期内作表演教学若干次。

江津	江北	崇庆	合川	大足	璧山	铜梁	宿	蒲江	邛崃	大邑	彭山	洪雅	夹江	青神	丹棱	眉山	张县	屏边	马边	雷马屏峨
一〇	一〇	六〇	七〇	八〇	六〇	八〇	三〇	八〇	六〇	四〇	四〇	三〇	三〇	四〇	二〇	三〇	四〇	三〇	二〇	一〇

彭水	黔江	秀山	石砫	万县	奉节	开县	忠县	垫江	涪陵	铜梁	大竹	渠县	广安	梁山	邻水	遂宁	长寿	南川	岳池	蓬溪	望江
五〇	四〇	五〇	三〇	二〇	五〇	八〇	三〇	三〇	五〇	三〇	五〇	三〇	八〇	一〇	八〇	七〇	三〇	二〇	一〇	一六	一六

蓬溪	盐亭	江油	中江	礼县	江明	北川	武县	平昌	达县	巴中	开江	宣汉	万源	通江	南江	蓬安	苍溪	旺苍	青川	成都市	自贡市
四〇	三〇	五〇	三〇	五〇	三〇	三〇	二〇	四〇	三〇	五〇	七〇	五〇	二〇	三〇	三〇	二〇	三〇	二〇	一〇	一〇	一〇

待寄眉山 五〇
省立国阳师范 五〇
省立家政职业 四〇
马边迄民生活摘进两 二〇
程蜀逸民生活摘导两 五〇

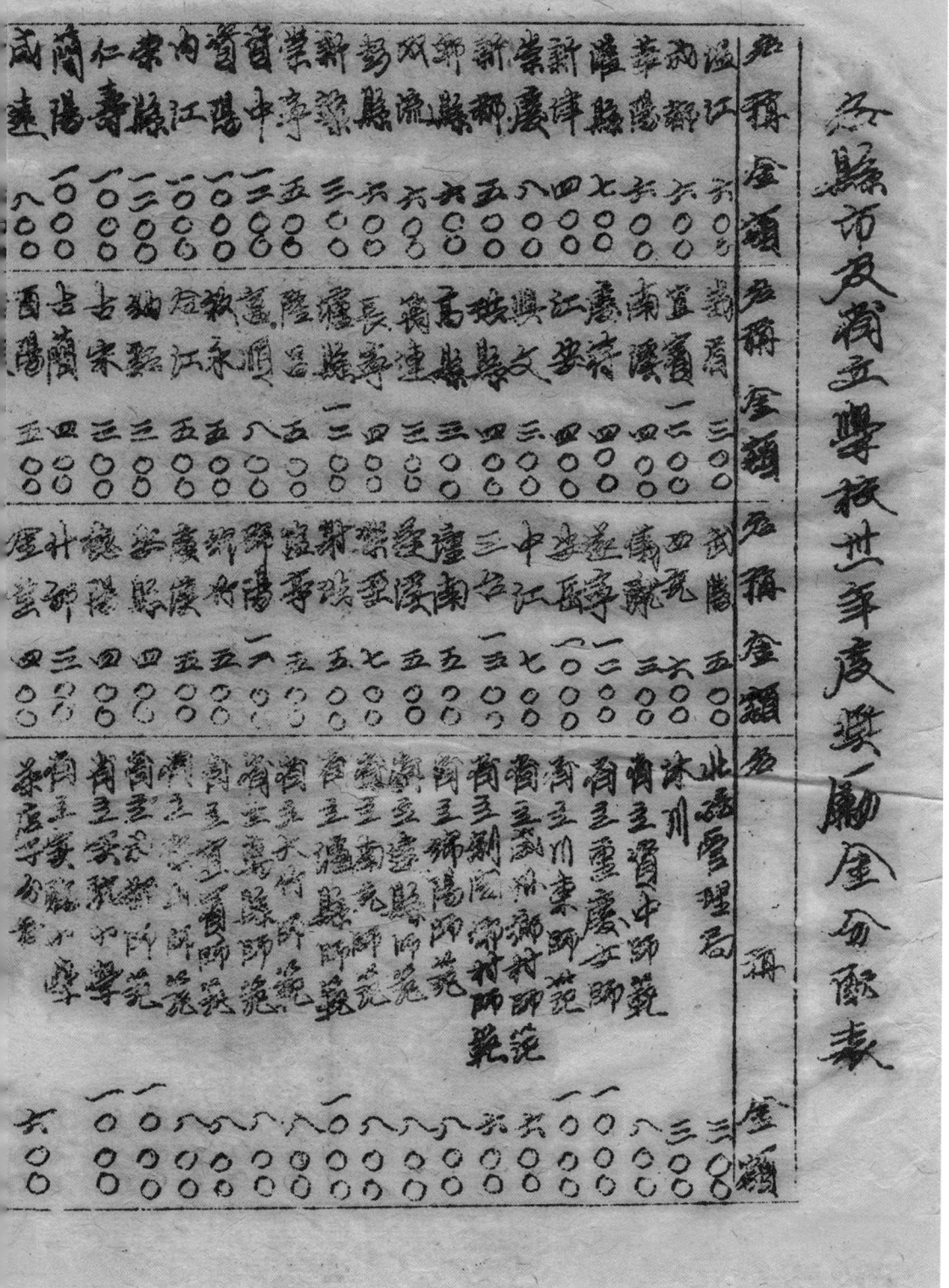

民国三十一年（1942）各县市及省立学校奖励金分配表

各县市及省立学校三十一年（1942）度奖励金分配表

名称	金额	名称	金额	名称	金额	名　称	金　额
温江	600.00	峨眉	300.00	武隆	500.00	北碚管理局	300.00
成都	600.00	宜宾	1200.00	西充	600.00	沐川	300.00
华阳	600.00	南溪	400.00	仪陇	300.00	省立资中师范	800.00
灌县	700.00	庆符	400.00	遂宁	1200.00	省立重庆女师	1000.00
新津	400.00	江安	400.00	安岳	1000.00	省立川东师范	1000.00
崇庆	800.00	兴文	300.00	中江	700.00	省立威州乡村师范	600.00
新都	500.00	珙县	400.00	三台	1300.00	省立剑阁乡村师范	600.00
郫县	600.00	高县	300.00	潼南	500.00	省立绵阳师范	800.00
双流	600.00	筠连	300.00	蓬溪	500.00	省立达县师范	800.00
彭县	600.00	长宁	400.00	乐至	700.00	省立南充师范	800.00
新繁	300.00	泸县	1200.00	射洪	500.00	省立灌县师范	1000.00
崇宁	500.00	隆昌	500.00	盐亭	500.00	省立大竹师范	800.00
资中	1200.00	富顺	800.00	归阳	1200.00	省立万县师范	800.00
资阳	1000.00	叙永	500.00	绵竹	500.00	省立宜宾师范	800.00
内江	1000.00	合江	500.00	广汉	500.00	省立乐山师范	800.00
荣县	1200.00	纳溪	300.00	安县	400.00	省立成都师范	1000.00
仁寿	1000.00	古宋	300.00	德阳	400.00	省立实验小学	1000.00
简阳	1000.00	古蔺	400.00	什邡	300.00	省立实验小学	
威远	800.00	酉阳	500.00	金堂	400.00	茶店子分口	600.00
井研	400.00	涪陵	1200.00	梓潼	300.00	省立成都女师	1000.00
永川	800.00	丰都	800.00	罗江	300.00	省立遂宁师范	1000.00
巴县	1800.00	南川	500.00	剑阁	400.00	省立眉山师范	500.00
江津	1000.00	彭水	500.00	苍溪	400.00	省立酉阳师范	500.00
江北	1000.00	黔江	400.00	广元	300.00	省立实验幼稚园	400.00
合川	1000.00	秀山	500.00	江油	300.00	马边边民生活指导所	200.00
荣昌	1000.00	石柱	300.00	阆中	500.00	理番边民生活指导所	500.00

綦江	600.00	万县	1200.00	昭化	300.00		
大足	700.00	奉节	500.00	彰明	500.00		
璧山	800.00	开县	800.00	北川	300.00		
铜梁	600.00	忠县	800.00	平武	300.00		
眉山	800.00	巫山	300.00	达县	600.00		
蒲江	300.00	巫溪	300.00	巴中	600.00		
邛崃	800.00	云阳	500.00	开江	500.00		
大邑	600.00	城口	300.00	宣汉	700.00		
彭山	400.00	大竹	800.00	万县	300.00		
洪雅	400.00	渠县	1200.00	通江	300.00		
夹江	300.00	广安	1000.00	南江	300.00		
青神	400.00	梁山	800.00	茂县	300.00		
名山	300.00	邻水	700.00	理番	300.00		
丹棱	300.00	垫江	500.00	懋功	300.00		
乐山	1200.00	长寿	500.00	松潘	300.00		
屏山	400.00	南充	1200.00	汶川	300.00		
马边	300.00	岳池	1000.00	靖化	300.00		
峨边	300.00	蓬安	600.00	成都市	1000.00		
雷波	300.00	营山	600.00	自贡市	600.00		
犍为	300.00	南部	600.00				

民国三十二年（1943）省立绵阳中学第五次运动会邀请函

四川省立绵阳中学公函

中华民国三十二年（1943）十月二十九日发

字第　号

径启者，窃以体育为今日教育之中心，其与德育智育同一重要。远观古代之六艺，射御与礼乐书数并论，近查欧西之运动，各项表演比赛，相习成风。尽莫不以此为强身强种、国家无事之时，本应居安思危，注意于此，以为战时之准备。况当我国难严重之今日，苟不急起直追，何能救亡图存？是以念七年四月临时全国代表大会确定战时教育方针，首先提出『三育并重、文武合一』两大原则。并于实施纲要中说明：「对于学校及社会体育应普遍设施，使与军训童训取得联系」。可谓对症下药，痛切时弊者也。

本校僻处南山，限于经费，各种体育设备，素感缺乏。然为尊重层峰重视体育之明令，及锻炼一般学子之体格起见，推进体育救国，不敢后人。爰于本期第一次校务会议决议：举办第五次运动会。订期国历十一月十日至十一两日（雨天顺延）表演各种竞赛。并订于十一月十日午前八钟，举行开幕仪式。用特函请台端，届时光临，指导一切。意在转移风气，鼓励后生，非有成绩可观，如何惠赐奖品，鼓励后生，尤所铭感！

此致

黄校长　长直

校长　徐世勋

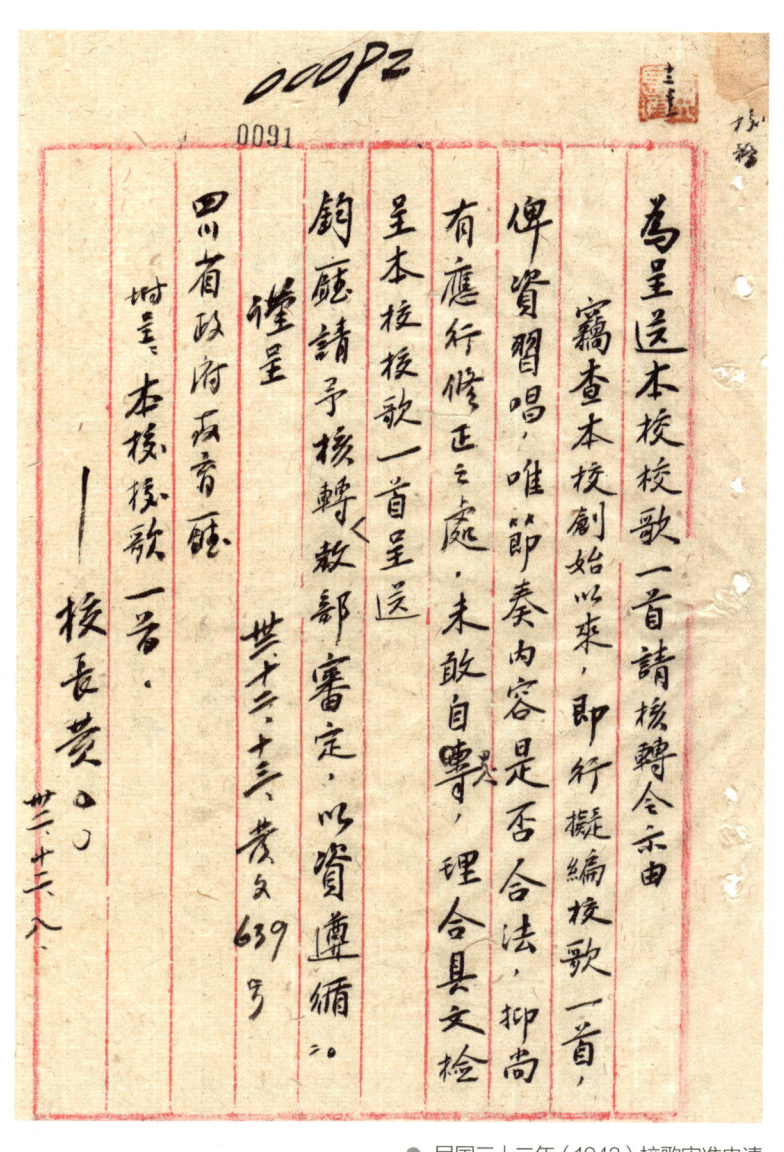

● 民国三十二年（1943）校歌审准申请

为呈送本校校歌一首请核转令示由

窃查本校创始以来，即行拟编校歌一首，俾资习唱，唯节奏内容是否合法，抑尚有应行修正之处，未敢自专，理合具文检呈本校校歌一首呈送

钧厅请予核转教部审定，以资遵循。

谨呈 三十二年（1943）十二月十三日 发文639号

四川省政府教育厅

附呈：本校校歌一首

——校长 黄××

三十二年（1943）十二月八日

● 民国三十二年（1943）修建草房工料费估计表

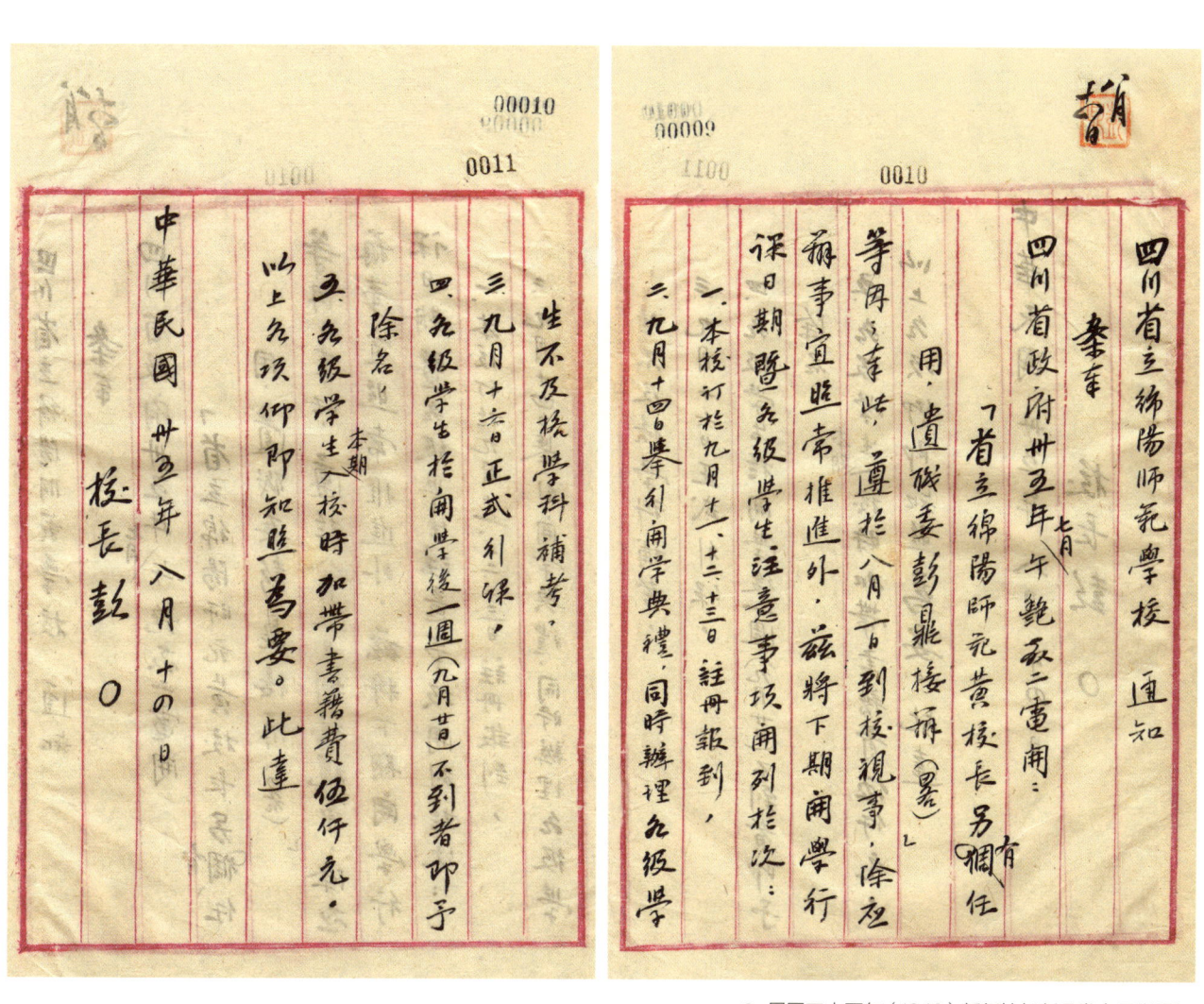

● 民国三十五年（1946）新任校长彭鼎发布开学通知

四川省立绵阳师范学校 通知

案奉

四川省政府三十五年（1946）七月午（艳？）教二电开：

"省立绵阳师范黄校长另有任用，遗职委彭鼎接办（略）"等因；奉此，遵于八月一日到校视事，除应办事宜照常推进外，兹将下期开学行课日期暨各级学生注意事项开列于次：

一、本校订于九月十一、十二、十三日注册报到。

二、九月十四日举行开学典礼，同时办理各级学生注册。

三、九月十六日正式行课。

四、各级学生于开学后一周（九月二十）不到者即予除名。

五、各级学生本期入校时加带书籍费伍仟元。

以上各项仰即知照为要。此达

中华民国 三十五年（1946）八月十四日

校长 彭×

民国三十六年（1947）临时校舍修缮估价单

第壹号四川省立绵阳师范学校临时校舍修缮估价单

工作地点	工作法说明	材料费	工　价	小　计
大厨房饭灶 小厨房饭灶 水篦子	改修	石灰二十一挑拾陆万四仟元 洋石灰十八斤叁万元 砖瓦一百二十匹壹万贰仟元	泥工八十二个，贰拾肆万陆仟元	452,000
大厨房阴沟 桂花院阴沟 礼堂左侧阴沟	修补	条石六根壹万贰仟元 石灰六挑拾贰万八仟元	石工十个伍万元，泥工五十个拾伍万元	340,000
礼堂后面水枧 桂花院水枧	修补、更换木架	木条四根拾贰万元 瓦八仟匹陆万肆仟元 石灰二挑壹万陆仟元	木工十六个，陆万肆仟元； 泥工二十二个，陆万陆仟元	330,000
风槐院各教室墙壁	修补、刷壁	石灰二挑壹万陆仟元 竹子八捆叁万肆仟元	泥工三十六个，拾万零捌仟元	158,000
各教室及阶檐地面三合土	修补	石灰十五挑拾贰万元 黄土贰拾挑捌仟元	泥工四十一个，拾贰万叁仟元	251,000
桂花院瓦房	翻盖、添瓦	瓦六仟匹肆万捌仟元	盖匠四十八个，拾玖万贰仟元	240,000
补修到体育场路道及校门外路道	修补、添泥土		泥工二十六个，柒万捌仟元	78,000
刷整校门	修补、刷墙	石灰一挑捌仟元 松烟一包叁仟元	泥工十个，叁万元	41,000
办公室左侧过道	改修	木条四根肆万元 竹子五捆贰万捌仟元 石灰一挑捌仟元	木工十个，肆万元； 泥工十三个，叁万玖仟元	155,000
大厨房房间	改修、加壁门窗	木条五根五万元 竹子八捆伍万贰仟元 石灰二挑壹万陆仟元	木工十八个，柒万贰仟元； 泥工十五个，肆万伍仟元	235,000
总计				2,280,000元

木工　陈炳荣　　　泥工　李大顺　　　石工　张洪发

第贰号四川省立绵阳师范附属小学校舍修缮估价单

工作地点	工作法说明	材料费	工　价	小　计
全校瓦房房顶七十二间	翻盖	1.瓦一万伍仟匹拾捌万元 2.石灰二挑壹万陆仟元	盖匠二百一十个肆拾贰万元	616,000
全校房间墙壁	室内修补，室外刷色、上油	1.石灰八十挑陆拾肆万元 2.香烟五包壹万元 3.桐油十斤贰万贰仟元	泥工一百二十个贰拾肆万元；油漆工八十个壹拾贰万元	1,032,000
全校地面	室及阶檐补、三合大场坝补泥土	石灰十五挑壹拾贰万元	泥工八十三个壹拾陆万陆仟元	286,000
校门	修补、另置校牌	石灰五挑肆万元 洋蓝一包壹万伍仟元	泥工三十二个陆万肆仟元	119,000
厨房	修补饭灶及阴沟	石灰十挑八万元 火砖一百块拾贰万元	泥工十八个叁万陆仟元	236,000
总计				2,289,000元

木工　陈炳荣　　　泥工　李大顺　　　石工　张洪发

四川省立绵阳师范学校拟具购置设备清单

類別	名稱	數量	工作說明單價	小計
圖書	參攷書	六十冊	以供參攷用	八四八〇〇〇
儀器	儀器	五件		三〇〇〇〇
校具	辦公桌	八張		四〇〇〇〇
	跳箱	四個		六〇〇〇〇
	雙槓	六張		二〇〇〇
工友賃類	工作台			四〇〇〇〇〇
	鋤頭	十二把		一〇〇〇〇〇
炊具類	碗櫃	二个		五〇八〇〇〇
	瓦盆	八个		九〇〇〇〇
	水桶	六个		
總計				二四二三〇〇〇

● 民国三十六年（1947）拟具购置设备清单

四川省立绵阳师范学校拟具搬运费清单

名稱	數量	運送說明單價	小計	備註
單人床	一百五十一張	校車運		
課桌	三百八十張			
方凳	四十六張			
長櫈	一百三十根			
辦公桌	二十六張			
洗面架	二十張			
木椅	六十三件			
圖書	三千六百本			
運動器具	二十六件			
儀器	六六櫃			
文具	十八个			
黑板	二十張			
炊作用具	八十三件			
辦公椅	三十三張			
其他雜件				
總計				

● 民国三十六年（1947）拟具搬运费清单

第叁号四川省立绵阳师范学校拟具购置清单

类别	名称	数量	工作说明	单价	小计
一、图书	参考书	60册	以供参考用		848,000
二、仪器	仪器	5件			431,000
三、校具	办公桌	8张		40,000	320,000
四、体育类	跳箱	4个		20,000	80,000
	双杠	1架		62,000	62,000
五、劳作类	工作台	6张		25,000	150,000
	锄头	12把		12,000	144,000
六、炊具类	碗柜	2个		50,000	100,000
	瓦盆	40个		5,200	208,000
	木桶	6个		15,000	90,000
总计					2,433,000元

第肆号四川省立绵阳师范学校拟具搬运费清单

名称	数量	运法说明	单价	小计	备注
单人床	32张	板车运	2,500	80,000	
双人床	151张		3,500	528,500	
课桌	380张		1,200	456,000	
方桌	46张		800	36,800	
长凳	130根		500	65,000	
办公桌	28张		3,500	98,000	
洗面架	20张		300	6,000	
木椅	26张		2,500	65,000	
运动器具	23件		8,000	184,000	
图书	3600本			165,000	
仪器	6大柜		18,000	108,000	
文柜	18个		5,000	90,000	
炊具	160件			65,000	
黑板	20张		4,500	90,000	
劳作用具	83件			68,000	
办公椅	33张		3,000	99,000	
其他杂件				793,700	
总计				2,998,000元	

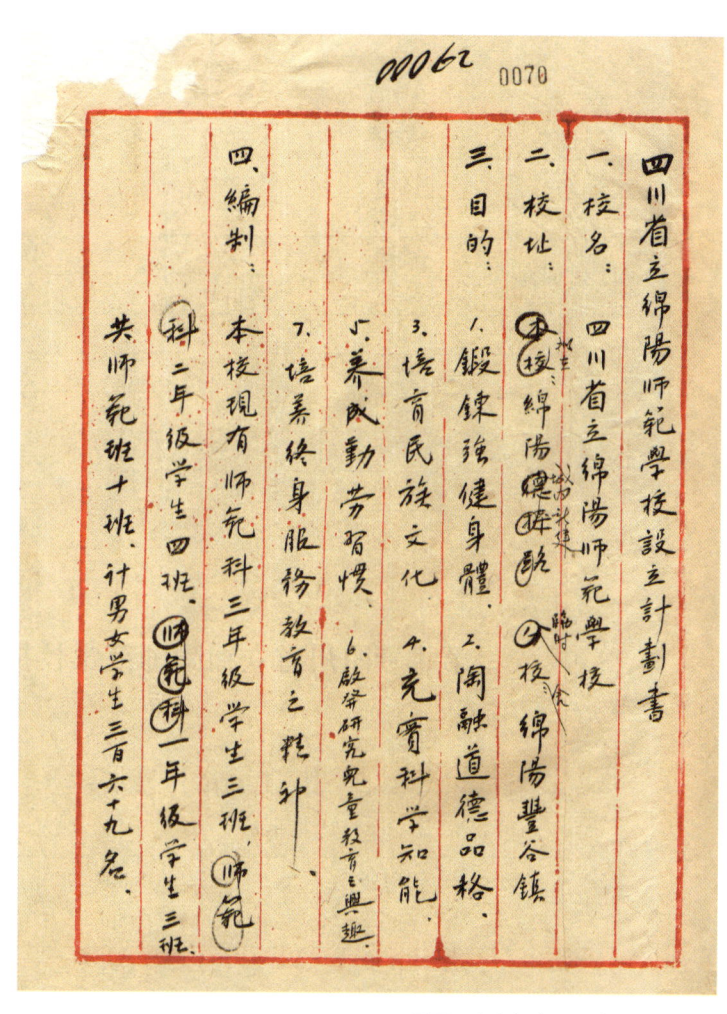

● 民国三十六年（1947）设立计划书

四川省立绵阳师范学校设立计划书

一、校名：四川省立绵阳师范学校

二、校址：拟立：绵阳城内新建 临时校舍：绵阳丰谷镇

三、目的：
1. 锻炼强健身体；
2. 陶融道德品格；
3. 培育民族文化；
4. 充实科学知能；
5. 养成勤劳习惯；
6. 启发研究儿童教育之兴趣；
7. 培养终身服务教育之精神。

四、编制：
本校现有师范科三年级学生三班、二年级学生四班、一年级学生三班，共师范班十班，计男女学生三百六十九名。

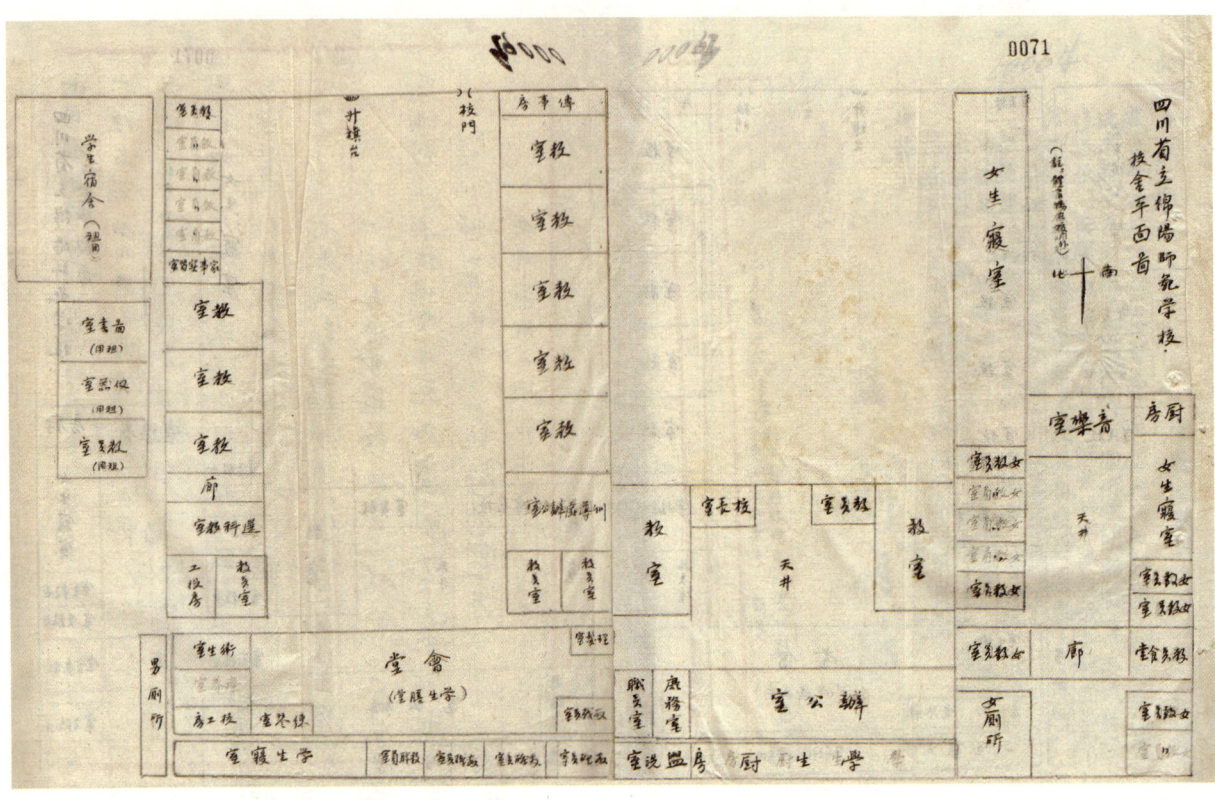

● 民国三十六年（1947）校舍平面图

四川省立绵阳师范学校校舍平面图

注：体育场在校门外

北——南

学生宿舍（租用）	教员室	升旗台	校门	传事房		女生寝室			
	教员室			教室					
	教员室			教室				音乐室	厨房
	教员室			教室				女教员室	女生寝室
	教员室			教室				女教员室	
图书室（租用）	家事实习室			教室				女教员室	
仪器室（租用）	教室			教室		校长室	教员室	女教员室	
教员室（租用）	教室					教室	天井	教员室	女教员室
	教室			训导处办公室				女教员室	女教员室
	廊								
	导科教室			教员室	教员室				
	工役房	教员室						女教员室	廊	教员食堂
	卫生室	会 堂（学生膳堂）		理发室		职员室	庶务室	办公室	女厕所	女教员室
男厕所	疗养室									
	校工房	练琴室		教职员室						女教员室
	学生寝室	教职员室	教职员室	教职员室		舆洗室	学生厨房			

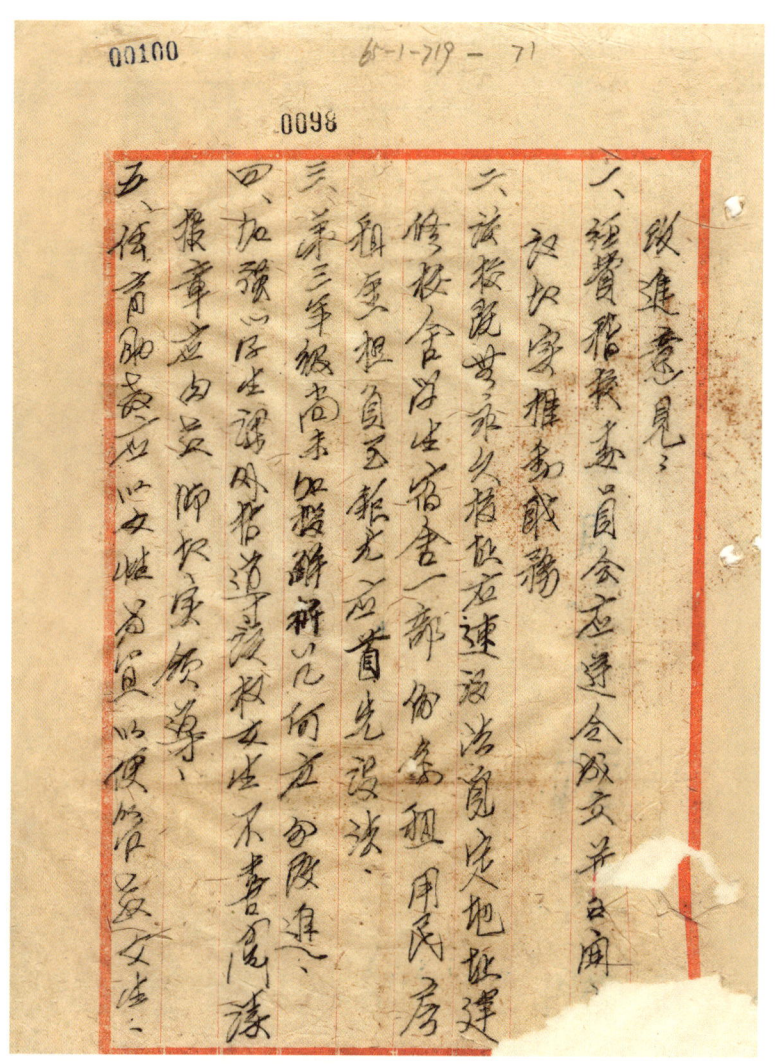

民国三十七年（1948）改进意见

改进意见

一、经费稽核委员会应遵令成立并召开会议切实推动职务。
二、该校既无永久校址，应速设法觅定地址建修校舍，学生宿舍一部分系租用民房，租金担负至巨，尤应首先设法。
三、第三年级尚未加授解析几何应分改进。
四、加强学生课外指导，该校女生不喜阅读报章，应由教师切实领导。
五、体育助教应以女性为宜，以便管教女生。

關於設備事項		附記
類別		
校具	教學辦公处具散殷 室等用具甚至破至使用 應再度期添置修理	添置課桌板櫈各三十張 修理木床八十架 漆黑板本張
用具	體育用具現能使用 惟稍壞太多應再添 購補充	
儀器	現有生物儀器标本 模型尚能應用	應再添購各項用具
機器	現存收音機電話 機各一具 需用A電一組B電 一組	應添購理化儀器藥品 內零件尚有損壞 必需修理
圖書	現有圖書三仟餘 冊	應再添購大批書籍以供 閱覽
其他		

四川省立绵阳师范学校修建设备调查表

关于校舍事项类别	现状	添建改建培修	估计需款若干
校址	本校现有草房十间瓦房二间均系租民房	现係租用丰谷镇禹庙兼大神庙作临时校舍因无教室及学生宿舍应速将校址迁入绵阳城内国立中学址择事增修	
教室	一间	另有教室以寺院作教室 房屋应添建四间	本年暑期必须添盖草房每间一万元共贰拾柒仟伍百万元，土石灰每斤二十万元，杉木每根七千五百万元，慈竹每捆一万元，每间共需三万三千万元，每斤捆工二十元，每间工一百五十元
宿舍及寝室	本校現有草房作為宿舍 一院作學生宿舍	宿舍須添建寢室主任	添盖渗漏宿舍共需三亿壹仟六百万元病舍租金约需五千万元
礼堂	用大神庙及禹殿作礼堂 会堂食堂用	应另添建精舍小集会精致	
图书室	以禹庙侧民房及寝室反礼堂兼用	租用禹庙两侧房三间乃阅览之用	图书室经费当一千万元
食堂	位於办公室后方	空地建修草房作学生厨房	共需五千八百六十万元
厨房	空地建修草房作厨房	本期必须添盖草稿三十个，慈竹五千斤，慈竹八捆工	厨房修理厂费每月
厕所	校侧建修草厕所	顺所四个即修草稿二百斤	厕所租金每期租金约需五百万元
其他	本校运动场男女共同	增修浴室共三间	共需四千五百六十万元

● 民国三十六年（1947）修建设备调查表

四川省立绵阳师范学校修建设备调查表

关于校舍事项	类别	现状	添建	改建	培修	估计需款若干
关于校舍事项	校址	现系租用丰谷镇禹庙后半部及大神庙作临时校舍，另添建草房二十余间作为教室及学生宿舍。	应迁校绵阳城内国六中校址从事增修。			
	教室	本校现有草房十间、瓦房二间、内选科教室一间。			本年暑期必须添盖，需稻草二万七千五百斤，工一百六十五个，石灰一千一百斤，慈竹四十捆。	稻草每斤一万元，共贰亿柒仟伍百万元；每工十八万元，共二千九百柒十万元正；石灰每斤一万元，共一千一百万元；竹子每捆四十万，共一千六百万元。
	宿舍及寝室	校中寝室十一所，另租民房一院作学生宿舍。			本年暑期必须添盖，需稻草二万二千斤，石灰六百斤，慈竹三十捆，工一百一十个。	宿舍租金约需五千万元。添盖宿舍共需三亿零六万元。
	礼堂	以火神庙后殿作礼堂、会堂、食堂兼用。	惟面积过小，集会稍嫌拥挤。			
	图书室	租用禹庙侧民房三间作图书陈列及阅览之用。				图书室租金约需一千万元。
	食堂	以火神庙后作食堂及礼堂兼用，仅能容纳四百人。				
	厨房	位于办公室后方空地建修草房一所，作学生厨房。			本年暑期必须添盖，需稻草五千斤，慈竹八捆，工三十个。	共需五千八百六十万元。
	厕所	校侧租用地基一块建修草房二所，作为员生厕所地基。			本期必须添盖，需稻草四千斤，工二十个，石灰二百斤。	厕所租金本期租金约需五百万元，共需四千五百六十万元。
	其他	本校无浴室，男女学生至感不便，本校办公室系禹王庙之后殿，破烂不堪。	增修男女浴室共十一间。	办公室现已破烂倾塌，亟待修理，约需五千万元。	浴室每间需一千万元	共需壹亿六千万元。

	类别	现状	购置	添购	修理	估计需款若干
关于设备事项	校具	教学、办公、炊爨、寝室等用具勉足敷用，应再逐期添制修理。		添制课桌、木床各三十张。	修理木床八十架、漆里板十张。	课桌三十张需六十万，木床三十架需六千万元修理，木床黑板需要二千万元，共壹亿四千万元。
	用具	体育用具现能使用，惟损坏太多应再添购补充。		应再添购各项用具。		
	仪器	现有生物仪器标本模型尚能应用。		应添购理化仪器及药品。		
	机器	现存收音机、电话机各一具。	需用A电一组、B电一组。		内零件尚有损坏，必需修理。	
	图书	现有图书三千余册。		应再添购大批书籍以供阅览。		
	其他					
附记						

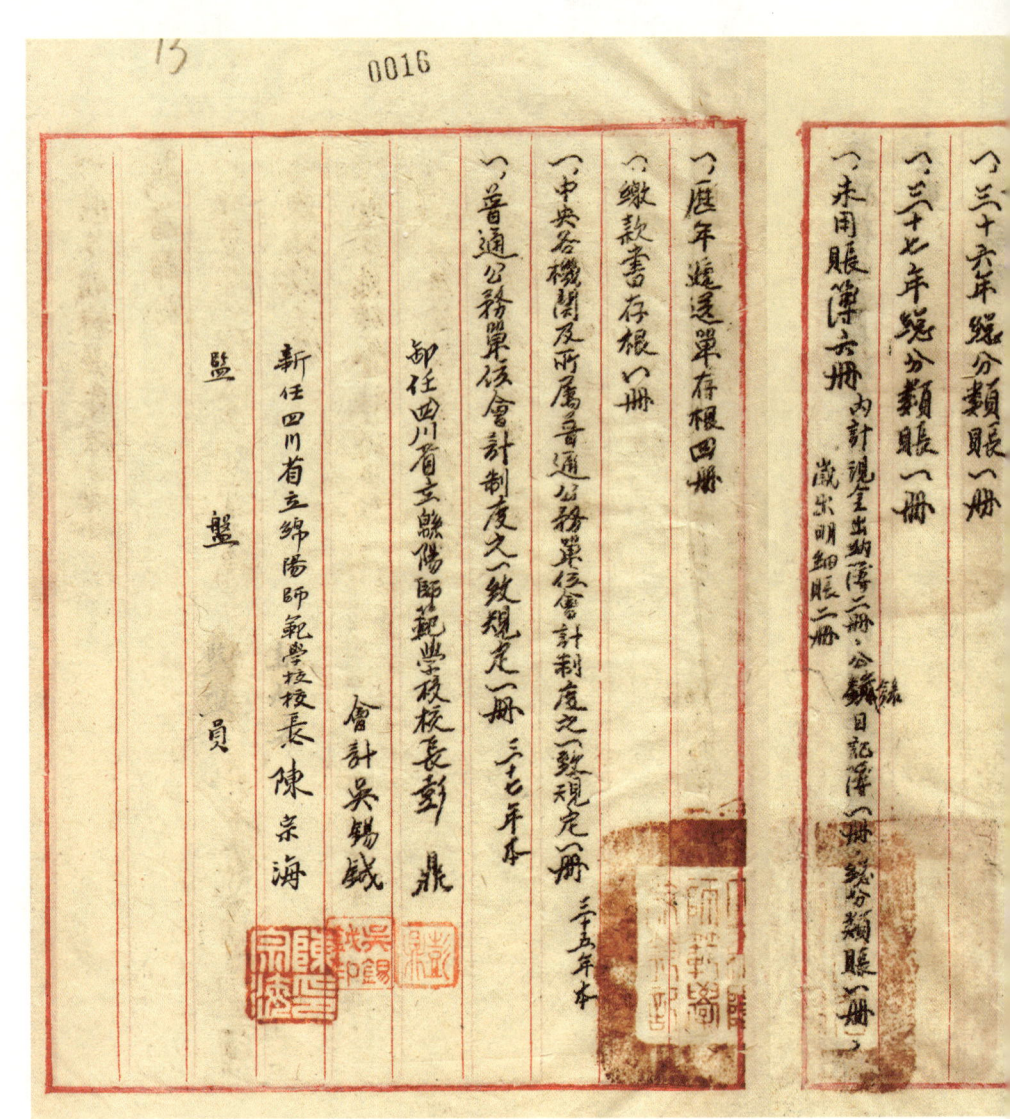

一、历年临时费账簿五册（内计现金出纳簿、分录日记簿、岁出明细、分录账、总分类账各一册）
一、三十六、三十七年（1947、1948）岁出明细账一册
一、三十六年（1947）总分类账一册
一、三十七年（1948）总分类账一册
一、未用账簿六册（内计现金出纳簿二册、分录日记簿一册、总分类账一册、岁出明细账二册）
一、历年递送单存根四册
一、缴款书存根一册
一、中央各机关及所属普通公务单位会计制度之一致规定一册〔三十五年（1946）本〕
一、普通公务单位会计制度之一致规定一册〔三十七年（1948）本〕

卸任四川省立绵阳师范学校校长　彭　鼎
　　　　　　　　　　　　　　会计　吴锡钺
新任四川省立绵阳师范学校校长　陈宗海
　　　　　　　　　　　　　　监盘员

● 民国三十八年（1949）关于接管及新添会计室文卷账簿列具清册的公函

兹将接管及新添会计室文卷账簿
列具清册送请

三十八年（1949）九月　日造

查照

计开

接管部分

一、一号至三十号文卷三十宗，另有文卷清册

一、三十一号至一百零五号文卷七十四宗，计文件一千二百零九件

一、绵阳县中及联女中历年账簿共二十五册

一、历年空白账簿十六册（原为十八册，嗣移用，岁出明细账一册，实存如上数）

一、省绵师二十九年（1940）下至三十五年（1946）上共二十八册

一、历年递送单存八册

一、历年领缴款存根十四册

新添部分

一、自重九十号起至一百二十五号止文卷二十宗，重号者未计文件四百九十五件

一、未编号文件九件

一、历年临时费账簿五册

一、三十六年起现金出纳簿一册

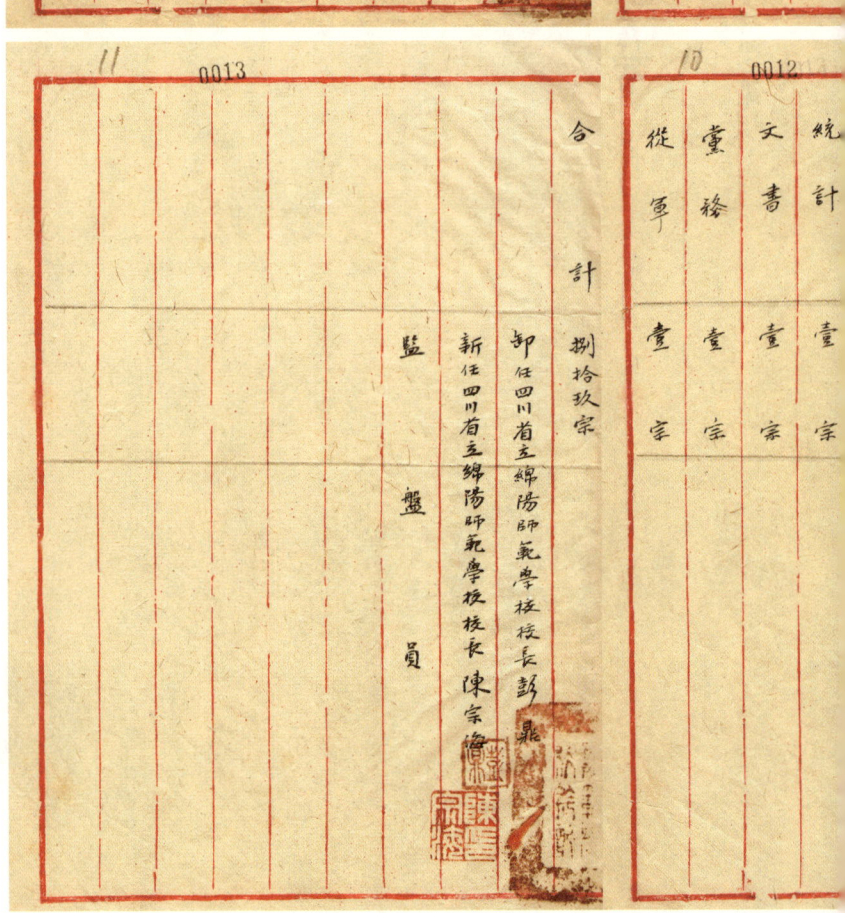

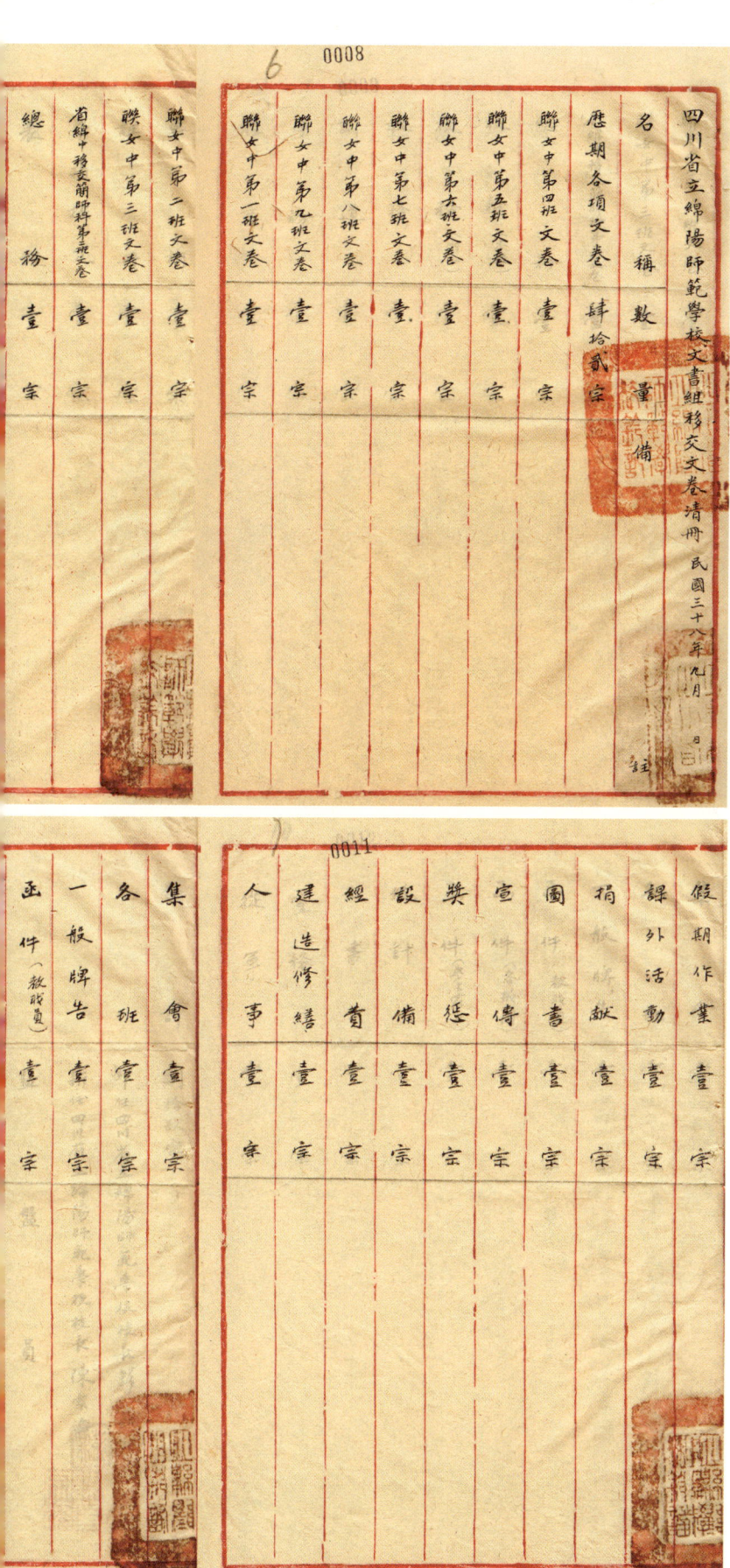

四川省立绵阳师范学校文书组移交文卷清册 民国三十八年九月 日

名称	数量	备注
历期各项文卷	肆拾贰宗	
联女中第八班文卷	壹宗	
联女中第九班文卷	壹宗	
联女中第七班文卷	壹宗	
联女中第六班文卷	壹宗	
联女中第五班文卷	壹宗	
联女中第四班文卷	壹宗	
联女中第八班文卷	壹宗	
联女中第一班文卷	壹宗	
联女中第二班文卷	壹宗	
联女中第三班文卷	壹宗	
省科中移交简师科第一班文卷	壹宗	
总务	壹宗	
假期作业	壹宗	
课外活动	壹宗	
图书	壹宗	
捐献	壹宗	
宣传	壹宗	
奖惩	壹宗	
设备	壹宗	
经费	壹宗	
建造修缮	壹宗	
人事	壹宗	
集会	壹宗	
各班	壹宗	
一般牌告	壹宗	
正件（教职员）	壹宗	

● 民国三十八年（1949）文书组移交文卷清册

四川省立绵阳师范学校文书组移交文卷清册

民国三十八年（1949）九月　日

名　称	数　量	备注	名　称	数　量	备注
历期各项文卷	42宗		社　教	1宗	
联女中第四班文卷	1宗		假期作业	1宗	
联女中第五班文卷	1宗		课外活动	1宗	
联女中第六班文卷	1宗		捐　献	1宗	
联女中第七班文卷	1宗		图　书	1宗	
联女中第八班文卷	1宗		宣　传	1宗	
联女中第九班文卷	1宗		奖　惩	1宗	
联女中第一班文卷	1宗		设　备	1宗	
联女中第二班文卷	1宗		经　费	1宗	
联女中第三班文卷	1宗		建造修缮	1宗	
省绵中移交简师科第二班文卷	1宗		人　事	1宗	
总　务	1宗		集　会	1宗	
校　务（本校）	1宗		各　班	1宗	
校　务（附小）	1宗		一般牌告	1宗	
教　务	1宗		函　件（教职员）	1宗	
训　导	1宗		函　件（各机关）	1宗	
事　务	1宗		函　件（学生家长）	1宗	
体　育	1宗		统　计	1宗	
军　训	1宗		文　书	1宗	
注　册	1宗		党　务	1宗	
学籍核定	1宗		从　军	1宗	
表　报	1宗		合　计	89宗	
学级异动	1宗				
学生待遇	1宗				
招　生	1宗				
毕业生	1宗				
辅　导	1宗				

卸任四川省立绵阳师范学校校长　彭　鼎
新任四川省立绵阳师范学校校长　陈宗海
监盘员

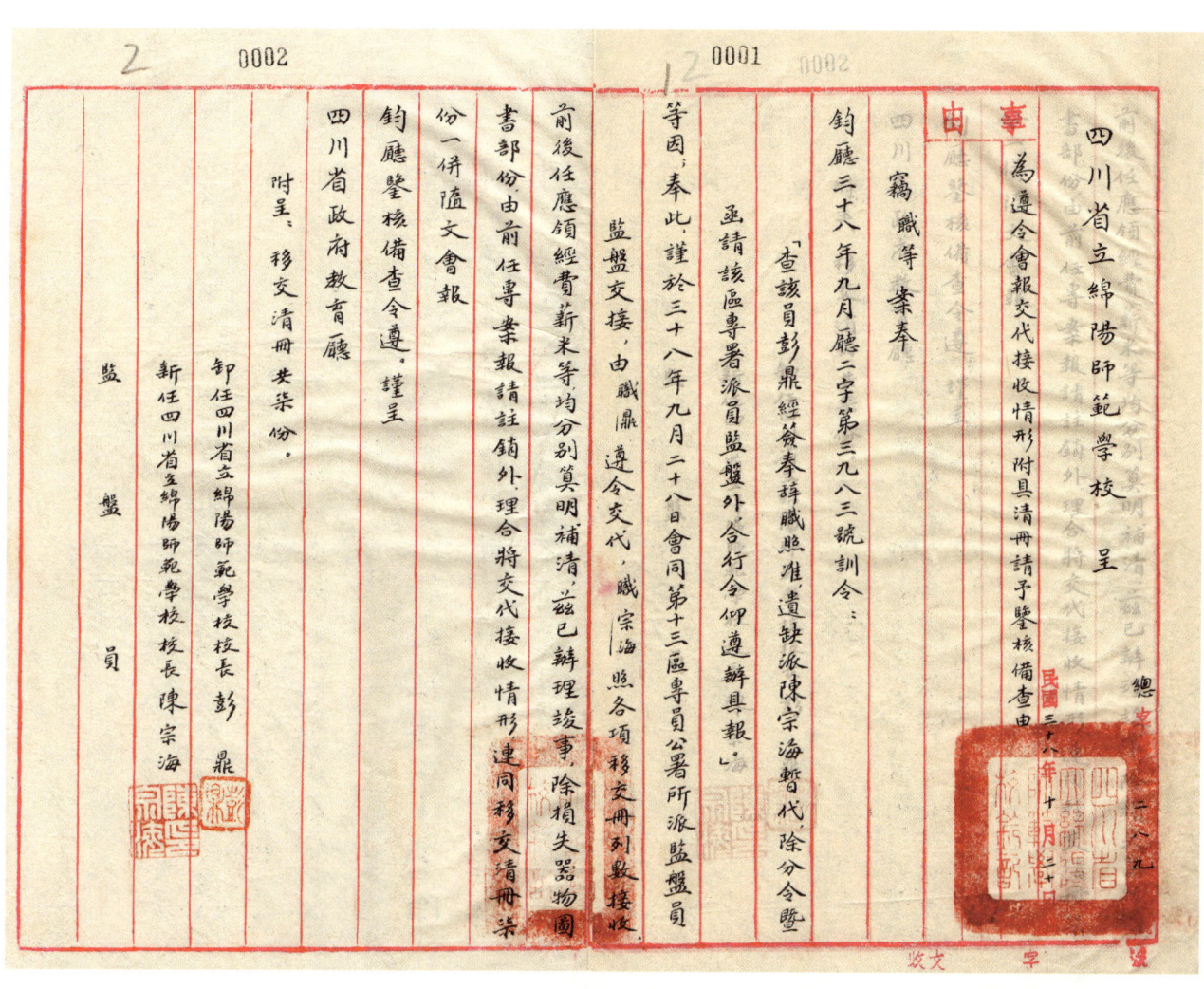

民国三十八年（1949）关于新任校长陈宗海与卸任校长彭鼎交代接收情形报告的公函

四川省立绵阳师范学校 呈

总字第二八九号

民国三十八年（1949）十月二十日发

事由：为遵令会报交代接收情形附具清册请予鉴核备查由

窃职等 案奉

钧厅三十八年（1949）九月厅二字第三九八三号训令：

"查该员彭鼎，经签奉辞职照准，遗缺派陈宗海暂代，除分令暨函请该区专署派员监盘交接外，合行令仰遵办具报。"等因；奉此，谨于三十八年（1949）九月二十八日会同第十三区专员公署所派监盘员监盘交接，由职宗海照各项移交册列数接收交代，职宗海照各项移交册列数接收交代，前后任应领经费薪米等均分别算明补清，兹已办理竣事，除损失器物图书部分，由前任专案报请注销外，理合将交代接收情形连同移交清册七份一并随文会报。

钧厅鉴核备查令遵。谨呈

四川省政府教育厅

附呈：移交清册共七份

卸任四川省立绵阳师范学校校长　彭　鼎

新任四川省立绵阳师范学校校长　陈宗海

监盘员

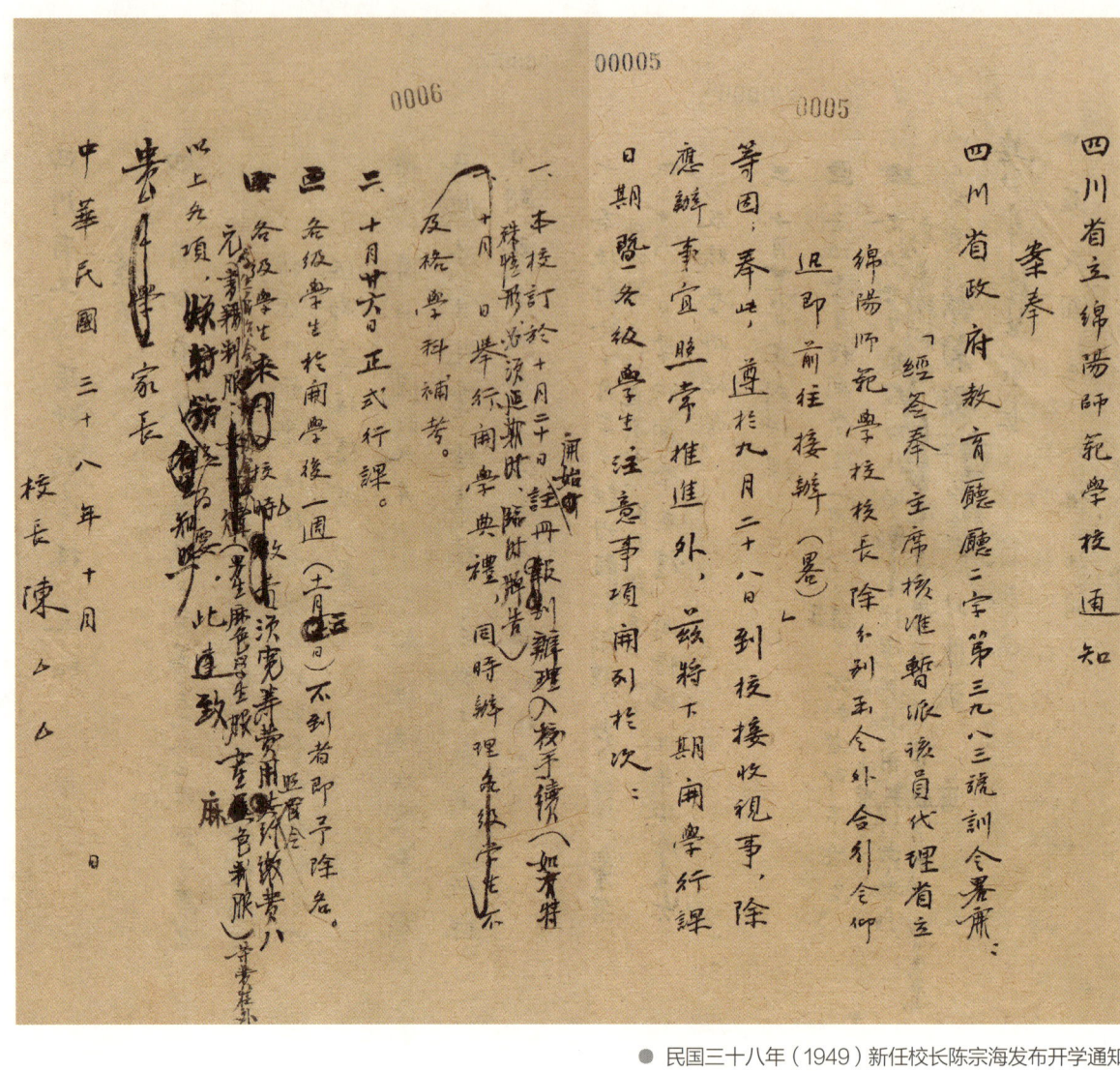

● 民国三十八年（1949）新任校长陈宗海发布开学通知

四川省立绵阳师范学校通知

案奉

四川省政府教育厅厅二字第三九八三号训令略开："经签奉主席核准暂派该员代理省立绵阳师范学校校长，除分别函令到，令仰，迅即前往接办（略）"等因；奉此，遵于九月二十八日到校接收视事，除应办事宜，照常推进外，兹将下期开学行课日期暨各级学生注意事项开列于次：

一、本校订于十月二十日开始注册，办理入校手续（如有特殊情形必须延期时，临时牌告），十月 日举行开学典礼，同时办理各级学生不及格学科补考。

二、十月二十六日正式行课。

三、各级学生于开学后一周（十一月三日）不到者即予除名。

四、各级学生来校时须宽筹费用照省令约缴费八元，学生自治会书籍、制服（男生麻色学生服，女生麻色制服）等费在外，以上各项，烦特知照为要。

此致

贵家长

中华民国三十八年（1949）十月 日

校长 陈××

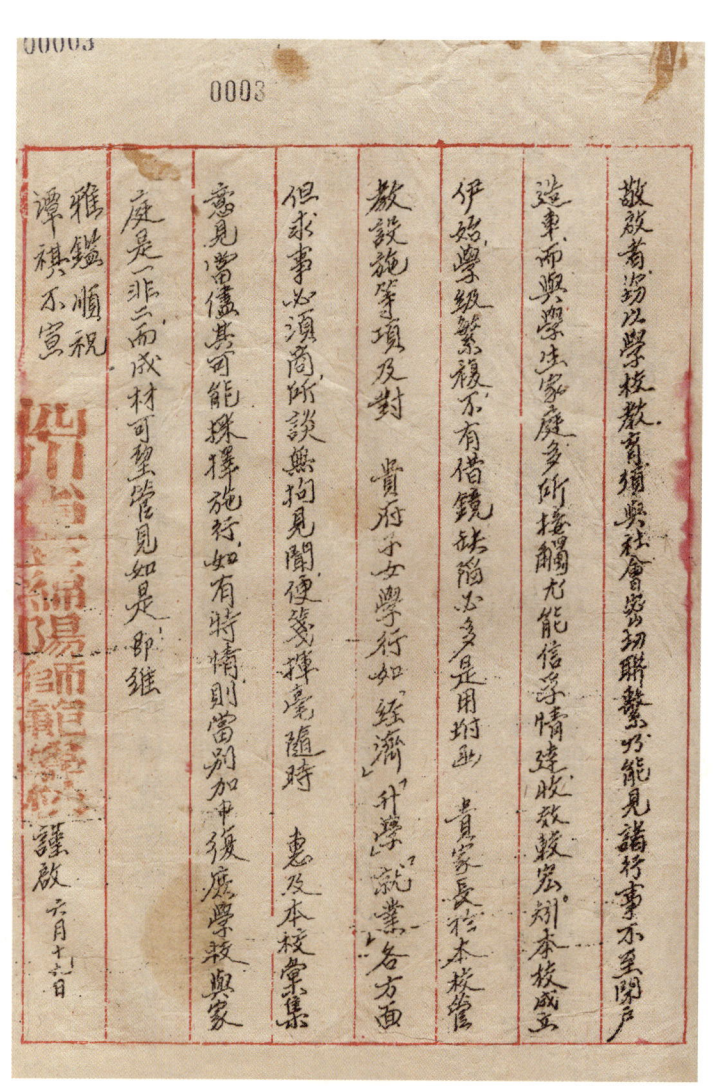

● 征求家长办学意见书

敬启者 窃以学校教育须与社会密切联系乃能见诸行事，不至闭户造车，而与学生家庭多所接触尤能信孚，情达收效较宏。矧本校成立伊始，学级繁复，不有借镜，缺陷必多。是用附函，贵家长于本校管教设施等项，及对贵子女学行如「经济」「升学」「就业」各方面，但求事必须商，所谈无拘见闻，便笺挥毫随时，惠及本校汇集意见，当尽其可能采择施行，如有特情则当别加申复，庶学校与家庭是一非二，而成材可望，管见如是，即维

雅鉴顺祝

谭祺不宣

四川省立绵阳师范学校 谨启 六月十九日

(2）讨论本师范学校区各县市国民教育方面各项困难问题。
(3）设计下半年本师范学校区各县市国民教育实施计划及方案。
(4）研究本师范学校区内教育行政机关提出关于国民教育之问题。
(5）举办本师范学校区各县市国民教育成绩展览会或其他类似之活动。
(6）举办国民教育专题讲演。
(7）宣读国民教育论文。
(8）举办关于竞赛或其他活动之给奖仪式。
(9）其他有关研究辅导之活动。

六、本会开会时应由教育厅派员列席指导。

七、本会开会日期由主席决定通知各会员不得无故缺席。

八、本会开会时应由教育厅派员列席指导。

八、本会每半年应将研究辅导情形及实施状况缮具详细报告送由驻区省督学，具报省政府备查。

九、本会会员不另支薪津，但会员距会所在一日路程以上者赴会时得酌给旅费，在省国民教育辅导会内支给之。

十、本办法未尽事项于呈报教厅核示后修改或补充之。

四川省绵阳师范学校区国民教育研究会组织规程

一、根据省府颁发《师范学校区国民教育研究会组织规程》之规定，特订定本办法。

二、绵阳师范学校区国民教育研究会以下简称本会，以左列人员组织之。

（1）驻区督学。

（2）本师范学校区内师范学校校长、教务主任及教育学科教员。

（3）本师范学校区内地方教育视导员。

（4）本师范学校区内师范学校附属小学校长及幼稚园主任。

（5）本师范学校区内各县市国民教育研究会之代表。

前项各县市国民教育研究会代表各出五人至十一人由县市国民教育研究会推举之。

三、本会附设于教育厅指定之省立绵阳师范学校内。

四、本会至少每半年开会一次，以教育厅指定之省立绵阳师范学校校长为主席，如因事缺席时由教务主任代理之。

五、本会开会时其应报告及讨论之重要事项如左：

（1）报告本年来本师范学校区各县市国民教育实施状况及辅导情形。

（2）讨论本师范学校区各县市国民教育方面各项困难问题。

（3）设计下半年本师范学校区各县市国民教育实施计划及方案。

● 国民教育研究会组织规程

国民教育研究会会员名册

号数	姓名	年龄	籍贯	性别	现任职务	通讯处	备注
	黄长直	39	四川华阳	男	校　　长	省立绵阳师范学校	
	汪宗仁	32	湖北天门	男	教务主任	省立绵阳师范学校	
	宋辑斋	36	山东惠民	男	辅导主任	省立绵阳师范学校	
	郝庆培	36	河北通县	男	教育科教员	省立绵阳师范学校	
	谢海澄	29	福建建瓯	男	教育科教员	省立绵阳师范学校	
	卢汉昭	31	四川长宁	女	附小校长	绵阳省（立）绵师附属小学	
	廖育英	24	四川金堂	男	督　　学	绵阳县政府	
	吴肇祥	34	四川安县	男	督　　学	安县花街镇中心学校	
	叶绍康	29	四川威远	男	督　　学	绵竹县政府	
	吴定榕	22	四川梓潼	男	教导主任	梓潼县治城镇中心学校	
	谢延朝		四川罗江	男	教育科长	罗江县政府	
	缪家余	26	四川广汉	男	校　　长	广汉北外乡中心学校	
	段光澍	43	四川郫县	男	教育科长	金堂县政府	
	刘霖	28	四川什邡	男	国民教育巡回辅导团主任	什邡县丁字街三二号	

四川省农业改进所绵阳实验分场领取树苗公函

径启者：兹接

贵校函向敝场订购树苗三四百株，敝场纯系稻麦为中心，无法供给树苗尚祈。鉴原敝场函请绵阳农业推广所将苗照树发给。贵校请派工人于最近来公园运取，特此函复，请烦查照为荷。

此致

四川省立绵阳师范学校

四川省农业改进所绵阳试验分场三月七日启

定植桑苗应行注意事项

1. 此项桑苗共计二〇〇〇株,可供五亩地之栽植。
2. 此项桑苗定植时可按行距五尺,株距三尺之距离栽植之,每亩地计植四〇〇株,如地亩不敷,应用时亦可按行距三尺、株距二尺之距离栽植,每亩可植一〇〇〇株。
3. 定植前根部过长之主根及侧根略剪短之,若有损伤部分宜剪去。
4. 定植后可将苗木之枝条在青茎上数分处剪去之。
5. 定植后务须将根系周围之土踏实。
6. 定植竣事宜充分灌溉,使根系与土壤保持密接;此项桑苗幼小,栽植后如施用少许人粪尿可更佳。
7. 此项桑苗运达时,须即假植土中,以防根部水分蒸发;栽植时如一日未能栽光,则剩余苗木亦须假植土中,备来日继续栽植之。

六 教学管理

● 民国二十九年（1940）度第二学期体育实施情形

四川省立绵阳师范二十九（1940）度第二学期体育实施情形

一、体育经费：本校经费尚未列入预算，体育上之建及置备各种费用，除学生每人缴纳体育费一元外，不敷之数由校中购置项下开支。

二、体育训练时间：各班每周课内两小时，早操每日二十分钟，课外运动每周四次，每次一小时。

三、体育训练材料：本期以田径运动为主要训练材料。

四、体育比赛：本期开全校运动会、表演会一次，校内墨球班级比赛一次。

五、体育设备：除原有篮球场二、排球场二外，本期新建一、圈网球场一。

六、劳动服务：本期劳动服务除搬沙外，更填水沟约一千立方尺。

七、体育成绩考查：本校体育成绩考查完全依照部颁体育考核法办理。关于体育技术测验，本期仅举行短跑（男生百公尺，女生五十公尺）、急行跳远、急行跳高、铜球掷远四项。

话题目及指导员批评,记载亦甚周详,继于第四周训练完毕(十月吾日),并举行结业式,全拟师生举行迎新会、同乐会,情绪至佳。综观本校此次初办新生入学训练成绩尚属优良,惟就中师四班学生阎文景、龙元兴、李梓元、师五班学生孙克艰、邓如璋等五名,受训练结果成绩欠佳,消极方面,多处班中怯念之试读促其奋励外,积极方面,多作个别到读给介绍读物均,其因病未受训者,并照奉施以特殊训练,事后并令补具自述等,此本校实施新生入学训练之梗概情形也,理合据实缕呈

钧厅鉴核备查,令示只遵!

谨呈

四川省政府教育厅

校长 黄××

三十年(1941)、十一、四

● 民国三十年（1941）新生入学训练报告

三〇（1941）、十一、八 发206号

为遵令实施新生入学训练具报，遵办情形由

案查本校三十年（1941）秋季奉令招收师范二班、简师一班共计新生一三〇人，遵令实施新生入学训练，将全校新生另编一中队，分设三区队九小队，区队及小队各设队长一人，均就本校旧生中成绩优良者派充，并敦请本校教师帅守经、汪宗仁、许定焜、张溥东、谢海澄、傅蕴瑛分任区队指导员，负指导之责，于第三周星一（九月廿一日）开始训练，并于总理纪念周后举行仪式。所有训练科目教材及教授细目悉遵奉颁新生入学训练实施纲要办理。其有新生训练开始时，每生所作自述一篇及训练期间所作受训日记、听讲笔记、小组讨论记录均经各指导员逐日批阅完竣，成绩尚属优良。其中对各生个别谈话题目及指导员批评，多，各生每次个别谈话次数特记载亦甚周详，于第四周训练完毕（十月五

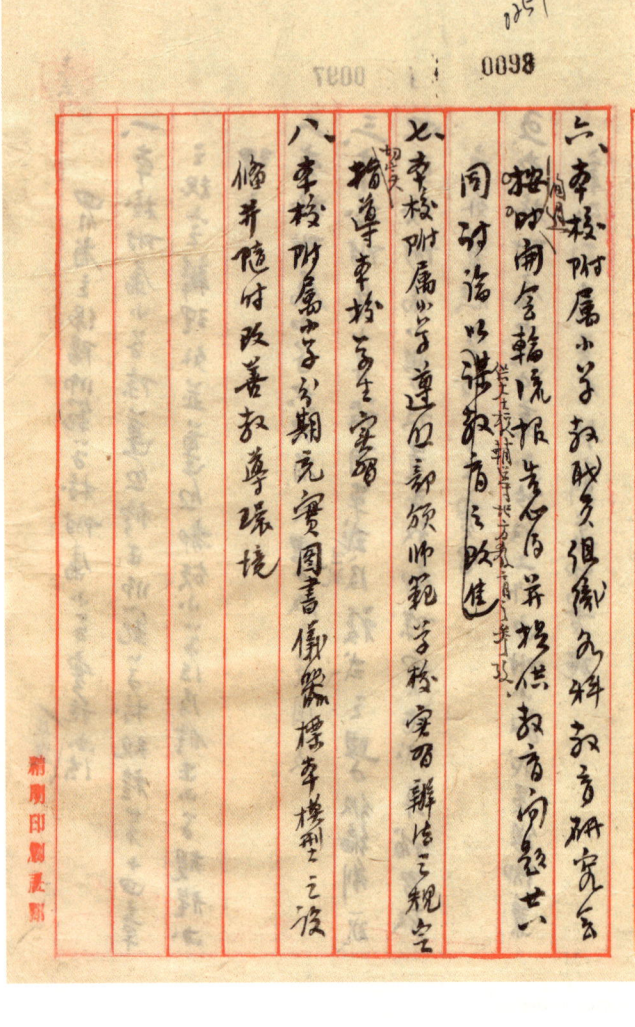

● 民国三十三年（1944）附属小学实施改进办法

四川省立绵阳师范学校附属小学实施改进办法

一、本校附属小学除遵照修正师范学校规程第十四章之规定办理外，并遵照部颁小学法及修正小学规程办理之。

二、本校附属小学共设有六学级及幼稚园一级。

三、本校附属小学设有单式五班及复式之学级编制一班。

四、本校附属小学设置民教部，除实施成年补习教育外，兼供本校学生实习。

五、本校附属小学兼办社教工作由附小教职员组织兼办，社教委员会计划妥切实施。

六、本校附属小学教职员组织各科教育研究会，按时每周开会，轮流报告心得，并提供教育问题，共同讨论，以供本校辅导地方教育之参考。

七、本校附属小学遵照部颁师范学校实习办法之规定，切实指导本校学生实习。

八、本校附属小学分期充实图书仪器标本模型之设备，并随时改善教导环境。

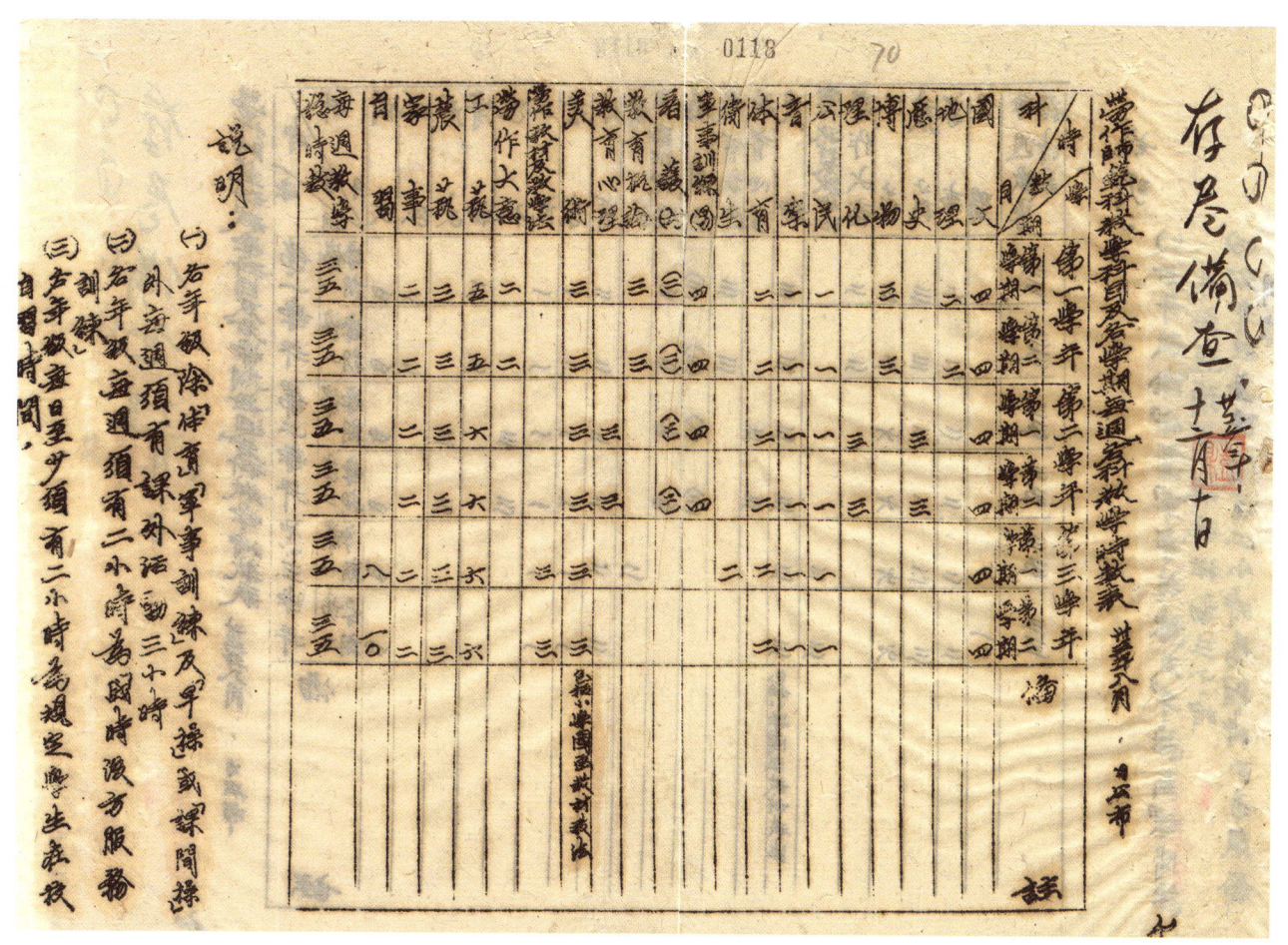

民国三十三年（1944）劳作师范科教学科目及各学期各周各科教学时数表

劳作师范科教学科目及各学期每周各科教学时数表

三十三年（1944）八月　日公布

科目＼时数＼学期	第一学年 第一学期	第一学年 第二学期	第二学年 第一学期	第二学年 第二学期	第三学年 第一学期	第三学年 第二学期	备注
国　文	四	四	四	四	四	四	
地　理	二	二					
历　史			三	三			
博　物	三	三					
理　化			三	三			
公　民	一	一	一	一	一	一	
音　乐	一	一	一	一	一	一	
体　育	二	二	二	二	二	二	
卫　生					二		
军事训练（男）	四	四	四	四			
看护（女）	（二）	（二）	（二）	（二）			
教育概论	三	三					
教育心理			三	三			
美　术	三	三	三	三	三	三	包括小学图画教材教法
劳作教材及教学法					三	三	
劳作大意	二	二					
工　艺	五	五	六	六	六	六	
农　艺	三	三	三	三	三	三	
家　事	二	二	二	二	二	二	
自　习					八	一〇	
每周教学总时数	三五	三五	三五	三五	三五	三五	

说明：（一）各年级除"体育""军事训练"及早操或课间操外，每周须有课外活动三小时。

（二）各年级每周须有二小时为"战时后方服务训练"。

（三）各年级每日至少须有二小时为规定学生在校自习时间。

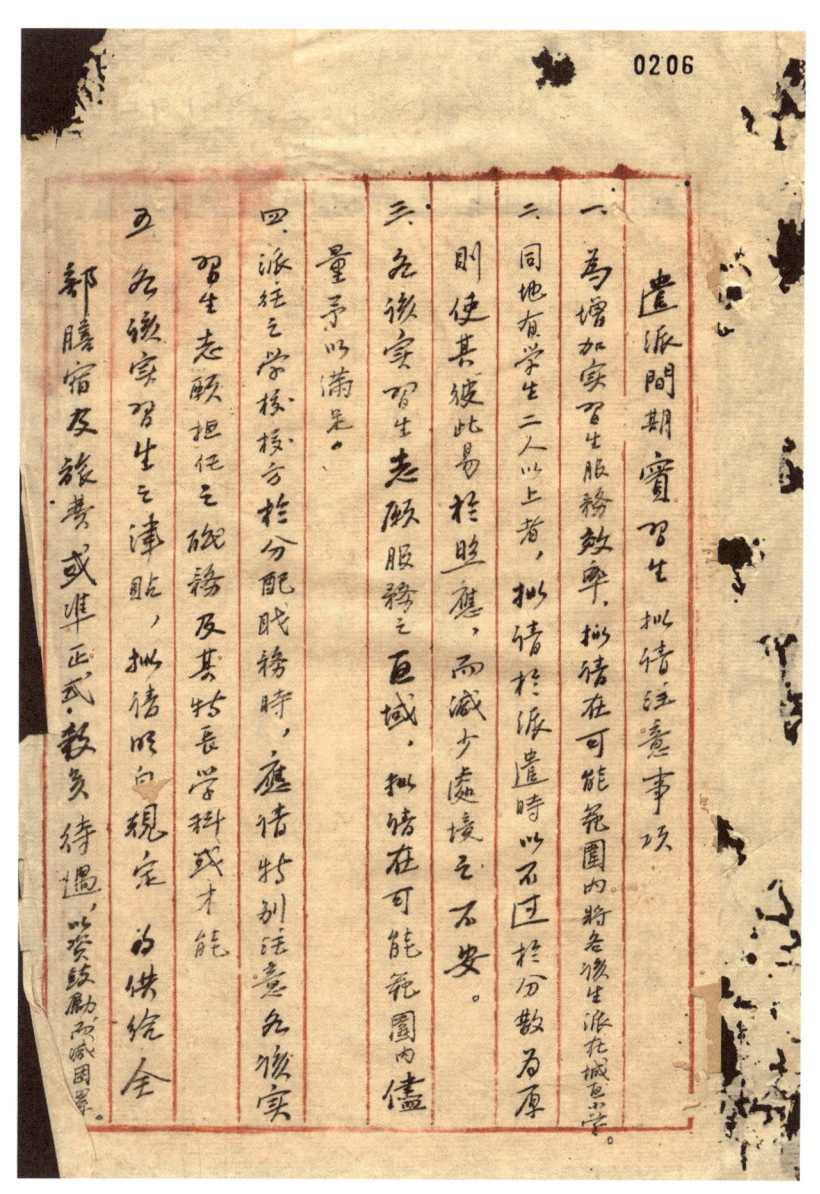

● 民国三十三年（1944）遣派间期实习生拟请注意事项

遣派间期实习生拟请注意事项

一、为增加实习生服务效率，拟请在可能范围内将各该生派在城区小学。

二、同地有学生二人以上者，拟请于派遣时以不过于分散为原则，使其彼此易于照应，而减少处境之不安。

三、各该实习生志愿服务之区域，拟请在可能范围内尽量予以满足。

四、派往之学校校方于分配职务时，应请特别注意各该实习生志愿担任之职务及其特长学科或才能。

五、各该实习生之津贴，拟请明白规定，为供给全部膳宿及旅费或准正式教员待遇，以资鼓励而减困累。

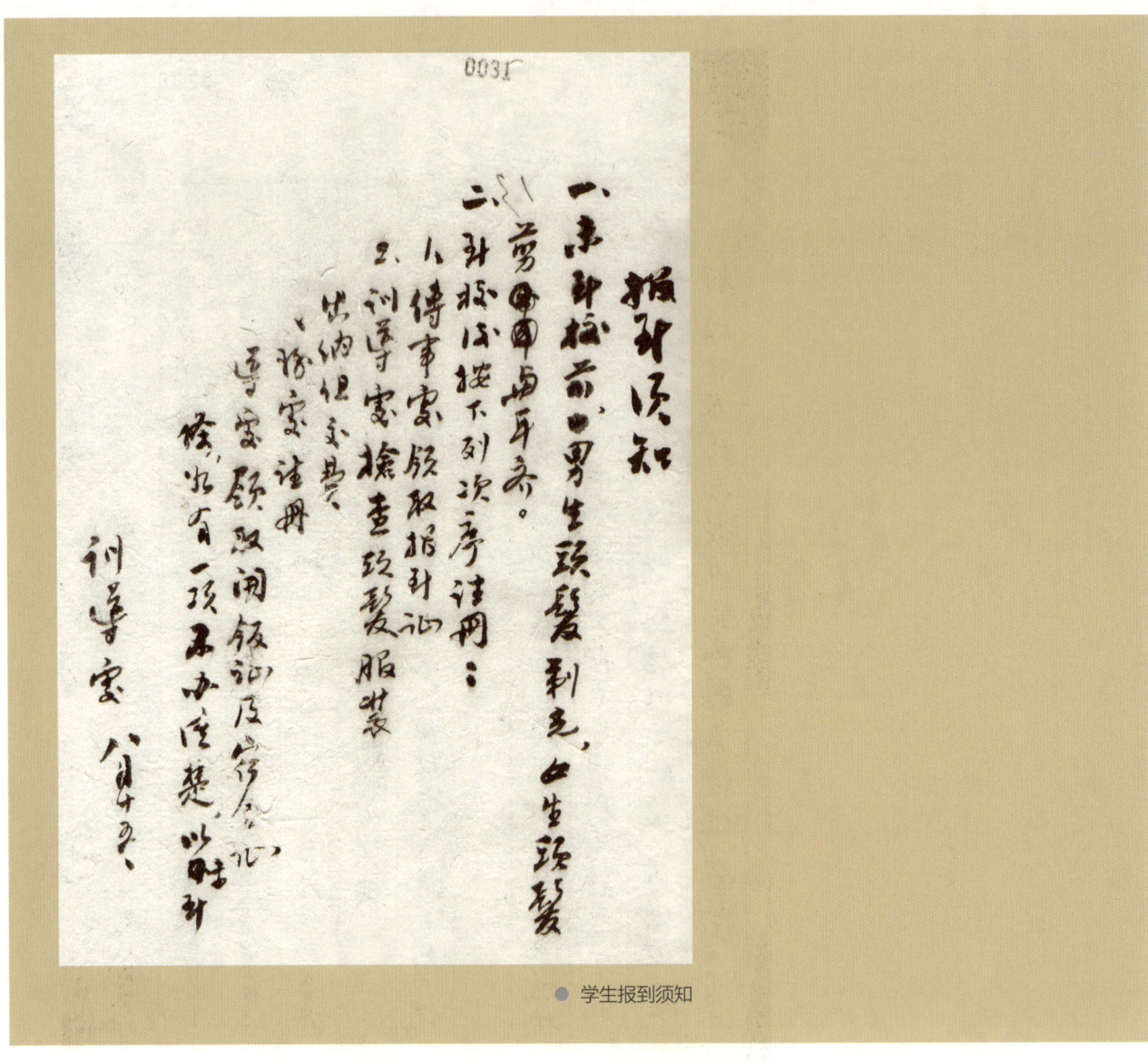

学生报到须知

报到须知

一、未到校前,男生头发剃光,女生头发剪与耳齐。

二、到校后按下列次序注册:

1. 传事处领取报到证
2. 训导处检查头发、服装
3. 出纳但交费
4. 教务处注册
5. 训导处领取开饭证及宿舍证

以上各条,如有一项不办清楚,以未到。

训导处 八月十五日

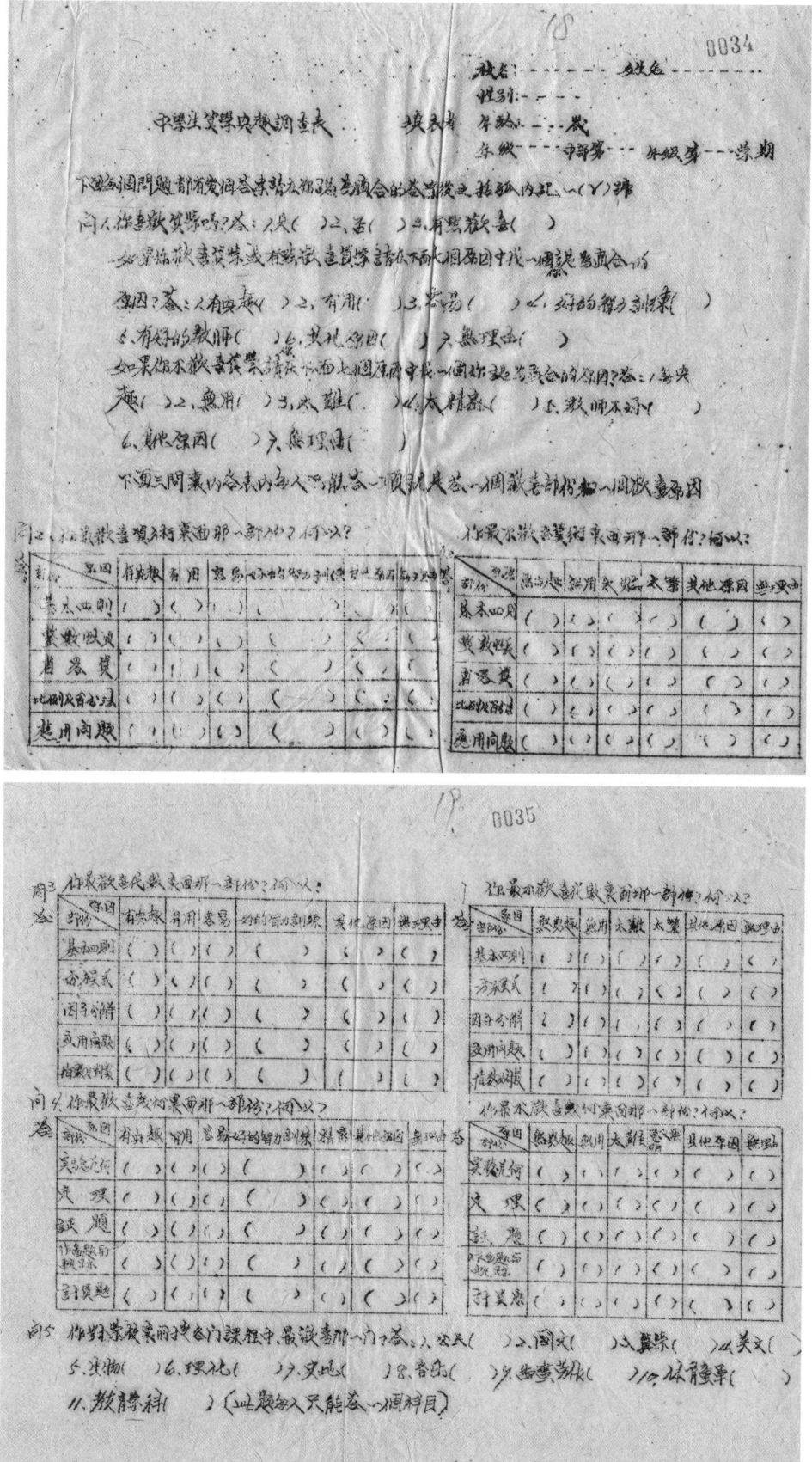

中学生算学兴趣调查表

中学生算学兴趣调查表

填表者：

校名＿＿＿＿ 姓名＿＿＿＿ 性别＿＿＿＿ 年龄＿＿岁 年级＿＿中部 第＿＿年级 第＿＿学期

下面每个问题都有几个答案请在你认为适合的答案后之括弧内记（√）号

问1：你喜欢算学吗？答：1.是（ ） 2.否（ ） 3.有点欢喜（ ）

如果你欢喜算学或有点欢喜算学，请在下面七个原因中找一个你认为适合的原因

答：1.有兴趣（ ） 2.有用（ ） 3.容易（ ） 4.好的智力训练（ ） 5.有好的教师（ ） 6.其他原因（ ） 7.无理由（ ）

如果你不欢喜算学请你在下面七个原因中找一个你认为适合的原因

答：1.无兴趣（ ） 2.无用（ ） 3.太难（ ） 4.太精密（ ） 5.教师不好（ ） 6.其他原因（ ） 7.无理由（ ）

下面三问里内各表内每人只能答一项就是答一个喜欢部分和一个喜欢原因

问2：你最喜欢算术里面哪一部分？何以？　　　　　　　　　你最不喜欢算术里面哪一部分？何以？

原因部分	有兴趣	有用	容易	好的智力训练	其他原因	无理由	原因部分	无兴趣	无用	太难	太繁	其他原因	无理由
基本四则	（ ）	（ ）	（ ）	（ ）	（ ）	（ ）	基本四则	（ ）	（ ）	（ ）	（ ）	（ ）	（ ）
整数性质	（ ）	（ ）	（ ）	（ ）	（ ）	（ ）	整数性质	（ ）	（ ）	（ ）	（ ）	（ ）	（ ）
省略算	（ ）	（ ）	（ ）	（ ）	（ ）	（ ）	省略算	（ ）	（ ）	（ ）	（ ）	（ ）	（ ）
比例及百分法	（ ）	（ ）	（ ）	（ ）	（ ）	（ ）	比例及百分法	（ ）	（ ）	（ ）	（ ）	（ ）	（ ）
应用问题	（ ）	（ ）	（ ）	（ ）	（ ）	（ ）	应用问题	（ ）	（ ）	（ ）	（ ）	（ ）	（ ）

问3：你最喜欢代数里面哪一部分？何以？　　　　　　　　　你最不喜欢代数里面哪一部分？何以？

原因部分	有兴趣	有用	容易	好的智力训练	其他原因	无理由	原因部分	无兴趣	无用	太难	太繁	其他原因	无理由
基本四则	（ ）	（ ）	（ ）	（ ）	（ ）	（ ）	基本四则	（ ）	（ ）	（ ）	（ ）	（ ）	（ ）
方程式	（ ）	（ ）	（ ）	（ ）	（ ）	（ ）	方程式	（ ）	（ ）	（ ）	（ ）	（ ）	（ ）
因子分解	（ ）	（ ）	（ ）	（ ）	（ ）	（ ）	因子分解	（ ）	（ ）	（ ）	（ ）	（ ）	（ ）
应用问题	（ ）	（ ）	（ ）	（ ）	（ ）	（ ）	应用问题	（ ）	（ ）	（ ）	（ ）	（ ）	（ ）
指数及对数	（ ）	（ ）	（ ）	（ ）	（ ）	（ ）	指数及对数	（ ）	（ ）	（ ）	（ ）	（ ）	（ ）

问4：你最喜欢几何里面哪一部分？何以？　　　　　　　　　你最不喜欢几何里面哪一部分？何以？

原因部分	有兴趣	有用	容易	好的智力训练	精密	其他原因	无理由	原因部分	无兴趣	无用	太难	意义难明	其他原因	无理由
实验几何	（ ）	（ ）	（ ）	（ ）	（ ）	（ ）	（ ）	实验几何	（ ）	（ ）	（ ）	（ ）	（ ）	（ ）
定理	（ ）	（ ）	（ ）	（ ）	（ ）	（ ）	（ ）	定理	（ ）	（ ）	（ ）	（ ）	（ ）	（ ）
证题	（ ）	（ ）	（ ）	（ ）	（ ）	（ ）	（ ）	证题	（ ）	（ ）	（ ）	（ ）	（ ）	（ ）
作面题的轨迹	（ ）	（ ）	（ ）	（ ）	（ ）	（ ）	（ ）	作面题的轨迹	（ ）	（ ）	（ ）	（ ）	（ ）	（ ）
计算题	（ ）	（ ）	（ ）	（ ）	（ ）	（ ）	（ ）	计算题	（ ）	（ ）	（ ）	（ ）	（ ）	（ ）

问5：你对学校里所授各门课程中，最喜欢哪一门？

答：1.公民（ ） 2.国文（ ） 3.算学（ ） 4.英文（ ） 5.生物（ ） 6.理化（ ） 7.史地（ ） 8.音乐（ ） 9.图画劳作（ ） 10.体育童军（ ） 11.教育学科（ ）（此题每人只能答一个科目）

七　招生工作

● 民国三十一年（1942）三年内分年招生计划公函附增班计划表

三十一年（1942）、十、十五发　423号

为呈送本校三年内分年增班计划请鉴核令遵由

本校师范生学籍编制迄至三十一学年（1942）度第一学期，计有男生三班、女生三班，男女生合班二班，计共八班。为拟于三年内完成十二班编制，于三十一学年（1942）度第二学期（春季）起，每期均招收男女生各一班，算至三十三学年（1944）度第二学期［即三十四年（1945）春季］即完成男女生各六班共十二班之学级编制。按查本区国民教育师资需要情形，本校此项分年增班计划，实为最低限度之要求，复参考最近中等教育设施情况，学级编制以男女分班最便管理，于培养优良校风亦属当理，理合拟定分年增班计划列表呈请钧厅俯赐鉴核令遵，以资办理。谨呈

四川省政府教育厅

附呈：本校分年增班计划一览表一份。

————校长　黄××

三十一年（1942）、十、十四

● 民国三十一年（1942）三年内分年招生计划公函附增班计划表

一、考送学生须照规定名额增取二分之一或三分之一；

二、申送学生不得考取非本县籍者；

三、申送学生时应于县府酌给单程旅费，每百里每人一元，但学校附近之县及途程不及一百里者不在此例；

四、申送学生应于本校竞考期前到达，参加竞考（复试）及格后始得完具入校手续，编班肄业。

五、考送学生务须照规定取足名额，不得借故缺额，亦不得滥收充数；

六、印发之新生入学考试各项成绩表，由各县府将已考取及未取录各生各项成绩填注齐全，加盖县政府印，于申送学生时送还本校。

所有以上各节，相应函请，贵府烦为查照办理，至纫公谊！此致

××县政府

附：新生入学考试成绩表三份，招生预行简章一份，招生简章一份。

——校长 黄××

三十二年（1943）、二、二

● 民国三十二年（1943）春季招考师范新生公函附招考办法

四川省立绵阳师范学校 公函

三十二年（1943）师字第128号

事由：为本校三十二年（1943）春季奉令招考师范新生检附有关招考办法函请查照由

径启者案奉

四川省政府三十二年（1943）二月三日发零四六二号训令："为令知该校三十二年（1943）春季应招班次，仰遵照一案后开：「至招考办法，仍旧办理，除分令外，合行令仰遵照。」等因，奉此，查本校三十一年（1942）冬季毕业女生一班，应即填招师范女生新生一班五十名，除随函检附新生入学考试成绩表三份，招生预行简章一份，招生简章一份备用外，合将省府训令规定有关贵府申送投考本校学生事项择要开列于左：

一、考送学生须照规定名额增取二分之一或三分之一。

民国三十二年（1943）德阳县政府申送录取学生相关材料的公函

德阳县县政府公函

教一字第六一号

民国三十二年（1943）三月 日发

事由：为申送取录师范学生暨函送成绩表、证件、像片等请查收赐复由

径启者案准：

贵校三十二年（1943）师字第一二八号公函附新生入学考试成绩表暨招生预行简章嘱，附新生入学考试成绩表暨招生预行简章嘱，照规定名额考送学生一案等由，准此查本县应送学生名额照简章规定为五名，曾于二月二十七日在本府举行考试计有刘莹如、陈俊淑、杨永琼等三名成绩尚属及格应予取录申送相应检同各项成绩表一份暨各该生学历证件、像片等函达贵校，请烦查收赐复为荷！

此致

四川省立绵阳师范学校

计附考试各项成绩表一份，证件一份，像片三份（共六张）

德阳县长 龚万材

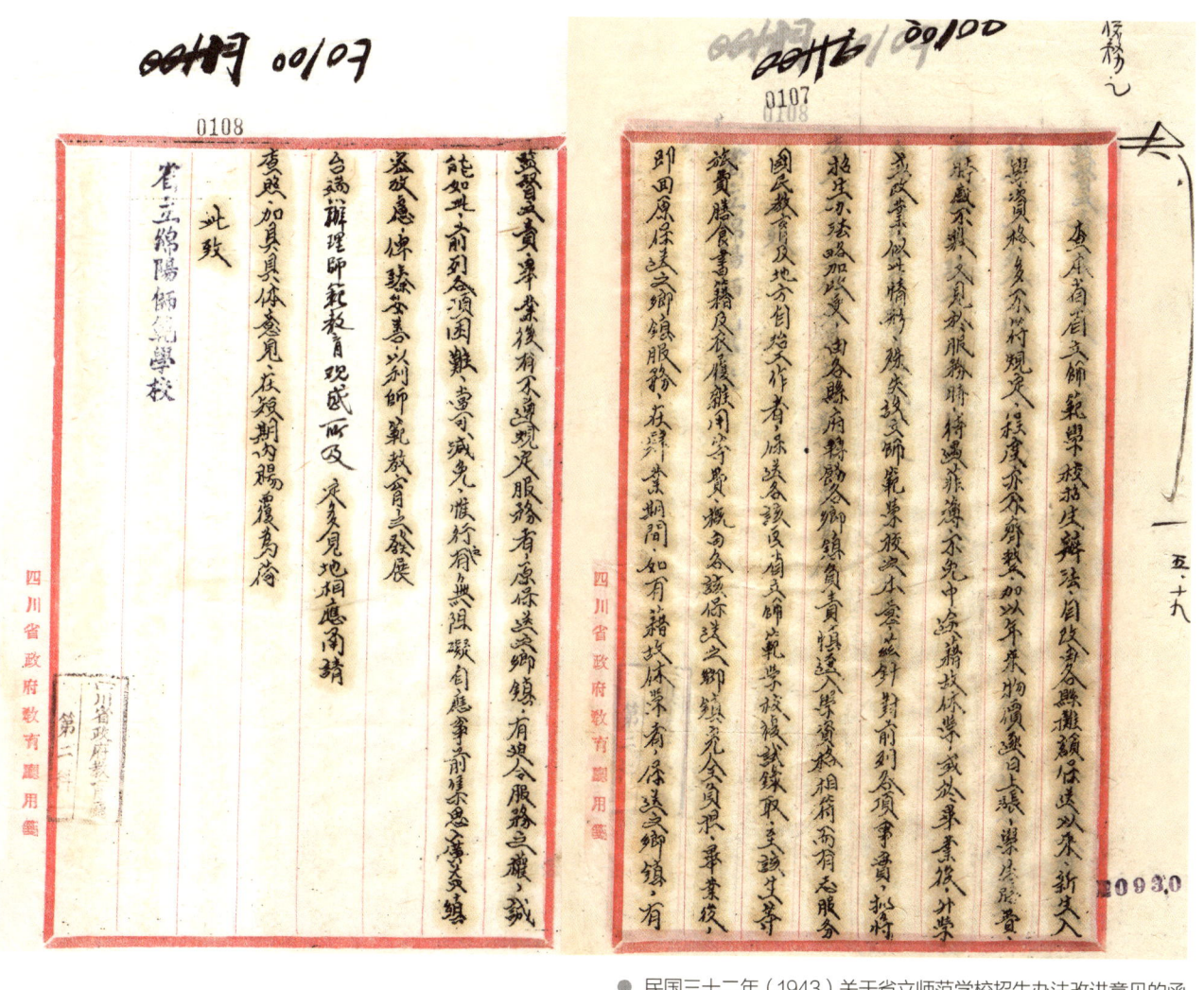

● 民国三十二年（1943）关于省立师范学校招生办法改进意见的函

关于省立师范学校招生办法改进意见的函

查本省省立师范学校招生办法，自改由各县摊额保送以来，新生入学资格多不符规定，程度亦不齐整，学生膳费时感不敷，加以年来物价逐日上涨，待遇菲薄，不免中途借故休学，或于毕业后，升学或改业，似此情形，殊失设立师范学校之本意。兹针对前列各项事实，拟将招生办法略加改更，由各县府转饬各乡镇负责，慎选入学资格相符而有志服务国民教育及地方自治工作者，保送各该区省立师范学校复试录取，至该生等旅费、膳食、书籍及衣履、杂用等费，概由各该保送之乡镇完全负担，毕业后，即回原保送之乡镇服务。在肄业期间，如有借故休学者，保送之乡镇有监督之责。毕业后有不遵规定服务者，原保送之乡镇有追令服务之权。诚能如此，前列各项困难，当可减免。惟行之有无阻碍，自应事前集思广益，缜密考虑，俾臻妥善，以利师范教育之发展，台端办理师范教育观感所及，定多见地，相应函请查照，加具具体意见，在短期内赐复为荷！

此致

省立绵阳师范学校

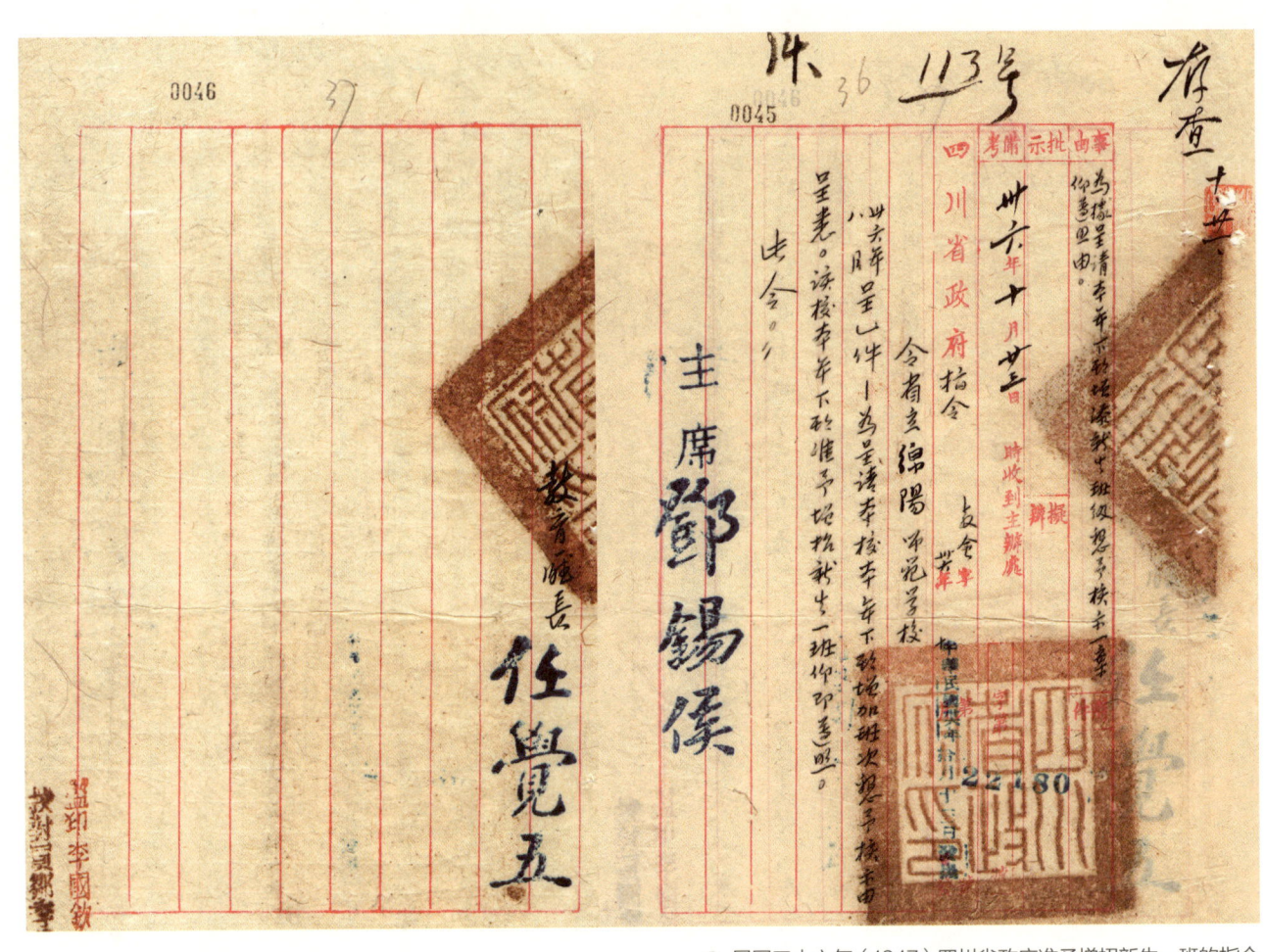

● 民国三十六年（1947）四川省政府准予增招新生一班的指令

四川省政府准予增招新生一班的指令

事由：为据呈请本年下期增添新生班级恳予核示一案，仰送照由

备考：三十六年（1947）十月二十三日　时　收到主办处

四川省政府指令　教会字第22180号

中华民国三十六年（1947）十月十三日发出

令省立绵阳师范学校：

三十六年（1947）八月呈一件——为呈请本校本年下期增加班次恳予核示由。呈悉。该校本年下期准予增招新生一班，仰即遵照。

此令

主席　邓锡侯

教育厅长　任觉五

八 军 训

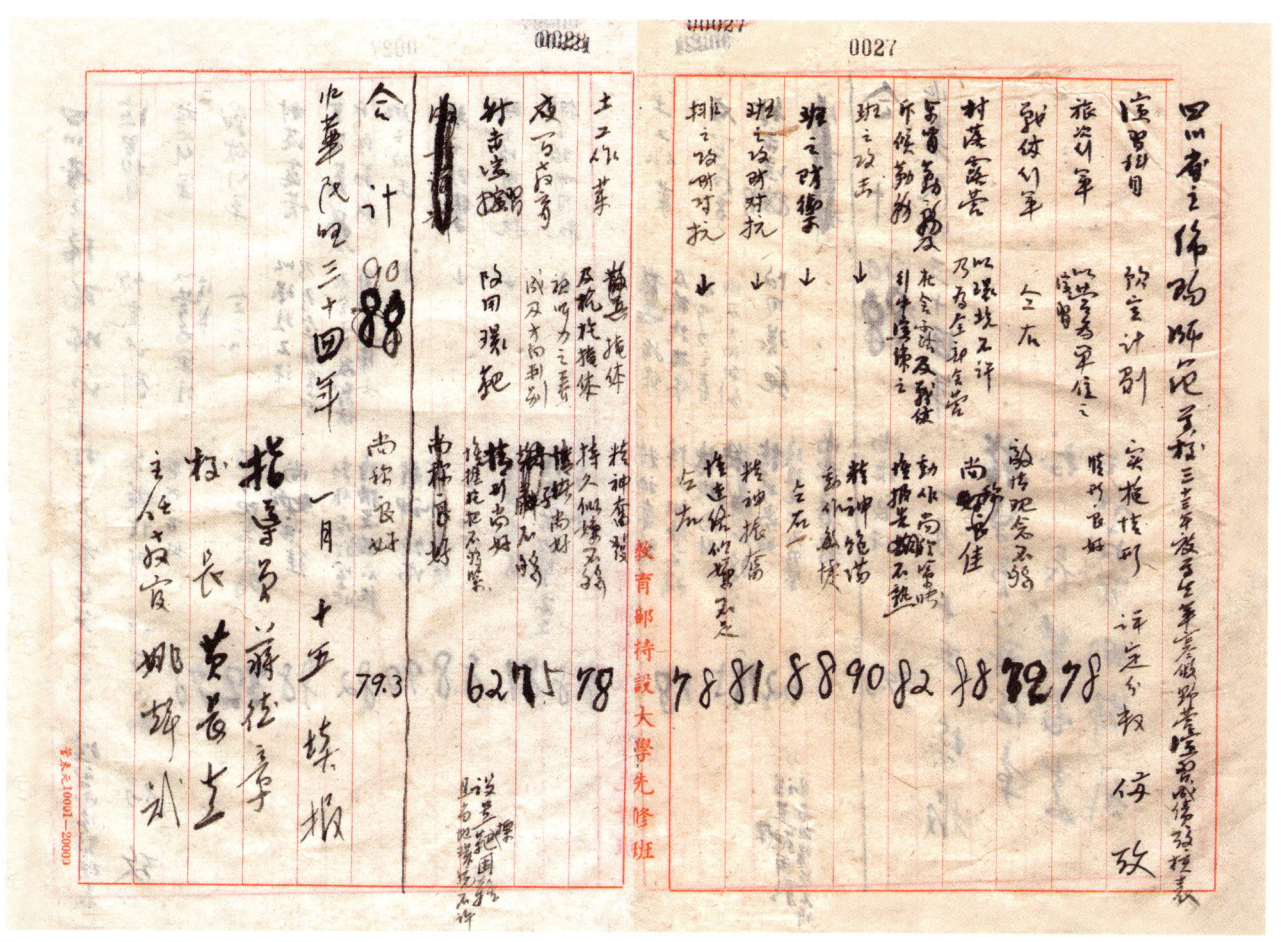

● 民国三十三年（1944）学生军寒假野营实习成绩表

四川省立绵阳师范学校三十三年（1944）度学生军寒假野营演习成绩考核表

演习科目	预定计划	实施情形	评定分数	备考
旅次行军	以营为单位之演习	情形良好	78	
战备行军	以营为单位之演习	敌情观念不够	79	
村落露营	以环境不许乃为全部舍营	尚佳	88	
军哨勤务及斥候勤务	在舍露及战后中行军演练之	动作尚称紧张 惟报告词不熟	82	
	班之攻击	精神饱满 动作敏捷	90	
	班之防御	精神饱满 动作敏捷	88	
	班之攻防对抗	精神振奋 惟连络似嫌不足	81	
	排之攻防对抗	精神振奋 惟连络似嫌不足	78	
土工作业	散兵掩体及枪托掩体	精神奋发 持久似嫌不够	78	
夜间教育	视听力之养成及方向判别	情形尚好 女子不够	75	
射击演习	防用环靶	情形尚好 惟握托把不够紧	62	设置标靶困难且当地环境不许
合计	90	尚称良好	79.3	

中华民国三十四年（1944）一月十五日　填报
指导员：蒋德章
校　　长：黄长直
主任教官：姚辉武

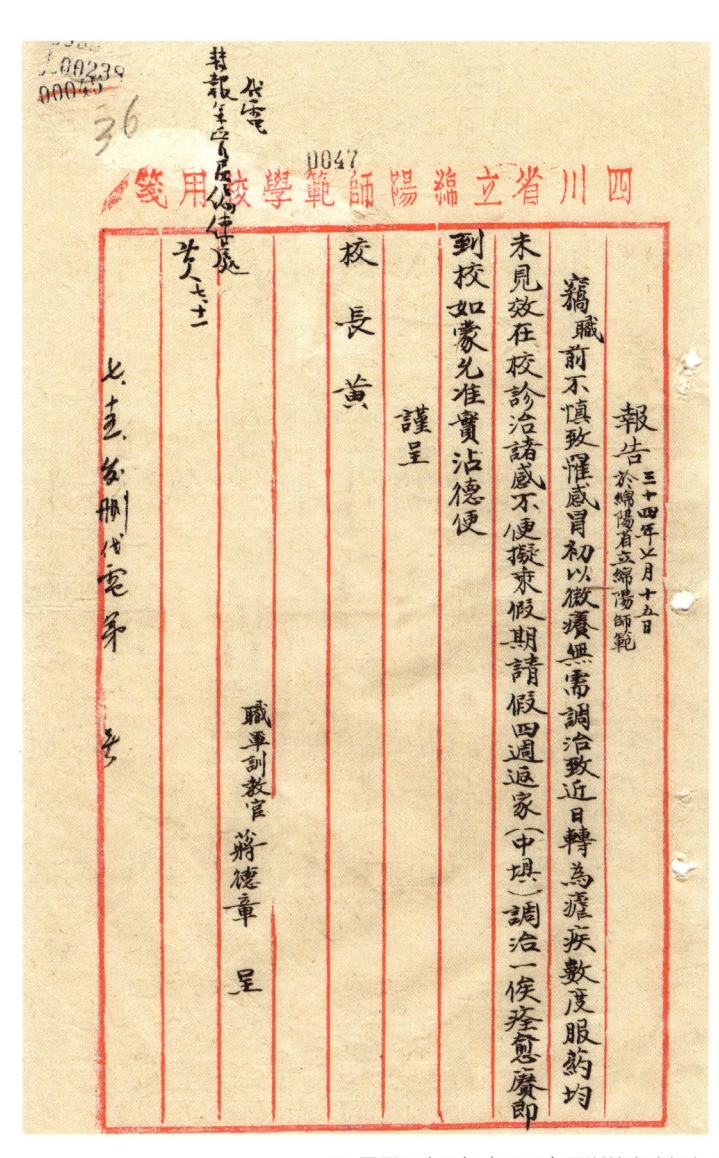

● 民国三十四年（1945）军训教官病假条

报 告

三十四年（1945）七月十五日
于绵阳省立绵阳师范

窃职前不慎致罹感冒，初以微痒，无需调治，致近日转为疟疾，数度服药均未见效，在校诊治诸感不便，拟乘假期请假四周返家（中坝）调治，一俟痊愈赓即到校，如蒙允准实沾德便。

　　　　　　　谨呈

校长黄

　　　　　　　职军训教官 蒋德章 呈

七、十五发 删代电 第 号

九　社会教育

● 民国二十九年至三十年（1940-1941）兼办社会教育调查

● 民国三十一学年（1942）度兼办社会教育统计报告表

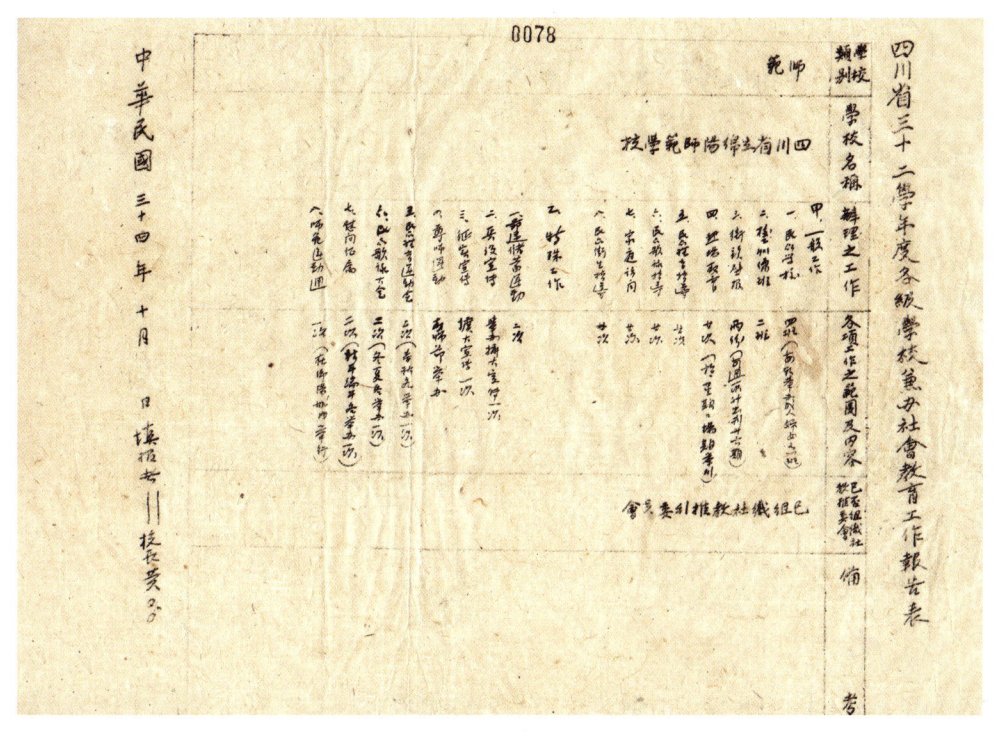

● 民国三十二学年（1943）度兼办社会教育工作报告表

● 民国三十三学年（1944）度兼办社会教育工作报告表

0064

四川省公私立中等學校辦理社會教育統計報告表

三十四學年度

學校名稱

工作類別	處數或學級數或工作次數			工作人數				受教人數				經費數（元）	備註
	處數	學級數	次數	教職員 男	教職員 女	學生 男	學生 女	學生數 男	學生數 女	參加活動聽講人數 男	參加活動聽講人數 女		
總計													
民眾學校	1	2	2	4	1	6	2	25	10				
抗戰宣傳			2	3		5				400	100		
民眾識字處	1	2	2	4	2	6	4	32	10				
通俗講演			1	2						200	40		
民眾歌詠團			2	2	4	20	20			200	50		
壁報	2		40	4	1	18	10						
民眾衛生指導			2	2	1	36	24			100	80		
救護訓練			2	6	2	12	30			34	48		
成績展覽會			2	12	3	20	20			2000	200		
農事指導			1	1		20				50	10		
農業訓練班													
工商職業補習班													
其他切合社會需要者	1	1	2	2		6	2	18	4				

校長　　辦理統計人員　　校對者　　填表者

說明：1.本表所列項目應根據本已經舉辦者詳實填列其未舉辦之項目亦請列入[illegible]所辦社會教育項目應一併列入。
2.工作人數欄之學生數係指本校學生參加各項社教工作之數目。
3.受教人數欄之參加活動或聽講人數若係估計數字應於備註欄內註明。
4.其他切合社會需要之教育應在備註欄內註明其名稱。

民国三十四学年（1945）度办理社会教育统计报告表

0012

中等學校辦理社會教育統計報告表

學校名稱：四川省立綿陽師範學校　　三十五學年度

(1)				民眾學校 (2)	民眾識字處 (3)	通俗講演 (4)	民眾歌詠團 (5)	壁報 (6)	民眾衛生指導 (7)	救護訓練 (8)	成績展覽會 (9)	農事指導 (10)	工商職業補習班 (11)	其他切合社會需要之教育 (12)	(13)	(14)	(15)	(16)	(17)	(18)	備註
處數或學級數或工作次數			全學年度內共辦處數	1	1			2						1							
			全學年度內共辦學級數	2	2									1							
			全學年度內共辦次數	2	2	1	2	40	2	2	2	1		2							
工作人數	教職員	男	全學年度內所有工作者	4	4	2	2	4	2	6	10	1		2							
		女	全學年度內所有工作者	1	2		4	1	1	2	2										
	學生	男	全學年度內所有工作者	6	6		20	16	30	10	20	20		6							
		女	全學年度內所有工作者	2	4		20	10	20	30	20			2							
受教人數	學生數	男	全學年度內所有受教者	20	30									18							
		女	全學年度內所有受教者	10	10									4							
	參加活動聽講人數	男	全學年度內所有參加活動或聽講者			200	200		100	30	1600	40									
		女	同上			40	60		50	40	200	8									

經費

校長 彭鼎　　辦理統計人員 呂充恒

民国三十五学年（1946）度办理社会教育统计报告表

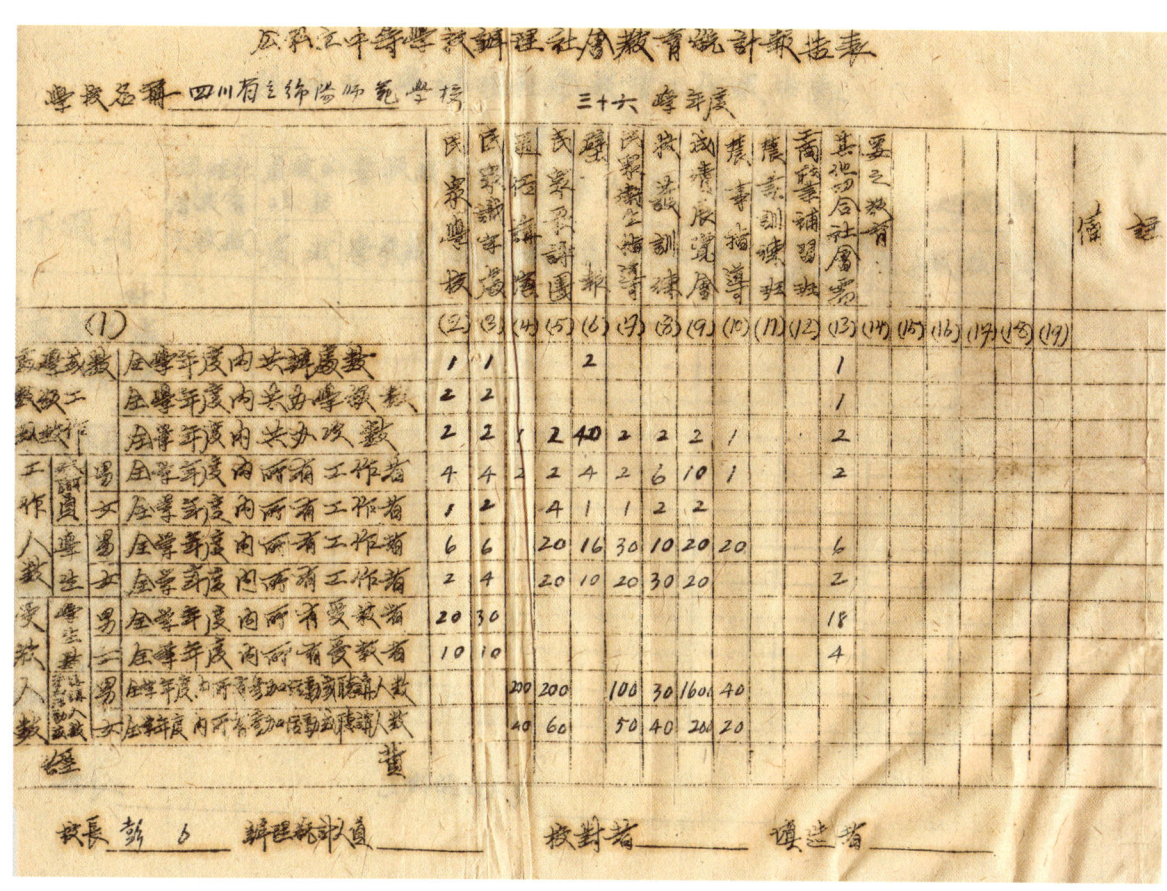

● 民国三十六学年（1947）度办理社会教育统计报告表

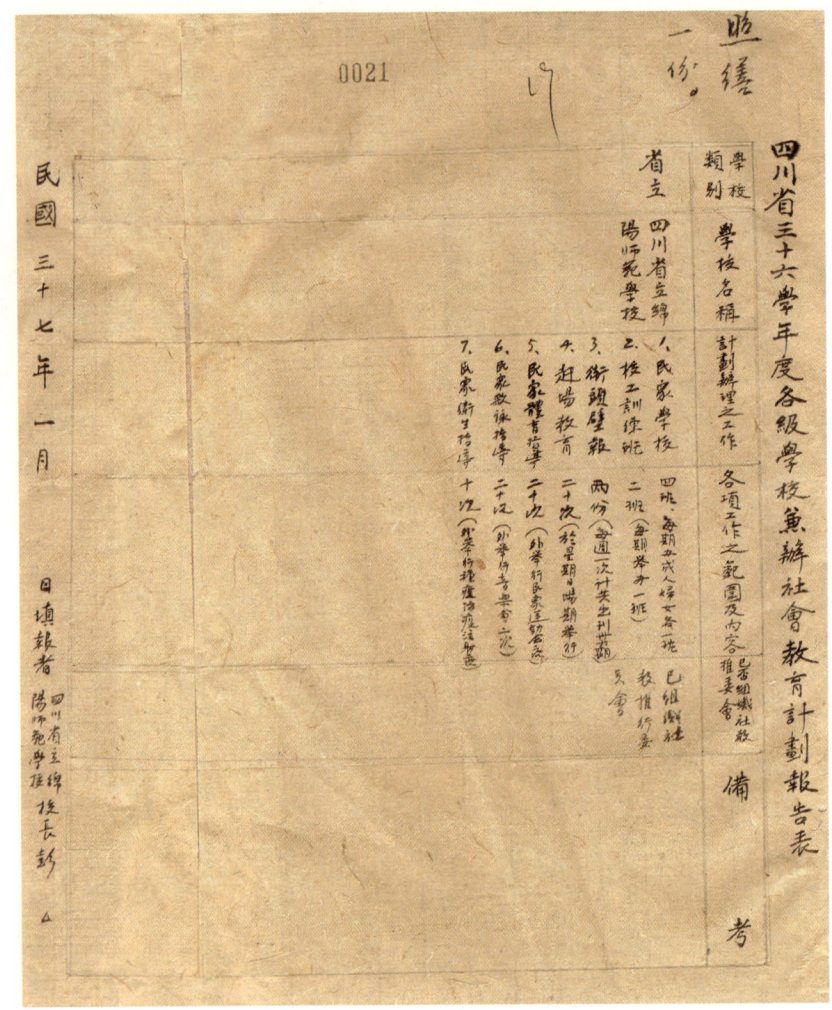

● 民国三十六学年（1947）度兼办社会教育计划报告表

十 志愿军

● 民国三十二年（1943）绵广师管区司令部关于检验合格学生编队的公函

绵广师管区司令部公函

师役寅字第5530号

民国三十二年（1943）十二月十四日发

事由：为贵校检验合格学生计已报到编队者有文栋臣等六名函复查照由

案准

贵校三十二年（1943）十二月四日师字第（168）号公函略开：

查本校学生志愿参加远征军，经由校函送并检验体格合格者计有：冯戎先、张蔚彬、龙吟、陈明伦、胡长庚、文栋臣、薛昭瑜、贺洪春、李孝乾、张基源、尹大兴等十二名，除冯戎先、张蔚彬二名已由其家长到校为请免予参加远征，尹大兴一名刻患疮不克就道，陈明伦、胡长庚二名请假回家尚未返校，其余文栋臣七名已通知其遵照规定日期前往报到入营，恳祈于该生等到达编队后赐覆下校以便查考为荷！

等由准此查

贵校检验合格学生计已报到者有文栋臣、薛昭瑜、周维杰、贺洪春、李孝乾、张基源等六名，业经于本月十日编队出发去，讫兹准前由相应函请。

查照为荷！

此致

省立绵阳师范学校

司　令　杨俊清

副司令　陈华光

绵师足迹：绵阳师范学院档案丛刊·民国卷选刊

304

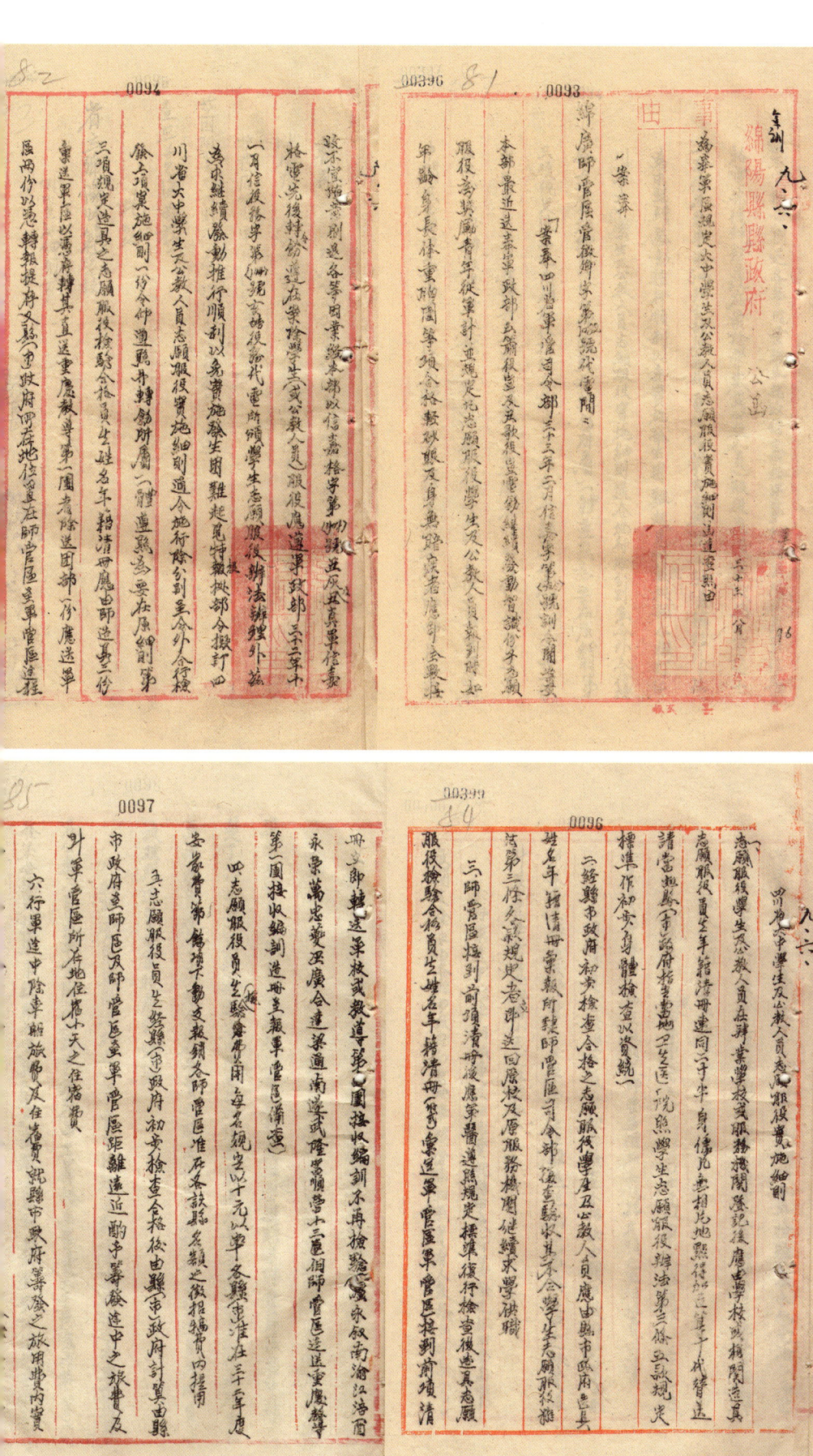

民国三十三年（1944）四川省大中学生及公教人员志愿服役实施细则

绵阳县县政府公函

军役字第96号

民国三十三年（1944）八月　日发

事由：为奉军区规定大中学生及公教人员志愿服役实施细则函达查照由

案奉绵广师管区管征卿字第1082号代电开：

"案奉四川省军管司令部三十三年（1944）二月，信嘉字第（585）号训令开案发本部最近迭奉军政部（玉箫）役宣及丑歌役宣电饬，继续发动智识份子志愿服役，为奖励青年从军计，并规定凡志愿服役学生及公教人员报到时，如年龄、身长、体重、胸围等项合格，轻砂眼及身无暗疾者应即全数接收，不宜随意剔退各等因。业经本部以信嘉格字第（407）号丑灰及丑真军信嘉格电先后转令，饬遵在案除学生（或公教人员）服役，应遵军政部三十二年（1943）十一月信役务字第（144）号，亥皓役务代电所颁学生志愿服役办法办理外，兹为求继续发动推行顺利，以免实施发生困难起见，特根据部令拟订四川省大中学生及公教人员志愿服役实施细则通令施行，除分别呈令外，合行检发二项实施细则一份令仰遵照，并转饬所属一体遵照为要。在原细则第三项规定造具之志愿服役检验合格员生姓名、年籍清册，应由师造具三份汇送军区，以凭存转，其直送重庆教导第一团者，除送团部一份，以凭转报提存入县（市），政府所在地

位置在师管区至军管区途程中间或由县市至军管区途程窎远者，得由师管区派遣干部，县（市）政府会同卫生医院复验接收后转送军区，希并遵函等因附据发四川省大中学生及公教人员志愿服役实施细则一份，在此除分电外合亟抄发原细则电仰遵照办理为要！"等因附实施细则一份，来此除分令外相应函达，查照并见复为荷！

此致

省立绵阳师范学校

附实施细则一份

县长　杨卓孟

四川省大中学生及公教人员志愿服役实施细则

一、志愿服役学生及公教人员在肄业学校或服务机关登记后，应由学校或机关造具志愿服役员生年籍清册，连同二寸半身像片，无相片地点得加造箕斗代替，送请当地县（市）政府指定当地卫生医院照学生志愿服役办法第三条五款规定标准，作初步身体检查以资统一。

二、经县、市政府初步检查合格之志愿服务学生及公教人员，应由县、市政府造具姓名、年籍清册汇报所隶师管区司令部复查验收，其不合学生志愿服役办法第三条各款规定者，立即送回原校及原服务机关继续求学供职。

三、师管区接到前项清册后，应军医遵照规定标准复行检查后造具志愿服役检验合格员生姓名、年籍清册（附二）汇送军管区，军管区接到前项清册立即转送军校或教导第二团接收编训，不再检验（泸永叙南渝江涪西永荣万忠夔巫广合达梁通南遂武隆富顺营十三区个师管区径送重庆教导第一团接收编训，造册呈报军管区备查）。

四、志愿服役员生检验费用每名规定以十元，以率各县（市）准在三十二年（1943）度安家费节余项下动支报销，各师管区准在各该县名额之征招稿费内提用。

五、志愿服役员生经县（市）政府初步检查合格后由县（市）政府及师管区至军管区距离远近酌予筹发途中之旅费及至军管区所在地住宿十天之住宿费。

六、行军途中除车船之旅费及住宿费，就县市政府筹发之旅用费内实数开支，食米由各县市政府向当地军粮仓库按照实有人数拨领外，每人每日支副食费二十圆，仍在县（市）政府筹发之旅用费内开支。

七、行军途中车船、住宿、伙食各费，应由县（市）政府选派妥员会同志愿服役员生派员共同负责办理，以资监督，免滋流弊端，到达师管区后应即结算清楚，了清手续，并将余款交由师管区，慎选护送人员妥为保管，以作由师管区至军管区途中车旅、食宿各费之开支，仍由志愿服役员生派员共同负责办理，到达军管区后应即清结。

八、经师管区复验合格，送由军管区转送教导团接收之，志愿服役学生及公教人员由军管区令知县、市政府每名筹拨安家费二十元，汇由军管区转发不合规定标准，未经验收者其已用之车旅、住宿、副食及遣散回籍旅费及验收者之旅费，准在各县市三十二年（1943）度安家费节余项下作正报销。

九、非学生及公教人员志愿服役者，应填具志愿服役申请书（附二）向当地县、市政府申请登记，申请书上应粘贴本人二寸半身相片一张，如无相片应附具箕斗，应觅具武职少校以上文职荐任以上之保证人或当地之殷实铺保。

十、在某县（市）登记经检验合格编入教导团，收训之志愿服役学生及公教人员准抵某县（市）徽颢！

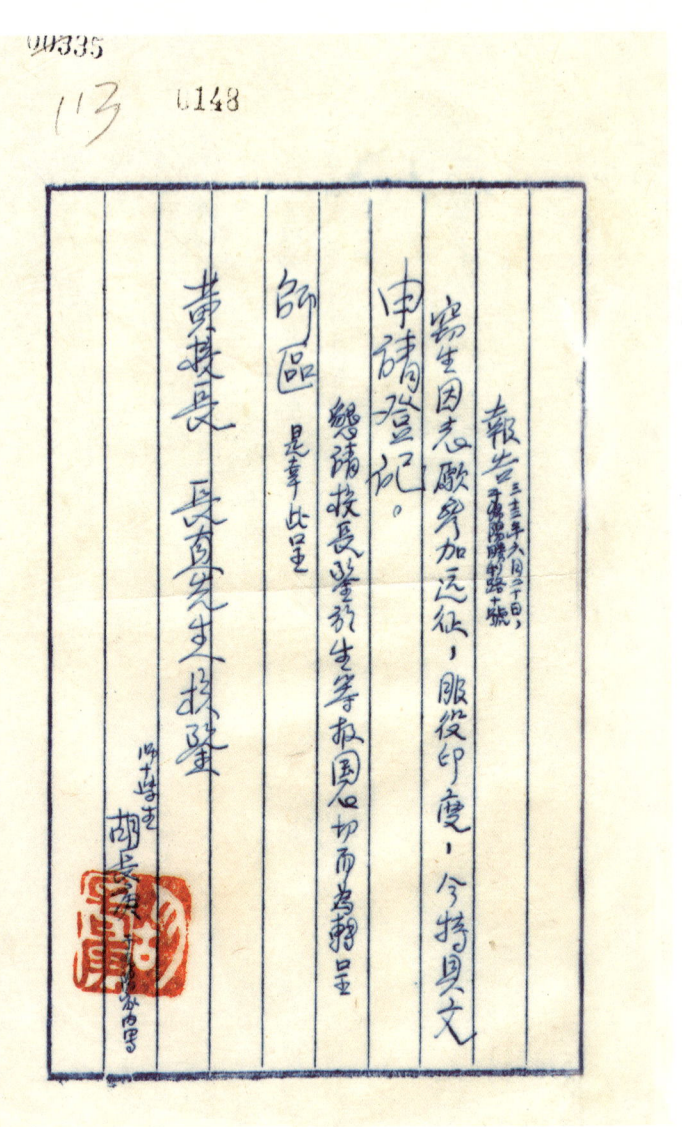

● 民国三十三年（1944）学生胡长庚参加远征军志愿书

报 告

三十三年（1944）六月二十日 于绵阳胜利路十号

窃生因志愿参加远征，服役印度，今特具文，申请登记。

恳请校长鉴于生等报国心切而为转呈师区。是幸。

此呈

黄校长

师十学生胡长庚 长直先生核鉴

于绵阳家内写

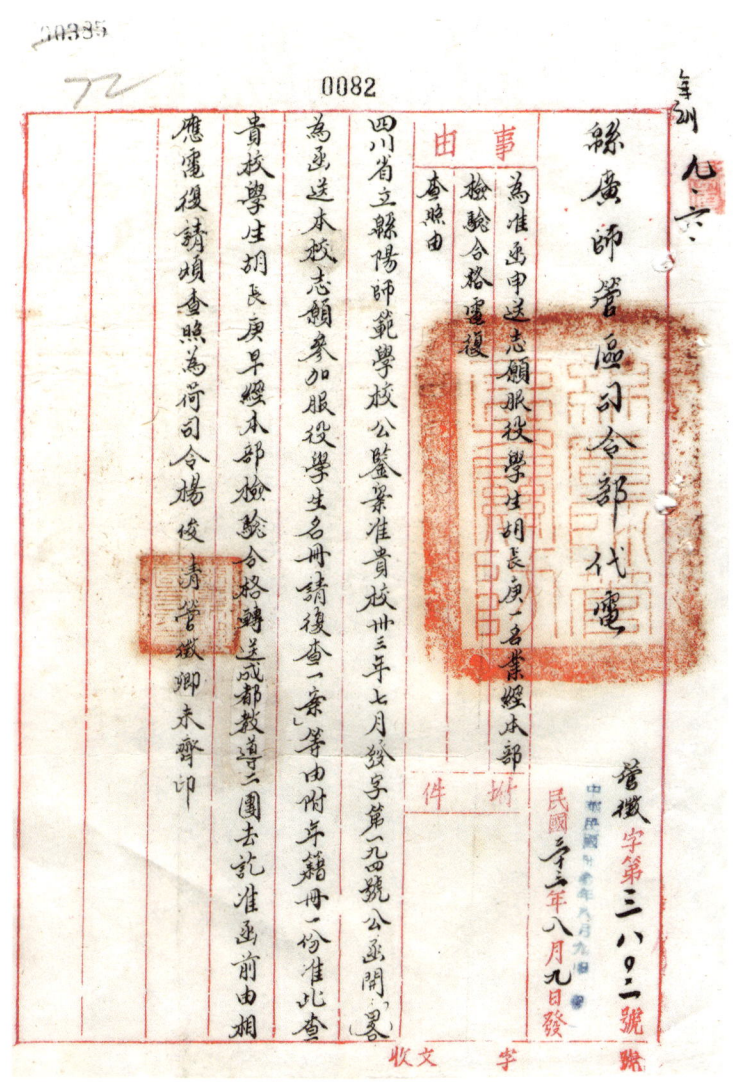

● 民国三十三年（1944）绵广师管区司令部关于志愿服役学生胡长庚检验合格的代电

绵广师管区司令部代电

管征字第三八〇二号

民国三十三年（1944）八月九日发

事由：为准函申送志愿服役学生胡长庚一名业经本部检验合格电复

查照由

四川省立绵阳师范学校公鉴案准贵校三十三年（1944）七月发字第一九四号公函开（略）。为函送本校志愿参加服役学生名册请复查一案等由，附年籍册一份准此查，贵校学生胡长庚早经本部检验合格转送成都教导二团去讫准函前由相应电复，请烦查照为荷！司令杨俊清 管征卿未齐印

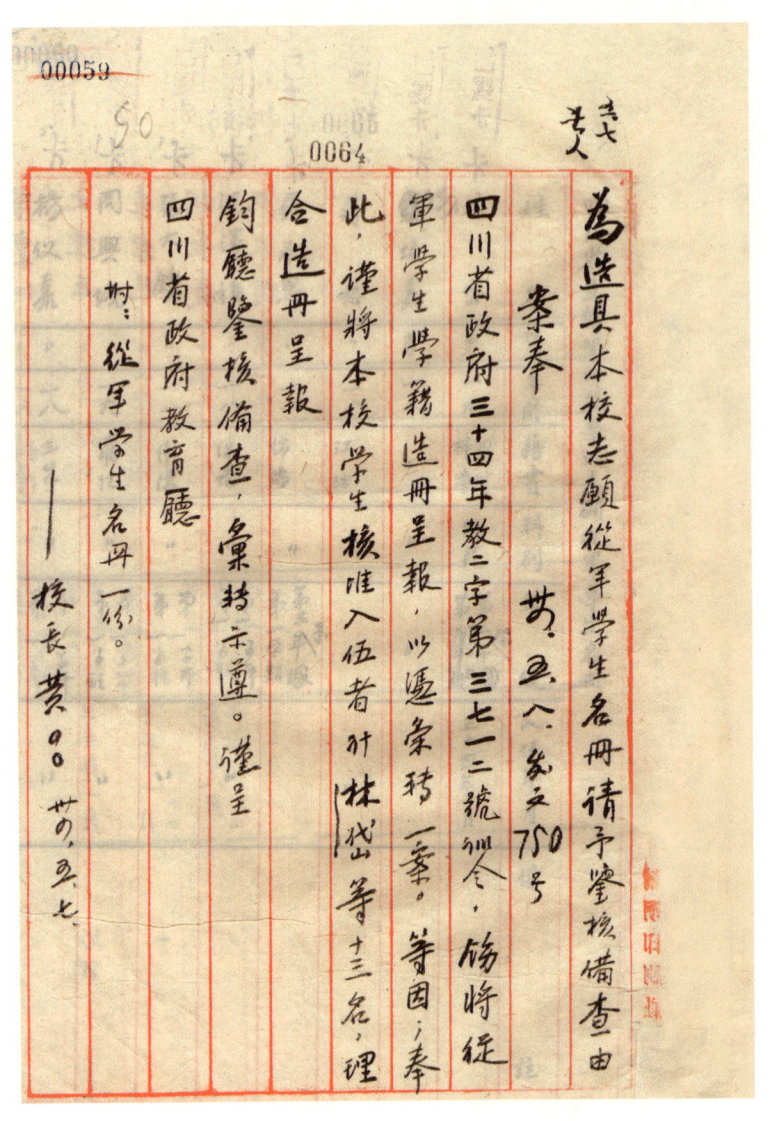

● 民国三十四年（1945）上报志愿从军学生名册的公函

为造具本校志愿从军学生名册请予鉴核备查由

案奉 三十四（1945）、五、八发文750号四川省政府三十四年（1945）教二字第三七一二号训令，饬将从军学生学籍造册呈报，以凭汇转一案。等因；奉此，谨将本校学生核准入伍者计林岱等十三名，理合造册呈报。

钧厅鉴核备查，汇转示遵。谨呈

四川省政府教育厅

附：从军学生名册一份。

—— 校长 黄××

三十四（1945）、五、七

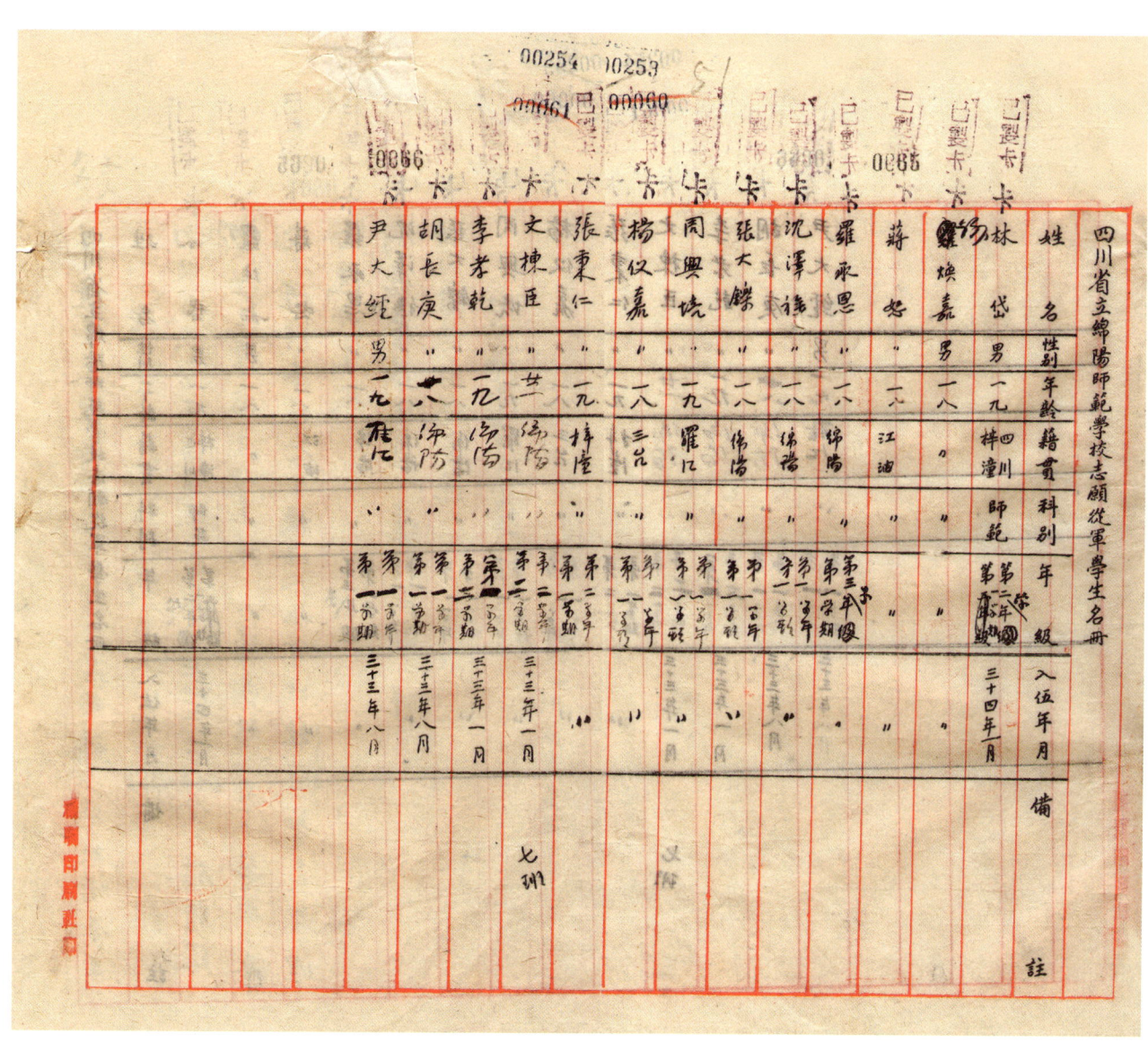

四川省立綿陽師範學校志願從軍學生名冊

姓名	性別	年齡	籍貫	科別	年級	入伍年月	備註
林岱	男	一九	四川梓潼	師範	第二年級	三十四年一月	
羅煥嘉	男	一八	〃	〃	第三年級第一學期	〃	
蔣怨	〃	一八	江油	〃	第一年級	〃	
羅承恩	〃	一八	綿陽	〃	第一年級	〃	
沈澤謙	〃	一八	綿陽	〃	第一年級	〃	
張大鐸	〃	一九	羅江	〃	第二年級第一學期	〃	
周興堯	〃	一八	三台	〃	第二年級第一學期	〃	
楊仪嘉	〃	一九	梓潼	〃	第二年級第一學期	三十三年一月	七辦
張東仁	〃	一九	綿陽	〃	第二年級第二學期	三十三年一月	
文棟臣	〃	廿	綿陽	〃	第一學期	三十三年八月	
李孝乾	〃	一九	綿陽	〃	第一學期	三十三年八月	
胡長庚	〃	廿	綿陽	〃	第一學期	三十三年八月	
尹大經	男	一九	廣化	〃			

● 民國三十四年（1945）志願從軍學生名冊

四川省立绵阳师范学校志愿从军学生名册

姓名	性别	年龄	籍贯	科别	年级	入伍年月	备注
林 岱	男	19	四川梓潼	师范	第二学年第一学期	三十四年（1945）一月	
汤焕嘉	男	18	四川梓潼	师范	第二学年第一学期	三十四年（1945）一月	
蒋 恕	男	18	四川江油	师范	第二学年第一学期	三十四年（1945）一月	
罗承恩	男	18	四川绵阳	师范	第三学年第一学期	三十四年（1945）一月	
沈泽（详？）	男	18	四川绵阳	师范	第一学年第一学期	三十四年（1945）一月	
张大铄	男	18	四川绵阳	师范	第一学年第一学期	三十四年（1945）一月	
周兴培	男	19	四川罗江	师范	第一学年第一学期	三十四年（1945）一月	
杨仪嘉	男	18	四川三台	师范	第一学年第一学期	三十四年（1945）一月	
张秉仁	男	19	四川梓潼	师范	第二学年第一学期	三十四年（1945年）一月	
文栋臣	男	21	四川绵阳	师范	第二学年第二学期	三十三年（1944）一月	七班
李孝乾	男	19	四川绵阳	师范	第一学年第二学期	三十三年（1944）一月	
胡长庚	男	18	四川绵阳	师范	第一学年第一学期	三十三年（1944）八月	
尹大经	男	19	四川罗江	师范	第一学年第一学期	三十三年（1944）八月	

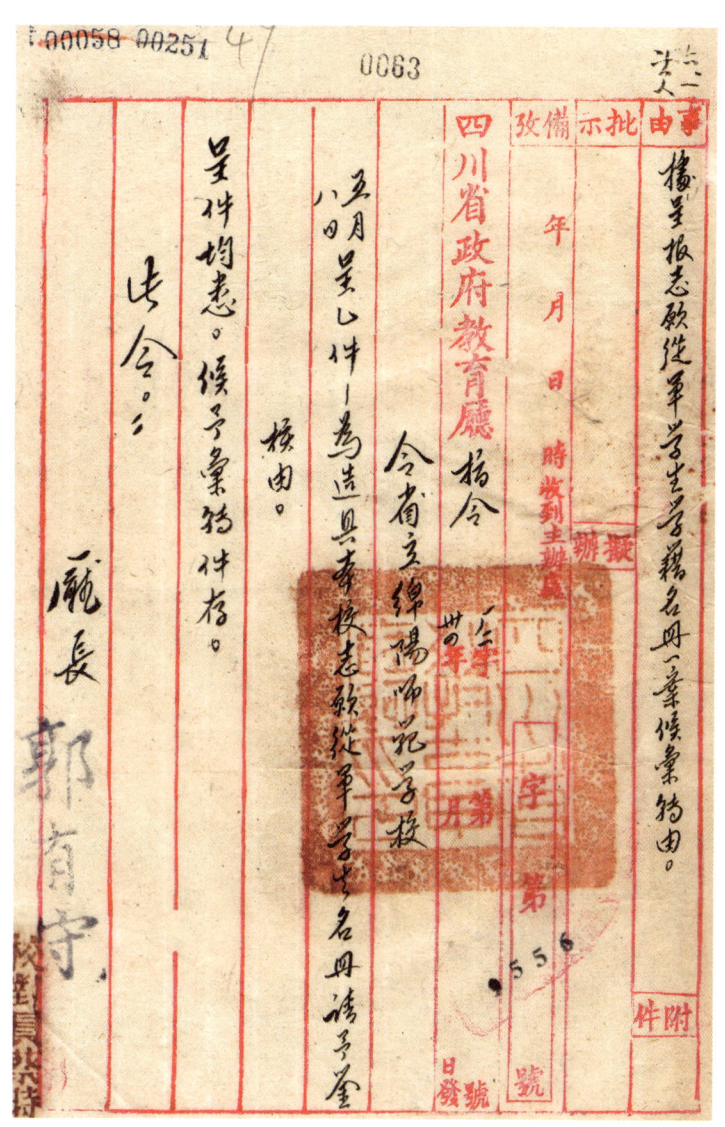

● 民国三十四年（1945）四川省政府关于志愿军学生学籍名册的指令

四川省政府教育厅指令

厅字第9556号 三十四年（1945） 月 日发

令省立绵阳师范学校

五月八日呈一件——为造具本校志愿从军学生名册请予鉴核由。

呈件均悉。候予汇转件存。

此令

厅长 郭有守

事由：据呈报志愿从军学生学籍名册一案候汇特由

十一 募 捐

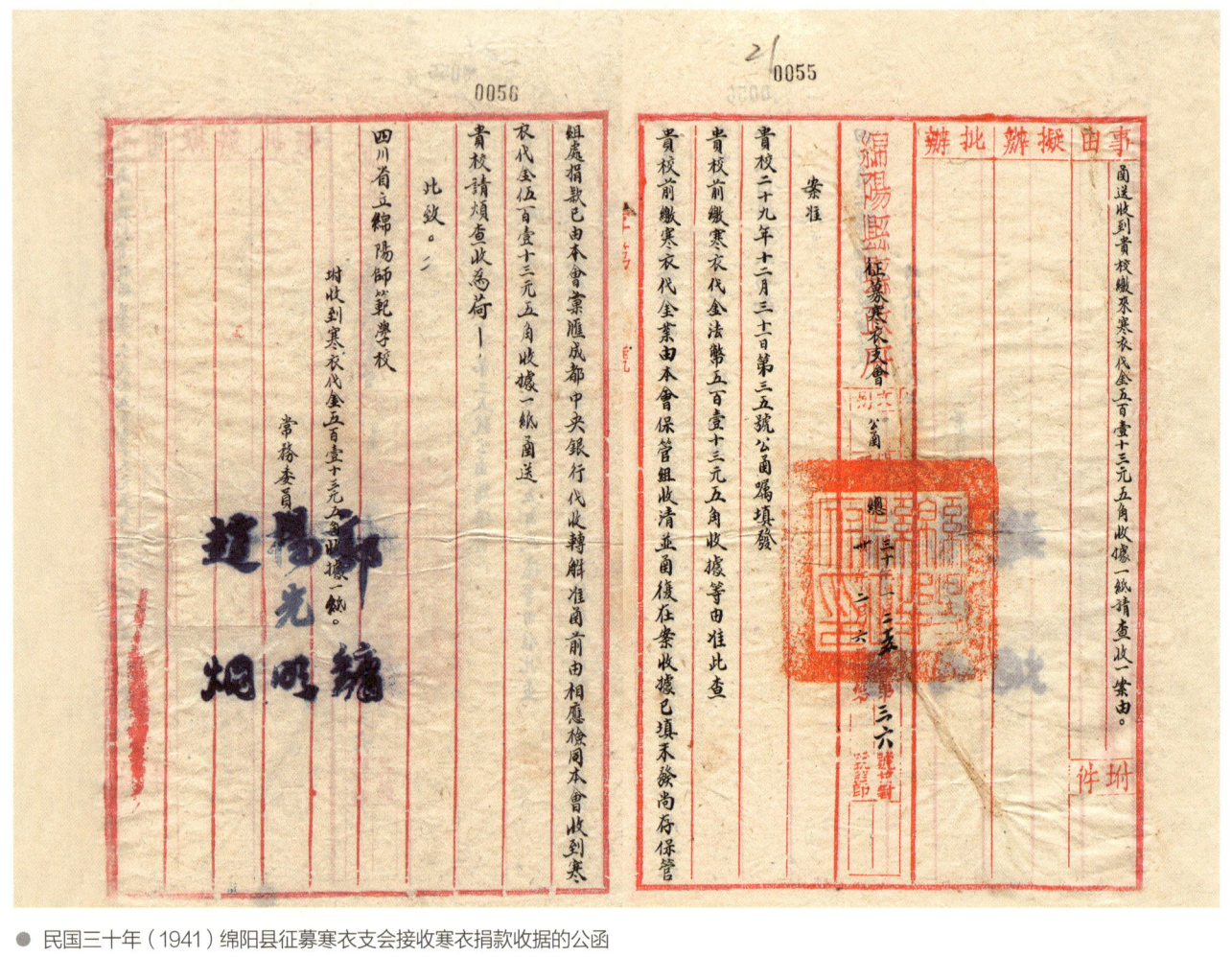

● 民国三十年（1941）绵阳县征募寒衣支会接收寒衣捐款收据的公函

绵阳县征募寒衣支会公函 总

三十年（1941）一月二十五日发第三六号核对
三十年（1941）二月六日收第 号

案准

贵校二十九年（1940）十二月三十一日第三五号公函嘱填发

贵校前缴寒衣代金法币五百壹十三元五角收据等由准此查

贵校前缴寒衣代金业由本会保管组收清，并函复在案，收据已填；未发，尚存保管处。捐款已由本会汇成都中央银行代收，转解准函前由相应检同本会收到寒衣代金伍百壹十三元五角收据一纸函送贵校请烦查收为荷！

此致

四川省立绵阳师范学校

附收到寒衣代金五百壹十三元五角收据一纸。

常务委员 郭镛 杨光明 赵烜

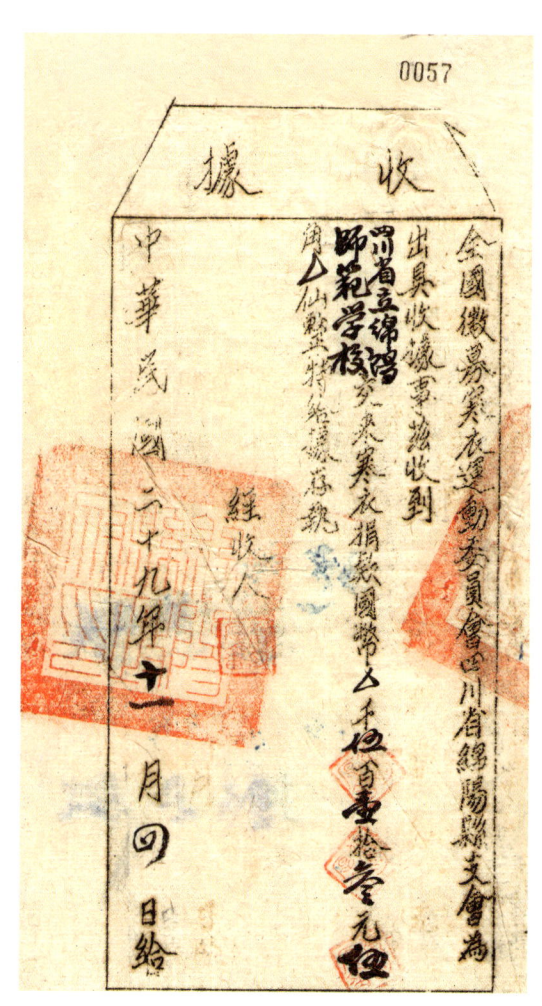

民国二十九年（1940）全国征募寒衣运动委员会四川省绵阳县支委会寒衣捐款收据

收 据

全国征募寒衣运动委员会四川省绵阳县支会为出具收据事，兹收到四川省立绵阳师范学校交来寒衣捐款国币零千伍百壹拾叁元伍角零仙整，特给据存执。

经收人

中华民国二十九年（1940）十一月四日给

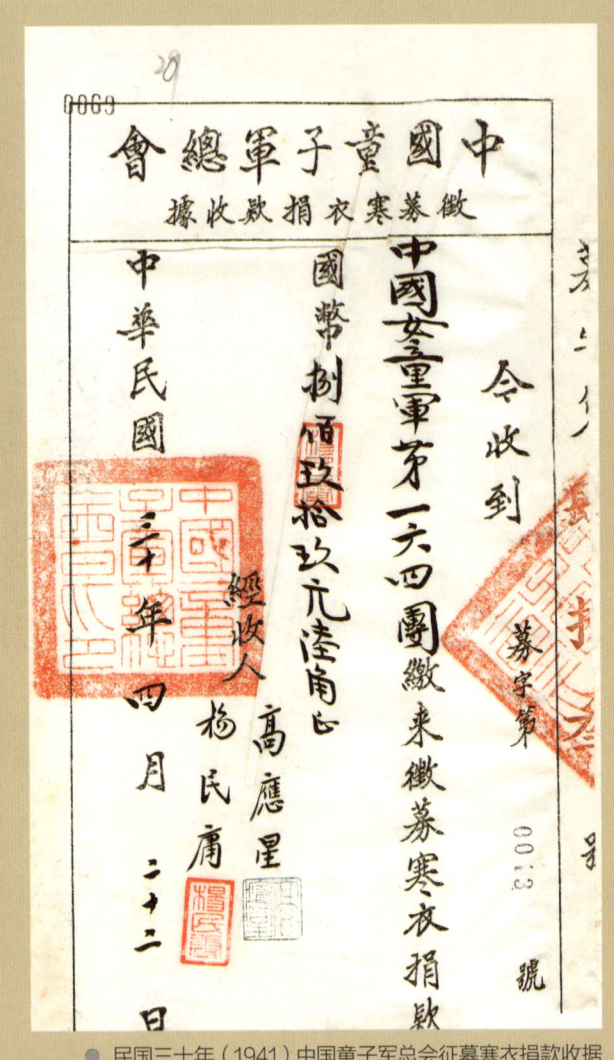

● 民国三十年（1941）中国童子军总会征募寒衣捐款收据

中国童子军总会

征募寒衣捐款收据

募字第0013号

今收到中国女童军第一六四团缴来征募寒衣捐款，国币捌佰玖拾玖元陆角正。

经收人：高应星 杨民庸

中华民国三十年（1941）四月二十二日

存稿

四川省立綿陽師範學校附設初級中學
中國女童子軍第一六四團團部
廿九年徵募寒衣代金姓名清冊

中六班

姓名	性別	捐歉數 自捐 募捐	備考
龍先蔚	女	壹元	
雷竹筠	女	壹元	拾叁元柒角伍分八
陳少珍	女	伍角	拾叁元柒角伍分八
鍾瑞芝	女	叁元	拾叁元柒角伍分八
李咸芸	女	伍元	拾叁元柒角伍分八
左靖浦	女	壹元	拾叁元柒角伍分八
謝崇華	女	伍角	拾叁元柒角伍分八
胡榮鈺	女	伍角	拾叁元柒角伍分八
李敬淳	女	叁元	拾叁元柒角伍分八
朱景襟	女	伍角	拾叁元柒角伍分八
王惠芳	女	伍角	拾叁元柒角伍分八

姓名	性別	捐歉數	備考
劉用貞	女	壹元伍角	拾叁元柒角伍分八
李秀蘭	女	壹元	拾叁元柒角伍分八
廖淑範	女	伍角	拾叁元柒角伍分八
蒲元春	女	伍角	拾叁元柒角伍分八
張崇慧	女	壹元伍角	拾叁元柒角伍分八
劉秀清	女	伍角	拾叁元柒角伍分八
劉修蓉	女	伍角	拾叁元柒角伍分八
廖蜀瑾	女	伍角	拾叁元柒角伍分八
王援國	女	貳元	貳拾叁元柒角伍分八
合計		貳拾壹元	

中乙班

姓名	性別	捐歉數 自捐 募捐	備考
張鳳沉	女	壹元	拾壹元柒角陸
王芸	女	伍角	拾壹元柒角陸
袁國華	女	伍元	拾壹元柒角陸
孫惠芳	女	壹元	拾壹元柒角陸
羅華玉	女	叁元	拾壹元柒角陸
鍾立琨	女	伍角	拾壹元柒角陸
姓大晚	女	伍角	拾壹元柒角陸
雷玉秀	女	伍角	拾壹元柒角陸
謝琴梆	女	壹元	拾壹元柒角陸
陳玉華	女	貳元	拾壹元柒角陸

民國二十九年（1940）徵募寒衣代金姓名清冊

中八班 捐款登记表

（页 0083）

姓名	性别	捐款数	备考
陈琬仪	女	壹元	拾壹元柒角陆
廖玉琮	女	伍角	拾壹元柒角陆
刘连廷	女	壹元	拾壹元柒角陆
谢星溪	女	壹元	拾壹元柒角陆
吴孝先	女	壹元	拾壹元柒角陆
蒋立志	女	壹元	拾壹元柒角陆
邓如琛	女	壹元	拾壹元柒角陆
黄杨钰	女	壹元	拾壹元柒角陆
智桂贞	女	伍角	拾壹元柒角陆
罗絮芳	女	伍角	拾壹元柒角陆
熊顺桂	女	壹元	拾壹元柒角陆
合计	女叁元	贰拾肆元伍角贰	

（页 0084） 中八班

姓名	性别	自捐	募捐	备考
杜文凯	女	伍角	陆元叁角	
黄文兰	女	伍角	陆元叁角壹	
王雪珊	女	伍角	陆元叁角壹	
孙鸾	女	伍角	陆元叁角壹	
邓心毅	女	伍角	陆元叁角壹	
许佩苓	女	伍角	陆元叁角壹	
蒋琼英	女	壹元	陆元叁角壹	
王元德	女	贰角	陆元叁角壹	
蔡元焱	女	贰角	陆元叁角壹	
吴孝绮	女	伍角	拾元	募捐时请假未到
汤伯凡	女	伍角	拾贰元	

（页 0085）

姓名	性别	自捐	备考
戴琳琅	女	伍角	陆元叁角壹
张莹德	女	壹元	陆元叁角壹
黄文芳	女	伍角	陆元叁角壹
苏琴华	女	伍角	陆元叁角壹
彭淑莹	女	贰角	陆元叁角壹
颜思湘	女	贰角	陆元叁角壹
刘汲娴	女	贰角	陆元叁角壹
翟尉芳	女	伍角	陆元叁角壹
瞿庆华	女	伍角	陆元叁角壹
任玉芳	女	伍角	陆元叁角壹
陈德琅	女	贰角	因病请假
王英国	女	贰角	陆元叁角壹
罗丽舒	女	伍角	退学

（页 0086）

姓名	性别	自捐	备考
许德贵	女	伍角	陆元叁角壹
黄欠淑	女	贰角	陆元叁角壹
合计		拾壹元壹角	壹百陆拾玖元玖角伍

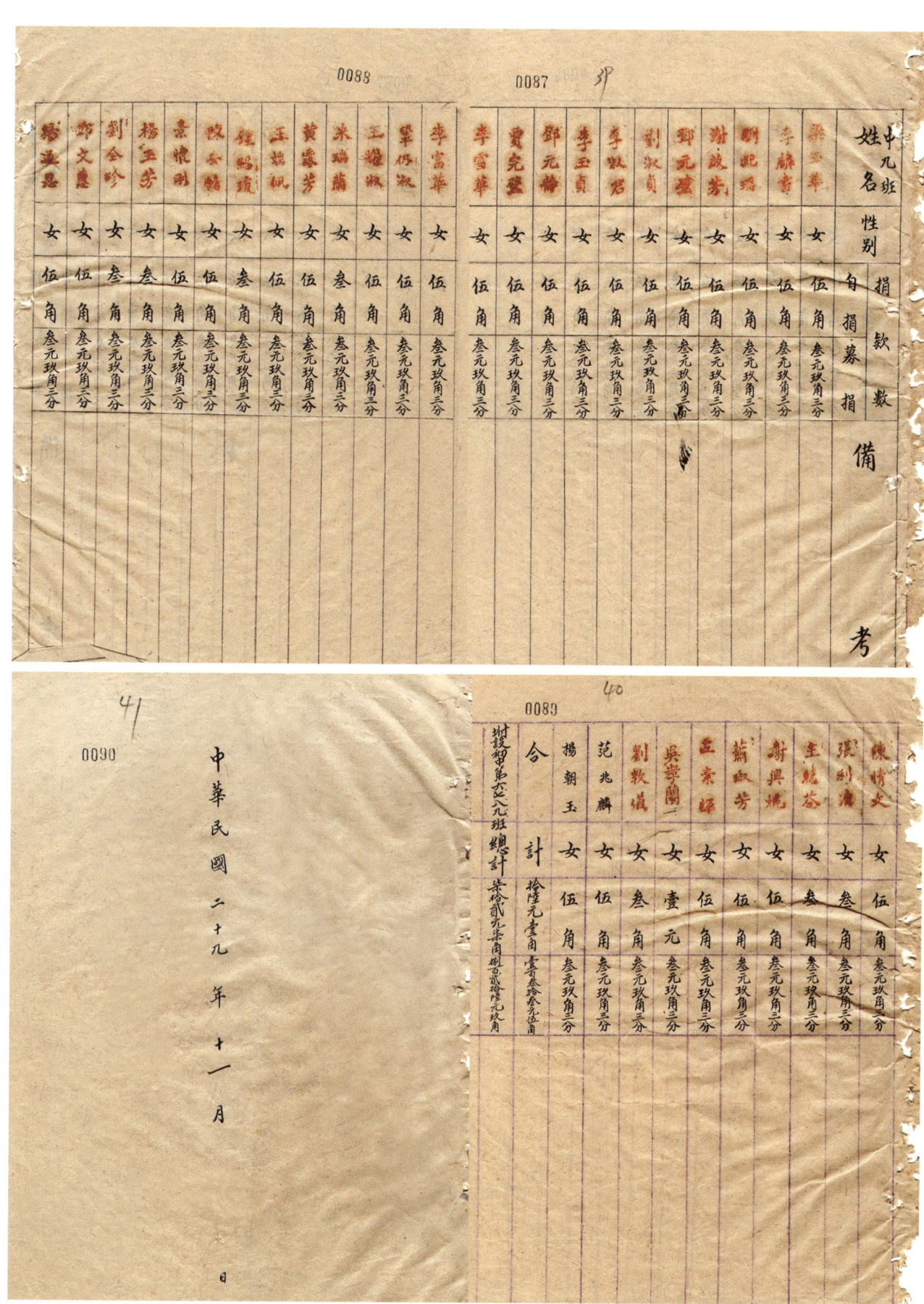

民国二十九年（1940）征募寒衣代金姓名清册

四川省立绵阳师范学校附设初级中学
中国女童子军第一六四团团部

二十九年（1940）征募寒衣代金姓名清册

中六班姓名	性别	捐款数 自捐	捐款数 募捐	备考
龙先蔚	女	1.00	13.758	
雷竹筠	女	1.00	13.758	
陈少珍	女	0.50	13.758	
钟瑞芝	女	3.00	13.758	
李盛英	女	0.50	13.758	
左清浦	女	1.00	13.758	
薛崇莘	女	0.50	13.758	
薛崇庄	女	0.50	13.758	
李敦淳	女	3.00	13.758	
朱崇朴	女	0.50	13.758	
王寒芳	女	0.50	13.758	
刘维贤	女	1.50	13.758	
李香云	女	1.00	13.758	
廖淑范	女	0.50	13.758	
萧元春	女	0.50	13.758	
张崇慧	女	0.50	13.758	
刘秀清	女	0.50	13.758	
孙莲洁	女	1.50	13.758	
刘修容	女	0.50	13.758	
廖蜀琼	女	0.50	13.758	
王援蜀	女	2.00	13.758	
合 计		21.00	288.930	

中七班姓名	性别	捐款数 自捐	捐款数 募捐	备考
张凤沅	女	1.00	11.76	
王 芸	女	0.50	11.76	
袁国华	女	0.50	11.76	
孙蕙芳	女	1.00	11.76	
尹华玉	女	0.50	11.76	
钟立琨	女	3.00	11.76	
钟立瑜	女	3.00	11.76	
杜文锐	女	0.50	11.76	
雷玉秀	女	0.50	11.76	
谢荣楣	女	1.00	11.76	
陈玉华	女	2.00	11.76	
陈锦霞	女	1.00	11.76	
廖玉华	女	0.50	11.76	
刘连品	女	0.50	11.76	
谢星洁	女	1.00	11.76	
吴孝先	女	1.00	11.76	
蒋立志	女	1.00	11.76	
邓如璋	女	1.00	11.76	
毛扬翎	女	0.50	11.76	
曹桂贞	女	0.50	11.76	
唐蕙芳	女	1.00	11.76	
孙顺桂	女	3.00	11.76	
合 计		24.50	243.52	

中八班姓名	性别	捐款数 自捐	捐款数 募捐	备 考
吴孝琦	女	0.50	10.00	
汤俊凡	女	0.50	12.00	
杜文轵	女	0.50	6.31	
黄文兰	女	0.50	6.31	
王雪琼	女	0.50	6.31	
孙鸾	女	0.50	6.31	
邓心毅	女	0.50		募捐时请假未到
许佩荃	女	0.50	6.31	
蒋琼英	女	1.00	6.31	
王元德	女	0.20	6.31	
黎元芬	女	0.20	6.31	
钱映照	女	0.50	6.31	
张崇德	女	1.00	6.31	
黄文芳	女	0.50	6.31	
苏琴华	女	0.50	6.31	
彭淑莹	女	0.20	6.31	
颜昌文	女	0.20	6.31	
刘汝娴	女	0.20	6.31	
税蔚芳	女	0.50	6.31	
翟琼华	女	0.50	6.31	
任玉芳	女			因病请假
陈懋筱	女	0.50	6.31	
王英国	女			退学
罗丽舒	女	0.20	6.31	
许茂菁	女	0.50	6.31	
张义如	女	0.20	6.31	
黄文淑	女	0.20	6.31	
合 计		11.10	160.95	

中九班姓名	性别	捐款数 自捐	捐款数 募捐	备 考
梁玉华	女	0.50	3.93	
李麟书	女	0.50	3.93	
刘纪瑞	女	0.50	3.93	
谢启芳	女	0.50	3.93	
邓元莹	女	0.50	3.93	
刘淑贞	女	0.50	3.93	
李淑君	女	0.50	3.93	
李玉贞	女	0.50	3.93	
邓元静	女	0.50	3.93	
贾完璧	女	0.50	3.93	
李雪华	女	0.50	3.93	
李富华	女	0.50	3.93	
巩仍淑	女	0.50	3.93	
王耀淑	女	0.50	3.93	
米瑞兰	女	0.30	3.93	
黄露芳	女	0.50	3.93	
王端佩	女	0.50	3.93	
钟绍琼	女	0.30	3.93	
陈安清	女	0.50	3.93	
景怀刚	女	0.50	3.93	
杨玉芳	女	0.30	3.93	
刘全珍	女	0.30	3.93	
郑文蕙	女	0.50	3.93	
杨通恩	女	0.50	3.93	
陈情文	女	0.50	3.93	
张利清	女	0.30	3.93	
王德芬	女	0.30	3.93	
谢兴婉	女	0.50	3.93	
萧琡芳	女	0.50	3.93	
左素辉	女	0.50	3.93	
吴孝兰	女	1.00	3.93	
刘敦仪	女	0.30	3.93	
范兆麟	女	0.50	3.93	
杨朝玉	女	0.50	3.93	
合 计		16.10	133.50	
附设初中第六七八九班总计		72.70	826.90	

中华民国二十九年（1940）十一月

0111 师范第二班

姓名			
易弘板	一	○	○
王義爵	一	○	○
彭育民	一	○	○
黎元尚	一	○	○

0112 师范第二班

姓名			
蒲慰官	一	○	○
程國光	一	○	○
左玉震	一	○	○
吴定榙	一	○	○
黃立銘	一	○	○
趙志烈	一	○	○
李劍英	一	○	○
楊士震	一	○	○
余銘靈	七	○	○
李淑棋	五	○	○

0113

姓名			
易伯坤	五	○	○
徐天鵠	五	○	○
黃淑芸	三	○	○
邱惠如	一	○	○
曾保華	一	○	○
廖玉芳	二	○	○
吴曉樓	二	○	○
陳玉文	一	○	○
陳筱如	一	○	○
王自新	一	○	○

0116

姓名			
李　館	一	○	○
賈天本	一	○	○
邱培壽	一	○	○
吴志賢	二	○	○

0117

姓名			
羅玉清	一	○	○
潘昭華	一	○	○
廖舉賢	五	○	○
胡才鑫	五	○	○
張蔚彬	一	○	○
彭育良	五	○	○
黃慧前	二	○	○
劉光品	三	○	○
劉鳳琦	一	○	○

0118

姓名			
侯清福	五	○	○
楊天玉	五	○	○
鄭本霄	一	○	○
蕭佑瓊	一	○	○
劉修容	五	○	○
黃心蓮	五	○	○
駱安華	五	○	○
鄧數品	一	○	○
譚鳳俠	一	○	○

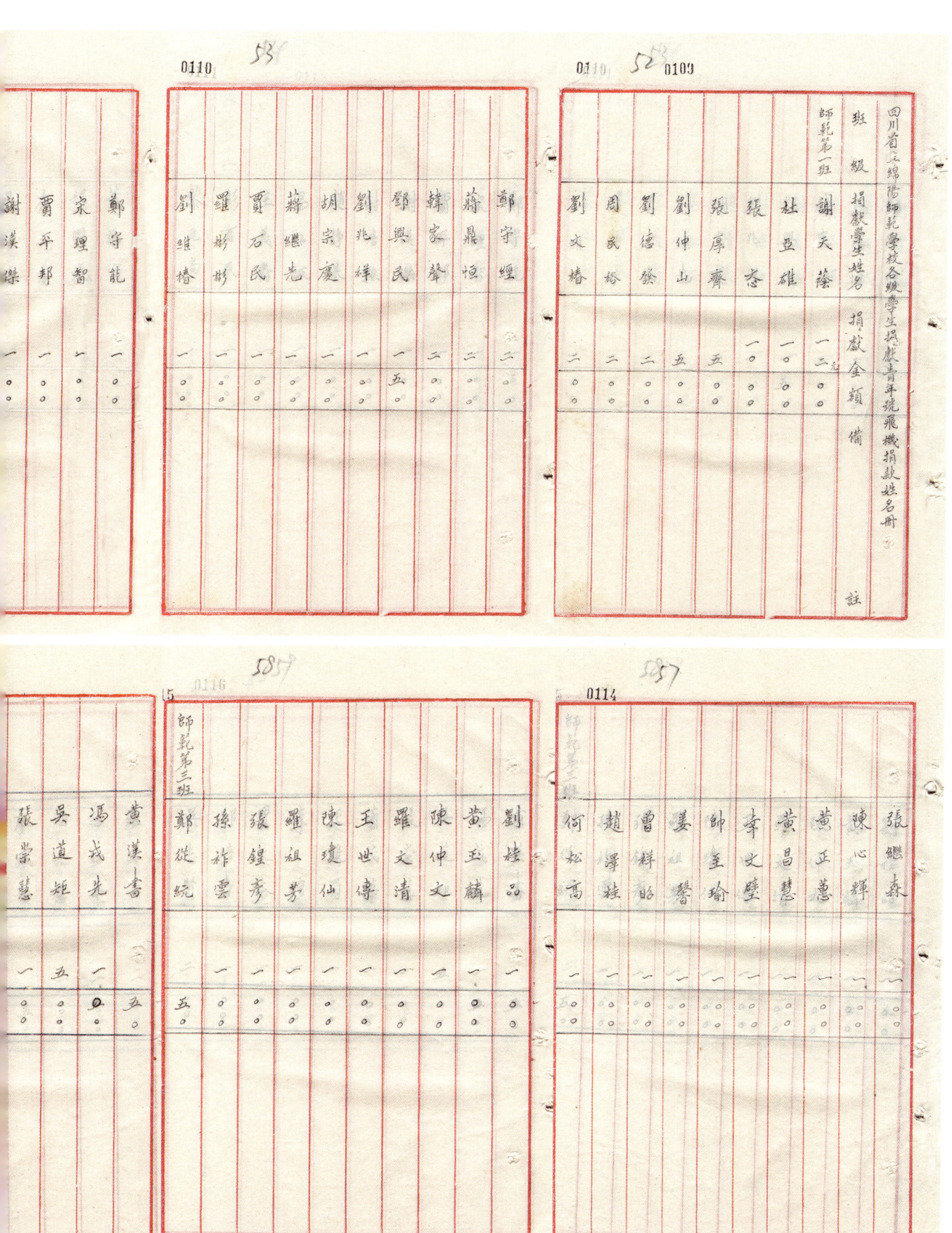

民国三十年（1941）各级学生捐献青年号飞机捐款姓名册

0123 附设初中第八班

姓名	数量
黄文蘭	一五〇〇
王瑧芸	一〇〇
孫順桂	一七〇〇
鍾立瑜	五〇〇
鍾立琨	五〇〇
毛揚翱	五〇〇
曹桂貞	一〇〇
蔣立志	一〇〇
陳錦霞	一〇〇
張敬浣	一〇〇

0122 附设初中第八班

姓名	数量
孫蕙芳	一〇〇
鄧如璋	一〇〇
袁國華	一〇〇
廖玉華	一〇〇
陳玉華	一五〇〇
劉建品	一〇〇
謝昊潔	一〇〇
井華玉	一〇〇
謝蘂楣	一〇〇
唐蕙芳	一〇〇

0121 附设初中第七班

姓名	数量
左靖蒲	一〇〇
蕭元眷	一〇〇
李敦淳	二〇〇
杜文馥	一〇〇

0128

姓名	数量
黃露芳	一〇〇
蕭叔芳	一〇〇
楊朝玉	二〇〇
劉紀雄	一〇〇
吳孝琦	一〇〇
翠仍叔	二〇〇
梁玉華	一〇〇
謝敬芳	一〇〇
劉敦儀	二〇〇
李雪華	一〇〇
景懷剛	二〇〇
共計	三五三六〇

叁百伍拾叁元六角

0127

姓名	数量
楊玉芳	一〇〇
劉金珍	一〇〇
鍾貽瓊	一〇〇
陳懋瓊	一〇〇
賈完清	一〇〇
劉叔貞	二〇〇
李叔君	一〇〇
鄧元璧	一〇〇
鄧元靜	二〇〇

0126

姓名	数量
謝興嫦	一〇〇
詩錢菁	一〇〇
龔兆麟	一〇〇
朱德芳	一〇〇

附設初中第六班											附設初中第六班									
劉秀清	龍先蔣	劉雄賢	孫蓮漢	王寒芳	李作誦	王翠蘭	馮德鈞	李德門	曹理芽		黨世慧	劉璋品	廖淑甄	謝禾平	唐慶宅	王凌雲	謝耀南	計廉偉	劉健行	李俊鄉	
一	二	一	一	一	一	一	一	一	一		一	一	一	一	一	一	一	一	一	一	
○○	○○	○○	○○	○○	○○	○○	○○	○○	五○		○○	○○	○○	八○	○○	○○	○○	○○	六○	○○	

附設初中第九班											附設初中第九班										
李慕貞	張崇德	鄧念敬	薛鳳藝								張義如	王雪瓊	羅麗舒	吳崇先	錢映熊	王元德	蔡元芬	彭淑瑩	湯俊凡	杜文虹	
											蔣瓊英	翟瓊華	黃文淑	蘇琴華	孫鶯	黃文芳	賈玉芳	任玉芳	顏昌文	劉汝姍	
四	五	五	五								一	一	一	一	一	一	一	一	一	一	
○○	五○	○○	○○								一○	五○	五○	五○	五○	八○	五○	五○	一○	○○	

民国三十年（1941）各级学生捐献青年号飞机捐款姓名册

班 级	捐献学生姓名	捐献金额（元）	备 注
师范第一班	谢天荫	12.00	
	杜亚雄	10.00	
	张 忞	10.00	
	张厚齐	5.00	
	刘仲山	5.00	
	刘德发	2.00	
	周民裕	2.00	
	刘文椿	2.00	
	郑守经	2.00	
	蒋鼎恒	2.00	
	韩家声	2.00	
	邓兴民	1.50	
	刘兆祥	1.00	
	胡宗庆	1.00	
	蒋继先	1.00	
	贾石民	1.00	
	罗彬彬	1.00	
	刘维椿	1.00	
	郑守能	1.00	
	宋理智	1.00	
	贾平邦	1.00	
	谢汉杰	1.00	
	封浩劭	1.00	
	赵静基	1.00	
	易弘恢	1.00	
	王义爵	1.00	
	彭育民	1.00	
	黎元尚	1.00	
	萧懋官	1.00	
	程国光	1.00	
	左玉嵩	1.00	
	吴定榕	1.00	
	黄立铭	1.00	
	赵 烈	1.00	
	李剑英	1.00	
	杨士震	1.00	
师范第二班	余锡灵	7.00	
	李淑棋	5.00	
	易伯坤	5.00	
	徐天鹄	5.00	
	黄淑芸	3.00	
	邱惠如	1.00	
	曾保华	1.00	
	廖玉芳	1.00	
	吴晓楼	2.00	
	陈玉文	1.00	
	陈筱如	1.00	
	王自新	1.00	
	张继森	1.00	
	陈心辉	1.00	
	黄正蕙	1.00	
	黄昌慧	1.00	
	幸文璧	1.00	
	帅至瑜	1.00	
	姜 馨	1.00	
	曾祥昭	1.00	
	赵泽桂	1.00	
	何松高	1.00	
	刘桂品	1.00	
	黄玉麟	1.00	
	陈仲文	1.00	
	罗文清	1.00	
	王世传	1.00	
	陈琼仙	1.00	
	罗祖芳	1.00	
	张锽彦	1.00	
	孙祚云	1.00	
师范第三班	郑从（阮?）	0.50	
	黄汉书	0.50	
	冯戎先	1.00	
	吴道矩	5.00	
	张崇慧	1.00	
	萧茂华	1.00	
	王援蜀	1.00	
	李 馆	1.00	
	贾天本	1.00	
	岳培寿	1.00	

	吴志贤	2.00	
	罗玉清	1.00	
	潘昭华	1.00	
	潘先意	1.00	
	廖举贤	0.50	
	胡才鑫	0.50	
	张蔚彬	1.00	
	彭育良	5.00	
	黄慧前	2.00	
	刘先品	3.00	
	刘 琇	1.00	
	侯清福	1.00	
	杨天玉	0.50	
	刘登进	1.00	
	郑本霄	1.00	
	萧佑琼	0.50	
	刘修容	1.00	
	黄心莲	5.00	
	骆安华	1.00	
	邓淑品	5.00	
	谭凤侠	1.00	
	李俊卿	1.00	
	刘健行	0.60	
	计 伟	1.00	
	谢耀南	1.00	
	王凌云	1.00	
	唐 宅	1.00	
	谢子平	0.80	
	廖淑范	1.00	
	刘(璋?)品	1.00	
	党世慧	1.00	
	曾理才	1.00	
	李德门	0.50	
	冯德钧	1.00	
	王翠鹤	1.00	
	李 筠	1.00	
附设初中第六班	王寒芳	1.00	
	孙连洁	1.00	

	刘维贤	1.00	
	龙先蔚	1.00	
	刘秀清	1.00	
	李盛英	1.00	
	李香芸	1.00	
	薛崇莘	1.00	
	薛崇庄	1.00	
	雷竹筠	1.00	
	钟瑞芝	1.00	
	左清浦	1.00	
	萧元春	1.00	
	李敦淳	20.00	
附设初中第七班	杜文锐	1.00	
	唐蕙芳	1.00	
	谢荣楣	1.00	
	尹华玉	1.00	
	谢星洁	1.00	
	刘连品	1.00	
	陈玉华	0.50	
	廖玉华	1.00	
	袁国华	1.00	
	邓如璋	1.00	
	孙蕙芳	1.00	
	张凤沅	1.00	
	陈锦霞	1.00	
	蒋立志	1.00	
	曹桂贞	1.00	
	毛杨翾	5.00	
	钟立琨	5.00	
	钟立瑜	5.00	
	孙顺桂	0.70	
	王 芸	1.00	
附设初中第八班	黄文兰	5.00	
	刘汝娴	1.00	
	颜昌文	1.00	
	任玉芳	1.00	
	贾玉芳	5.00	
	黄文芳	5.00	

	孙 鸾	1.00	
	苏琴华	5.00	
	黄文淑	5.00	
	翟琼华	5.00	
	蒋琼英	10.00	
	杜文轵	1.00	
	汤俊凡	1.00	
	彭淑莹	1.00	
	黎元芬	1.00	
	王元德	1.00	
	钱映照	1.00	
	吴孝先	1.00	
	罗丽舒	1.00	
	王雪琼	1.00	
	张义如	1.00	
	许佩荃	2.50	
	邓心毅	2.50	
	张崇德	2.00	
附设初中第九班	李玉贞	4.00	
	米瑞兰	4.00	
	张利清	5.00	
	王德芬	1.00	
	许茂菁	2.00	
	范兆麟	1.00	

	谢兴婉	1.00	
	邓元静	1.00	
	邓元璧	1.00	
	李淑君	1.00	
	刘淑贞	1.00	
	贾完璧	1.00	
	陈安清	2.00	
	陈懋琼	1.00	
	钟绍琼	1.00	
	刘全珍	1.00	
	杨玉芳	1.00	
	景怀刚	1.00	
	李雪华	1.00	
	刘敦仪	1.00	
	谢启芳	1.00	
	梁玉华	2.00	
	巩仍淑	1.00	
	吴孝琦	1.00	
	刘纪瑶	1.00	
	杨朝玉	1.00	
	萧淑芳	2.00	
	黄露芳	1.00	
共 计		353.60	叁佰伍拾叁元六角

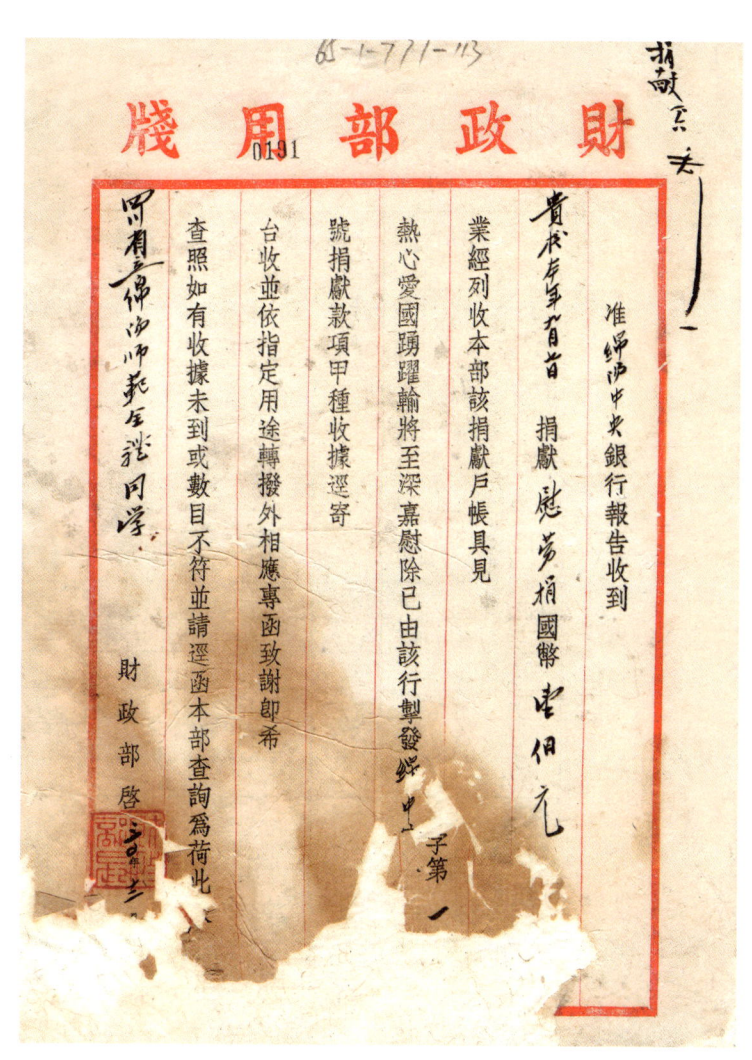

● 民国三十年（1941）财政部接收慰劳捐国币证明

准绵阳中央银行报告收到

贵校本年九月七日捐献慰劳捐国币壹佰元业经列收本部该捐献户账具见热心爱国踊跃输将至深嘉慰，除已由该行制发绵中字第一号捐献款项甲种收据径寄，台收并依指定用途转拨外相应专函致谢即希查照如有收据未到或数目不符并请径函本部查询为荷！

此致

四川省立绵阳师范全体同学

财政部启三〇年（1941）十二月

十二 成绩、试卷

四川省立绵阳中学师范第二班学生李增元操行成绩考查表

分数\学年学期\德目	第一学年第一学期	第一学年第二学期	第二学年第一学期	第二学年第二学期	第三学年第一学期	第三学年第二学期
1 革命精神	5					
2 健全体魄	5					
3 纪律行动	5					
4 自治能力	5					
5 学业勤惰	5					
6 乐群观念	5					
7 科学头脑	4					
8 劳动身手	5					
9 勤俭德性	5					
10 整洁习惯	5					
11 诚敬态度	5					
12 优美言辞	5					
13 高尚兴趣	5					
14 研究光学救世之精神	6					
15 献身服务教育之精神	5					
16 表率乡伦改进社会之志愿	5					
分数总计	74.80					
奖惩状况	奖	小功次					
	惩	冬					
等 第	甲					
总 评	任家境有望家坚坷					
级任导师签字	李镜坊					
备 考						

说明
1. 本表德目係遵照四川省教育厅颁行之四川省中等学校训育大纲规定之训育目标订定之。
2. 本表德目高初中普通科通用1至13等项其记分法第1项10分第2项至第4项各9分，第5项至第13项各7分，师范科通用1至16等项其记分法第1项至13项各6分，第15项8分第14.15.两项各7分，标准分数合为100分。
3. 各项成绩总数合计在80分以上者为甲等，70分至79.9分者为乙等，60分至69.9分者为丙等，60分以下为丁等。

二十　年　月训育处

● 民国二十九年（1940）学生操行成绩考查表

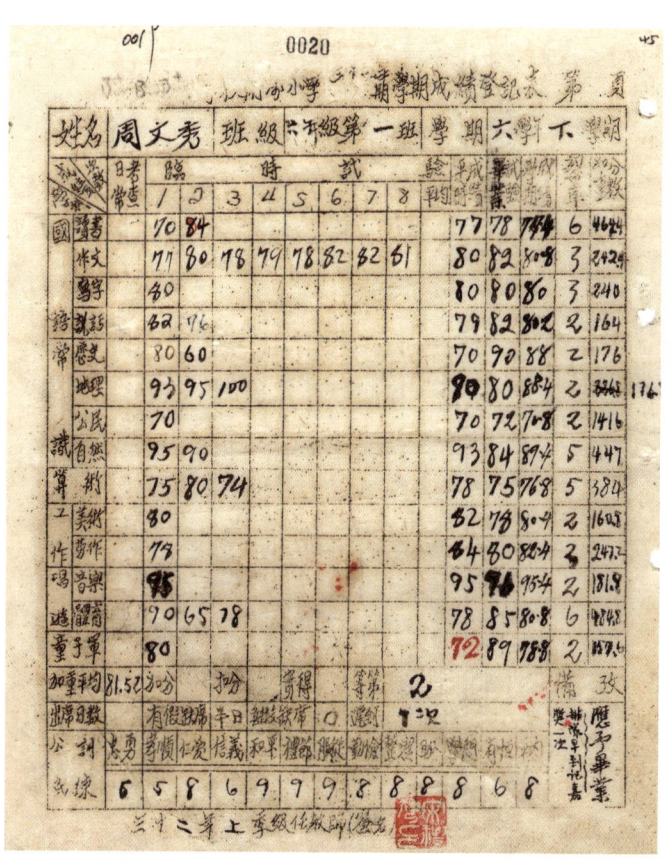

● 民国三十二年（1943）上季附属小学毕业成绩

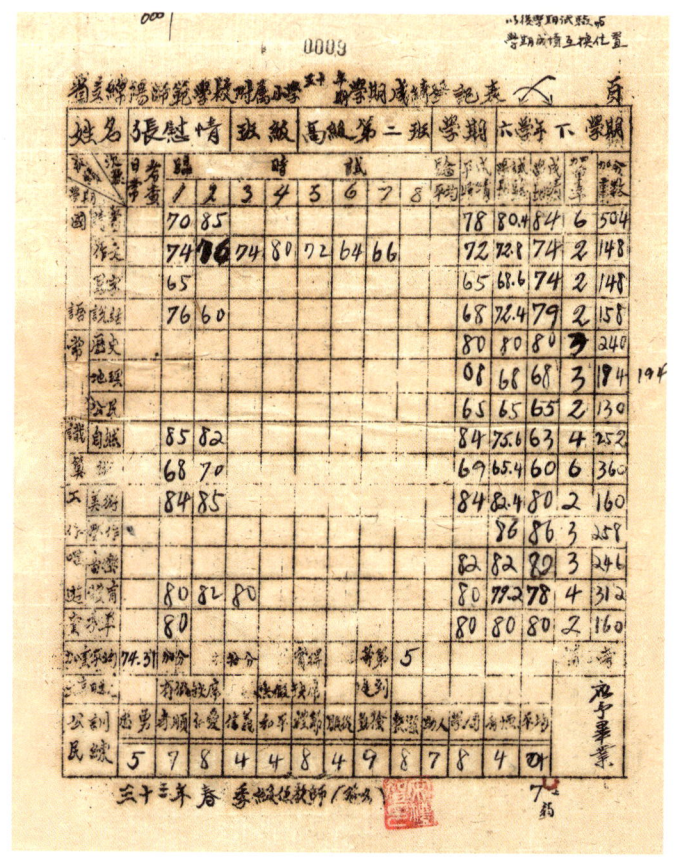

● 民国三十三年（1944）春附属小学毕业成绩

0320

在校學業成績							入學試驗成績	
成績＼學年學期	一		二		三		科目	成績
科目	1	2	1	2	1	2	公 民	
公 民	65	78	75	86	60	90	國 文	
國 文	74	76	76	75.8	60	79	算 學	
算 學	80	87	62	78			史 地	
地 理	60		94.2				理 化	
歷 史		78.8	80	92			動植物	
博 物		65.8	80.4				平 均	
化 學			80		60.8		獎勵事項	
物 理				80.0	62.4	66	項目	年月
衛 生						85	獎學金	
美 術	81	65	70.5	66			公費	
音 樂	60	86	72	78	64		獎狀	
農工藝	83	80	70	70	60		獎章	
家 事							獎品	
童軍教育					68			
地方自治					65.6			
農村經濟及合作						85	備 註	
教育通論					60	80		
教育行政					60	91		
教材及教學法			80	77.5	64	80		
教育心理	68	85						
測驗及統計			74	70	64			
選 音 樂			70	80				
修 體 育					70	75		
科								
國 音					72	79.5		
學期成績	70	76.7	76.9	77.9	63.5			
扣 分								
實 得	70		76.9					
軍事訓練	76.6	72	81.2	79				
軍事救護								
實 習					75	75		

● 民国三十三年（1944）学生学籍表背面

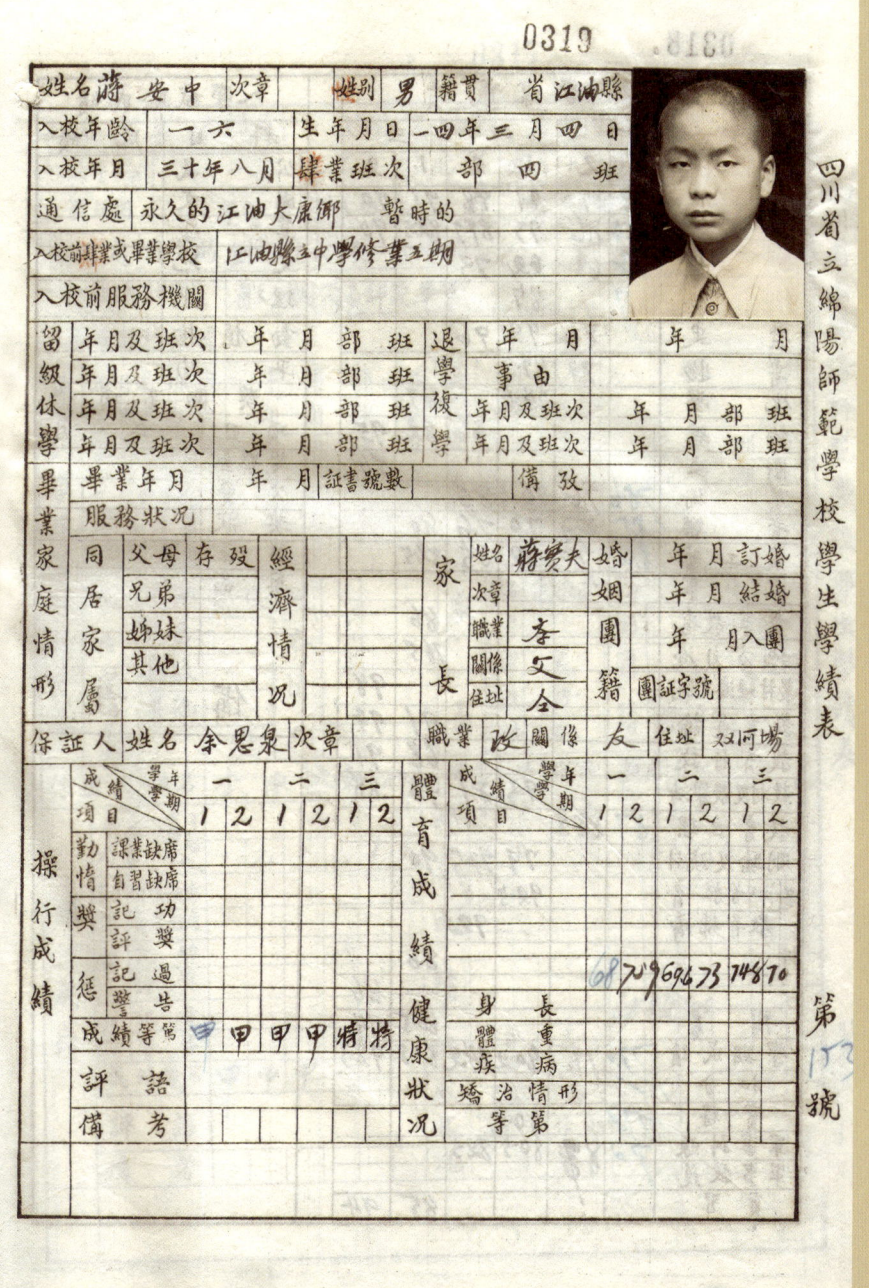

民国三十三年（1944）学生学籍表正面

在校學業成績							入學試驗成績	
成績\學年	一		二		三		科目	成績
科目\學期	1	2	1	2	1	2	公民	
公民	75.6	73	86	89	75	60	國文	
國文	61.8	70	66.7	73.5	70	80	算學	
算學	70	65	60	65		80	史地	
地理			93.8		79		理化	
歷史	82.2	68	72	90	(73)		動植物	
博物	62	76.4	79				平均	
化學			94.5	79			獎勵事項	
物理					60	94	項目	年月
衛生						96	獎學金	
美術	62	69	63.5	80			公費	
音樂	86	72	75	91.3	80	98	獎狀	
農工藝事	62	70	75	90	90		獎章	
家事	74						獎品	
童軍教育						78		
地方自治					92	90		
農村經濟及合作						60		
教育通論					60	96.5	備 註	
教育行政					68	66		
教材及教學法			85	91.5	90	95		
教育心理	60	79.5						
測驗及統計				60	91	80		
選 音樂					76	95		
修 體育					90	95		
科 國音					96.5	95.5		
學期成績	70.7	72.9	91.3	96.2	70.6	77		
扣分								
實得								
軍事訓練	80							
軍事救護	90	68.4	73	92				
實習					90	98		

民国三十四年（1945）学生学籍表背面

0172　学生证业经制臨
56年6月20日發入証明書

姓名	邓贤林 次章		性別	男	籍貫	省绵阳縣		
入校年齡	一八		生年月日	十三年一月六日				
入校年月	三十一年二月		畢業班次	部 六 班				
通信處	永久的	中興鄉懷孝茶社轉		時的				
入校前肄業或畢業學校		梓潼縣立初級中學肄業5明						
入校前服務機關								

留級	年月及班次	年 月 部 班	退學	年 月		年 月
	年月及班次	年 月 部 班	事由			
休學	年月及班次	年 月 部 班	復學	年月及班次		年 月 部 班
	年月及班次	年 月 部 班		年月及班次		年 月 部 班
畢業	畢業年月	年 月	証書號數		俻攷	
	服務狀況					

家庭情形	同居家屬	父母	存歿	經濟情況		家長	姓名	邓永聽	婚姻	年月訂婚	
		兄弟					次章			年月結婚	
		姊妹					職業	農	團籍	年 月入團	
		其他					關係	父子			
							住址	全		團証字號	
保証人	姓名	邓贤成	次章	佐鄉	職業	政	關係	弟兄	住址	綿陽新橋场人俱	

操行成績	成績 學年學期 項目	一	二	三	體育成績	成績 學年學期 項目	一	二	三
		1 2	1 2	1 2			1 2	1 2	1 2
	勤惰 課業缺席								
	自習缺席								
	獎 記功								
	評獎								
	懲 記過								
	警告					身長			
	成績等第	✓ ✓	✓ ✓	✓ ✓		體重			
	評語					疾病			
	備考					矯治情形			
						等第			

四川省立綿陽師範學校學生學績表 第 229 號

● 民国三十四年（1945）学生学籍表正面

四川省立绵阳师范学校三十四年秋季师范新生入学考试成绩表

姓名	性别	年龄	籍贯	公民	国文	算学	史地	动植物	理化	身高	体重	体格检查	残疾	试语答问	明晰诚实	总评	试格考
卢永卓	男	廿二	陇	75	80	70	75	65	87	40	101	无	无	利锁城横	明白朴实	452	75.3
傅德林	男	廿二	同	65	66	60	70	78	92	40	89	无	无	爽流	明白洁整	423	69.1
徐通	男	廿二	同	70	62	80	60	60	82	41	92	无	无	流爽	明白洁整严	414	65
汪震鳌	男	廿二	同	60	65	80	62	70	76	41	101	无	无	晰清	明白严整	407	65.1
张绍周	女	廿八	同	66	63	60	65	65	69	42	103	无	无	晰清	刺漠	384	64.3
蓝熙民	男	廿八	同	62	60	62	68	70	62	42	102	无	无	晰清	端整	382	63.7
江德周	男	六八	同	65	60	60	60	60	67	40	90	无	无	晰清	贯洁	377	62.8
徐世静	女	廿二	同	60	66	60	70	60	60	41	101	无	无	晰明	净	376	62.7
刘沛然	男	廿二	同	65	68	60	60	60	62	41	102	无	无	楚清	驽实	375	62.5
赵芝璧	女	廿二	同	62	60	60	60	60	66	42	102	无	无	晰明	洁整	368	61.3
田颖洁	女	廿二	同	60	60	65	60	60	62	41	89	无	无	流场	正端	367	61.2
周继广	男	廿三	同														

民国三十四年（1945）秋季师范新生入学考试成绩表

四川省立绵阳师范学校附设初中部第九班参加会考学生 张和清 成绩一览表

年别期别\科别	第一学年 第一学期	第一学年 第二学期	第二学年 第一学期	第二学年 第二学期	第三学年 第一学期	第三学年 第二学期	各学期合计	学校毕业成绩
国文	74.0	81.0	71.0	90.6	71.0	78.7	466.3	77.7
算学	82.0	90.0	75.0	93.7	66.0	82.4	489.1	81.8
理化			84.8	96.4	79.0	80	340.2	85.0
史地	84.5	90.9	94.5	80.0	95.8	86	531.7	88.6
外国语	96.0	97.4	83.0	90.2	71.2	87.4	524.2	87.4
公民	74.0	85.0	85.0	60.0	65.0	91	460.0	76.6
卫生	93.0	75.0					168	84.0
生物	96.5	96.3					189.8	94.9
劳作	89.2	78.0	75.5	88.8	77.5	85	494.0	82.3
图画	69.8	85.5	80.0	75.0	70.0	80	460.3	76.7
音乐	70.0	90.0	78.0	75.0	85.0	73	471.0	78.5
合计	826.0	869.4	727.6	749.7	670.5	743.5		
平均	82.6	86.9	80.8	83.2	74.5	88.1	502.8	83.8
体育	67.5	66.8	71.0	74.0	71	72	412.3	68.7
童训	78.2	86.4	87.0	87.0	83	84.4	502.6	83.8
操行	甲	甲	甲	甲	甲	甲		甲
备注								

● 附设初中第九班参加会考学生成绩表

本期第十三届中等毕业会考
初级中学 暑季试题 （同组选作一题）

I
1. 分解 30030 之质因数。
2. 某日光下测树高，光用尺之垂直立地上，量其影长3尺，再量树影为36尺，求树高。（以上算术）

II
3. 某中有数水两其积为17㎏，差则和之最数平方之一倍多3，问各数为何？
4. 试以公式法解方程式：$x^2 - 7x + 14 = 0$ （以上代数）

III
5. 由二等边三角形底之两端向对边所引之两线相等证。
6. 两两圆或等圆内，若弦不相等，则其圆心之距离亦不等，而大弦较近圆心之距离较近。（以上几何）

IV
7. 直角三角形 ABC 中，一边为c斜边，若该A及B为若锐角，求 $\sin A + \sin B$ 之值。
8. 欲求清江河宽，一堤高五丈立河河西滨江，一树在河角岸西，视树根其俯角为30°求河宽。

高级中学 暑季试题

I 代数 乙组就1,2选作一题 甲组就2,3题作一题
1. 解方程式 $\dfrac{\sqrt{x-1}-\sqrt{x+1}}{\sqrt{x-1}+\sqrt{x+1}} = x-3$
2. 等差级数公差 $d=\frac{1}{2}$，末项 $l=\frac{7}{2}$，总和 $S=\frac{15}{2}$，求首项及项数 n。
3. 解方程式 $x^4 - 12x^3 + 48x^2 - 68x + 15 = 0$

II 几何 乙组就4,5选作一题 甲组就5,6选作一题
4. 平行四边形二相对顶点与对边中点所联之线必分此平行四边形之对角线为三等分，求证。
5. 在定圆内引一定长之弦合足圆中之一定点。
6. 设一平面切球面上之一点，则过此点一切圆周以此点为切点之诸切线，等含于此平面上求证。

III 三角 乙组就7,8 甲组就8题 选作一题
7. 设 $\cos A = \frac{3}{5}$ 在A为第四象限之角，求 $\sin A$ 及 $\cos \frac{A}{2}$。
8. 解左之方程式 (a) $1-\cos x(2\cos x - \tan x) = 0$
(b) $\sqrt{2}\sin\theta = \sin 2\theta$

IV 解析几何 乙组就9,10选作一题 甲组就10,11选作一题
9. 设圆心为(0,1)半径为3试求其圆之方程式
10. 对词画其作图 $y^2 = x^3$
11. 举曲线 $x^2 + y^2 + 2x + 3y - 20 = 0$ 在(2,3)点之法线方程式，并作图。

[注意] 不分组及难分组而来参加还试者作乙组。

本省第十三届中学毕业会考

初级中学　算学试题（每组选作一题）

Ⅰ 1.分解30030之质因数

2.在日光下测树高，先用5尺之竿直立地上，量其影长3尺，再量树影为36尺，求树高？（以上算数）

Ⅱ 3.巢中有雀不知其数，如7倍雀数则知比雀数平方之2倍多3，问雀数有几？

4.试以两种方法解方程式：$X^2-5X+4=0$（以上代数）

Ⅲ 5.由二等边三角形底之两端向对边所引之垂线相求证。

6.在同圆或等圆内，若弦不相等，则其圆心之距离亦不等，而大弦与圆心之距离较近。（以上几何）

Ⅳ 7.直角三角形ABC之一边为3，斜边为5，设A及B为其锐角，求SinA+SinB之值。

8.河东滨江有塔一座高5丈，正对河西滨江一树，自塔顶视树根其俯角为80°，求河宽。

高级中学　算学试题

Ⅰ 代数　乙组就1、2选作一题，甲组就2、3选作一题。

1.解方程式

$$\frac{\sqrt{X-1}-\sqrt{X+1}}{\sqrt{X-1}+\sqrt{X+1}} = X-3$$

2.等差级数公差d=1/2，末项E=3/2，总和S=5/2，求首项a及项数n。

3.解方程式　$X^4-12X^3+48X^2-68X+15=0$

Ⅱ 几何　乙组就4、5选作一题，甲组就5、6选作一题。

4.平行四边形二相对顶点与对边中点所联之线，必分此平行四边形之对角线为三等分，求证。

5.在定圆内，引一定长之弦，令过圆外之一定点。

6.设一平面切于球面上之一点，则球面上过此点，一切圆周以此点为切点之诸切线。皆含于此平面上，求证。

Ⅲ 三角　甲、乙组共通，选作一题。

7.设cosA=4/5　且A为第四象限之角，求SinA及CosA/2。

8.解右之方程式（a）1-cosX（2cosX-tanX）=0

（b）$\sqrt{2}Sin\theta = Sin2\theta$

Ⅳ 解析几何　乙组就9、10选作一题　甲组就10、11选作一题。

9.设圆心为（0,1）半径为3，试求圆之方程式。

10.讨论并作图：$y^2=x^3$

11.求曲线$X^2+4Y^2+2X+8Y-20=0$在（2，-3）点之法线方程式，并作图。

[注意] 未分组及虽分组而未增加钟点者，作乙组

本省第十四届中学毕业会考
初级中学 algebra 算学试题

算术： 任作一题
1. 甲乙丙三人分金为950元，甲乙两得之比较次为4：5，大问各得若干元？
2. 有一旗杆涂红色上涂蓝色尚余二尺未涂色，问此杆若干尺？

代数： 任作一题
1. 试解联立方程式 $\begin{cases} x+y=15 \\ x^2+y^2=137 \end{cases}$
2. 分解下列各式为因式：
   (a) $1-a^2+2ab-b^2$
   (b) x^6-y^6

几何： 任作一题
1. 菱形二对角线之交相互垂直平分，求证此四要件均真。
2. 自圆心向一弦引垂线，必平分此弦。

三角：
1. 试化简 $\dfrac{1}{1+\sin\theta}+\dfrac{1}{1-\sin\theta}$
2. 大树被风吹折一段，折处犹连，末端抵地与地面成 $30°$ 之角，离树根数尺，问树杆直立之部分尚有数尺？未折断前此树之高数尺？

高中算学试题

代数：乙组 1,2 两题任作一题 甲组 2,3 两题任作一题
1. 试用行列式以解下之联立方程式：
   $\begin{cases} 3x+y+2z=2 \\ 2x+4y+z=5 \\ 4x+6y+3z=6 \end{cases}$

2. 分解 $x^2(y-z)+y^2(z-x)+z^2(x-y)$ 为因式；

3. 八人围坐一圆桌，设其中甲乙二人为比邻，求其或然率。

几何： 乙组1,2两题任作一题。 甲组2,3两题任作一题。

1. 设梯形二对角线之交点为O，过O引两底之平行线与两腰分别相交于E,F，求证 $OE=OF$。

2. 三圆彼此相交，其三公弦必为共点线。

3. 求证三面角三两棱等之点之轨迹。

三角： 任作一题。 甲乙组同。

1. 有塔高40尺，塔顶有旗杆高50尺，问离平地上何处望之，则塔之对角等于旗杆之对角。

2. 设 $A+B+C=180°$ 证明
$$\sin 2A+\sin 2B+\sin 2C=4\sin A\sin B\sin C$$

解析几何： 乙组1,2两题任作一题。 甲组2,3两题任作一题。

1. 试求双曲线 $4x^2-y^2=15$ 在 $(2,-1)$ 点之斜率。

2. 有圆周经过原点其中心在 $x=2$ 直线上，而又与直线 $x+y-8=0$ 相切，求此圆周之方程式。

3. 化简 $x^2-xy+y^2=12$ 并作图。

注意 1. 共作六题交卷
2. 限二小时
3. 某组及某组难而未加多误者注意勿作乙组题

本省第十四届中学毕业会考

初级中学 算学试题

算术：任作一题

1. 甲乙丙三人分金5950元，其所得之比依次为7:6:4，问各得若干元？

2. 有一竿以 $\frac{1}{3}$ 涂红色，$\frac{1}{2}$ 涂蓝色，尚余二尺未涂色，问此竿若干尺？

代数：任作一题

1. 试解联立方程式 $\begin{cases} x+y=15 \\ x^2+y^2=137 \end{cases}$

2. 分解下列各式为因式：
   （a）$1-a^2+2ab-b$
   （b）x^6-y^6

几何：任作一题

1. 自菱形二对角线之交点向各边引垂线，求证此四垂线等长。

2. 自圆心向一弦引垂线，证平分此弦。

三角：

1. 试化简 $\frac{1}{1+\sin\theta} - \frac{1}{1-\sin\theta}$

2. 大树被风吹折一段，仍连于树杆，末端抵地与地面成30°之角，离树根45尺，问树杆直立部分尚有几尺？未折断前全树之高几尺？

高中算学试题

代数：乙组1、2两题任作一题　甲组2、3两题任作一题

1. 试用行列式以解下之联立方程式：
$$\begin{cases} 3x+y+2z=2 \\ 2x+4y+z=5 \\ 4x+5y+3z=6 \end{cases}$$

2. 分解 $x^2(y-z)+y^2(z-x)+x^2(x-y)$ 为因式。

3. 八人围坐一圆桌，使其中甲乙二人为比邻，求其或然率。

几何：乙组1、2两题任作一题，甲组2、3两题任作一题

1. 设梯形二对角线之交点为O，遇O引两底之平行线与两腰分别相交于E、F，求证OE=OF。

2. 三圆彼此相交，其三公弦必为共点线。

3. 求距三面角三面相等之点之轨迹。

三角：任作一题　甲乙组同

1. 有塔高40尺，塔顶有旗竿高50尺，问自平地上何处望之，则塔之对角等于旗竿之对角？

2. 设A+B+C=180° 求证：
Sin2A+Sin2B+Sin2C=4SinASinBSinC

解析几何：乙组1、2两题任作一题　甲组2、3两题任作一题

1. 试求双曲线 $4x^2-y^2=15$ 在（2,-1）点之斜率。

2. 有圆周经过原点，其中心在X=2直线上，而又与直线x+y8=0相切，求此圆周之方程式。

3. 化简 $x^2-xy+y^2=12$ 并作图。

注意：

1. 共作四题完卷
2. 限二小时
3. 未分组及虽分组而未加多算学钟点者，作乙组题

十三　就业、升学

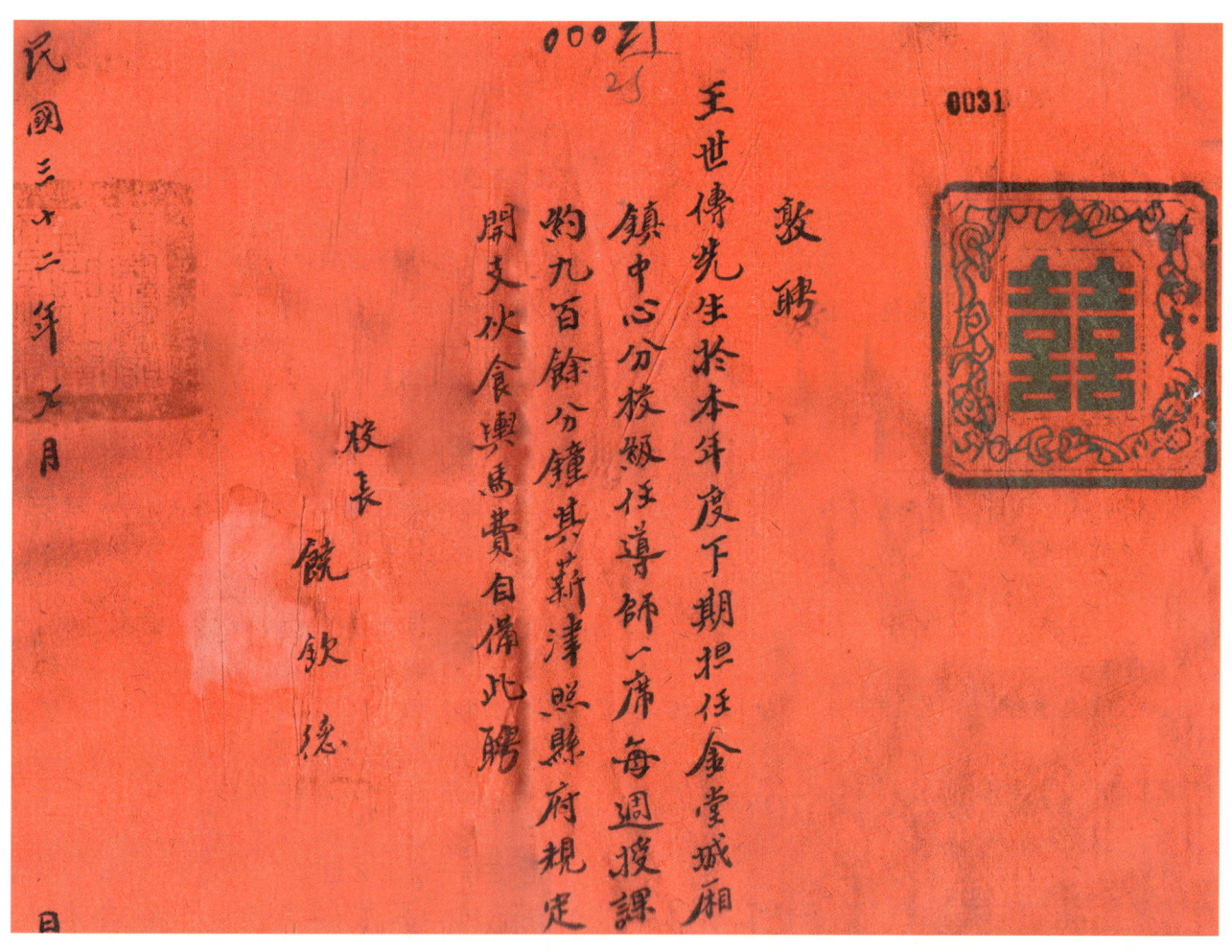

● 民国三十二年（1943）聘书

敦　聘

王世传先生于本年度下期担任金堂城厢镇中心分校级任导师一席，每周授课约九百余分钟，其薪津照县府规定开支，伙食与马费自备。此聘。

民国三十二年（1943）七月　日　校长　饶钦德

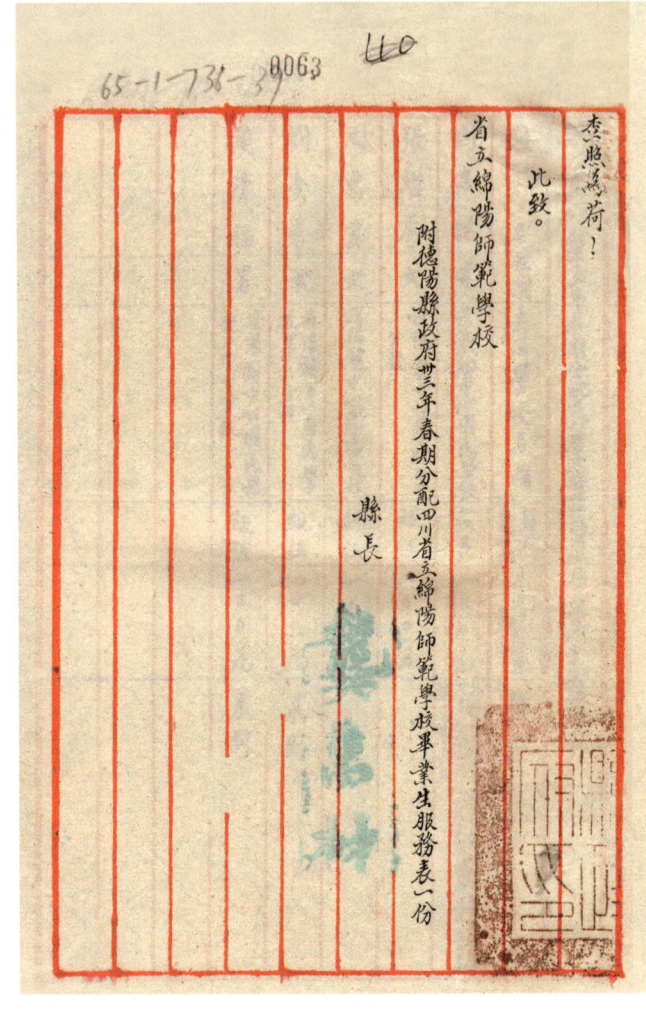

● 民国三十四年（1945）德阳县政府关于三十三年春期分配本校毕业生服务的公函

德阳县政府公函

教字第五六二号

民国三十四年（1945）五月 日发

事由：为函送德阳县政府三十三年春期分配四川省立绵阳师范学校毕业生服务表请查照由

案准

贵校师字第二零六号公函检送三十三学年度第一学期师范第六班应届毕业生服务志愿表嘱转令分配服务一案等由：准此。业经根据各该生等服务志愿表酌人地之相宜均已委派县属各中心国民学校服务。除侯清福、刘金蓉二名已派在旌阳镇中心国民学校第一分校、第二分校未到并呈报外相应造送德阳县政府三十三年春季分配四川省立绵阳师范学校毕业生服务表一份函请查照为荷！

此致

省立绵阳师范学校

附德阳县政府三十三年（1944）春期分配四川省立绵阳师范学校毕业生服务表一份

县长　龚万林

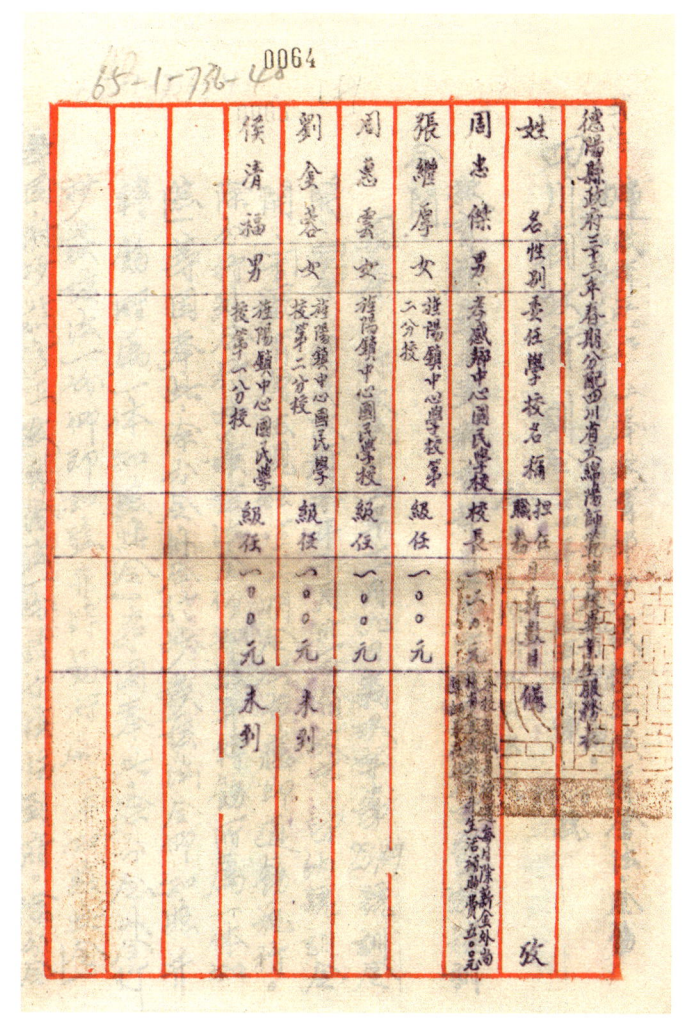

● 民国三十三年（1944）春期德阳县政府分配本校毕业生服务表

德阳县政府三十三年（1944）春期分配四川省立绵阳师范学校毕业生服务表

姓名	性别	委任学校名称	担任职务	月薪数目	备考
周忠杰	男	孝感乡中心国民学校	校长	120.00元	本校教职员待遇每月除薪金外尚核有食米六市斗、生活补助费500元、尊师未在外
张继厚	女	旌阳镇中心学校第二分校	级任	100.00元	
周惠云	女	旌阳镇中心国民学校	级任	100.00元	
刘金蓉	女	旌阳镇中心国民学校第二分校	级任	100.00元	未到
侯清福	男	旌阳镇中心国民学校第一分校	级任	100.00元	未到

民国三十四年（1945）聘书

聘 书

兹敦聘

台端为本校教员所有聘约条列于左即希

查照 此聘

姜顺珍先生

一、期间：自三十四年（1945）二月一日起至三十四年（1945）七月卅一日止

二、校务：二上级任

三、课务：1.儿童班团常劳作 2.成人班算术

四、待遇：遵照县府规定按月致送：

  1.薪金国币壹佰拾元整

  2.公粮费壹佰拾元角分正折拨黄谷 斗 升合（市）

  3.生活补助费国币壹佰拾元整

五、公约

  1.应信仰三民主义，服从领袖及国家一切法令，不得有反动违法之思想及行为

  2.应遵守教育法令及学校一切规程

  3.受聘人一经县府核准后设无重大过失校长不得中途解聘

  4.受聘人应聘期未满未经呈准县府，不得中途离职

  5.受聘人遇有不得已事故暂请假时，必须依照本县教职员请假规则办理

  6.受聘人一律在校食宿

  7.受聘人应于开学前三日到校，如至开学后三日尚未到校者，本约即作无效

  8.本校教员一律专任不得兼任其他任何有给职务

  9.受聘人除担任校务及课务外并分任民众组训社会教育及协助乡镇保甲办理地方自治等工作

永川县长寿乡镇中心国民学校 校务主任 校长 赵学煌（理？）

中华民国三十四年（1945）三月 日

● 民国三十四年（1945）毕业生关于保送四川大学深造的报告

报 告

三十四年（1945）五月十二日

窃生于民国三十三年（1944）1月毕业于母校师三班后，曾受中江县城厢镇中心学校第一分校及简师附属小学校之聘为级任教员，先后三期并得有中江县政府三十三年（1944）教字第九一五号、三十四年（1945）第四五零号训令，认为教学成绩优良准予嘉奖在案。兹拟于本年暑期投考川大师范学院继续深造，敬恳钧座俯赐查核准予依法保送，不胜感涛之至是否有当伏乞

示遵

谨呈

四川省立绵阳师范学校校长 黄

第三班毕业学生谭凤侠

附呈申请书一份证件六件

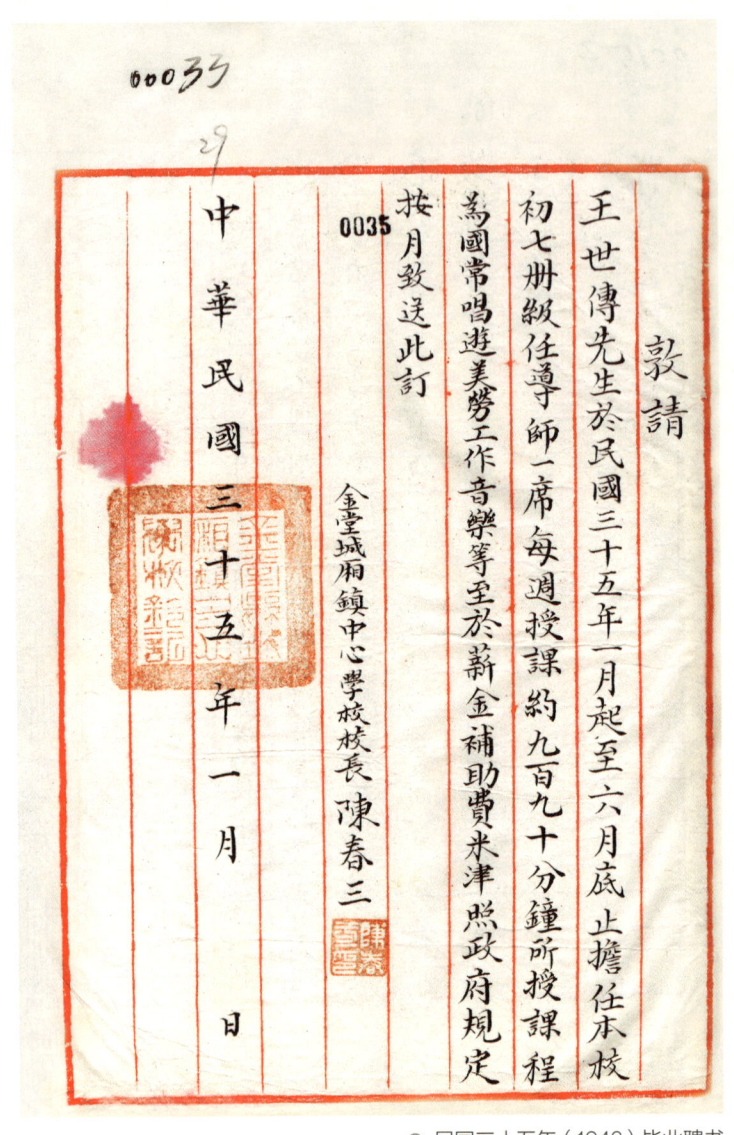

● 民国三十五年（1946）毕业聘书

敦 请

王世傅先生于民国三十五年（1946）1月起至六月底止担任本校初七册级任导师一席。每周授课约九百九十分钟，所授课程为国常唱游美劳工作音乐等，至于薪金补助费米津照政府规定按月致送此订。

金堂城厢镇中心学校校长 陈春三
中华民国三十五年（1946）1月 日

● 民国三十七年（1948）免试保送申请表

四川省立绵阳师范学校毕业生免试保送方案申请表

中华民国三十七年（1948）六月十日填

姓名	何静文	性别	女	年龄	22	籍贯	四川省梓潼县	通讯地址	现在	四川省梓潼县宏仁乡中心国民学校
学历	四川省立绵阳师范学校毕业			三十四年（1945）七月					永久	四川省梓潼县宏仁路二十三号

履历	服务学校（机关）名称	职务	待遇	起讫年月	
	梓潼县治城镇中心国民学校	科任	90元	三十四年（1945）八月至三十五年（1946）一月	照片
	梓潼县治城镇中心国民学校	科任	90元	三十五年（1946）二月至三十五年（1946）七月	
	梓潼县治城镇中心国民学校	科任	90元	三十五年（1946）八月至三十六年（1947）一月	
	梓潼县宏仁乡中心国民学校	教员	90元	三十六年（1947）二月至三十六年（1947）七月	
	梓潼县宏仁乡中心国民学校	教员	90元	三十六年（1947）八月至三十七年（1948）一月	
	梓潼县宏仁乡中心国民学校	教员	90元	三十七年（1948）二月至三十七年（1948）七月	
					备注

服务期间曾受何种奖励	三十五年（1946）七月曾受梓潼县政府教字八一七号训令嘉奖 三十七年（1948）四月曾受梓潼县政府教字二一二七号训令嘉奖	呈缴各种证件	1.服务证件六件 2.服务成绩优良证二件 3.毕业各种成绩单一件 4.体格检查证一件
服务期间曾受何种训练			
现在服务之学校	梓潼县宏仁乡中心国民学校		

志愿升入大校院	第一志愿	国立四川大学	校（院）师范学院	（科）教育系
	第二志愿	国立四川大学	校（院）师范学院	（科）教育系
	第三志愿	国立女子师范学院	校（院）	（科）数学系

审核意见	学校审核意见	省（市）教育厅（局）审核意见
保送机关		

十四　毕业证书

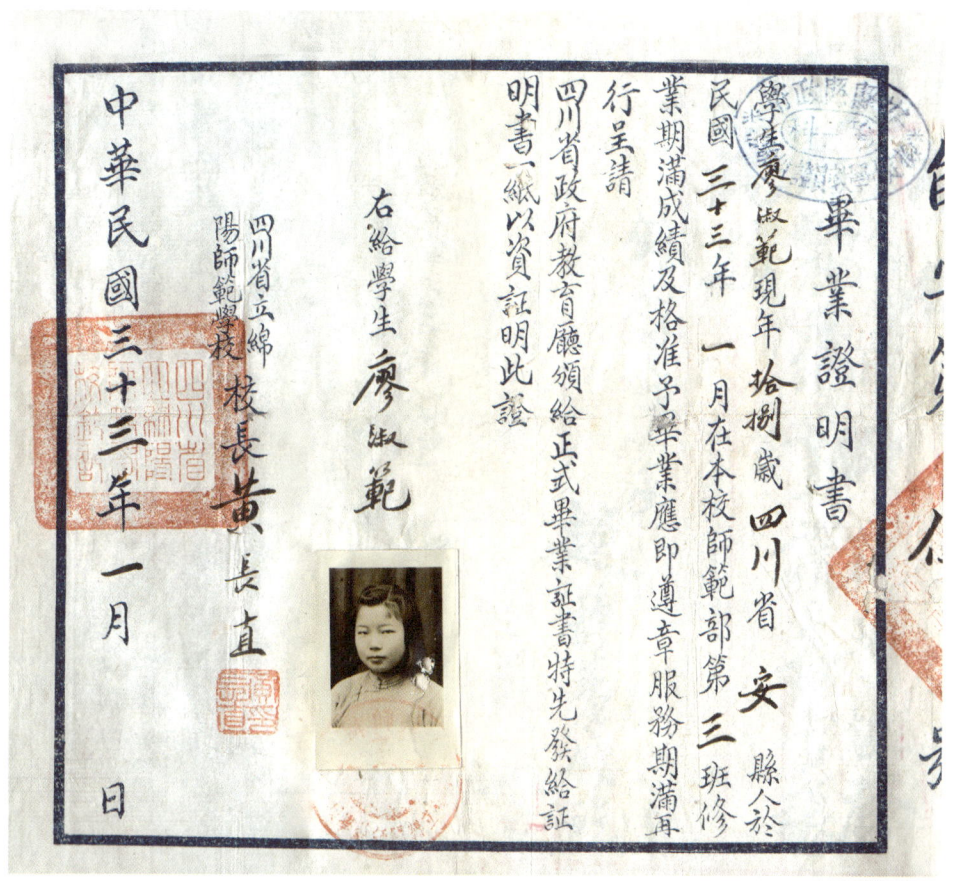

● 民国三十三年（1944）毕业证明书

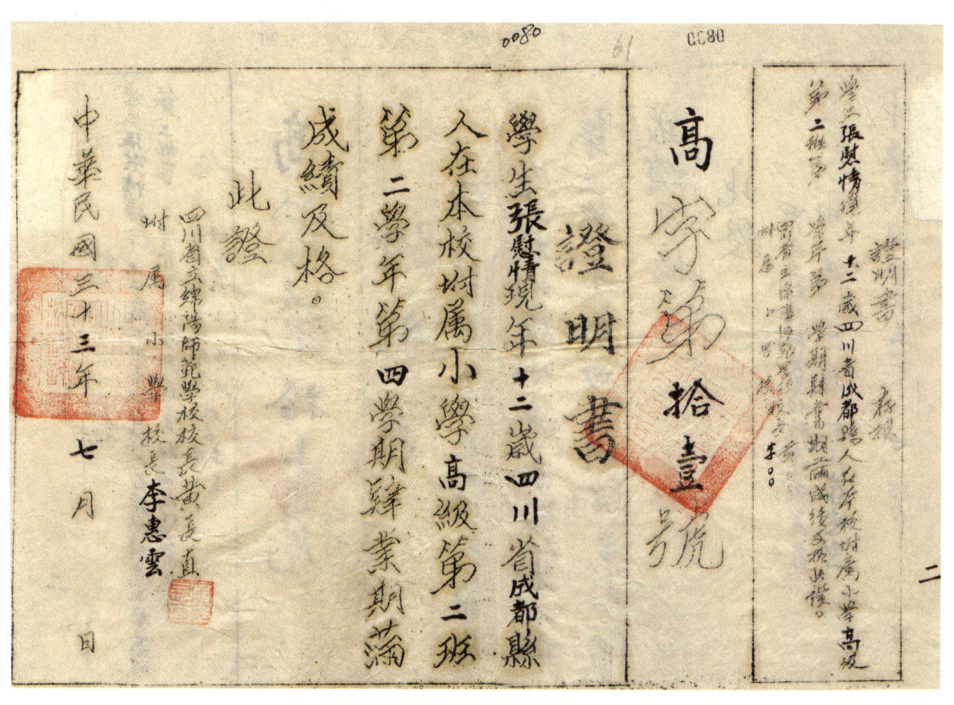

● 民国三十三年（1944）附属小学毕业证书

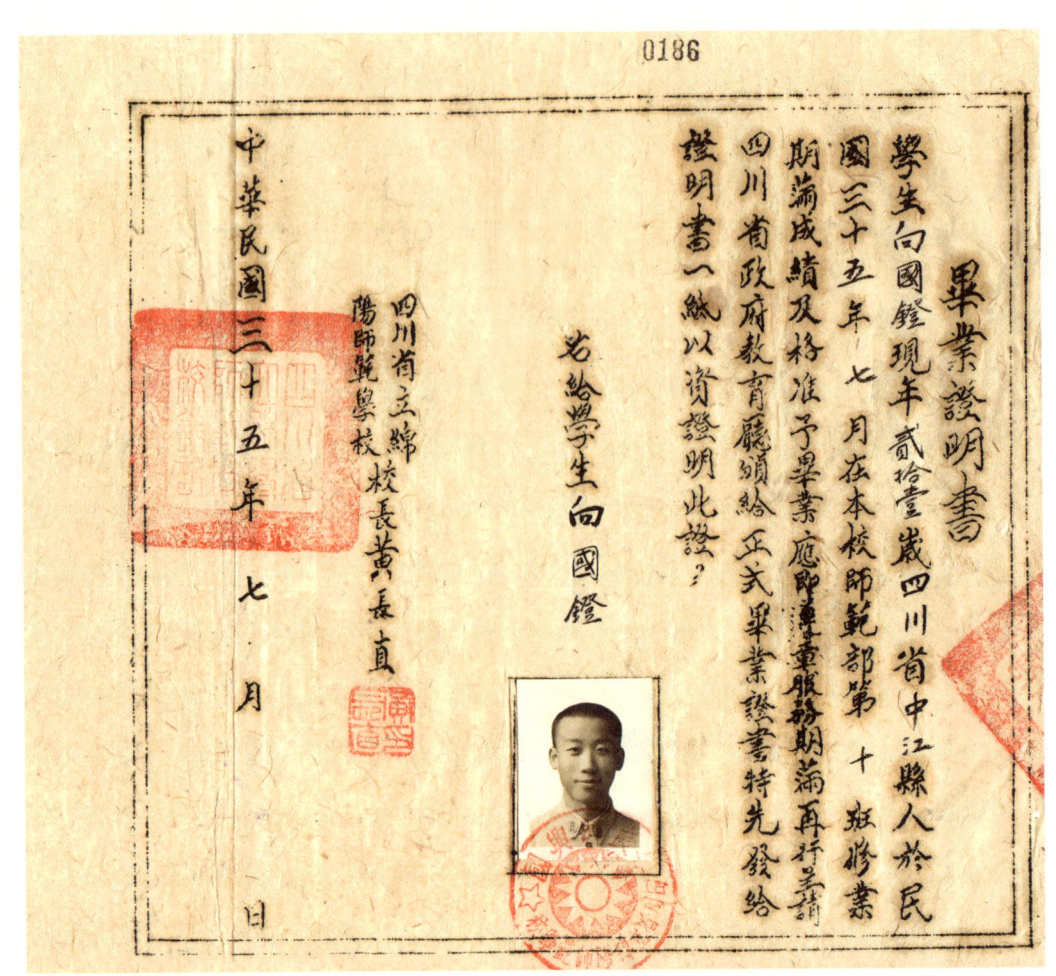

● 民国三十五年（1946）毕业证明书

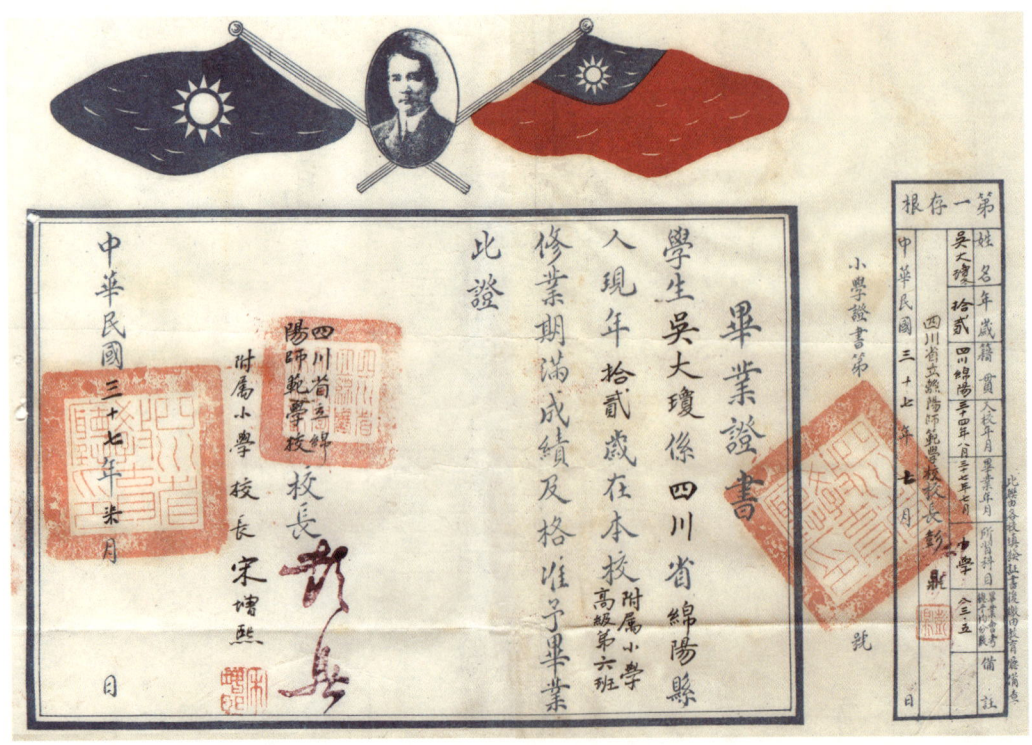

● 民国三十七年（1948）附属中学小学毕业证书

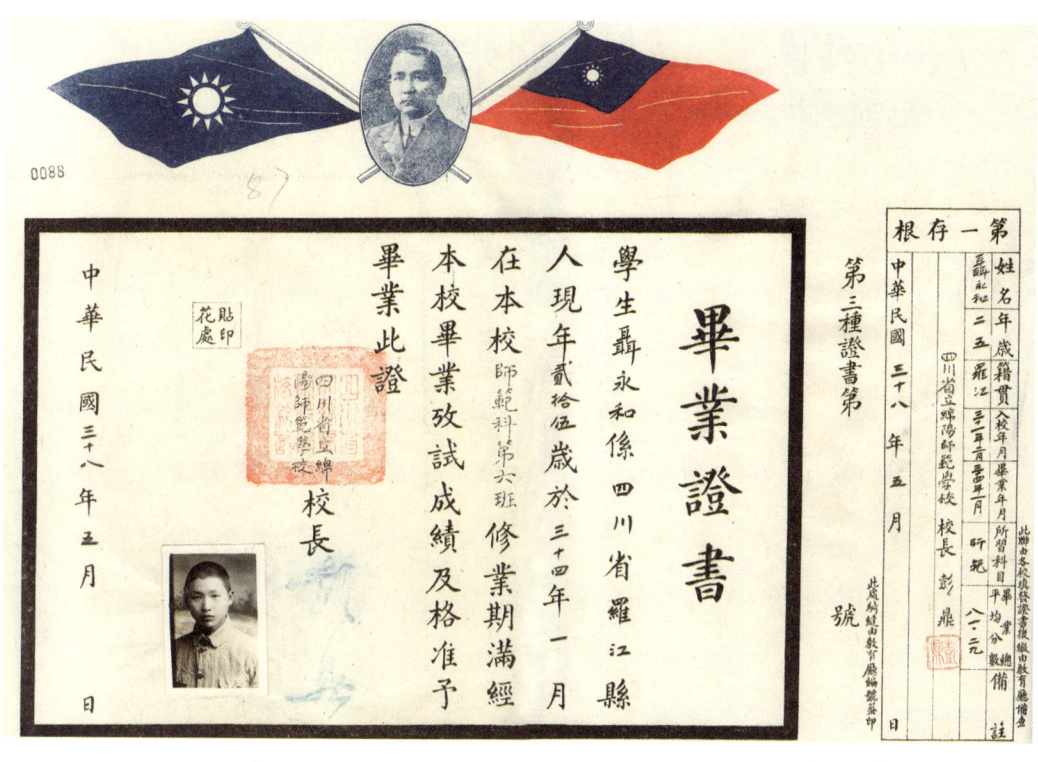

民国三十八年（1949）毕业证书

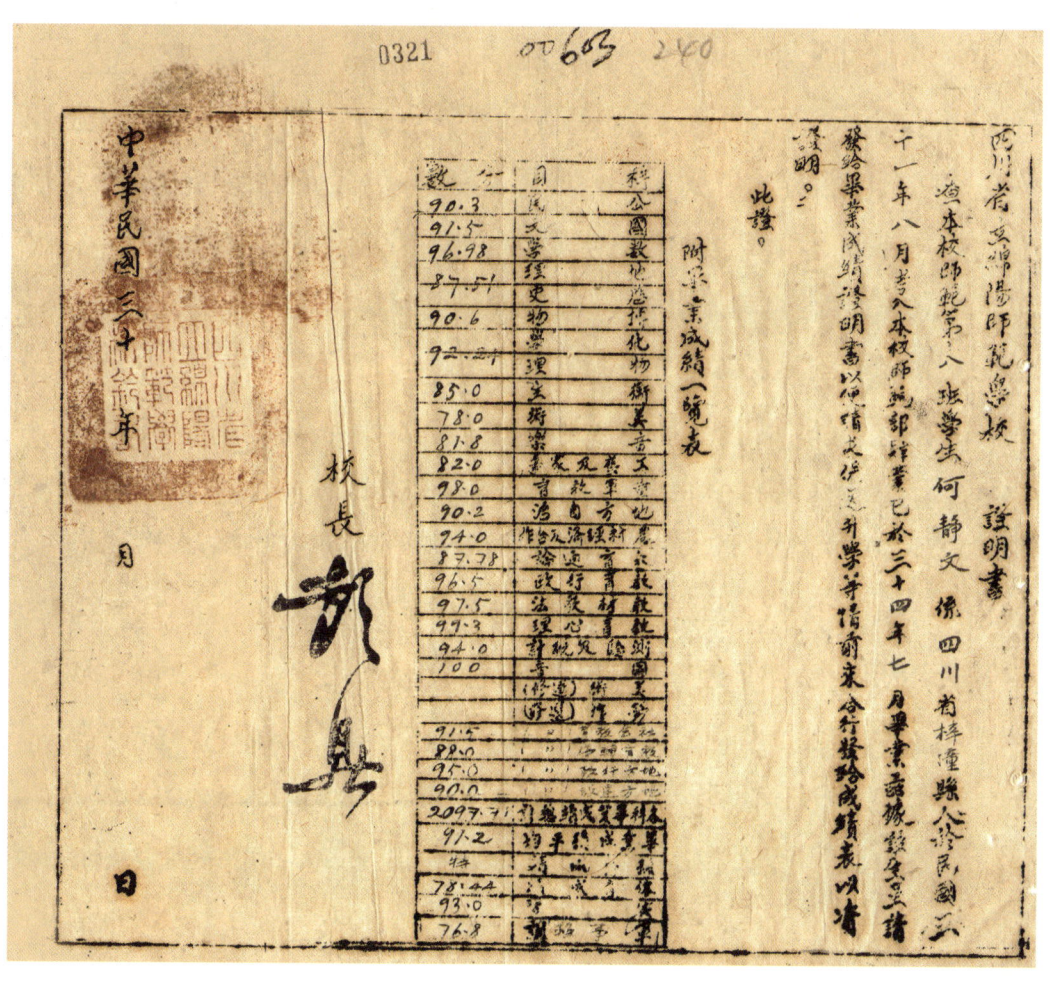

毕业证明书

十五　教职员证件、收据、介绍信

教职员生产薪金收据

今收到

（詹淑梅代理人）

四川省立绵阳师范学校三十三年（1944）度

产期代理人薪金柒拾伍元正收清此据

中华民国三十三年（1944）十月　日

产期代理人侯融仲　（詹淑梅之代理人）具

● 民国三十三年（1944）教职员生产薪金收据

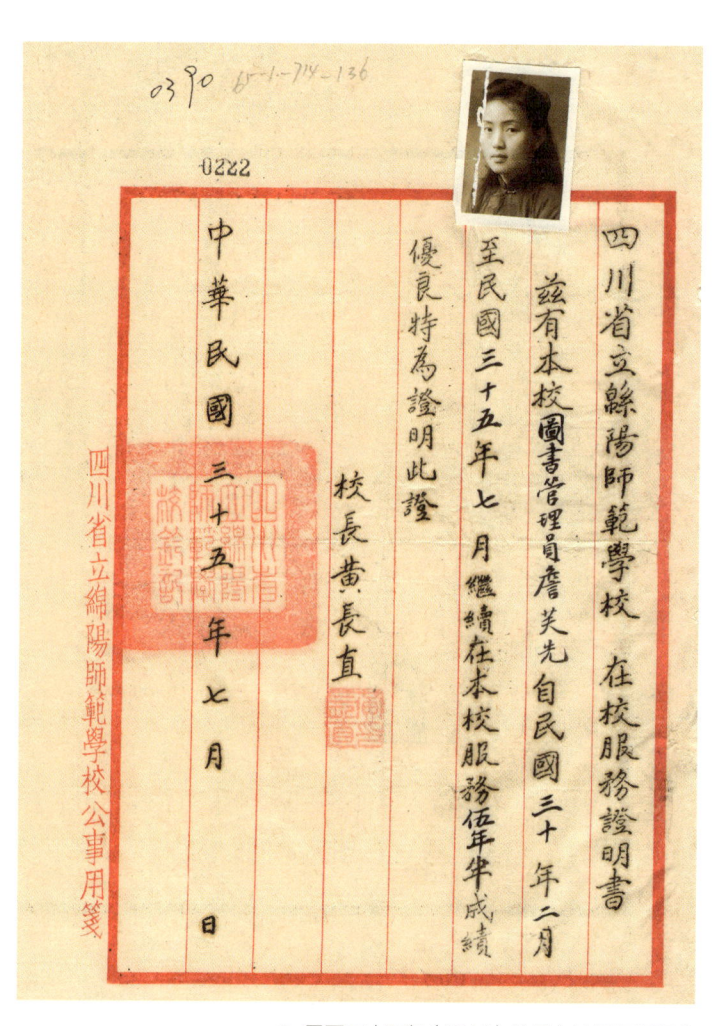

● 民国三十五年（1946）教员在校服务证明书

四川省立绵阳师范学校在校服务证明书

兹有本校图书管理员詹芙先，自民国三十年（1941）二月至民国三十五年（1946）七月继续在本校服务伍年半，成绩优良特为证明此证。

中华民国三十五年（1946）七月　　日

校长　黄长直

● 民国三十五年（1946）教员检定合格证

中学、师范学校教员检定合格证书

教字第02407号

兹检定魏毓桂为师范学校农业地方自治地理科教员有效期间为六年此证。

四川省政府教育厅厅长 刘明扬

四川省中学、师范学校教员检定委员会委员长、主任委员

中华民国三十五年（1946）十月 日

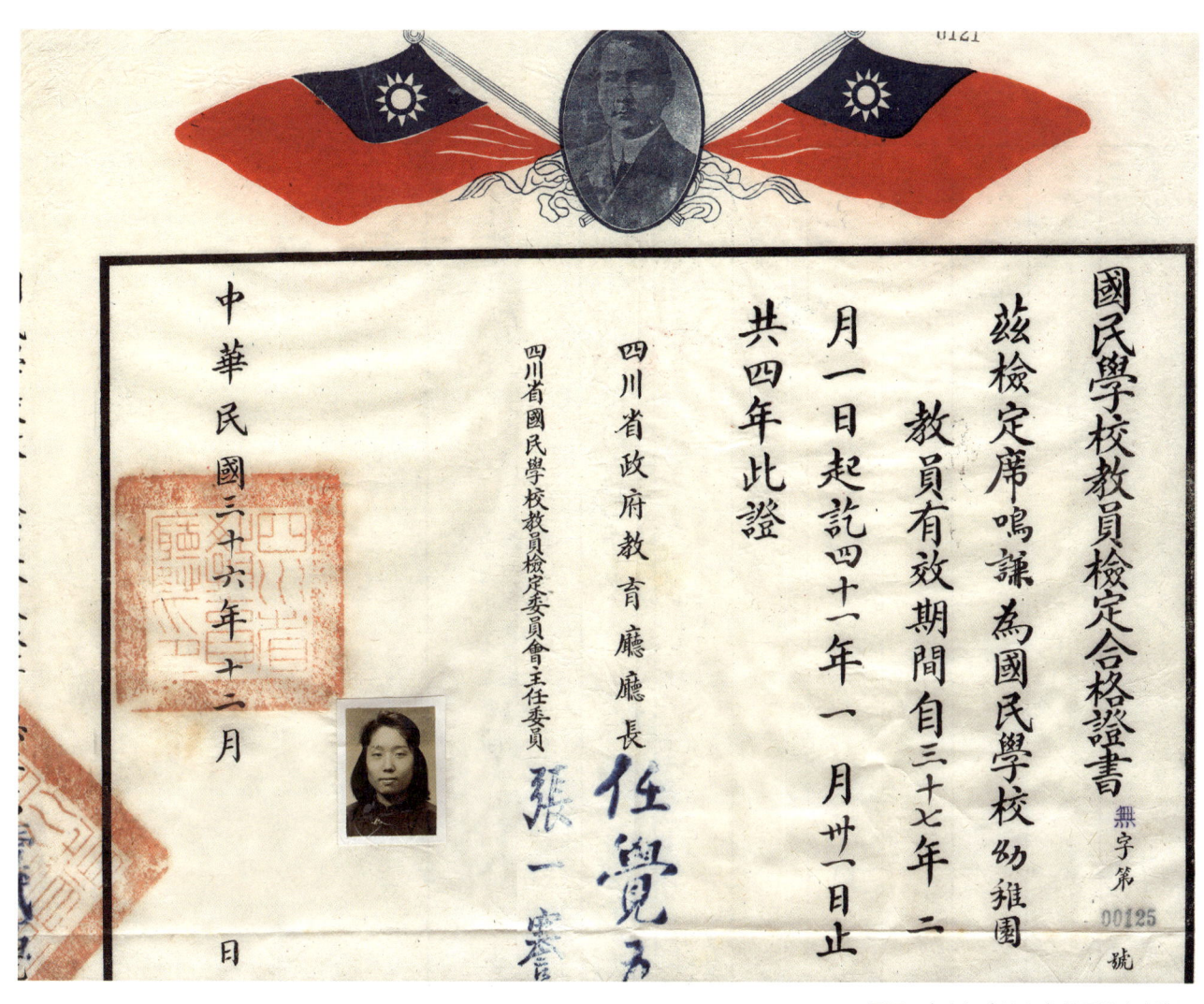

● 民国三十六年（1947）教员检定合格证

国民学校教员检定合格证书

无字第00125号

兹检定席鸣谦为国民学校幼稚园教员，有效期间自三十七年（1948）二月一日起讫四十一年（1952）一月三十一日止，共四年。

此证

四川省政府教育厅厅长　任觉五
四川省国民学校教员检定委员会主任委员　张一鏖
中华民国三十六年（1947）十二月　　日

四川省立綿陽師範學校三十六年度第一學期擬聘附屬小學校長年貢履歷表

民國三十六年十一月填報

姓名	年齡	性別	籍貫	學歷	經歷
宋增熙	四〇	男	山東惠民	國立北平師範大學教育系畢業	曾任山東省立惠民師範及四川省立師範附小校長專任一〇〇元續聘

	檢定證件號或資歷證件名稱件數	擬任專任或兼任職務兼任	擬支初續聘月薪及限期

● 民國三十六年（1947）附屬小學擬聘校長履歷表

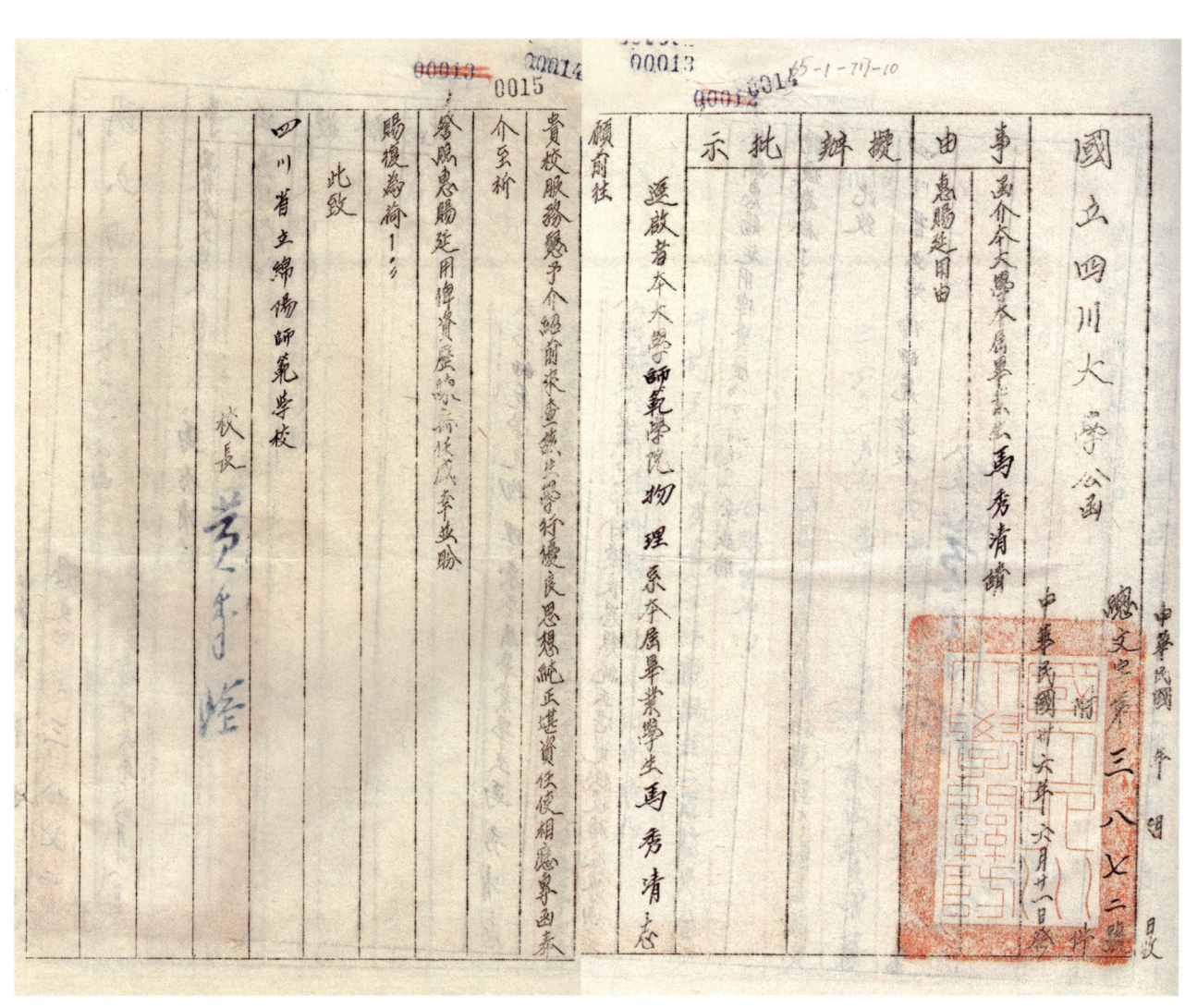

● 民国三十六年（1947）四川大学毕业介绍信

国立四川大学公函

总文字第三八七二号

附件

中华民国三十六年（1947）六月二十一日发

事由：函介本大学本届毕业生马秀清请惠赐延用由

径启者本大学师范学院物理系本届毕业学生马秀清志愿前往贵校服务恳予介绍前来，查该生学行优良思想纯正，堪资任使相应专函奉介至祈，誊照惠赐延用俾资历练，无任感幸。并盼，赐复为荷！

此致

四川省立绵阳师范学校

校长　黄季陆

民国三十七年（1948）小学教员登记证

四川省小学教员登记证

甲字第90080号

吴金凤系山东省泰安县人，现年三十岁，业经登记为小学级任教员。

此证

四川省政府教育厅厅长 任觉五

中华民国三十七年（1948）一月 日

十六　学生收据、领条、假条、申请、报告

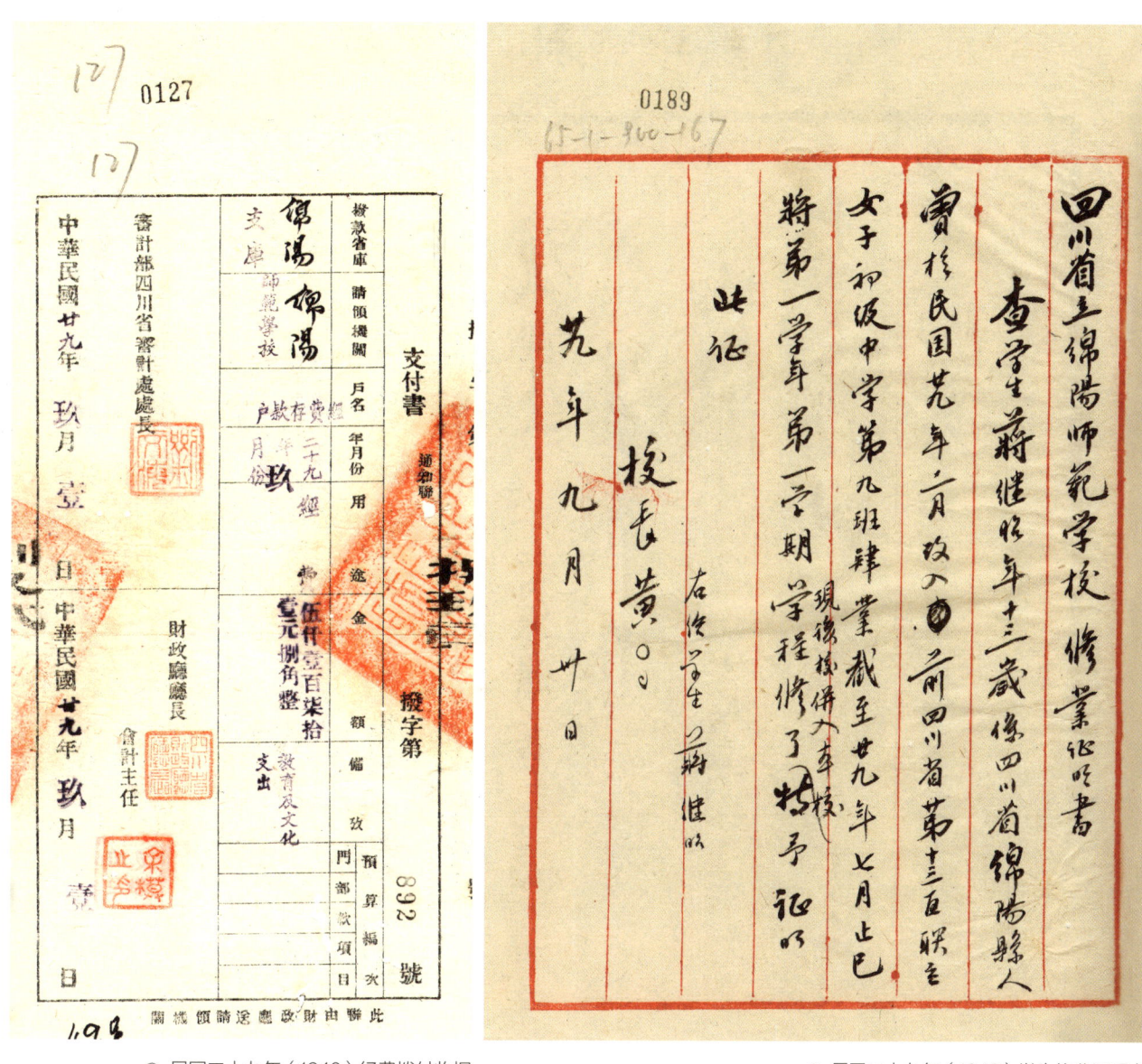

● 民国二十九年（1940）经费拨付收据　　● 民国二十九年（1940）学生修业证明书

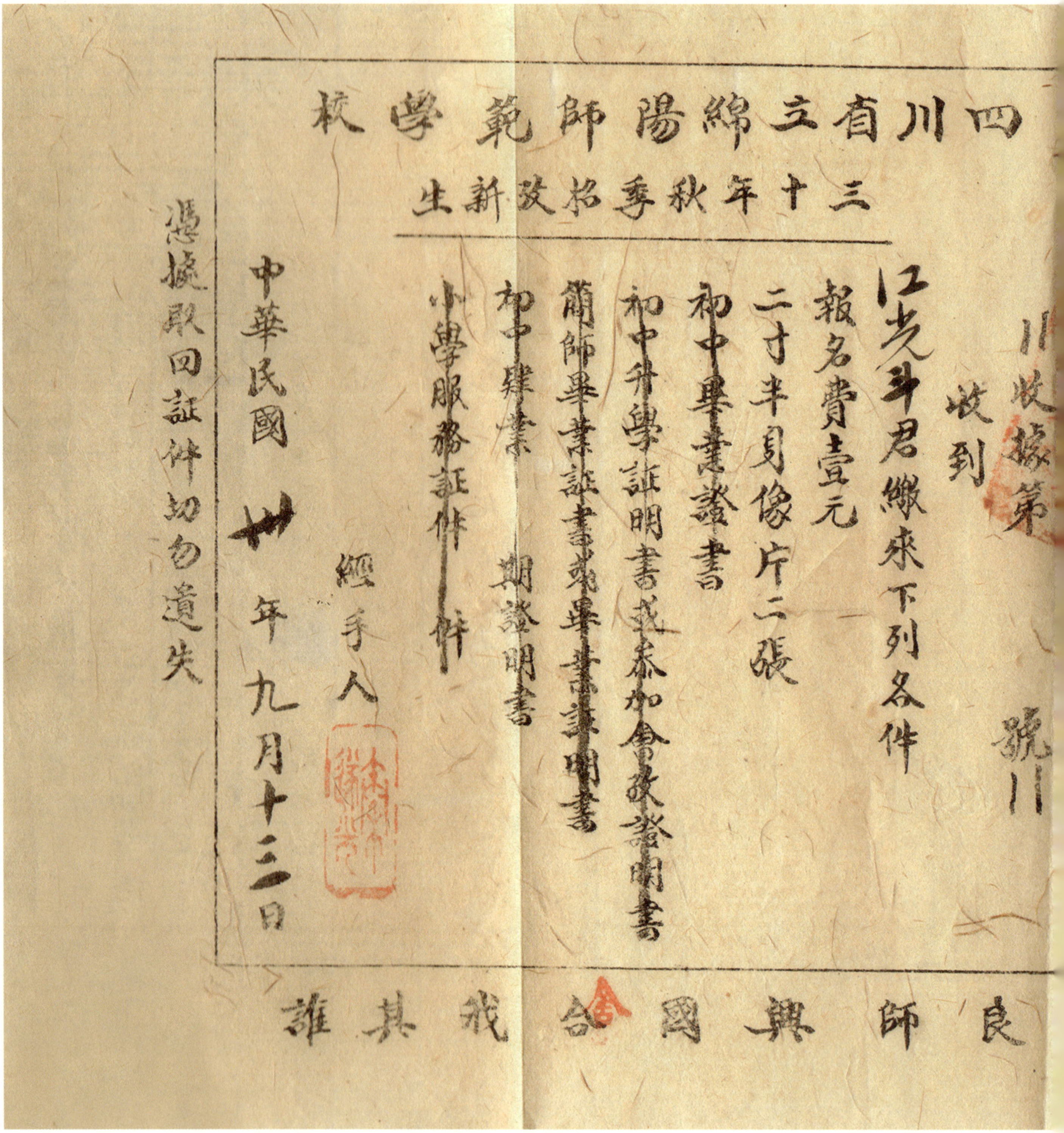

四川省立三十年秋季招收新生

川收據第　　　號

江光斗君繳來下列名件收到

報名費壹元
二寸半身像片二張
初中畢業證書
初中升學證明書或參加會考證明書
簡師畢業證書或畢業同等證明書
初中肄業期證明書
小學服務証件一件

經手人（印）

中華民國卅年九月十三日

憑據取回証件切勿遺失

良師興國　合我其誰

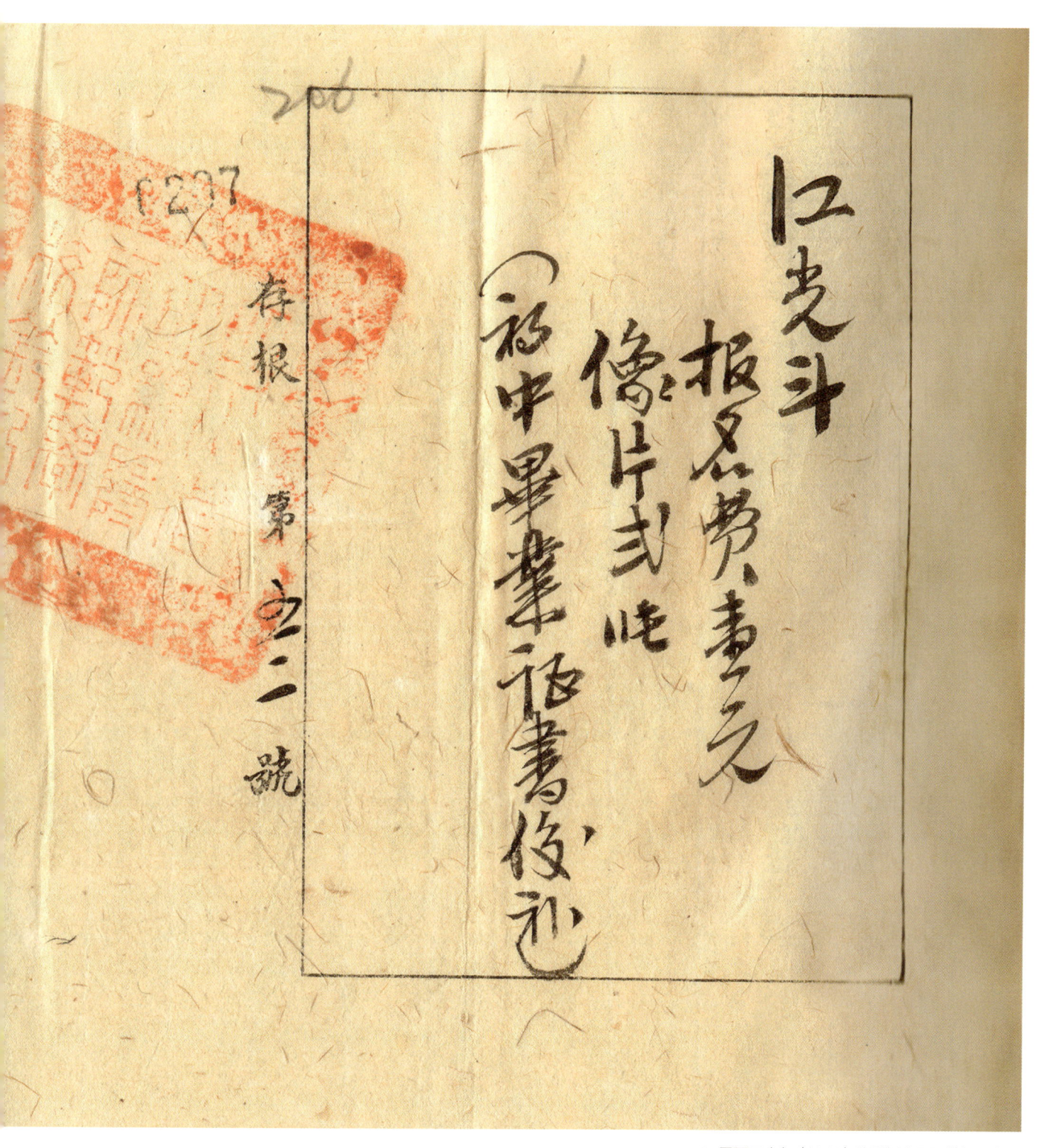

● 民国三十年（1941）秋季新生录取收据及存根

● 民国三十年（1941）学生请假条

为因病不能赴试恳请转呈展期补试由

窃生系前联女中第四班毕业，曾参加十一届会考，应补试数学、理化二科，原拟本期赴绵参加十四届会考，现因染病在身，不能赴试。理合具文恳请钧座转呈，展期补试，实沾公便。

谨呈 省绵师校长黄

学生 邓玉成 呈
邓如璋 代呈

中华民国三十年（1941）一月

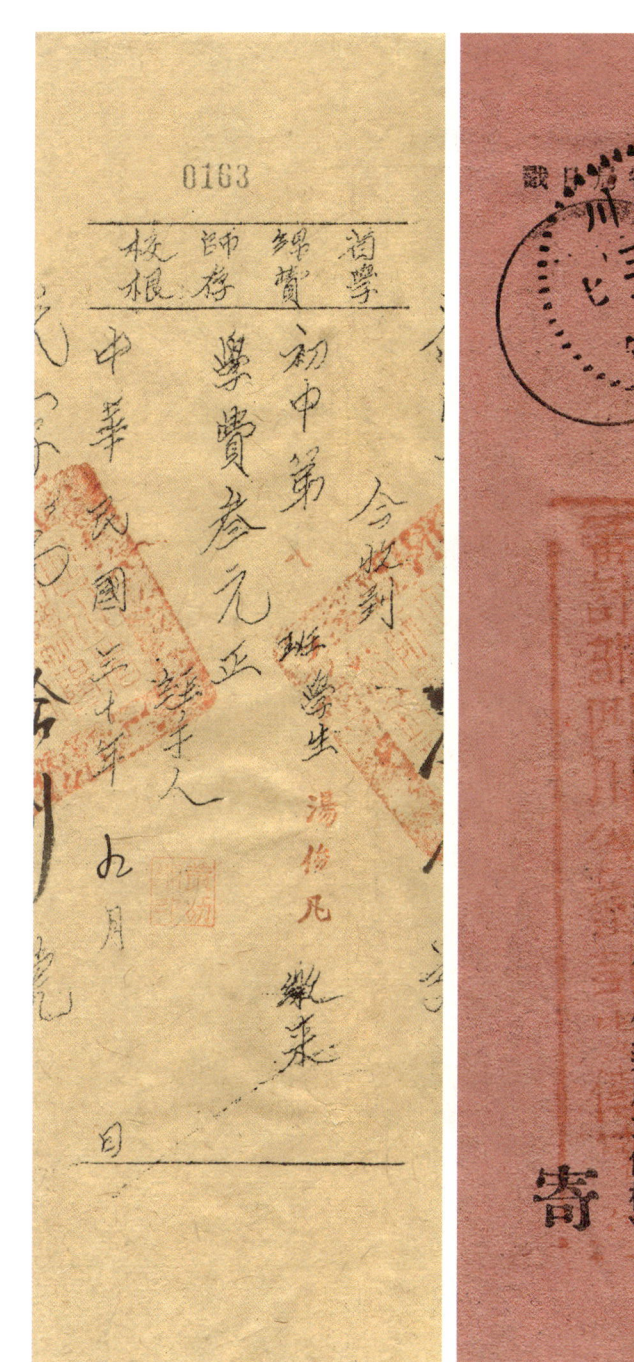

● 民国三十年（1941）学费收据存根 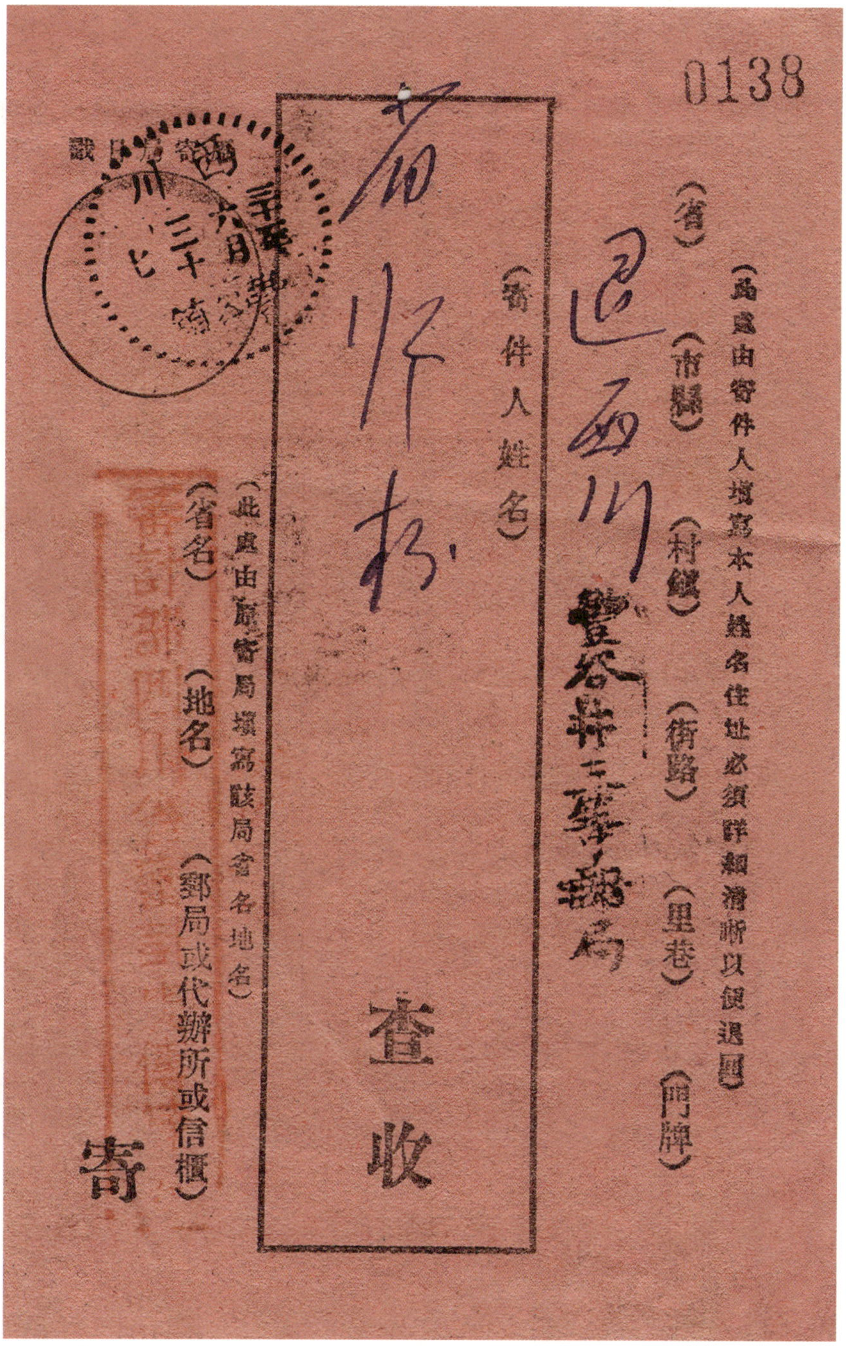　　　● 民国三十年（1941）信件封面

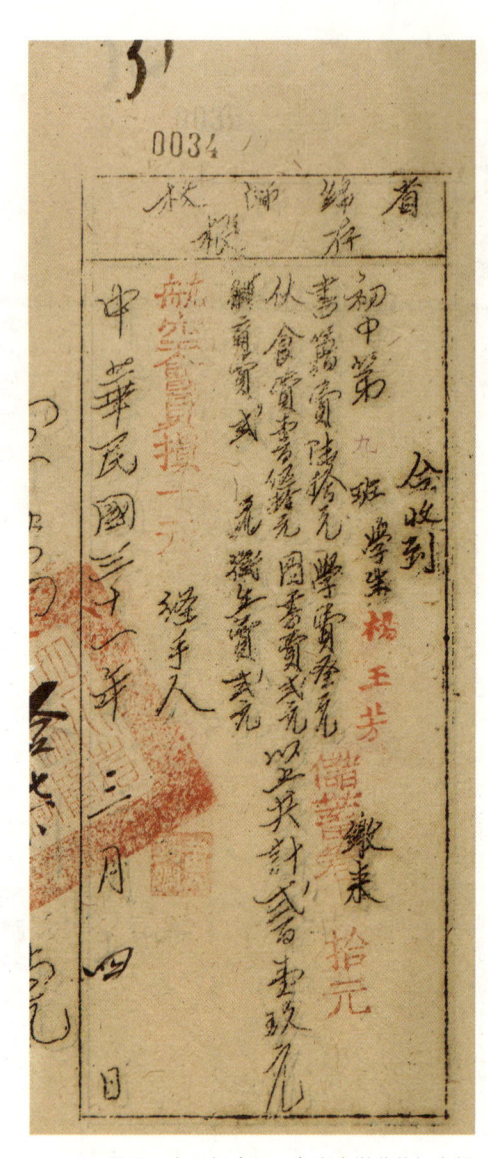
民国三十一年(1942)学生缴费收据存根

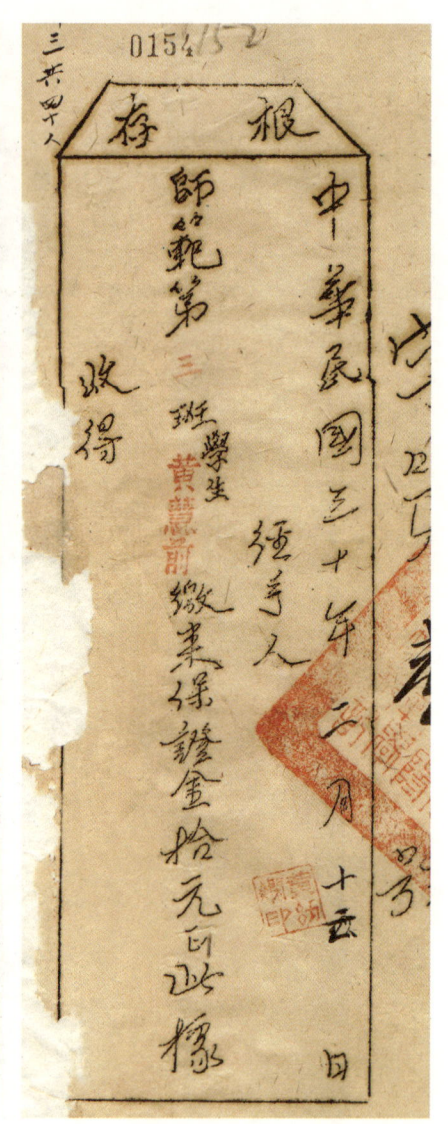
学生保证金存根

省绵阳校存根

今收到

初中第九班学生杨玉芳缴来书籍费陆拾元、学费叁元、伙食费壹百伍拾元、图书费贰元、体育费贰元、卫生费贰元,以上共计贰百壹拾玖元。

经手人:黄幼娴

中华民国三十一年(1942)三月四日

民国三十五年（1946）学生初中毕业证

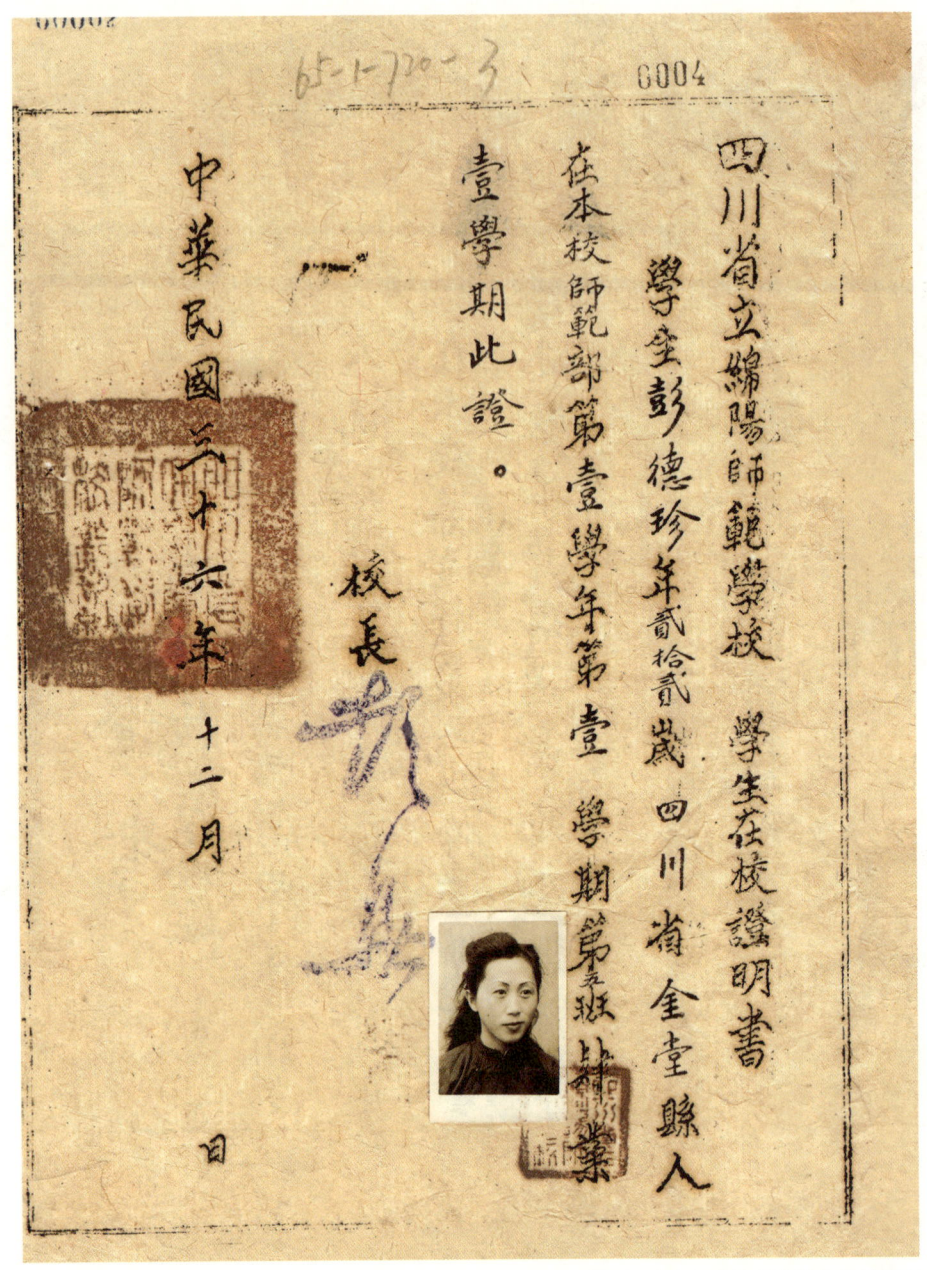

● 民国三十六年（1947）学生在校证明

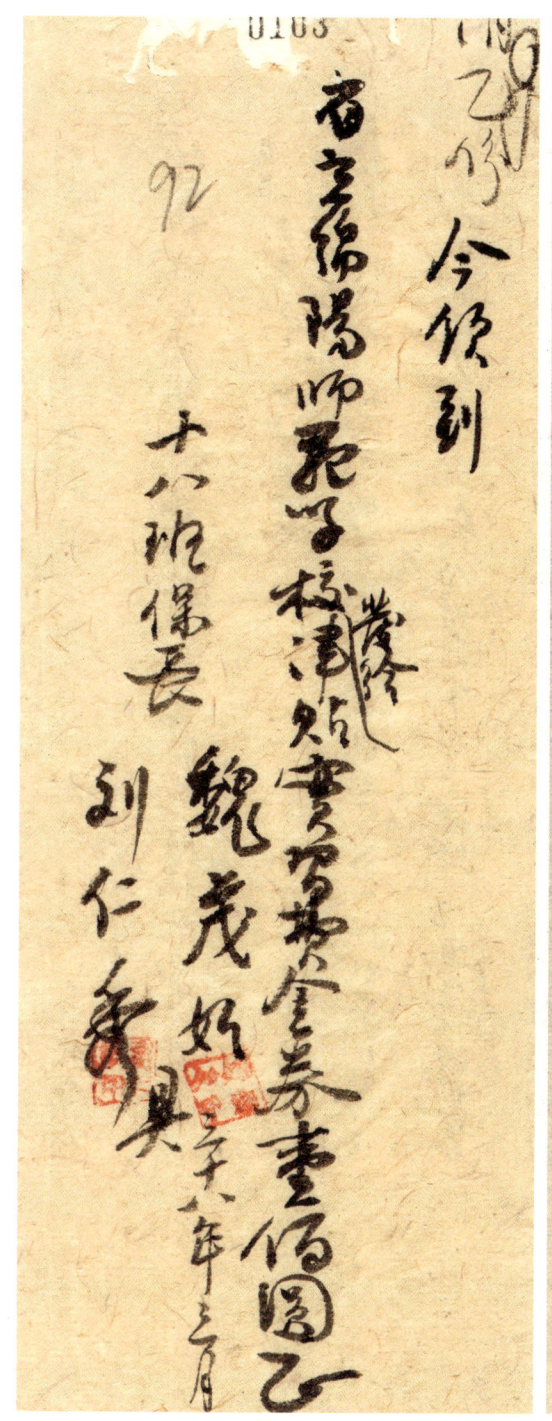

民国三十八年（1949）领条

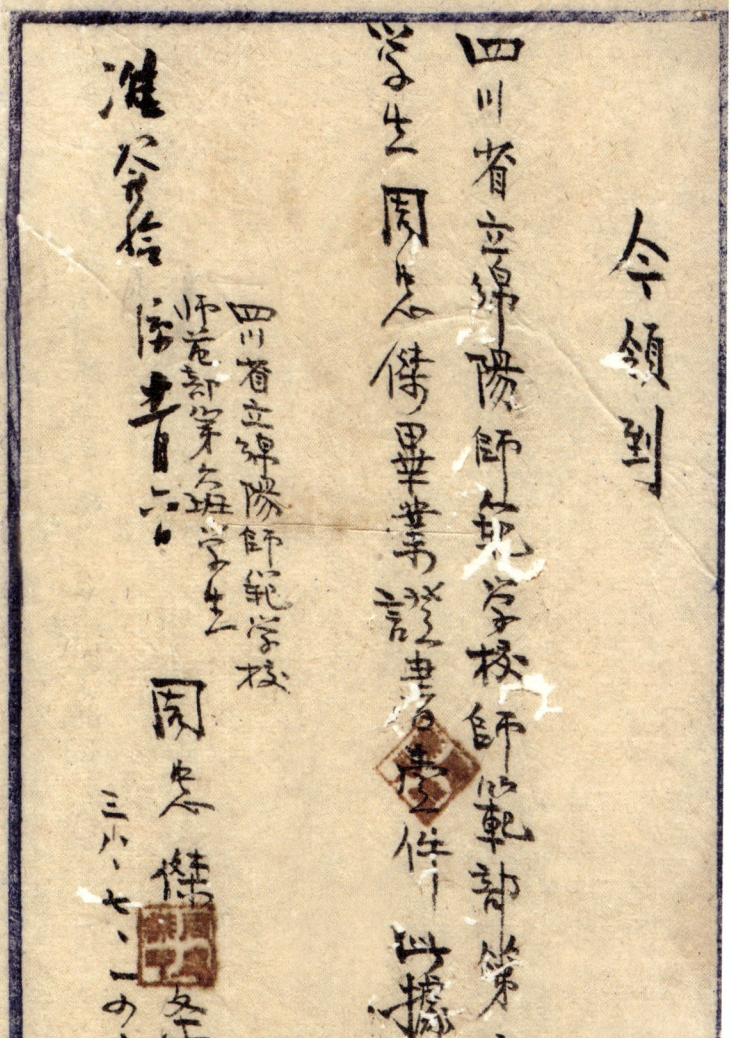

毕业证领条

成绩审核，及保送的成绩，和呈缴的证明书是一样（现在本县有成绩存在）期望校长劳神，为生之事，有劳校长，养日，生觅机会，伺

长，来日生觅机会，向仁慈的校长致谢道劳！以励生安定情绪，服务教育；最后生饥渴般地期望校长赐教！

校长：梧桐叶飘落了，鸟儿们低声地歌唱，小虫儿潜伏在洞里，这一切一切的呈露，原是冬令时节的到了；故乡：没有涪江畔的寒冷，先后母校毕业的校友，都是精神饱满地担负起服务教育的责任。此情的报告，以慰为母校同学解惑的校长，生以至诚的祈祷，校长保重慈体！

敬祝

教安

诸位师长健安。

学生杨永琼上
十二月十五日

● 学生检呈证明书的申请

校长道范：

榴花盛开的五月，生以恋别母校的愁绪，忍痛地离开了母校，辞别了仁爱的校长，再也享受不到母校怀抱的洗礼，听不到校长诚恳的诲言，尤其是「教育行政」的功课，校长严父慈母的态度，苦口婆心的教导，直到已经别了母校的今天，生还深铭肺腑哟！

校长：三年的韶光，似闪电的溜去了，虽然在学制上，生已告了段落，而知识的灌输多么空虚，所以生是殷殷期望校长，由文字上不断更生的教育，使生本着校长的指示，坚定自己的信仰，终身服务教育，才不辜校长老师们循循善诱的教导；但是昨日生接读德甫手示，内云：『母校表报生之成绩，和三十三年（1944）生投考母校所缴的修业证明书不一致。』多么令生惊惧，服务期满时，怎样向母校取毕业证书，将来升学又怎样办？生为斯事绞尽了脑汁，也想不出办法，只好今日奉信申请，冀校长劳神，把学校表报的错误，设法改正；生素来忠厚，不是扯谎；而本县县府初试的成绩审核，及保送的成绩和生呈缴的证明书是一样（现在本县有成绩存在）。期望校长劳神，为生之事，有劳校

转学报告

据函请学生唐尚琼转学乐山师范肄业各情，准予存候汇报教厅核办，俟奉令再行通知，至该生业经转学他校本校即行停领该生食米，合并函知，此致。三十八（1949）、十一、五覆。

宗海
（另动）

径启者小女唐尚琼在 如拟。
十一、六
贵校肄业四期届满成绩及格，今夏因全家迁居乐山自不能使其孤独一人留居绵阳，刻已转入省立乐山师范第三学年第一学期继续修业，特此函请贵校长转报。
四川省政府准予转学并赐发食米各费而免中途辍学仍希见复为荷！
此致
省立绵阳师范

学生家长 唐世燨
十、二十五

十七 嘉 奖

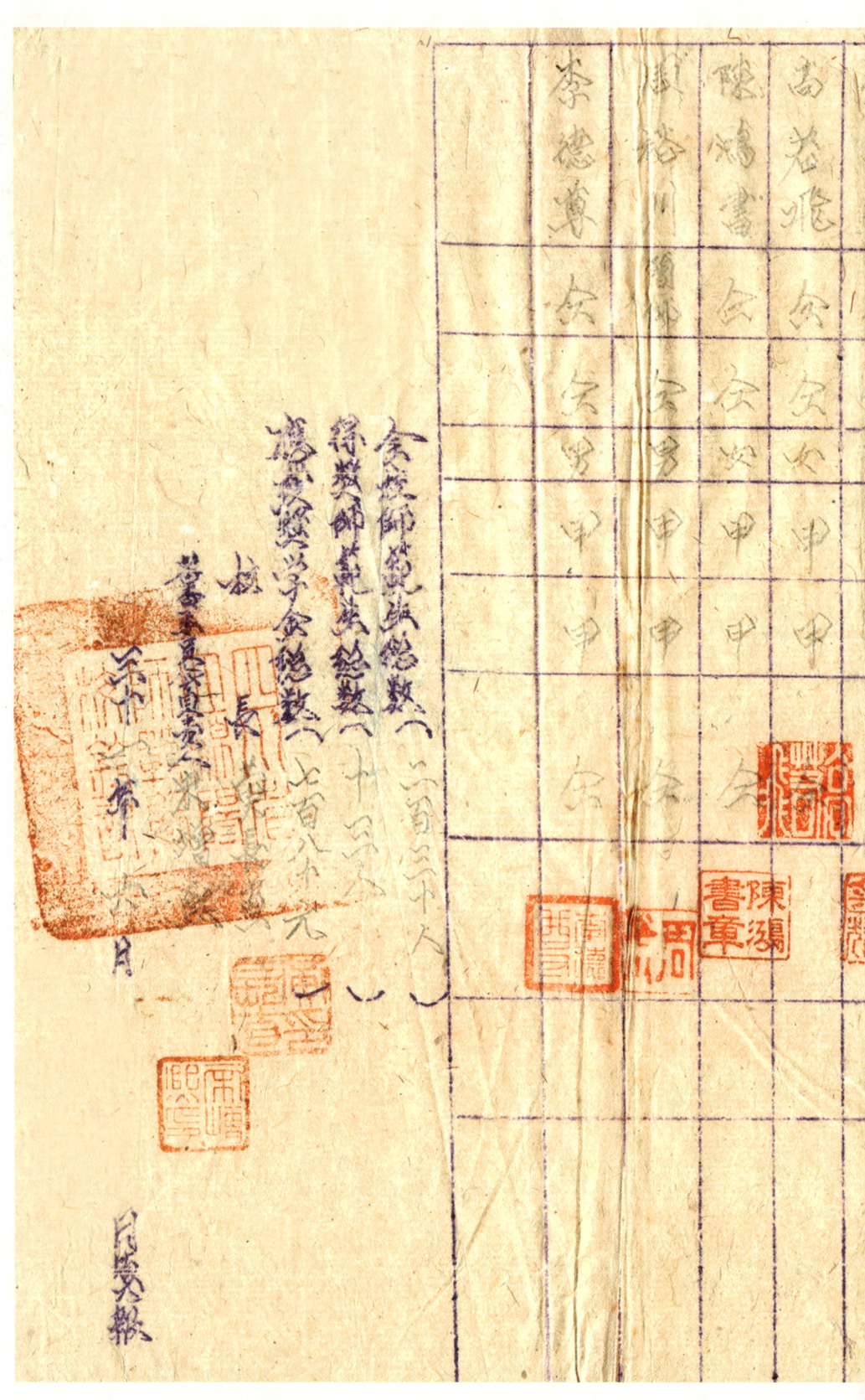

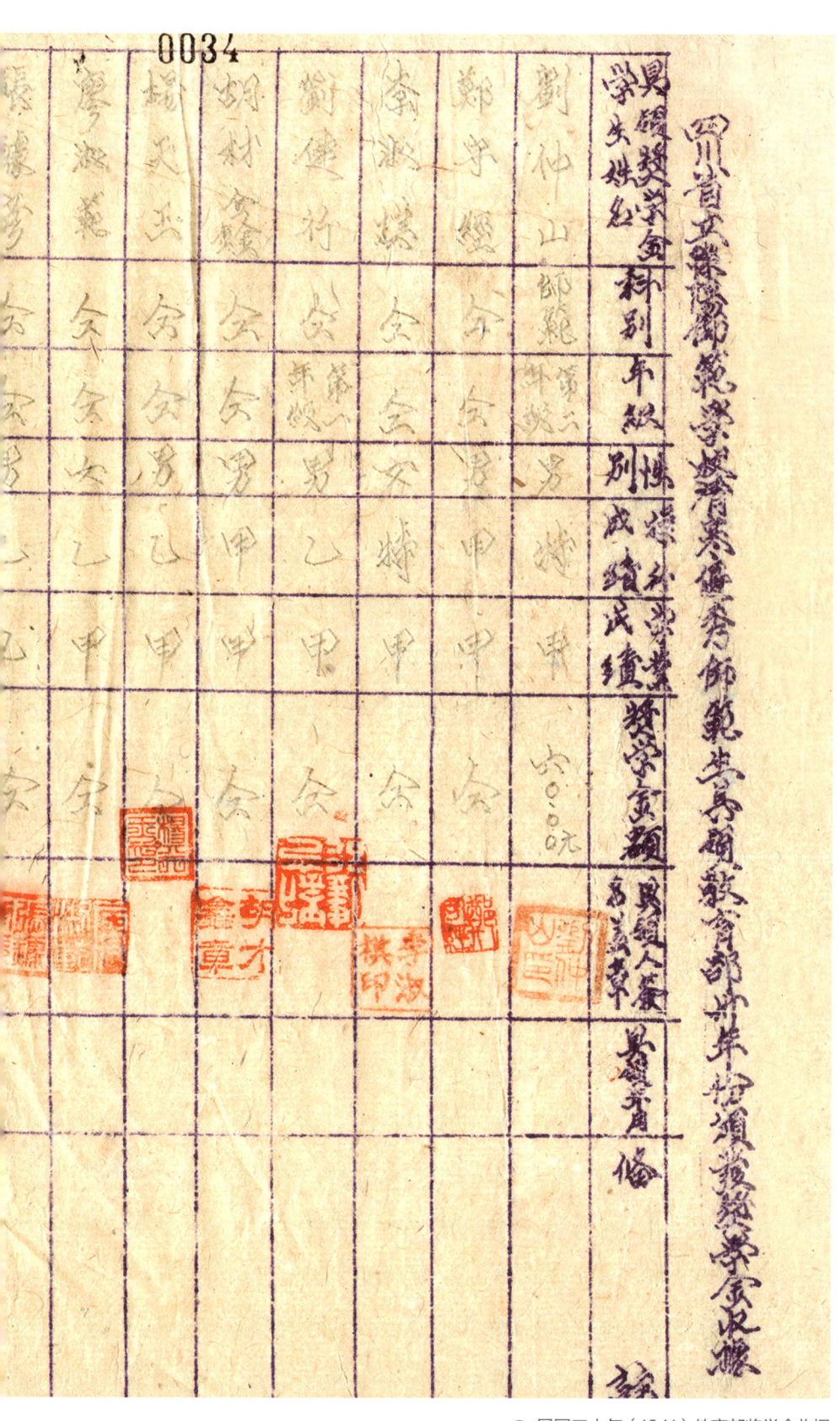

四川省立綿陽師範學校領去備案師範生暨師範部卅年度須發獎學金收據

具領獎學金科別	年級別	成績	獎學金額	具領人簽名蓋章
劉仲山 師範	第六 男 special	甲	60.00元	
鄭守經	第六 男	乙 甲		
劉淑英	第六 女	特 甲		
劉建行		乙 甲		
胡村鑫		乙 甲		
楊式正		乙 甲		
廖淑蕊		安 女 甲		
張懷彰		乙 甲		

民國三十年（1941）教育部獎學金收據

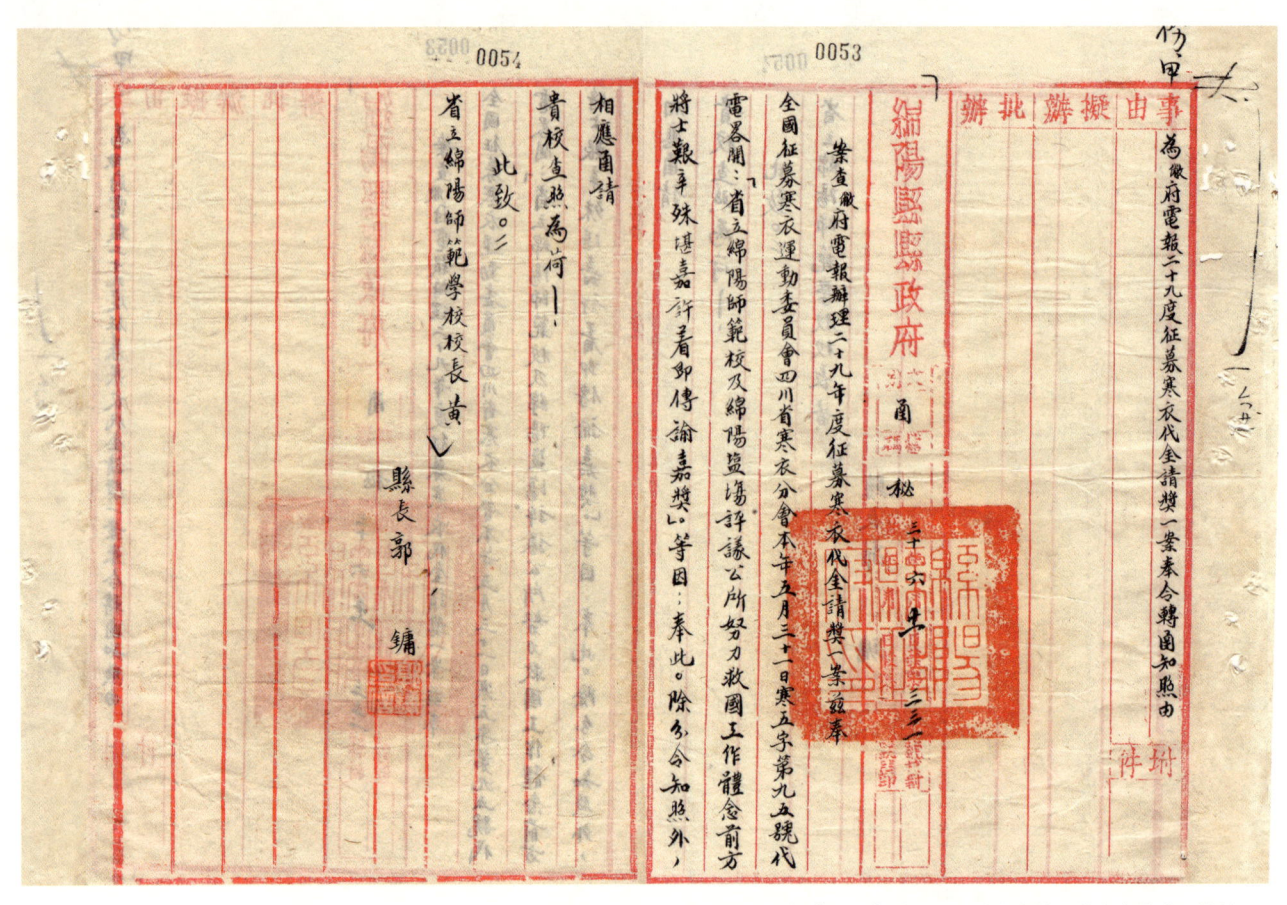

民国三十年（1941）绵阳县县政府嘉奖征募寒衣代金工作的公函

事由：为敝府电报二十九年（1940）度征募寒衣代金请奖一案奉令转函知照由

绵阳县县政府函 档码：秘

三十年（1941）六月十一日发第三三一号

案查敝府电报办理二十九年（1940）度征募寒衣代金请奖一案兹奉全国征募寒衣运动委员会四川省寒衣分会本年五月三十一日寒五字第九五号代电略开：“省立绵阳师范校及绵阳盐场评议公所努力救国工作，体念前方将士艰辛殊堪嘉许，着即传谕嘉奖。”等因；奉此。除分令知照外，相应函请，贵校查照为荷！

此致

省立绵阳师范学校校长 黄

县长 郭鏞

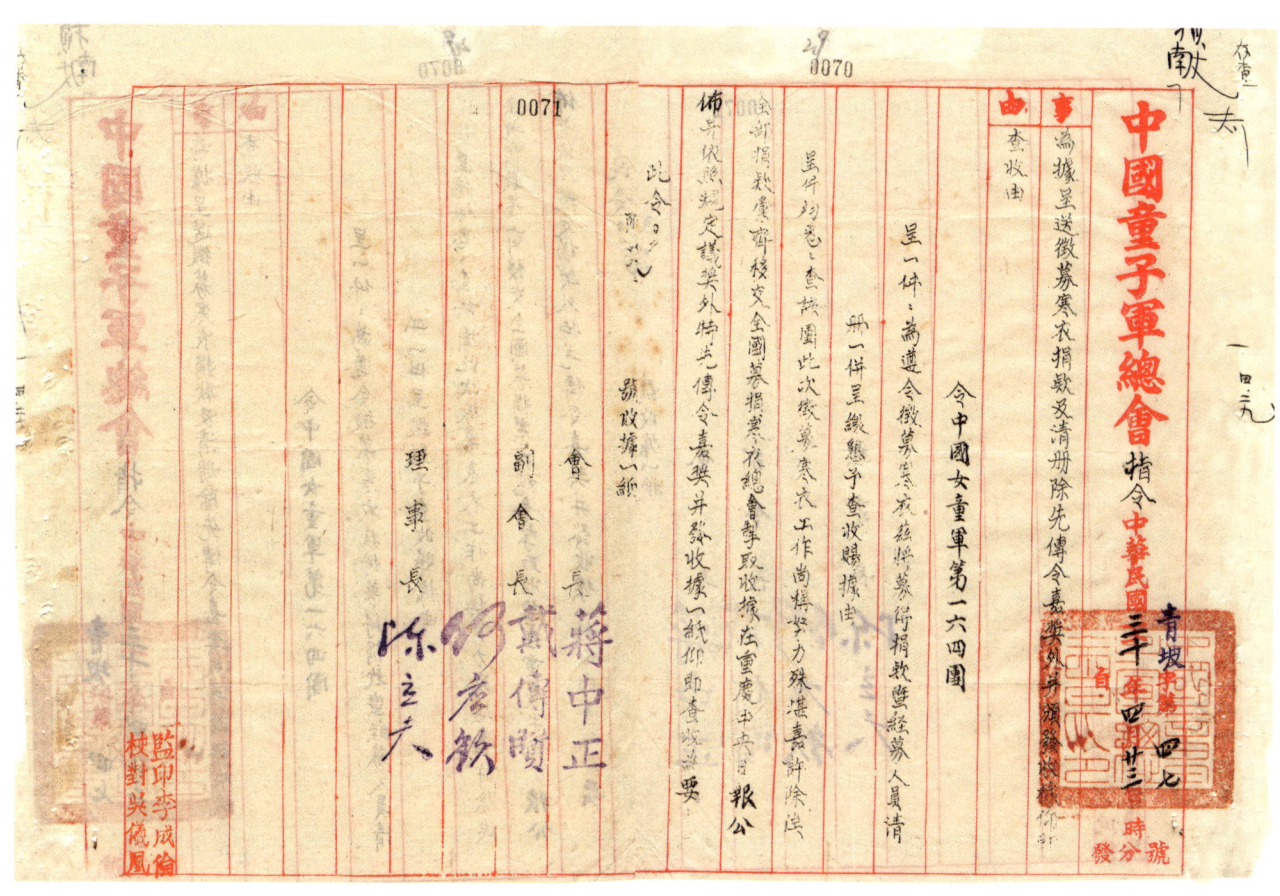

● 民国三十年（1941）中国童子军总会嘉奖指令

中国童子军总会指令

青坡字第四七号
中华民国三十年（1941）四月二十三日发

事由：为据呈送征募寒衣捐款及清册除先传令嘉奖外并颁发收据仰即查收由

令中国女童军第一六四团：
呈一件：为遵令征募寒衣，兹将募得捐款暨经募人员清册一并呈缴，恳予查收赐据由。
呈件均悉：查该团此次征募寒衣工作尚称努力殊堪嘉许，除俟全部捐款汇齐移交全国募捐寒衣总会制取收据在重庆中央日报公布并依照规定议奖外，特先传令嘉奖并发收据一纸仰即查收为要！
此令

附发：号收据一纸

会　　长　蒋中正
副会长　　戴传贤
理事长　　陈立夫
　　　　　何应钦

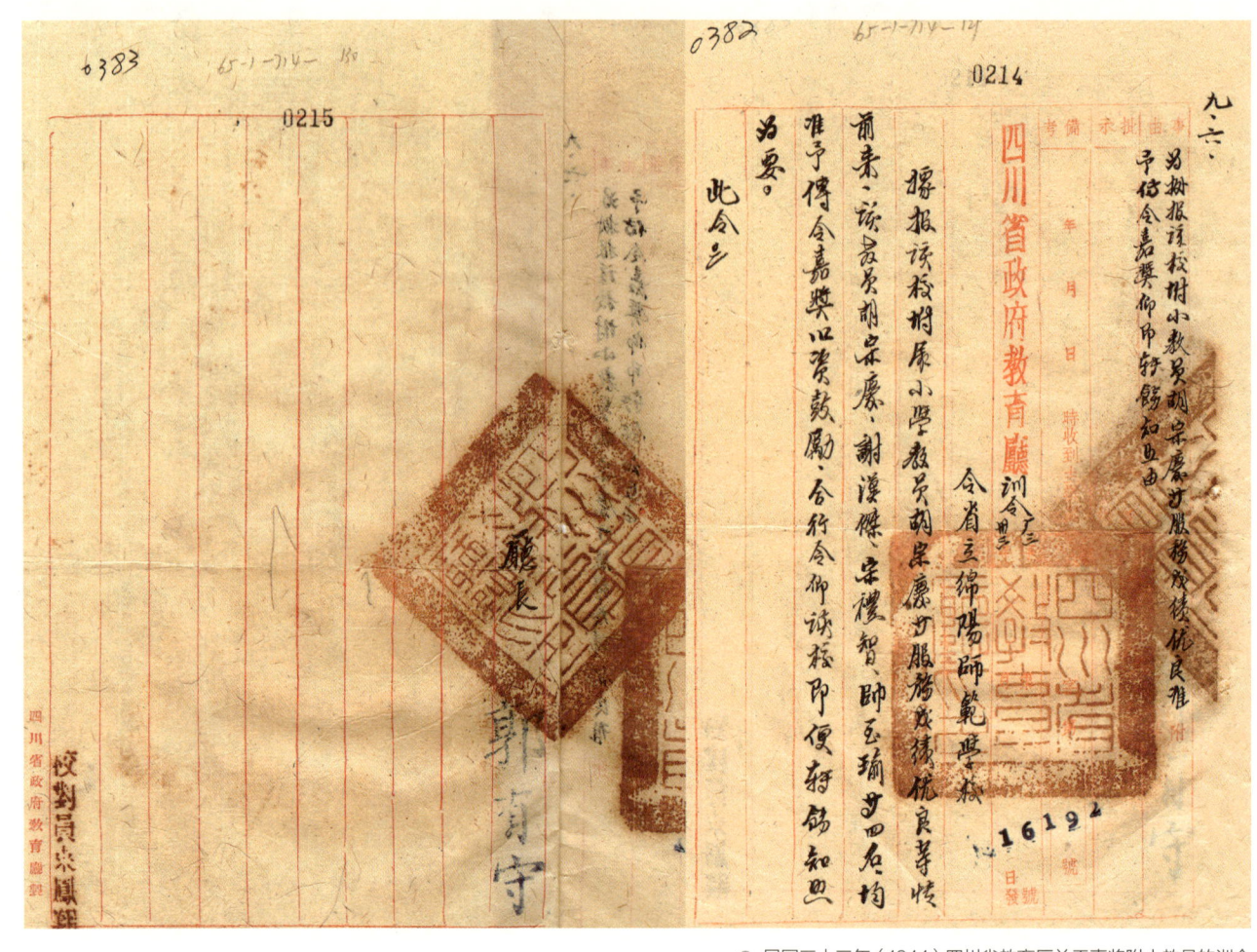

● 民国三十三年（1944）四川省教育厅关于嘉奖附小教员的训令

四川省政府教育厅训令

厅三字第16192号

三十三年（1944） 月 日发

事由：为据报该校附小教员胡宗庆等服务成绩优良准予传令嘉奖仰即转饬知照由

令省立绵阳师范学校：

据报该校附属小学教员胡宗庆等服务成绩优良等转前来，该教员胡宗庆、谢汉杰、宋礼智、帅至瑜等四名，均准予传令嘉奖以资鼓励，合行令仰该校即便转饬知照为要。

此令

厅长 郭有守

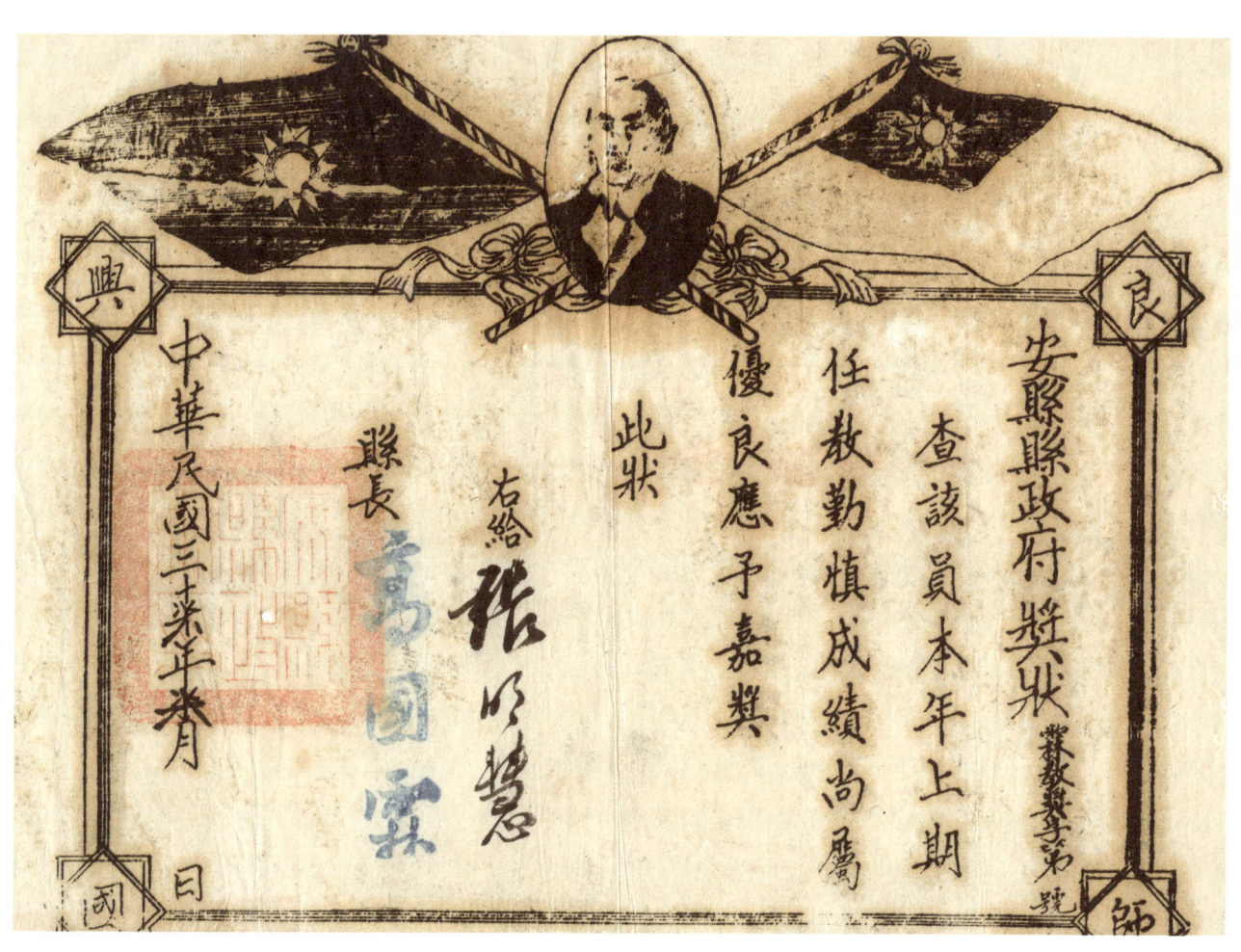

民国三十七年（1948）毕业学生荣获安县县政府奖状

安县县政府奖状

霖教奖字第　号

查该员本年上期任教勤慎，成绩尚属优良，应予嘉奖。

此状

右给　张明慧

县长　高国霖

中华民国三十七年（1948）七月　日

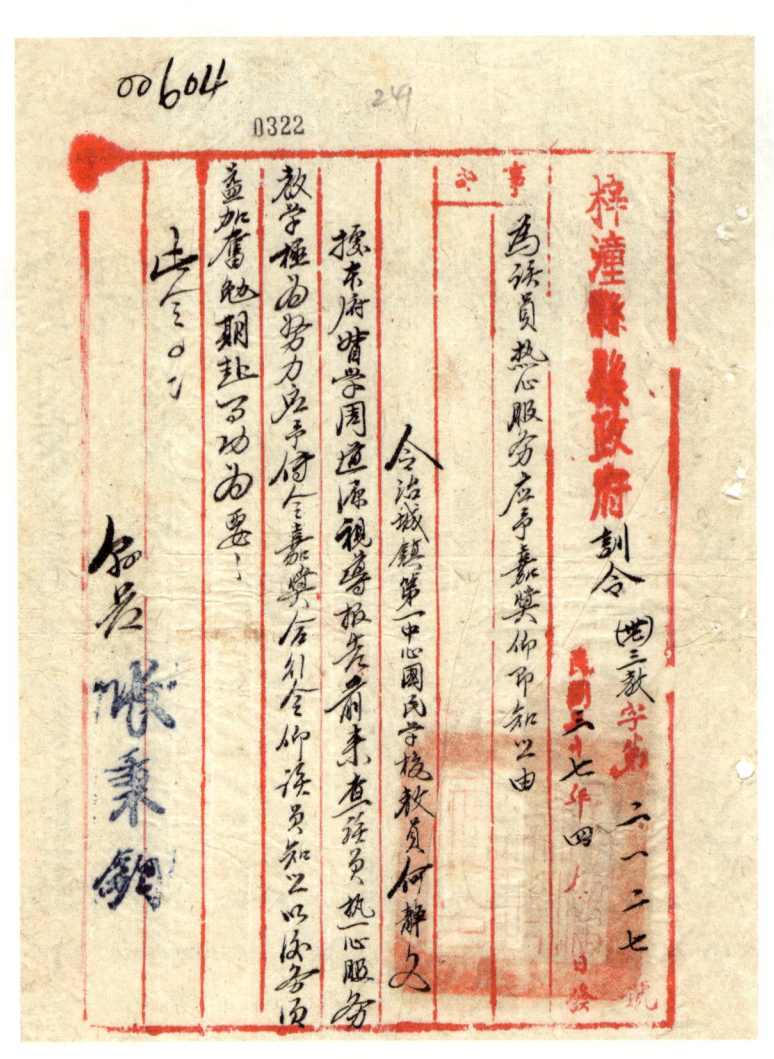

● 民国三十七年（1948）毕业学生荣获梓潼县县政府嘉奖

梓潼县县政府训令

［三十七年（1948）］三教字第二一二七号

民国三十七年（1948）四月 日发

事由：为该员热心服务应予嘉奖仰即知照由

令治城镇第一中心国民学校教员何静文，据本府督学周道源视导报告前来查该员热心服务教学极为努力，应予传令嘉奖，合行令仰该员知之，以后务须益加奋勉期赴事功为要！

此令

县长 张秉钧

后 记

本书是绵阳师范学院综合档案室主持学校校园文化项目而编写的一本档案书籍，也是绵阳市哲学社会科学研究规划项目《高校档案文化与特色档案抢救》的成果。

本书的编写是在学校党政领导和绵阳市档案馆的指导下进行的。邓文主持了本书的编写，项目组成员以及学校文学与历史学院部分学生参与了全书的编校工作，校长办公室和绵阳市档案馆主持了书稿的审定工作。在修改过程中，得到学校党委宣传部、文学与历史学院相关同志的指点和帮助，也得到了学校综合档案室同志和许多师生的关注，在此一并致谢。